끊임없이
변화하는 과거

끊임없이
변화하는 과거

왜 모든 역사는 수정주의 역사인가

제임스 M. 배너 주니어 지음

김한종·박선경 옮김

책과
함께

차례

일러두기

- 이 책은 James M. Banner, JR.의 THE EVER-CHANGING PAST(Yale University Press, 2021)를 우리말로 옮긴 것이다.
- 각주에는 지은이 주와 옮긴이 주가 함께 있는데, 각각 끝에 '지은이'와 '옮긴이'를 표기해 구분했다.
- 한국어판을 읽는 독자의 편의를 위해 원서에 없는 소제목을 추가했다.

서론

이 책은 몇 해 전, 클래런스 토머스Clarence Thomas 대법관의 집무실에서 있었던 그와의 대화에서 시작됐다. 그의 초대로 나와 동료 한 명은 미국 입헌정치 체제의 기원을 연구하는 교사들과 함께 토머스 대법관과의 만남을 준비하고 있었다. 활발한 대화가 오고가는 동안 토머스 대법관은 노예제와 남부의 역사를 읽으며 이번 여름을 보내고 있다고 말했다. 물론 기쁜 마음에 우리는 누구의 연구를 읽고 있는지 물었다. 그는 존 W. 블라신게임John W. Blassingame, 존 호프 프랭클린John Hope Franklin, 케네스 M. 스탬프Kenneth M. Stampp 등 많은 역사가의 이름을 댔다. 그러나 그렇게 많은 이름을 언급하는 가운데 재빨리 '수정주의자들'은 아니라는 말을 덧붙였다. 모든 역사가가 마찬가지겠지만, 이 말은 우리에게 법관은 준비과정에서 자신이 배우고자 하는 주제에 대한 권위 있는 지식을 찾기는 하지만, 자신의 관심을 끌 만한 가치가 없는 역사 저작들, 즉 과거를 구성하고 과거에 대해 서술했다고 자신이 생각하는 것에 도전한다고 어디에선가 배웠던 연구는 무시하는 것이 아닌가 하는 경계심을 가지게 했다. 그것은 또한 역사 탐구와 논쟁이 전개된 2500년 이상의 기간 내내 바뀌어온 역사적 사고의 본질에 대한 오해뿐 아니라, 그 기간에 걸쳐 역사가들이 과거에 접근하고 서로 논쟁을 벌여왔던 방법을 잘못 인식했음을 시사한다. 사실 토머스 대법관이 언급한 모든 역사가들의 저작은 미국 노예제, 노예제 사회, 남부에 대한 역사적 이해를 크게 변화시킨 것으로 전문 역사가들 사이에서 널리 알려진 '수정주의 역사'였다. 그 대화로 인해 '수정주의 역사'라고 알려진 것이 실제로 어떤 모습이었는지를 밝히고자 하는 나의 결심이 커졌다. 이 책은 그 결과물이다.

많은 사람들이 모든 역사적 사고의 일부를 이루는 추론행위에 지속적인 호기심과 즐거움을 가지고 참여하는 데 충분할 만큼 역사 지식의 기원, 사용, 만족감을 족히 이해하는 것과 함께 자신들이 활용할 수 있는 역사 해석의 잠정성을 쉽게 받아들이는 데 거리낌이 없어야 한다. 하지만 단지 과거에 대한 해석이 그들 자신의 해석, 입증되어 도전으로부터 안전하다고 자신들이 생각하는 것, 그리고 자신들이 상상했던 것과 결코 같지 않을지라도 과거가 이렇게 되어야 했다고 꿈꾸는 것과는 다르다는 이유만으로 증명된 역사적 증거, 이치에 맞는 역사적 견해, 강력히 입증된 과거에 대한 증거 기반 해석을 부인하는 사람들을 만나는 것 또한 골칫거리다. 따라서 나는 이 책에서 두 가지 목적을 달성하려 한다. 첫째는 대학원에 다니는 역사가 지망생, 그들의 학문적 스승, 조언자, 멘토, 그리고 학계 외부에서 일하는 역사가들의 신념을 강화하고, 그들로 하여금 다른 사람들에게 이런 현

끊임없이 변화하는 과거

실을 설명할 수 있도록 무장시키는 것이다. 이들 모두는 자신들이 물려받았지만 종종 간과됐던 역사의 지적·이론적 실제 모습의 일부를 고려하는 것에서 이득을 얻을 수 있을 것이다. 나의 두 번째 목표는 다른 그룹의 사람들인 과거에 대해 배우는 것을 즐기는 많은 일반 독자들이 과거의 놀라움과 복잡성, 역사 지식과 주장이 무엇으로 구성됐는가 하는 것, 그리고 전문적 역사가들이 자신의 방식으로 역사를 연구하고 평가하는 방법과 이유에 대해 더 편하게 느낄 수 있도록 내가 해줄 것이라는 근거를 설명하는 것이다. 이 두 가지를 모두 추구하면서 나는 과거에 대한 새로운 이해를 받아들여 자신들에게 익숙한 이전 시대를 생각하는 기존 방식에 새로운 해석을 통합하도록 요구받을 때 사람들이 직면하는 어려움을 인정한다. 그러나 나는 이 책이 국가의 시민이자 사회구성원으로, 그들 이전 수백만 명의 다른 사람들처럼 그들 스스로가 과거를 생각하고 배우는 방법을 가져야 한다는 것을 명확히 할 수 있기 바란다. 내가 이 책에서 다루는 해석적 변화와 경쟁은 단순히 학문적 현실이 아니다. 사회과학자들이 '외부효과externalities'[*]라고 부르는 학계 외부의 힘과 발전은 전문 역사가들이 과거를 판단하는 데 강력한 영향력을 행사한다. 역사가들은 다른 누구보다도 자신들의 현실로부터 더 이상 자유롭지 않다.

현대 사회에서 중요한 주제에 대한 역사가들의 이해는 제자리에 멈춰 서 있지 않았다. 새로운 시각은 어떠한 반대나 도전을 받지 않은

---

[*] 주로 경제학에서 사용하는 용어로, 금전적 거래가 이루어지지 않았음에도 어떤 경제 주체의 행위로 인해 다른 경제 주체에게 의도치 않은 이익이나 손해를 가져다주는 것을 말한다. ― 옮긴이

채 오래 지속되지 않으며, 심지어 전문 역사가들도 새로운 지식을 따라잡고 알고 있었던 것에 대한 자신의 이해를 조정하기 위해 분투해야 한다. 만약 우리와 대화할 때 토머스 대법관이 자신이 '수정주의' 역사라고 생각했던 것 때문에 걱정했다면, 오늘 그는 우리가 대화를 나눈 이후 모습을 드러낸 새롭고 도전적이며 분열을 일으키는 노예제와 남부에 대한 연구 성과 때문에 훨씬 더 크게 혼란스러울 것이다. 그 연구들은 노예제와 인종주의를 남부뿐 아니라 북부, 그 이전뿐 아니라 20세기와 21세기 미국 자본주의, 미국 정부, 그리고 미국의 가장 유명한 몇몇 제도의 더 큰 역사의 바로 중심에 놓는다. 마찬가지로 1970년대 이후 백인, 남성, 이성애자뿐만 아니라 여성, 아프리카와 라틴아메리카 그리고 게이와 레즈비언에 대해 연구하는 대규모 학자 집단들은 과거의 많은 측면에 대해 사고하고 서술하는 방법을 변화시키는 데 도움을 주었다. 이 책에서 내 의도는 역사적 실재를 이해하는 이러한 새로운 방식 중에서 특정한 한 가지를 옹호하거나 비판하기 위한 것이 아니라, 왜 이러한 해석이 출현하게 됐는지, 왜 역사가들은 이를 일반적인 것으로 여기는지, 왜 대중의 삶은 많은 논쟁과 현대 사회의 역사가들이 그들의 전문적인 시도의 일반적인 상황이라 여기는 재해석의 노력에서 자유롭지 못한지를 설명하려는 것이다.

그러나 과거에 대한 이해를 수정해야 한다는 임무가 정치적 스펙트럼의 어느 지점에 배타적으로 위치하는 것이 아니며 과거에도 그렇지 않았다는 것, 많은 이들이 믿는 것처럼 미국이건 그 밖의 다른 곳에서건 간에 언제나 좌파나 우파의 입장에 서는 것이 아니라는 사실을 이해하는 것은 결정적으로 중요하다. 다음 장에서 보여주겠지만,

끊임없이 변화하는 과거

진보와 보수는 모두 종종 과거에 대한 그들의 정통적 관점을 확립하고 보호하려 나섰고, 최소한 일시적이더라도 과거를 해석하는 경쟁에서 승리해왔다. 예를 들어, 1990년대 중반 미국에서는 소련의 미국 내 스파이 활동의 효율성, 국가 역사 표준, 스미소니언 국립 항공우주박물관의 상징인 에놀라 게이Enola Gay* 폭격기 동체 전시를 둘러싼 격렬한 논쟁이 뉴스 헤드라인을 장식했다. 적어도 이러한 논쟁에서 잠정적으로 승리하면서, 우파는 과거에 대한 '프로젝트'라고 종종 불리는 것이 좌편향 학자들 사이에서만 고안되는 것이 아님을 밝혔다. 진실은 목적을 가지고 있는 과거에 대한 지적·이념적·정치적 노력들이 정치적 상황에 뿌리내리고 있다는 것이다.

그것은 또한 학문 세계에만 한정된 것이 아니다. 남부연합southern Confederacy을 기념하는 기념물의 전시와 남부연합 장군들의 이름이 붙은 군사 시설을 둘러싼 최근의 사건에서 알 수 있듯이, 한 사회가 과거의 산물을 어떻게 기념해야 하는지에 대한 논쟁은 강한 감정을 불러일으키고 정치적·문화적 균열을 다시 일으킬 수 있다. 20세기 초 화해의 시기보다 노예제를 옹호하는 남부 백인들을 덜 용인하는 시기에 남부연합 로버트 E. 리Robert E. Lee 장군과 토머스 J. '스톤월' 잭슨Tomas J. 'Stonewall' Jackson** 의 동상은 이제 광범위한 공격을 받고 있으

---

* 1945년 8월 6일, 일본 히로시마에 세계 최초로 원자폭탄 리틀보이(Little Boy)를 떨어뜨린 B-29 폭격기의 애칭이다. 워싱턴 DC의 조경공원인 내셔널 몰에 전시되어 있다. ─ 옮긴이

** 남북전쟁 당시 남부연합의 장교이다. 많은 전투에서 승리를 거두어 남부연합군 사령관인 로버트 리 장군의 오른팔 역할을 했다. 1861년 7월 1차 불런 전투에서 우세한 병력의 북군을 맞아 부동자세로 전투를 계속해서 '돌 담벼락(Stonewall)' 잭슨이라는 호칭을 얻었다. ─ 옮긴이

며, 미국 전역의 군 기지에서 남부연합 군대 지도자의 이름을 삭제하라는 압력이 가해지고 있다. 과거의 의미를 둘러싼 논쟁을 포함하는 대중적인 기억 경쟁은 새로운 현상도 미국만의 배타적인 현상도 아니며, 시공간을 넘어서 이어져 왔다. 2003년 바그다드에서 기둥 위에 놓여 있던 사담 후세인 동상을 끌어낸 것은 미국 밖에서 일어난 한 가지 사례라고 할 수 있다. 게다가 추락한 영웅을 기리는 기념물의 운명은 파괴되는 것만이 아니다. 소련이 해체된 후, 모스크바 시민들은 레닌과 스탈린, 그리고 다른 볼셰비키와 공산주의 인물들의 동상을 도시 곳곳의 받침대에서 끌어내려 땅 위에 한데 뒤섞어놓고 모욕을 가했는데, 소련의 뒤를 이은 정부 관리들이 이를 새로운 예술 공원의 공공조각물로 전시하기로 결정하기 전까지 그 상태로 방치됐다. 헝가리인들은 헝가리의 과거 공산주의자 동상 일부를 보존하기 위해 부다페스트에 메멘토 공원Memento Park을 설립했다. 그러나 기념물을 철거하고 파괴하는 것조차 그들의 역사 혹은 이를 둘러싼 논란에 마침표를 찍지 못하는 경우도 있다. 남부 도시 광장의 리와 잭슨 기념비는 단순히 W. E. B. 듀보이스W. E. B. Du Bois, 소저너 트루스Sojourner Truth, 마틴 루터 킹 주니어Martin Luther King, Jr.처럼 시간이 지날수록 역사적 위상이 높아진 인물들로 대체되어야 하는가? 혹은 이전에 영광을 누렸던 인물들을 근래 들어 더 유명해진 인물들의 조각상과 같은 공간에 놓아야 하는가? 미래의 교육적 목적을 위해 현재 멸시받고 있는 인물들의 조각상을 박물관의 보이지 않는 곳에 보존하고 전시하는 것이 더 바람직한가, 아니면 이를 쓰레기 처리장으로 보내는 것이 더 나은가?

　문제를 훨씬 더 복잡하게 하는 것은, 오래 잊었거나 경시됐던 과거의 관계나 과거의 사람, 과거의 사건들에 대한 이해의 증진이 이를 향한 이전의 신랄한 비판을 완화하고 그 역사적 중요성을 인정하는 것으로 나아가는 문을 열어줄 수 있다는 사실이 때때로 밝혀졌다는 점이다. 예를 들어, 자주 끊어지면서도 두 번의 전쟁으로부터 점차 화해로, 그리고 마침내는 굳건한 동맹으로 귀결됐던 미국과 영국 사이의 긴 여정은 1924년 이후에는 런던의 국립 미술관 외부 트라팔가 광장을 꾸미기 위해 장앙투안 우동Jean-Antoine Houdon의 조지 워싱턴 조각상을 복제하는 것을 허락할 정도가 되었다. 1776년 '자유의 아들들Sons of Liberty'이 파괴할 때까지 뉴욕의 볼링 그린Bowling Green에 서 있던 조지 3세 조각상의 복제품은 최근 그에 버금가는 장소인 필라델피아 미국 혁명박물관에 세워졌다. 그러나 시간의 흐름과 상황의 변화가 때때로 그러한 발전 아래 놓인 관점을 수정할 기회를 주지만, 이를 당연한 것으로 받아들일 수는 없다. 과거를 둘러싼 격렬한 논쟁은 좀처럼 잠잠해지지 않을 것 같다. 개방 사회에서는 그렇게 되리라고 기대하지 말아야 한다.

또한 정치적·사회적·문화적 발전이 해석적 평온의 시기를 침해하여 학문적 합의를 뒤흔들기도 한다. 1960년대 이후, 미국과 대부분의 서구 민주주의 국가에서 인구통계학적·사회적·문화적 변화로 이전 관습적 역사 해석의 광범한 다양성을 재고하게 됐을 때 역시 그랬다. 그 후 수십 년 동안, 미국과 유럽의 역사에서 일종의 편안한 통설 속에 오랫동안 안주해 있던 어떤 하나의 주제 중 서구 안팎에서 시작된 해석적 폭풍에 영향을 받지 않은 채 남아 있는 것은 거의 없었다. 이전에 서구 국가에서 정확하고 완전한 역사라고 가르쳤던 것은 날카로운 공격을 받았다. 이 점을 확인하려면 하워드 진Howard Zinn의 《미국 민중사》와 제임스 W. 로웬James W. Loewen의 《선생님이 가르쳐준 거짓말》의 인기와 영향을 언급하기만 하면 된다. 이 책의 저자들이 해석의 획일성을 공격하는 데 의도적이고 적대적이며 대체로 성공적인 선동가라는 사실은, 한 가지 방식으로 미국의 역사를 제시하는 것은 초·중·고등학교든 대학이든 일반 대중 사이에서든 더 이상 이 분야에서 독점적 지위를 가질 수 없다는 것을 분명히 했다. 국가의 기본 역사는 이제 폭넓은 논쟁의 대상이 됐다. 오늘날도 역시 그렇다.

하지만 일부 사람들이 믿는 것처럼 진과 로웬의 책이 좌파 측의 해석적 열의를 보여준다면, 이러한 사례는 우파 측에서도 종종 발견된다. 내가 이 글을 쓰는 동안, 헝가리의 빅토르 오르반Viktor Orbán 정부는 자신들의 '비자유 민주주의'를 정당화하기 위해 1930~1940년대에 나치를 지지했던 미클로스 호르티Miklós Horthy 독재 정부의 명성을 분주히 회복시키려 한다. 폴란드 정부는 나치의 전쟁 범죄에 폴란드인이 공모했다는 언급을 일절 하지 못하도록 법으로 금지하려고 하고 있다. 블라디미르 푸틴Vladimir Putin 정권은 소련 붕괴에 이의를 제기하는 방법으로 러시아 역사교과서에서 소련과 볼셰비키 정부 성립에 대한 비판을 지우고 있다. 그리고 힌두 내셔널리즘을 표방하는 인도의 집권 여당인 바라티야 자나타당Bharatiya Janata Party(인도인민당)은 승리주의적이고 반이슬람적인 교과서 채택을 추진하고 있다. 더욱이 정치적 입장을 뒷받침하기 위해 명성 높은 역사가들이 부정하는 역사적 주장을 환기시키는 이러한 시도는 독재 정권이나 민족적·종교적 정권에게만 나타나는 것은 아니다. 일본인과 많은 일본 교과서 저자들이 2차 세계대전 동안에 일본이 아시아 여러 나라에 저지른 만행을 인정하지 않는 것은 헝가리와 러시아 정부가 도덕적으로 비난받아야 할 일과 다르지 않다. 더 가까이는 미국 국내에서 2010년 텍사스 교육위원회가 토머스 제퍼슨Thomas Jefferson이 만든 국가와 교회 사이의 '분리의 벽wall of separation'이라는 말이 불쾌하다는 이유로 그의 이름을 미국 독립혁명을 일으킨 인물 명단에서 삭제했다. 증거를 무시하거나, 이를 거짓이라 비난하거나, 이념전쟁의 목적으로 이에 과도한 역사적 무게를 부여하는 것은 정치적 스펙트럼의 어느 한 지점에만 국한되는 현상은 아니다.

경험에 입각한 역사가 확고한 사실로 자리잡는 것을 두려워하는 모든 종류의 정부는 자국의 과거를 열정적으로 선전하고 때로는 이를 받아들일 것을 강요한다. 심지어 이런 포괄적 주장이 역사가들에 의해 타당하지 않은 것으로 판명됐을 때조차도 그렇다. 그리고 정치적으로 필요할 때마다 역사에 대해 언급하는 비평가들을 공격하고 권위있는 역사적 지식을 억압한다. 역사가들 자신도 때로는 대중적 화젯거리를 다루는 뉴스 프로그램의 소재로 역사를 제공하는 데 연루되어 있음이 드러나고는 했다. 예를 들어, 유럽계 미국인들의 승리로 일관하는 일차원적 내러티브는 미국 내부를 휩쓸어, 최근 수십 년 전까지만 해도 이미 알려져 있던 미국 원주민 문화의 파괴 기록이 역사가들이 쓴 역사교과서에서 배제됐다. 그러한 침묵이 도전받을 때 일어나는 논쟁은 좀처럼 평온하지 않으며, 모든 논쟁이 어떤 뛰어난 지적 영역 내에서만 일어나지도 않는다. 이런 논쟁들은 여전히 뜨겁게 계속되며, 그 결과는 때때로 정부가 환기하거나 혹은 경우에 따라서는 비난하기에 충분할 만큼 중요한 것으로 여겨진다.

그러나 이런 논란이 대부분의 인간 공동체에서 불가피하고, 그리고 개방된 사회에서 확실히 불가피하다면, 이런 논쟁을 오해해서 알려진 사실에 대한 지나친 공격이라고 묵살해버리는 그러한 사람들만을 비난하는 것은 부당하다. 그렇다. 이들은 독서를 더 폭넓게 함으로써 자신의 오해를 극복하기 위해 더 열심히 연구할 수 있었다. 그들은 역사가들의 논쟁에 대한 소식을 때때로 전하는 뉴스를 잘 알 수도 있었다. 그들은 논쟁을 학교와 대학에서 학습한 추론의 방법과 증거의 평가를 적용하는 것보다 더 효과적이고 정직하게, 그리고 정치적 편견 없이 과거에 적용할 수 있었다. 그리고 연구를 할 때 적용하겠다는 생각을 하고 싶어 했다. 그리고 그들은 자기 자신이 모든 사람들에게 인정받기를 원하듯이 다른 이들의 더 큰 전문지식을 인정할 수 있었다. 하지만 그들이 그렇게 하게끔 하는 데 역사가들은 큰 도움이 되지 않음이 밝혀졌다. 1929년 이후 뚜렷한 주제로 수정주의 역사를 다룬, 체계적으로 고려할 가치가 있는 책은 단 한 권도 나오지 않았다. 루시 메이나드 살몬Lucy Maynard Salmon의 찬사를 자아내는 책《역사는 왜 다시 서술되는가》가 1929년에 등장했지만, 수정주의를 다루는 또 다른 연구서는 나오지 않았다. R. G. 콜링우드R. G. Collingwood의 《서양사학사》(1946)와 에드워드 카Edward Hallett Carr의 《역사란 무엇인가》(1961) 같은 고전과 조이스 애플비Joyce Appleby, 린 헌트Lynn Hunt, 마거릿 제이컵Margaret Jacob의 《역사가 사라져갈 때》(1994), 린 헌트의 《무엇이 역사인가》(2018), 사라 마자Sarah Maza의 《역사에 대해 생각하기》(2017) 등의 최근 연구에 이르기까지 역사 지식의 추구와 역사적 사고의 본질을 다루어 호평을 받은 많은 연구들은 수정주의 역사 그 자체를 광범위하고 완전하게 다루지 않는다. 이 연구들은 개별적인 탐구 대상으로 역사 해석의 변화 현상에 초점을 두지 않으며, 이 책에서처럼 역사가들 사이에 수백 년간 잘 알려진 논쟁으로부터 역사를 탐구하고 역사적 사고와 기억을 통해 이해를 하는 식으로 주요 변화에 따라 그 주제로 수렴되는 가장 최근의 것을 포함한 모든 주된 사고 갈래를 모으려고 하지도 않았다.

수정주의 역사에 직접 초점을 맞춘 살몬 연구의 뒤를 이은 유일한 후속작인 이 책에서 나는 역사가의 기술에 대한 오늘날 역사가의 이해와 그 가능성에 더 부합하는 주장들로 우리 시대를 향한 그녀의 문제 제기에 답하고자 한다. 이렇게 하여 이 책은 역사 지식과 주장을 마음대로 무시하는 것이 자유라고 생각하는 사람의 공격에 대한 반론을 제공한다. 그러나 더 중요한 것은, 이 책은 또한 안정적이고 변하지 않는 지식에 의존하고 싶어 하는 인간의 일반적인 욕망에도 불구하고, 역사 이해를 다양한 의미를 읽고 지니는 데 개방적인 지식의 유동체로 인식하도록 촉진할 수도 있을 것이라는 사실이다. 역사는 고정되거나 확신할 수 있거나 그저 사실적이거나 재해석할 수 없는 것이 아니며, 이제까지도 그렇지 않았다.

그러나 일부 사람들이 과거에 대한 도전적 설명을 거부한 것은 오직 역사적 사고의 본질에 대한 무지에서 비롯된 것은 아니다. 일부 역사 해석에 대한 묵살은 이념적이고, 의도적이고, 둔감하다. 그 누구도 과거의 어떤 측면에 대한 모든 새로운 설명이 보편적으로 수용되고 찬사를 받을 것이라 기대하지 않는다. 지금까지 그래왔고, 앞으로도 그럴 것이다. 그 누구도 역사가들 사이에서 어떤 특정 주제에 대한 생각이 일치될 것이라 예상하지 않는다. 역사가들은 결코 그런 적이 없었고, 앞으로도 없을 것이다. 그러나 과거를 더 완전하게 잘 이해하려는 역사가들의 진지한 노력을 무시하고, 역사가들이 지니고 있는 증거에 의해 합의에 이르거나 그 증거로부터 도출된 결론을 바르게 이해하려는 욕구보다는 정치적 성향이나 그 밖의 다른 성향에서 연구 동기를 부여받을 수 있다는 이유로 단순히 무시하는 것은 역사 지식이 어떻게 축적되고 인간 이해의 일부가 되는지에 대해 깊이 오해하고 있는 것이다.

그렇다고 해서 '수정주의적revisionist'과 같은 훌륭하고 유용한 형용사와 그 자매 명사인 '수정revision' 및 '수정주의revisionism'가 대중적으로 맹비난한다는 의미로 사용되거나, 때로는 가장 혐오스러운 사고방식이라는 의미가 더해지거나, 이에 따라 이중으로 경멸한다는 의미가 되지는 않는다. 전 세계 사람들은 괴이한 '홀로코스트 수정주의'의 출현을 목격했는데, 이는 또 다른 이름 아래 홀로코스트를 부정하는 것이었다. 미국인들은 미국 대통령이 과거에 대한 어떤 특별한 관점에 '수정주의적'이라는 형용사를 적용하는 것이 마치 그 문제에 신경을 쓰는 것인 양 자신과 반대되는 과거에 대한 관점을 '수정주의 역사'로 비난하는 것을 들었다. 사람들은 신문에서 자신들이 동의하지 않은 견해를 가진 사람들을 '수정주의 역사 무리'라고 저속하게 일축하는 것을 읽고는 했다. 한 라디오 논평가는 "역사는 너무 간단하다. 역사는 단순히 과거에 일어난 사실을 가리킬 뿐 그 이상은 아니다"라고 단언했다. 그리고 수정주의란 "이미 알려진 어떤 것에 대해 어떤 새로운 것을 말하려는 역사가의 욕구"라는 냉소적인 글을 찾을 수 있다. 일부 전문적 역사가들도 자신들이 동의하지 않을 경우 '수정주의적' 연구라고 하면서 받아들이지 않는 것으로 알려져 있는데, 이들 중에는 좌파도 있고 우파도 있다. 역사가들이 특정 해석에 동의한다고 하더라도, 전기傳記는 "존중할 만하고 매력적인 통합적統轄的 수정주의presidential revisionism 연구"라고 한 평론가의 코멘트처럼 이들 중 일부에게 너무 쉽게 '수정주의자'라는 성격을 부여한다. 즉, 내가 이 책에서 내내 주장하듯이, 그 주제에 대한 기존의 검토와는 다르다고 하면서 별 볼 일 없이 여기는 것이다. 그리고 우리는 이제 해석은 그 의미가 무엇이건 간에 '포스트수정주의적'일 수 있다는 관념을 제시해 온 문학자로 대우받는다. '수정주의'와 그와 관련된 용어는 서술적인 명사로부터 악의적인 말과 구체적인 모든 의미가 퇴색된 지시어로 변해왔다.* 그리고 오로지 다른 누군가보다 정치적 우위를 차지하려는 목적으로 당파적이고 이념적으로 크게 다른 유형의 사람들이 종종 던지는 악의적인 말이 되어왔다. 내가 이 책 전체에서 말하려는 수정주의라는 용어가 결과적으로 초래하는 부정적인 함의는 결국 이 말이 붙지 않았다면 위태로웠던 주장을 고려하는 데 개방적이었을 수 있는 많은 사람들을 잘못 이끌어왔다는 것이다. 이런 경우에 역사 이해뿐

---

* '신', '구' 냉전의 역사, 심지어 '신', '구' 수정주의의 역사와 같이 역사가들과 다른 이들이 '신', '구' 역사를 구분하는 것은 약간의 도움만 될 뿐이다. 이러한 대조는 변화하는 해석적 강조와 사상의 해석적 학파를 다른 것들로부터 구분하고, 다른 것에 앞서거나 이전의 것을 계승하는 것을 나타내는 데 도움이 될 수 있다. 이와 같은 용어상의 표식은 때때로 유용한 반면, '신'역사가 더 최근의 것이기 때문에, '구'역사보다 반드시 질적으로 우수한 것을 나타내는 것으로 받아들여져서는 안 된다. ─ 지은이

아니라 정치적 토론이나 시민 간의 친선도 어려워진다.

따라서 나는 이 책을 통해 무엇이 지나간 과거에 대한 우리의 이해를 바꾸도록 했는지를 독자들이 이해할 수 있도록 과거 해석의 수정이라는 주제를 지적으로 어느 정도 명확하게 하고자 한다. 또한 왜 오랫동안 역사가들이 서로 동의하지 않았는지, 언제까지고 변하지 않을 가능성이 적은지, 지식의 한 분야로서 역사는 왜 항상 의미의 탐색이고, 변함없는 하나의 자료이며 논쟁의 주제인지, 주장하는 것이든 논쟁하는 것이든 도전받는 것이든 기억하는 것이든 간에 역사는 개인들이 세계 속에서 자신의 위치를 파악하거나 모든 집단과 국가의 정체성과 운명에 대한 인식에 필수적인지 설명하고자 한다. 역사 주제는 항상 살아 있어서, 언제나 그에 대한 논쟁이 벌어지고 매력을 끄는 대상이며 결코 활력을 잃지 않기 때문에 중요하다. 네덜란드의 위대한 역사가 피터 게일Pieter Geyl이 말한 것처럼 역사적 주제는 '끝없는 논쟁'을 만든다.

모든 역사가들은 최소한 어떤 면에서는 수정주의자들이다. 역사가들은 과거를 이해하고자 하는 단순한 욕구와 바람 때문에, 그리고 그러한 이해가 가져다줄 기쁨과 만족뿐만 아니라 그들의 비전과 희망을 위해서 늘 과거를 파악하려고 노력한다. 따라서 모든 역사 연구는 추정에 바탕을 두고 수정주의적으로 접근해야 한다. 그러나 아직까지 역사를 '수정주의적'이라고 말하는 것, 더 최근에는 '신수정주의적'이라고 말하는 것은 물이 축축하다고 하는 것과 같다. 이 용어를 사용하는 것은 역사 글쓰기에 내재된 것이 무엇인지 말하는 것이지 수정주의의 어떤 사례에 대해 독특한 것이 무엇인지 말하는 것은 아니다. 역

끊임없이 변화하는 과거

사가들은 항상 어떤 목적을 가지고 글을 쓰기 때문에 서술된 역사는 항상 의도를 지니고 있다. 역사가들은 이전 역사가들이 이해했던 것보다 더 완전하게 주제를 이해하고 제시하기 위해 노력하며, 따라서 서술된 역사는 이전에 이해했던 것과는 다르다. 즉, 모든 역사가들은 자기 나름의 정신, 성향, 관점, 그리고 목적을 가지고 있기 때문에, 존재의 그 사실만으로 자신의 고유한 표현인 어떤 주제나 쟁점에 대한 특별한 '해석take'을 제안한다. 모든 역사가는 그 밖의 다른 어떤 사람의 자아가 아닌 자기 자신의 자아로 당면 주제에 영향을 미치려는 목적을 가지고 연구를 하게 된다. 심지어 사실의 연대기에 불과한 역사조차도 역사적 사실의 선택에 따라 과거에 대한 새로운 시각을 제공할 수 있다. 따라서 각각의 역사는 고대 그리스 이래로 존재해온 두 가지 특징을 나누어 가지고 있다. 하나는 헤로도토스에서 비롯된 특정 주제의 묘사로서의 역사이고, 다른 하나는 투키디데스에서 비롯된 논쟁의 역사로, 종종 다른 역사가들과의 논쟁이다. 각각의 역사 연구는 의미를 찾기 위한 지속적이고 개방적인 탐색에 내재하는 요소이다. 내가 이 책에서 과거에 대한 사고와 서술의 성패를 좌우하는 것이 무엇이며 역사적 탐구, 지식, 서술을 왜 역사가의 정치적이고 개인적인 책무 및 기질로부터 분리할 수 없는지 일부 담아내고자 하는 것은 무엇이 수정주의 역사가 되는지를 명확히 하고 싶은 마음 때문이다.

그러나 '수정주의 역사'라는 용어에 어떻게 적절한 고유성을 부여할 것인가? 2장과 3장에서 밝히겠지만 2000년 동안 오늘날 수정주의로 볼 수 있는 역사는 드물었고, 여기에 해당한다고 지명을 받을 자격이 있는 소수의 연구들은 매우 이단적이고, 때로는 진정으로 혁명적이었다. 그러한 연구는 이전에 공격받지 않았던 우월한 지위를 가진 역사적 세계관에 도전했고 때때로 이를 대체했다. 또한 과거에 대한 정통적인 생각을 공격했고, 관습적인 역사 해석에 이의를 제기했다. 이러한 연구는 이전에 완전하고 타당하다고 여겼던 지식을 약화시킬 수 있는 전략적이고 강력한 증거에 집중했다. 종종 이설로 간주되어 대중을 분개하게 만들고, 맹렬한 공격을 받았고, 때로는 금지되기도 했다. 이러한 연구의 영향, 기존 권위에 대한 위협, 그리고 관습에 대한 도전을 부인하는 경우는 거의 없었다. 이러한 대안적 연구 가운데 역사에서 받아들여진 견해는 유세비우스가 고대 그리스·로마, 이교도 역사를 기독교식으로 대체한 것과 서구적 과거에 대한 카를 마르크스Karl Marx의 변종 해석이다. 그들의 연구가 등장한 후 역사 문헌, 일반 문화, 대중 토론 안에서도 동일한 정도의 자취를 남긴 것은 거의 없었다.

그러나 20세기 이전까지는 알려지지 않았던 용어인 수정주의 역사의 자격을 얻기 위해서는 유세비우스와 마르크스의 저술처럼 한 주제에 대한 관습적이거나 이미 받아들여진 해석을 뒤엎을 필요는 없다. 만약 이를 시금석으로 한다면, 19세기 이전 대부분의 역사 연구들, 심지어 피렌체 역사가 마키아벨리Niccolò Machiavelli와 귀차르디니Francesco Guicciardini의 최초의 세속주의적 가정처럼 과거에 대한 이전 접근법을 단절시키는 데 굉장한 영향력을 미친 연구마저도 그 자격을 얻지 못할 수 있다. 따라서 수정주의에 대한 어떠한 검토도 포용력이 있어야 하며, 주제를 이해하는 이전의 방식을 변화시키거나 그에 추가되는 모든 역사를 포괄해야 한다.

게다가 우리가 이전에 확립된 역사적 관점의 혁명적 대체만을 수정주의 역사라고 받아들인다면, 시간이 지나면서 역사 지식의 변화를 이해하는 데 큰 진전을 보이지 못하고 현재의 지적 현실에 적응하지도 못할 것이다. 커다란 주제에 대한 하나의 재해석이 그 이전의 모든 해석을 휩쓸어버리고 한 문화 내의 다른 해석에 의해 효율적으로 도전받지 않은 채 존재할 수 있는 때는 지나갔다. 사료의 확산, 역사적 평가에 개방적이라고 여겨지는 주제의 확대, 전 세계의 전문 역사가의 급격한 증가, 학문적 전문화의 확산, 여행과 의사소통의 혁명 등을 고려할 때, 이전의 전통적 견해에 대한 수정은 과거보다 더 많으며, 빠르고 지속적으로 서로에게 도전한다. 더욱이, 비록 이러한 수정은 종종 유세비우스와 마르크스가 제시한 역사의 재평가보다 더 제한된 집단에서만 견인력을 가지지만, 개별 주제에 대한 이전의 이해에 도전하고 이를 변화시키는 데는 그 못지않게 중요하다. 따라서 우리가 과거와 우리 시대에서 역사 이해의 발전과 역사 해석을 둘러싼 갈등을 완전히 이해할 수 있도록 수정주의 역사의 서로 다른 다양성, 규모, 중요성을 구별할 필요가 있다. 수정주의 역사의 다양성은 4장의 중심주제이다.

수정주의 역사와 관련된 또 다른 문제는 역사적 규모이다. 예를 들어, 2세기가 넘게 역사가들 사이에 가장 논쟁적인 주제 중 하나는 프랑스혁명의 기원에 관한 것이었는데, 이는 내가 5장에서 다룰 주제이다. 프랑스혁명은 프랑스 노동계급의 궁핍, 부르주아적 열망의 증가, 역사의 무대에서 '민중the people'의 출현, 프랑스 경제의 붕괴, 혹은 어떤 다른 원인이나 원인들 때문에 일어난 것일까? 이에 대한 올바른 해석을 하려는 도전이 근대 유럽의 토대, 특히 국민국가 체제, 정치 및 사회를 이해하려는 사람들에게 큰 관심사가 되어야 한다는 주장을 어느 누구도 반박하지 않을 것이다. 그러므로 1789년 이후 프랑스 및 대륙을 뒤흔든 엄청난 혁명적 사건의 폭넓게 수용된 기존 해석에 대한 도전은 거의 당연히 수정주의 역사의 한 가지 사례가 된다. 그러나 만일 프랑스혁명이 아니라 남북전쟁과 같은 더 한정된 상황으로 역사적 주제의 규모와 경계를 좁힌다면, 수정주의 역사의 영역에서 벗어난 것인가? 그러한 명제는 지속되기 어려울 것이다. 수정주의는 그와 관련된 주제에 상대적이다. 비교적 소규모 전투에 대한 이해를 바꾸는 것이 남북전쟁 그 자체보다 미국의 역사에서 덜 중요한 사건에 해당하기 때문에 단순히 수정주의 역사의 범주에서 제외되어서는 안 된다. 구체적인 맥락 안에서 그것은 수정주의적이다.

마찬가지로, '수정주의적'이라는 지칭 여부를 과거 사건의 해석에 대한 어떤 특별한 변화가 중요한지 중요하지 않은지에 따라 정해서는 안 된다. 해석이 수정주의적인지 아닌지는 과거의 사건이 역사가 개인이나 일반 대중들에게 중요한 것으로 여겨지는지 여부가 아니라 과거의 어떤 부분에 대해 어느 정도 구체적이고 사전에 과감하게 설명하는가에 달려 있다. 그러므로 약 30년에 걸쳐 일어난 필사본의 재평가, 새로운 증거의 발굴과 해석, 그리고 유전자 과학의 발전은 토머스 제퍼슨이 그의 노예 샐리 헤밍스Sally Hemings*를 정부로 삼아서 아이

---

* 미국 3대 대통령 토머스 제퍼슨 집안의 노예이면서 그의 정부였다. 제퍼슨의 아내였던 마사 웨일스 스켈턴 제퍼슨(Martha Wayles Skelton Jefferson)이 결혼을 하면서 데려온 노예인데, 그녀의 이복동생이기도 했다. 결혼 10년 만에 아내가 일찍 죽자 제퍼슨은 30살이나 어

들을 낳았다는 의혹에 최근 권위 있는 영향력을 행사했다. 이 증거는 제퍼슨이 아프리카계 미국인들과의 성적인 접촉을 꺼렸다는 견해를 바꾸었을 뿐만 아니라, 미국 국가 건설 초창기에 백인과 아프리카계 미국인이 어떻게 서로 얽혀 있었는지를 명백하게 밝혔다. 그때부터, 노예를 소유했지만 모든 인간은 평등하게 태어났다고 호소력 있는 주장을 한 입안자가 우리가 이미 알고 있는 많은 농장주, 감독관, 그리고 다른 백인들이 자신의 노예와 나누었던 그런 종류의 교제를 어떻게든 회피했다는 사실은 더 이상 옹호될 수 없었다. 미국의 인종 관계에 대한 역사 서술은 새로운 깊이를 얻었다.

그러나 우리는 또한 '수정주의 역사'라는 일반적인 범주에 속하는 것에 대해서도 정확히 할 필요가 있다. 수정주의 역사는 잘 알려진 사실과 관련 없는 과거에 대한 견해는 포함하지 않으며, 자신이 주장하는 과거에 대한 지식의 사용이 종종 논쟁을 불러일으키는 정치가나 전문가, 이론적 지도자들이 제공하는 그런 종류의 단순한 견해도 아니다. 반대로 단지 어떤 개인이나 정치적 집단을 불쾌하게 한다는 이유로 '수정주의적'이라고 비난을 받는 역사도 해당하지 않는다.* 모

린 14살의 샐리 헤밍스와 가까워졌다. 18세기 말부터 헤밍스가 낳은 아들이 제퍼슨의 아이라는 이야기가 떠돌았으나 생전에 제퍼슨은 그런 이야기를 한 적이 없으며, 제퍼슨을 미국 독립의 아버지로 떠받들던 미국 사회에서도 이를 가짜뉴스로 치부했다. 그러나 1998년 유전자 검사 결과 헤밍스가 낳은 사생아 중 일부가 제퍼슨의 아들임이 인정됐다. 이 책의 4장에서 이 주제에 대해 자세히 다룬다. — 옮긴이

* 2017년 미국 환경보호국의 신임 행정관들이 그 기관의 역사를 알리는 자체 전시회에 대해 수정을 명한 것은 한 정당이 최고 책임자의 확신과는 대조되는 다른 당의 해석을 발견해 과거에 대한 표현이 바뀐 사례다. 신임 행정관들은 지구온난화를 늦추고, 기후변화를 멈추기 위한 과거 환경보호국의 노력에 대한 언급을 삭제했다. 마치 이를 삭제하면 현실 자체를 바꿀 수

든 역사 이해와 마찬가지로 수정도 확장된 읽기, 조사, 연구, 성찰, 그리고 비판을 통해 얻은 권위 있는 지식의 시험을 통과할 수 있어야 한다. 이것은 과거에 대한 논쟁이 반드시 학계에 국한되어야 한다는 것을 의미하지 않는다. 왜냐하면 학자들이 아닌 많은 사람들도 과거의 다양한 주제에 매우 능통하다는 것이 증명됐기 때문이다. 그러나 이것은 서로 간에 '표준' 혹은 '수정주의' 역사라고 평가할 수 있는 것은 오직 아카이브 연구나 역사가들이 이전에 쓴 것에 대한 깊이 있고 지적인 고려와 재고려로부터 나올 때에만, 그중 어느 한 편이 타당할 수 있음을 의미한다.

그러나 수정주의 역사의 정의에 대한 이러한 시도는 여전히 수정주의 역사의 의미와 수정주의 역사를 식별하는 방법에 대한 결정적인 지침을 제공하지 않는다. 이곳에서, 그리고 4장에서 우리가 주목하는 고려 사항을 유념하는 한, 수정주의의 의미나 그 자체를 알리기 위해 수정주의를 명확히 하는 방법에 대한 결정적인 지침을 기대할 필요가 없다는 확고한 근거가 있다. 문화의 전반에서 그리고 많은 역사가들 사이에서 대체로 믿어왔던 것과 반대되는 해석의 변화가 수정주의로 간주되어야 한다는 데 의심할 만한 여지는 없다. 논쟁을 야기하는 역사는 그 점에서만 이 용어를 사용할 자격이 있을 것이다. 그러나 모든 역사가들이 연구에 착수할 때마다 관여하는 일상적인 수정은 그러

있는 것처럼 말이다. 과거를 보여줄 공간은 한정적이기 때문에 항상 여러 기관은 전시할 공간을 배분하고, 해석들 사이에서 선택해야 한다. 누구도 특정 견해의 추종자들이 그들의 신념을 다른 것으로 대체하는 것을 막을 수 없다. 그러나 좌파든 우파든 이는 여전히 수정주의다. '우파 수정주의'와 '좌파 수정주의' 간의 분명한 차이는 재해석이 나오는 방향이다. ─ 지은이

끊임없이 변화하는 과거

한 정의에서 추방되어야 하는가? 다른 이들은 동의하지 않겠지만, 나는 그렇지 않다고 생각한다. 그리고 다른 접근법에 문제를 제기하지 않은 채 단순히 그에 대한 새로운 접근방식만을 제시하는 과거를 보는 대안적인 방법에 대해서는 어떠한가? 스스로 이전에 주장되어왔던 것에 대한 수정이라고 내세우지 않기 때문에, 그것들 또한 수정주의적이 아니라고 일축해야만 하는가? 여기에서 나는 다시 한 번 그렇지 않다고 생각한다. 암암리에, 그리고 역사적 사고와 서술의 전체 기록에서, 이처럼 비논쟁적인 역사는 그 진로를 이전과는 다른 방향으로 나아가는 것으로 설정할 가능성이 있다. 그들은 동일한 사실을 다루지만, 내러티브를 다르게 제시하거나 주제에 대한 이전 연구보다 특정한 인물이나 사건을 강조하는 데 중점을 둔다. 따라서 그 주제에 대한 새로운 접근법이나 논쟁을 뚜렷하게 포함하지 않더라도, 수정주의 역사이다. 결국 그런 문제는 언제나 하나의 논쟁거리로, 그중 일부는 심각한 논쟁거리로 남을 것이기 때문에, 가장 타당하고 옹호할 수 있다고 내가 생각하는 확실한 길은 모든 역사 연구가 달리 주장의 확인을 통해 입증될 때까지는 수정주의적이라고 여기는 것이다. 그리고 이는 아마도 애쓸 필요도 없을 것이다.

만일 오늘날 우리 모두가 수정주의자이고 모든 역사가 잠재적으로 수정주의적이라면, 우리는 과거의 의미를 둘러싼 끝나지 않는 갈등뿐만 아니라 모든 역사 지식의 내재적인 불확실성과 지속적인 잠정성에 직면한 우리 자신을 발견하게 된다. 그러한 갈등이 항상 선하지만은 않고 때때로 해를 끼치기도 한다면, 이는 온전히 인간적이다. 우리가 역사적 논쟁이 종결된 상상 속의 에덴동산에 도착한다면, 이는 인류 문화와 인류 사상의 끝에 도착했음을 의미할 것이다. 역사의 활력, 그리고 그에 대한 논쟁과 대화의 활력은 대의민주주의와 우리 자신의 사회와 같은 개방된 사회의 공적 생활을 유지시킨다. 이런 사회에서 도전받지 않는 과거의 해석은 괴이한 것으로 주목받는다. 우리가 과거의 의미에 대해 열정적으로 논쟁할 수 있다는 것은 자유사회가 다양한 관점과 지속적인 의미 탐색의 가능성을 어떻게 제공하고 보호하는지를 보여준다. 오직 폐쇄적인 전체주의 사회만이 그들의 역사적 과거에 대한 논쟁을 금지한다. 그리고 정통적이고 공식적인 역사에 대한 도전은 행동과 사고를 지배하고 억누르려는 독재적인 노력을 위협하기 때문에 응당 그렇게 한다. 조지 오웰Geroge Orwell은 "과거를 지배하는 자는 미래를 지배한다. 현재를 지배하는 자는 과거를 지배한다"고 말한다. 그리고 과거를 이해하는 상충된 방식이 지식 그 자체와 그에 대한 해석이 잠정적일 수 있다는 것을 암시하기 때문에, 깊이 뿌리내린 기존의 과거 묘사에 대한 수정은 변화를 두려워하는 이들을 매우 불안하게 만든다. 그럼에도 그러한 수정은 자유로운 사상과 자유로운 표현의 근원이다. 이러한 수정은 오늘날 개방 사회를 형성하는 사상과 신념의 지속적인 경쟁의 일부분을 형성한다. 그리고 이러한 수정은 사람들이 바라는 대로 자유롭게 생각하고, 쓰고, 말하는 모든 곳에서 지적이고 공적인 생활을 만드는 데 사고가 하는 역할의 중요한 특징이다. 역사가들과 다른 사람들이 과거를 가지고 자유롭게 싸우는 것이 과거에 대한 지식과 토론이 억압되는 것보다 낫다.

만일 모든 역사적 지식이 어느 정도 불확실하고 부분적이고 논쟁과 변화에 개방적이라면, 특히 이성이 오류와 자유롭게 싸우는 민주주의 사회에서 어떻게 우리는 역사라고 배우는 것에 대해 확신을 가질 수 있을까? 역사 지식이 완전히 확실하지 않다는 이유로 큰 가치가 없다고 결론짓는 냉소적인 오류에 빠지지 않으려면 우리는 어떻게 해야 할까? 과거에 대한 사람들의 생각은 다르기 때문에 과거에 대한 해석이 똑같이 타당하다고 생각하는 것과 마찬가지로 심각한 상대주의적인 사고의 오류를 어떻게 피할 수 있을까? 즉, 우리는 역사 지식의 잠정성과 항상 변화하는 역사의 풍부함과 유용성에 대해 어떻게 생각해야 하는가? 역사가들이 과거에 대한 신뢰할 수 있는 이해를 탐색하기 위해 새로운 지식을 만들고, 일치되지 않는 기존의 지식을 개선하고, 수정하고 도전함에 따라 그들 사이에서 일어나는 끝없는 논쟁을 우리는 어떻게 보아야 할까?

이 질문들은 이 책의 핵심이다. 이를 이해하기 위해 나는 역사 수정주의를 역사 해석의 변화만이 아니라 더 구체적으로 새로운 증거, 새로운 주장, 새로운 관점, 새로운 방법으로 제기되는 과거 어떤 측면의 기존 해석에 대한 어떤 도전이라고 정의한다. 이러한 정의에서 과거의 어떤 부분을 이해하는 기존 방식의 변화를 가져오는 것이 아니라면, 역사 지식의 단순한 추가는 고려 대상에서 제외된다. 역사 지식의 그러한 차이는 유지되기 어려울 것이라고 생각한다. 나의 정의는 논쟁적 역사의 어떤 사례는 받아들이지만, 다른 사례는 배제한다. 따라서 해석적 자유의 존재는 인정하는 반면에, 주장이 얼마나 타당하게 확장될 수 있으며 그 이상의 주장이 아무것도 만들어내지 못하는 것은 언제인가 하는 문제는 해결하지 않은 채 남겨둔다.

나는 미국인들이 아주 오랫동안 가까이 섭해왔던 남북선생의 원인을 주제로 하는 역사가들의 다양한 접근에 대한 조사로 이 책을 시작하겠다. 그러므로 나는 책의 내용을 변칙적인 연대순으로 구성해서, 기독교 시대가 시작되기 이전 500년간 역사 서술의 발전을 서술하기에 앞서 19세기 현상에 대한 논쟁을 고려하는 것에서 출발할 것이다. 내가 그렇게 하는 것은 오로지 미국인들의 국민성과 도덕적 의무 인식에 중심이 되는 주제에 대한 주장의 검토를 통해서 수정주의 역사의 주요 차원을 독자들에게 소개할 목적이기 때문이다. 또 다른 청중을 대상으로 글을 썼다면, 나는 그 구성원들의 역사의식에 거의 가까운 실례를 보여주는 주제로 시작하는 것을 택했을 것이다. 그런 다음 2장과 3장에서는, 역사가들이 히스토리오그라피historiography라고 알고 있는 역사 그 자체의 역사에 대해 짧게 다루려 한다. 이 책에서 히스토리오그라피라는 용어를 자주 사용하기 때문에 이에 대한 명료한 설명이 필요하다. 히스토리오그라피는 두 가지 의미를 지닐 수 있다. 첫 번째로 라틴어 어원인 'historia'(내러티브, 과거에 대한 탐구)와 'graphia'(쓰기)를 고려해볼 때, 히스토리오그라피는 단지 과거에 대한 모든 글쓰기이자, 어떤 역사적 주제에 대한 누적된 문헌을 가리킨다. 따라서 우리는 '미국혁명의 사학사', '근대 아프리카의 사학사'와 같이 부를 수 있다. 우리가 그렇게 할 때, 히스토리오그라피는 어떤 주제에 관한 해석적 역사 연구의 모음을 의미한다. 즉, 라디오와 영화처럼 아이디어의 보급을 위한 최신의 매체 저작물뿐만 아니라 출간된 책과 기사를 가리킨다. 히스토리오그라피의 두 번째 의미는 역사적 사고와 글쓰기의 공식적 연구이다. 즉, 과거에 대한 사고의 변화를 다루는 학문이다. 이런 의미의 히스토리오그라피는 그 자체로 역사 비판의 저장소이다. 따라서 이러한 종류의 학문을 실천하는 사람은 역사학자historiographer이다. 그들은 다른 어떤 사람이 심리학과 같은 분야에서 늘 변화하는 연구 내용, 의미, 형식, 의의를 밝히기 위해 그에 대한 영국 문헌이나 글쓰기를 연구하는 것과 같은 식으로 역사 문헌을 연구하는 사람이다. 히스토리오그라피는 이 두 가지 의미에서, 역사적 논증과 의미를 변화시키는 계보학이다.

이 계보적 은유는 또한 과거의 어떤 부분에 대한 가장 최근의 해석 내에서 그에 대한 이전 해석을 구체화하는 것이 불가피함을 의미한다. 역사가 없는 역사 연구는 없다. 각각의 연구들은 특정한 역사가가 과거의 일부를 검토한 결과지만, 과거에 대한 그 역사가의 사고는 그 주제에 대한 기존의 역사 문헌에 의해 형성되어왔다. 다시 말하면, 기존 연구는 그 주제를 새로 다루는 모든 후임 역사가들의 검토에 개방되어 있다. 이는 저자와 마찬가지로 어떤 역사 저작도 위장된 모습을 유지할 수 없음을 의미한다. 모든 역사 저작은 검토의 대상이며, 역사 텍스트는 게놈과 같이 과거 주제에 작용하는 독특한 인간 정신뿐만 아니라 과거의 역사적 사고를 식별할 수 있는 독특한 요소로 만들어진다는 것이 드러났다. 이런 의미에서 히스토리오그라피는 지리학과도 같다. 히스토리오그라피는 수천 년에 걸쳐 쌓여온 퇴적층인, 역사의 누적된 저작들을 연구하는 학문으로, 이러한 역사 연구는 눈에 보이지 않게 묻혔기 때문에 한때 당연한 것으로 여겨졌지만 인간의 사고가 적용되어 오늘날 두드러지게 노출됐다. 각각의 새로운 역사 연구들은 이전에 쌓인 퇴적물인 그 밑에 놓인 것을 덮으면서 우리에게 드러난 표면일 뿐이다. 히스토리오그라피의 관섬에서 볼 때, 역사는 우리가 과거에 대해 생각하는 방식과 역사가들이 논란을 벌이는 주제를 계속해서 만드는 논쟁으로, 수천 년 전에 시작됐다. 즉, 수정주의 역사는 시작부터 우리와 함께 있었고, '수정주의 역사'라는 용어조차도 그 나름의 역사를 가지고 있다.

4장에서는 역사 기록에 대한 많은 형태의 수정주의를 분류하는 한 가지 체계를 제안하고, 그 뒤를 이어 5장에서는 과거에 즉시 일어났던 역사 논쟁, 그것의 사용, 때로는 놀랄 만큼 평온했던 이해의 사례를 제공한다. 6장에서는 결론적으로 신경과학의 발전과 역사적 주장의 객관성에 대한 실재적인 철학적 의심에 직면해서 나머지 모든 것의 기저를 이루는 역사가의 객관성과 역사 지식의 장점, 신뢰성, 유용성에 대한 믿음을 지킬 수 있는 방법이라는 골치 아픈 문제를 다루겠다. 전체적으로 나는 역사가들이 어떻게 그리고 왜 그들의 연구를 수행하는지를 분명히 하려고 한다. 이를테면 역사가들이 어떻게 증거를 사용하는지, 그들의 주장은 왜 그런 형식을 취하는지, 그리고 그들의 서로 다른 의도가 무엇인지를 밝히려는 것이다. 이 책을 다 읽게 되면 독자들이 역사 지식을 찾고자 하는 일은 항상 존재해왔으며, 앞으로도 그럴 것이라는 점을 더 잘 이해할 수 있기를 바란다. 그리고 독자 가운데 교사들은 학생들에게 그러한 이해를 더 잘 전달하기를 바란다. 나는 또한 역사가들이 자신의 부분적 지식 속에서 그들 간의 끊임없는 토론에 참여해왔으며 과거의 의미와 역사 지식의 사용에 대해 자신들의 학생, 독자, 청중, 그리고 관찰자들과 토론을 벌여왔음을 독자들이 알게 됐으면 한다.

여기서 인정해야 할 이 책의 한계점이 있다. 이 책에서 다루는 것은 서구 세계의 역사 주제와 역사 문헌에 국한된다. 이러한 주제들과 이에 대한 연구는 너무나 방대해서 목적에 맞는 예시를 찾느라 다른 곳으로 눈을 돌릴 필요가 없었다. 그럼에도 이슬람, 중동, 중국과 같은 다른 문화와 전통의 히스토리오그라피는 다양성과 논쟁에서 헤아릴 수 없을 정도로 풍부하다. 나의 지식의 한계 때문에 14세기 위대한 무슬림 역사가인 이븐 할둔Ibn Khaldun이 쓴 역사서(그의 《무깟디마》를 보라)나 기원전 1세기에 중국의 사마천司馬遷이 쓴 《사기》와 같은 대작은 논의에서 제외했다. 따라서 이 책에서 다룬 것은 어떤 것이라도 단지 부분적인 역사일 뿐이다. 그러나 내가 쓰는 많은 부분은 역사학, 역사적 사고, 역사 이해, 역사적 주장의 일반적 원리와 관련이 있기 때문에, 이 책은 더 나아가 세계 모든 분야와 문화의 역사나 역사가에게 적용할 수 있다.

게다가 이 책은 내가 지금까지 전념해온 연구 주제에 대한 것이 아니었기 때문에, 아카이브를 기반으로 하는 조사 연구보다도 내가 1950년대 대학원에 들어간 이후부터 시작된 전문 역사가로서의 경력에서 나온 서구의 히스토리오그라피 전반에 대한 나 자신의 성찰에 의존해야 했다. 결과적으로, 이 책의 대부분은 에세이와 비슷하고 어떻게 무시된 주제에 대해 더 많은 관심을 기울일 수 있다고 생각하는지 밝히기 위한 나의 노력이다. 각 장의 본문에서 다룬 역사 연구들 외에도, 각주를 대신해 각 장의 끝에 독자들이 더 찾아서 읽을 만한 몇 가지 책이나 글을 제시했다(2장과 3장은 하나로 합쳐서 제시했다).

마지막으로 이 책은 서구 역사가들 사이에서 벌어진 모든 논쟁, 모는 주제에 대한 서로 나른 모든 해식을 망라한 것은 아니니, 심지어 과거를 연구하는 사람들에게 오랫동안 관심 대상이었던 모든 주요 주제를 다룬 것도 아니다. 그렇게 하는 것은 불가능하기 때문이다. 이 책에서 다루는 주제들은 선택을 한 것으로 하나의 예시이지 완전한 것은 아니다. 나는 독자들이 내가 쓴 내용을 생각한 결과로 모든 역사 저작이 가지는 한계와 편향성을 평가하고 수용하는 한편, 장점을 이해할 수 있는 능력을 향상시켜서 그 저작에 접근할 수 있기를 바란다. 만일 그렇게 할 수 있다면, 독자들은 과거에 무슨 일이 일어났는지 알아내는 데 자신의 삶과 경력을 바치는 그런 사람들의 명예로운 집단에 들어가게 될 것이다.

끊임없이 변화하는 과거

1장
끝없는 수정: 남북전쟁의 기원

남북전쟁의 원인에 대한 긴 논쟁의 역사보다 역사 해석의 잠정성을 논할 수 있는 고전적인 사례는 없을 것이다. 나는 고대 그리스에서 역사를 문자로 기록하기 시작한 이후 존재했던 다른 모든 해석적 갈등의 규모, 복잡성 및 중요성을 보여주는 전형적 사례를 대신하여 그 해석을 추적하여 검토하겠다. 나 또한 여기에서 모든 역사적 논쟁에 내재하는 실체의 일부를 소개하겠다.

남북전쟁의 원인에 대한 논쟁은 미국인들이 가깝게 접할 수 있는 것으로, 그로 인해 제기된 문제들이 미국인들의 대중적 생활에 지속적으로 영향을 주기 때문에 전쟁의 기원을 둘러싼 논란은 때로는 전쟁 그 자체만큼이나 뜨거워 보일 수 있다. 전쟁과 관련된 다른 문제들이 주목을 받으면서 근래 전쟁의 기원에 대한 전문 역사가들의 논쟁은 누그러들고 잠정적인 합의에 도달했지만, 이 전쟁에 대한 모든 논쟁 중에서 가장 정치적·지적·노력적으로 곤란한 문제 중 하나이사 뤈

재까지 150년 이상 계속된 전쟁의 시작을 둘러싼 히스토리오그라피적인 논란은 역사가들이 과거에 대한 어떤 차원을 이해하고자 할 때 직면하는 많은 어려움을 보여준다. 전쟁의 열정을 가라앉히고 역사적 사건과 인물에 관한 논의를 좁히는 것은 가능할지 모르지만, 이 경우처럼 역사적 논쟁을 끝맺거나 현대사에 미친 영향을 없애는 것은 때때로 불가능하다. 서로 다르고, 가끔은 충돌하기도 하는 역사 해석의 끝없는 흐름, 즉 기존의 역사에 대한 끝없는 도전과 수정의 흐름이 그 결과이다.

전쟁의 원인을 이해하기 위한 일반 대중뿐 아니라 학계 역사가들의 오랜 노력은 또한 어떤 커다란 역사적 사건의 기원이 무엇인지에 대한 하나의 합의를 추구하더라도 개략적인 합의조차도 어렵다는 사실을 보여준다. 가장 뛰어나고 학식이 깊은 학자들조차 이 문제의 몇몇 부분에 대해서는 갈등을 빚고 있으며 남북전쟁의 원인을 어떤 어려움도 없이 해석할 수는 없다는 것을 인정한다. 그들은 구체적인 질문들에 대해 심사숙고하고, 때로는 특정한 추측 방식을 배제하는 것이 불가능하다는 사실에 당황하거나, 전쟁의 원인에 대한 서로 다른 접근법의 상대적인 가치와 강점에 대해 갈등을 겪기도 한다.

전쟁이 끝난 지 한 세기하고도 반이나 지나도 이렇다면, 1865년 전쟁이 막 끝나고 해석을 둘러싼 이런 전투가 시작됐을 때에는 얼마나 더 위태로워 보였을지 상상해보라. 어떤 사건과 가까운 시기, 특히 광범하고 깊은 분열을 일으키는 시민 갈등을 겪었던 때와 가까운 시기에는 울분이 가라앉지 않고 거리를 두고 해석하는 것이 거의 불가능하며, 남아 있는 사건의 생존자는 일어난 일에 대한 해석에서 일종의 폭정을 행사한다. 애퍼매턱스Appomattox에서 남부연합이 항복을 선언한 이후, 이러한 상황은 수십 년 동안 지속됐고, 그 기간 동안 전쟁의 기원에 대해 균형 있고 냉정하며 감정에 치우치지 않는 시각을 지닌 미국인들은 북부와 남부를 막론하고 거의 찾아볼 수 없었다. 모두 자기편을 정당화하고 갈등을 촉발시킨 상대방을 비난하려 했다. 마지막 총알이 발사된 후 약 30여 년이 넘는 기간 동안, 미국인들이 내놓은 설명은 전투의 열기 속에서 전투에 참여한 이들이 내세웠던 것과 거의 차이가 없었다.

전쟁이 끝난 후 여러 해 동안 전쟁의 원인을 둘러싼 남부와 북부의 분열은 우리에게 놀라운 일이 아니며, 사건 생존자들이 기록한 내용이 이를 해석하기 위한 기본적인 템플릿이 됐다는 사실 또한 우리를 놀라게 하지 않는다. 심지어 그들의 주장이 나중에 옹호할 수 없음이 판명되더라도 그렇다. 동시대인들이 역사가들의 이후 서술뿐만 아니라 일반 대중들의 사고에 지속적인 영향력을 행사한다는 것은 전문 역사가들을 좌절시킬 수도 있다. 많은 역사가들은 과거를 논증하는 몫은 자신들에게 돌아가야 한다고 믿고 싶어한다. 그러나 사실 역사의 의미에 대한 다툼은 일반적으로 당시 사람들이나 참여자들과 함께 시작하며, 그들의 주장이 전문적인 담론의 범위 안에 머무르는 경우는 거의 없다. 모든 사람은 이런 치열한 해석 싸움에 많은 이해관계를 가지고 있다.

남북전쟁의 경우도 그렇다. 이 거대한 갈등의 원인을 이해하기 위한 가장 초기의 노력은 특별히 훈련된 전문 역사가들의 임무가 아니었다(사실 그 당시에는 전문 역사가들이 거의 존재하지도 않았다). 역사가들

대신, 북부와 남부의 열성적인 지지자들이 가장 먼저 전쟁의 원인을 이해하고 자신의 주장을 정당화하려는 시도를 했다. 이러한 지지자들은 언론인, 군인, 정치인이었으며, 오늘날까지 남북전쟁에 대해 책을 펴낸 대다수의 논평가들이나 설명가들과 마찬가지로 한결같이 남성이자 모두 백인이었다. 그들의 해석은 우리가 예상할 수 있는 것처럼 정치나 정책, 전쟁에 대한 것이었다. 일반 대중과 군인보다는 엘리트, 아프리카계 미국인이 아니라 백인 남성에 대한 것으로, 노예건 자유인이건 간에 여성은 배제됐다. 또한, 당연한 일이겠지만 그들의 견해는 자신들이 지지하고 싸웠던 연방주의자나 분리주의자의 입장을 반영하고 있다. 이러한 관점은 노예제를 전쟁의 유일한 원인으로 보는 경향이 있다. 그래서 북부인들은 노예제가 남부인의 고집스러운 입장을 설명해준다고 주장했고, 남부인들은 노예제 폐지가 북부인들이 전쟁에 참가하게 된 동기라고 주장했다. 그리고 이 모든 것은 역사적 사건이 하나의 발전이나 조건에 의해 일어나는 경우가 거의 없다는 사실에 직면해 있다.

남북전쟁의 원인에 대한 당시 사람들의 해석은 남부와 북부 각각의 의식 속에 굳어져 있고, 또한 그에 대해 카메라 렌즈 속의 이미지와 같이 고정된 양상을 띠고 있다. 북부의 작가들이 전쟁에 대해 도달한 결론은 남부의 반대편에 이르는 것이었고, 그 반대의 경우도 마찬가지였다. 이들 논평가들은 각자의 분야에서 자신의 견해와 분노를 가지고 있는 수십만에 달하는 사람들의 전형적인 모습을 보여준다. 때로는 승자와 패자가 어떤 끔찍한 경쟁의 여파로 가지게 된 엄청난 확신과 이념적 열정에서 그렇다. 가장 중요한 것은, 그들의 해석이 처

끊임없이 변화하는 과거

음으로 인쇄되어 이미 널리 퍼져 있으며 강한 지지를 받고 있던 견해를 확인하는 힘을 가지고 있었기 때문에, 모든 이후의 해석이 변형됐는지 판명하는 비교 기준이 되었다는 사실이다. 그때부터 심지어 숙련된 역사가들조차도 매우 유용한 증거와 가장 탐구적인 학문과 사상을 바탕으로 전쟁의 원인에 대해 설명하고자 할 때, 항상 1865년 이후 30년 동안의 기록을 어깨 너머로 훑어보고 있었다. 그 이후로 지역적이고 열성적인 역사가 대중 여론의 하층 토양 속에 살아남았고, 반드시 그 열렬 지지자가 존재했으며, 항상 어느 정도는 더 최근의 증거에 기반한 역사 연구의 영향에서 벗어날 수 있었다.

초기의 견해들

북부, 주로 공화당이 전쟁의 원인을 바라보는 관점의 핵심은 남부의 '반역자rebels'와 '배신자traitors'가 연방의 통합에 반발하여 일으킨 헌법에 위배되는 반란, 즉 북부의 민주주의 사회와 근본적으로 다른 노예제 사회에서 일어난 반란이라는 확신이었다. 북부인들이 말했듯이 그것은 우선 '지상 최고의 정부'를 유지하기 위한 전쟁, 즉 '연방, 미국 정부, 그리고 법을 위한' 투쟁이었다. 그러나 결국 그들은 에이브러햄 링컨Abraham Lincoln의 표현대로 노예제가 '어떻든 간에 전쟁의 원인'이라는 데 동의하게 됐다. 그들은 북부에 대한 남부의 반역적인 공격 행위와 1850년대 국가의 법과 정치를 '노예제 지지 세력의 음모Slave Power Conspiracy'가 장악한 것은 남부가 주장하는 개별 주들의 권리에 대한 북부의 공격과는 관련이 없다고 주장했다. 1787년에 미국의 전체 국민이 '우리 미국 국민we the people'이며, 주states가 아니라 '더 완벽한 연방'을 형성했다는 북부의 신념이 정착됐다. 북부와 남부를 막론하고 대다수 사람들이 동의하지 않는 한, 연방은 해체될 수 없었다. 각 주의 대표자 회의에서 헌법을 비준한 1787년과 1788년, 대다수 사람들이 연방의 창설을 받아들인 것과 똑같은 상황이었다. 1861년에는 대다수 시민들이 그런 식으로 동의한 것이 아니었다. 링컨의 말에 의하면, 연방은 자신들이 분리할 수 있는 주들의 계약compact이라는 남부의 주장은 그들이 시작한 갈등을 정당화하는 데 사용된 '기발한 궤변'에 불과했다. 1865년 이후 북부의 여론은 승리에 대한 기독교식 도덕적 신념과 링컨이 암살당한 슬픔에서 비롯된 것으로, 당시 북부인들이 '반란의 전쟁War of the Rebellion'이라고 불렀던 합법적인 입헌 정부에 반항하여 일어난 폭동의 책임과 죄가 남부 노예제에 있다는 확고한 견해를 지니고 있었다. 전쟁은 자유에 반하는 노예제를 종식시키기 위한 것이라는 훌륭한 대의명분을 가진 피할 수 없는 갈등이었다.

나라를 둘로 갈라놓은 전쟁의 여파로, 예상했던 것처럼 패배한 남부에서는 상반되는 두 가지 신념이 즉각적이지는 않더라도 점차 확고히 사회에 자리를 잡았다. 처음에 민주당의 남부인들은 남부연합의 대통령 제퍼슨 데이비스Jefferson Davis의 견해에 따라 북부의 선제공격(남부에서는 북부의 '도발 전쟁War of Northern Aggression'이 남북전쟁을 일컫는 대중적인 용어였다)과 노예제의 확산을 막기 위한 시도가 노예에 대한 남부의 자산 지분을 완전히 없애겠다는 위협이었다고 주장했다. 데이비스의 부통령인 알렉산더 H. 스테판스Alexander H. Stephens는 예속된 노예는 '남부 문명의 주춧돌'이라고 얼굴도 붉히지 않은 채 주장했다. 그러나 1865년에 이르면 노예제 옹호가 도덕적 토대를 포기하는 것이라는 점을 인식한 남부인들은 더 명확한 헌법상의 논거를 내세워 이 주장을 폐기했다. 비록 완전히 실패했기는 하지만 주의 권리와 노예제를 수호하려고 했다는 점에서, 이러한 주장은 전쟁의 패배에도 불구하고 대부분의 남부인들에게 남부가 정당했다는 신념을 자리 잡게 하는 데 힘을 더했다. 남부 참전용사들이 보기에 전쟁은 주권을 가진 주들 사이의 갈등으로 시작된 것이지, 주민들 간의 갈등으로 시작된 것이 아니었다. 그리고 미연방은 개별적인 주 단위의 협약에 의해 성립했다는 정부 이론에 따라 남부 주들은 미연방의 나머지 주들로부터 독립을 추구했다는 점에서 헌법상으로 정당했다. 그들의 사고방식에서 연방 탈퇴는 미합중국에 대항하는 혁명의 원인이 아니었다. 대신에 그것은 원래의 미국 헌법 원칙을 보존하기 위해 행해졌다. 북부의 공격은 헌법을 위반했고 남부가 자기 방어를 하도록 자극했다. 남부 사람들은 그들이 권력의 집중화와 합병에 맞서 헌법상의 연방주의를 옹호하고 있다고 믿었다.

게다가 노예 해방에도 불구하고 여전히 그런 것인지 혹은 어쩌면 노예 해방의 충격 때문인지, 전후 백인 남부인들은 '적극적 선positive good'이라고 부른 노예제에 대한 위협과 노예제를 보존하려는 본능이 그들의 연방 탈퇴와는 무관하다고 주장했다. 따라서 생존한 남부의 유력 인사와 역사가 대부분은 남부연합의 패배를 남부가 주장한 원인이 성냥하고 노예제가 도덕적인지 다시 생각하는 자극제로 받아들이지 못했다. 국가의 권리에 대한 입장과 더불어, 그들은 농업보다 상업과 제조업에 우호적인 북부의 강압적인 정책 때문에 남부가 연방을 탈퇴했다고 주장했다. 이전의 남부연합은 남북전쟁이 남부를 통치하려는 북부 주들 사이의 음모에서 시작됐는데, 급진적 노예해방론자들이 이를 주도했다고 주장했다. 남부의 입장은 줄곧 보수적이고 방어적이었다. '상실된 대의명분Lost Cause'은 남부가 전쟁을 일으켰다는 혐의는 무죄라는 논리였다. 이를 미래에 대한 신호로 본다면, 남부의 패배가 확실해진 것은 앞으로 격렬한 히스토리오그라피 논쟁이 일어날 것이라는 신호였다.

이해를 하고자 한다면 우리는 이런 정반대의 해석이 양측에서 수십만 명의 목숨을 앗아간 전쟁에 대해 승자와 패자 양측을 모두 만족시켰다는 심리적 필요성을 인정할 수 있다. 그러나 이러한 대립적 해석은 신중하고, 사려 깊고, 권위적인 역사의 비옥한 토양이라는 점에서만 등가적이다. 21세기에는 한 가지 견해가 지적인 권위를 장악하고 있는 반면, 남북전쟁 이후에는 양쪽 모두 냉철한 지식이 아닌 뜨거운 신념을 반영했다. 그들의 약점은 역사가의 영역인 증거와 숙의가 아니라 동시대인의 영역인 열정에서 비롯됐다. 이러한 대중적이고 심리적인 뒷받침을 받는 신념은 종종 시간의 경과나 전문적 역사가의 연구결과와 주장, 심지어 일부 참전 용사들의 성숙된 견해에 의한 수정에 거부감을 가지는 것으로 드러난다. 한 민족에 뿌리를 내린 역사적 신념, 문화의 공기 속에 남아 있고 아이들의 교육에 주입된 신념은 오랫동안 변화에 휘둘리지 않고 지속된다. 북부에서는 조금 덜하지만, 패배한 남부연합의 주들에서는 특히 그러하다는 사실이 증명됐다.

끊임없이 변화하는 과거

이와 같은 해석의 균열은 피비린내 나는 투쟁의 열기 속에서 생겨났지만, 역사가들에게도 또한 필연적으로 어떤 영향을 준다. 정반대되는 해석들은 때때로 역사가들로 하여금 자신들의 입장을 확고히 옹호하도록 강요하는 반면, 때로는 논쟁에서 다른 편이 제시한 문제와 증거를 고려하게끔 한다. 역사가들이 그런 해석을 염두에 둘 때, 그들이 검토하는 견해는 새로운 사고와 조사 방안에 대한 단서를 열성적으로 제공할 수 있을 것이다. 그러나 이러한 열정적 견해는 또 다른 영향을 미칠 수 있으며 대개는 영향을 주었다. 이런 견해는 결국 전쟁 원인에 대한 지적으로 정통하고 전문적인 해석에까지 침투할 수도 있다. 서서히 진행됐을 뿐이기는 하지만, 시간의 흐름과 새로운 환경의 출현으로 남부와 북부의 이해관계를 위해 역사 내러티브를 포착하려는 시도는 약화되기 시작했으며, 덜 열정적이면서 더 사려 깊은 관점이 출현하게 됐다.

이는 언제, 왜 일어날까? 오직 열정이 식기 시작하거나 그와 거의 비슷한 상황이 될 때, 참여자들이 그 상황에서 벗어나기 시작할 때이다. 사실, 사건에 참여한 사람들이 생존하여 자신의 해석을 계속 격렬하게 고수하는 한, 그리고 다른 사람들이 그 삶의 향수를 이용하려고 하는 한, 중요한 역사적 사건에 대한 해석적 차이에서 오는 장점이 거센 역풍에 직면한다는 것은 역사 해석의 일종의 규칙으로 각인되어야 한다. 이전 개인적 삶의 일부였던 것을 토대로 관점을 가지기 시작하기에 앞서, 살았던 경험과 그에 대한 기억은 심리적 공간을 증거에 기반한 연구에 넘겨야 한다. 이는 특히 그 현실이 사건을 경험한 사람들의 의식 속으로 타들어간 남북전쟁과 같은 거대한 사건에서 그렇다

(5장에서 지적하겠지만, 일본에 원자폭탄을 투하한 것에 대한 격렬한 논쟁에서도 이와 같은 규칙이 적용됐다). 사건에 직접 참여했던 사람들이 점점 죽음을 맞기 시작할 때, 비로소 덜 열성적인 견해가 나올 수 있는 공간이 열리고, 양측과의 거리두기가 이루어질 수 있다.

이러한 해석의 기회는 애퍼매턱스 항복으로부터 약 25년 후인 1880년 이후와 1890년 초기에 때때로 찾아왔다. 해석을 이렇게 개방하기 시작한 사람들은 남북전쟁 역사에 대한 가장 초기의 수정주의자들이었다. 그들은 전쟁 중과 전쟁 직후에 뿌리내린 격렬한 상반된 견해에 대해 가장 먼저 의문을 제기했고, 처음으로 이러한 견해를 평가의 대상으로 삼고 대안을 제시했다. 때때로 새로 활용할 수 있는 증거에 기초하고, 때때로 단순히 시각을 바꾸면서 그들은 왜 남북전쟁이 일어났는지 주장하기보다는 이해하기 위해 끝없는 노력에 착수했다.

전쟁, 파벌주의, 심지어 헌법 이론과 거의 관련이 없는 많은 요소들이 새로운 냉정한 이해에 기여했다. 재건시대 Reconstruction라고 일컫는 시기가 끝난 1876년의 선거 결과로 루더포드 B. 헤이스Rutherford B. Hayes가 대통령에 당선된 후 연방정부는 남부에서 마지막 군대를 철수시키고 뉘우치지 않는 백인 시민들에게 이전의 남부연합 통치권을 돌려주었다. 상업이 회복되고 북부와 남부를 막론하고 아프리카계 미국인들의 지위를 인정하지 않는 결정이 늘어나면서 두 지역 백인들 간의 친선관계는 회복됐는데, 이는 대다수 백인들의 요구, 태도, 희망을 충족시키는 것을 우선시했기 때문이었다. 사회적 문제에 진화론적 사고를 적용하는 사회적 다윈주의와 이에 수반된 북부와 남부의 자민족중심주의 및 인종차별 강화는 해방된 노예들의 권리에 대한 논의를 뒷전으로 돌렸다. '가장 위대한 세대Greatest Generation'*의 로맨스로 우리 자신의 시대에서 보아왔던 것과 같이, 참전용사들이 나이가 들어가고 서서히 사라져감에 따라 전쟁의 공포와 고통은 향수를 위한 행사일로 바뀌고 화해와 기념, 헌사의 옅은 안개가 드리운 장소에서 모습을 보이게 됐다. 또한 파당적이고 집단적인 열정과 대중선동으로 인한 피로, 결국에 신랄한 정치적 비판에 대한 노골적인 혐오로 귀결되는 피로가 곳곳에 사는 미국인들 사이에서 고조됐다. 이러한 상황에서 역사가들은 더 이상 다른 지역의 숙적들을 주시할 필요가 없었다. 새로운 이야기, 새로운 관점을 재결합한 국가에 부여할 수 있었다.

기존의 견해에 처음으로 수정주의적 도전을 한 사람은 제임스 슐러James Schouler였는데, 그는 현재 거의 잊혔지만 당대에는 잘 알려진 인물이었다. 이 북부연방군 뉴잉글랜드 참전용사는 전쟁의 기원에 대해 철저하게 북부의 견해를 받아들일 것으로 예상됐고, 그는 많은 부분에서 그렇게 했다. 그는 노예제가 비도덕적일 뿐만 아니라 "미국인들의 운명과 성장이 동질의 숭고함을 가지는 것을 가로막았다"는 이유로 비난했다. 신중한 독자들은 여러 권으로 구성된 《헌법으로 본 미국 역사》(1880년에 1권이 간행됐다)에서 전쟁의 두 지역에 대한 그의 해석 이면에는 확고한 국가주의가 깔려 있음을 발견했다. 이것은 남북전쟁의 수많은 생존자들이 그랬던 것처럼, 미국을 이전 전쟁을 벌

---

* 대영제국으로부터 미국의 독립을 획득한 세대 또는 이 책에서 검토 대상이 되는 세대, 특히 북부의 세대와 같은 세대이다. 이들은 어떻든 간에 2차 세계대전에서 싸운 남녀의 보조역할을 했다. '가장 위대한 세대'의 관념 중 어떤 것은 매립지에 묻는 것이 가장 좋을 정도로 무분별한 것들이다. — 지은이

인 두 개 지역을 무력으로 하나의 헌법 아래 다시 합친 일종의 연방으로 보는 관점과 대조를 이루는 신념이다. 남부의 급진주의자들이 분리·독립을 모의했다는 견해를 폐기한 사람이 슐러였다. 대신에 그는 남부연합이 그 속에서 연합하여 북부와 '내전'을 벌인 것이지, 여전히 많은 북부인들이 주장하는 것처럼 연방의 권위에 대항하는 소수의 반역자들이 모의한 단순한 '반란'이 아니라고 썼다.

슐러의 사회개량론적 관점은 테네시의 연방주의자인 존 W. 버지스John W. Burgess에게서 유사점을 찾을 수 있다. 버지스는 자신의 반反남부연합적인 정서의 어떤 것도 남부의 견해로 대체하지 않았다. 그는 노예제와 국가의 권리에 대한 남부의 잘못된 생각에서 비롯된 입장을 이유로 남부를 비판했고, 북부가 정당한 전쟁에서 승자로 인정받을 만한 자격을 갖추었다는 것을 의심하지 않았다. 그러나 컬럼비아대학교에 정치학과를 세우고 결국 그 대학의 교수로 퇴임한 버지스는 재건시대를 거친 1871년 이후의 미국에 초점을 맞춘 1897~1902년 사이에 간행된 세 권의 영향력 있는 저술에서 이전의 견해로부터 벗어났다. 그는 전쟁과 전쟁의 여파를 구분함으로써 그렇게 했다. 버지스가 보기에 이 분쟁을 일으킨 책임은 북부에는 없었고 남부에만 있었다. 그는 "분리독립은 혐오스러운 행위며, 그 주된 원인인 노예제는 거대한 악"이라고 보았다. 그러나 해방된 노예의 열등성에 대한 남부의 관점뿐 아니라 당시 북부의 관점, 그리고 '백인의 임무'를 통해 노예들을 그 자리에 묶어두려는 지혜를 반영한 이전 북부의 의견과 확실한 선을 긋고, 버지스는 1865년 이후 연방군의 남부 점령을 통해 연방의 지원 아래 남부의 통치 및 인종관계를 바꾸려는 노력인 재건이 실패했으며 그 책임은 북부에 있다고 주장했다. 여기에서 전쟁과 그 원인을 전쟁에 이어지는 시대와 구분함으로써 남북 양측을 비판하는 해석이 나왔다. 이 두 가지 측면에서 버지스는 신선한 해석적 기회를 제공하고 다른 역사가들이 탐색할 수 있는 새로운 질문을 제시함으로써 논의에 들어갔다. 남북전쟁은 이후 남부의 해방된 노예들을 적절하게 보호하지 못했기 때문에 실패했는가? 재건의 실패에 대한 비난을 북부에 돌린 것인가? 혹은 전쟁이 끝난 지 얼마 되지 않아 해방된 사람들이 빈곤과 노역에 시달리게 한 것에 대해 남부도 동등한 책임을 나누어야 하는가? 이는 정치인들과 대중 구성원들이 여전히 고심하고 있는 무거운 도덕적 쟁점들이었다.

슐러와 버지스의 주장과 같은 해석적 강조의 변화는 그들이 남북전쟁의 원인을 바라보는 방식에 엄청난 변화를 일으키지 않았으며, 당시 '수정주의 역사'라는 용어가 존재하지 않았지만 수정주의라고 불릴 만하다. 미묘한 변화였을지 모르지만, 이는 전쟁의 열정과 그것의 직접적인 여파로 오직 하나의 견해가 대중적으로 허용되고 인정되도록 북부인과 남부인을 얽매었던 이전의 정치적·사회적·지적 사슬이 느슨해진 결과를 가져온 중요한 것이었다. 이러한 견해의 출현은 그 자체로 문제를 새롭게 생각하고 남북 양측의 전쟁 세대 구성원을 구속한 지적·정서적 족쇄로부터 자신을 해방시키기 시작한 참전용사와 그 밖의 다른 사람들에게 문화적 '허용'을 넓힌 결과였다. 이는 슐러와 버지스의 저서가 출간됐을 당시 북부뿐 아니라 남부에서도 호평을 받았다는 사실에서도 알 수 있다. 흔히 그렇듯이, 과거에 대한 수정된 견해는 일반적인 여론의 풍도가 바뀌기 시작할 때 비로소 기능해진다. 전쟁 원인의 새로운 해석과 문화적 환경의 변화 중 어느 쪽이 먼저 일어났는지 말하는 것은 불가능하지만, 그것들이 동시에 각각 상대편에 영향을 미치고, 상대편과 상호작용하고, 상대편에 반응한다는 것은 분명하다. 수정주의 역사는 지적·정치적·문화적 진공상태에서 갑자기 싹트지 않는다.

전쟁의 기원에 대한 수정주의 역사의 태동

놀랄 만한 일은 아니지만, 남북전쟁의 원인을 보는 기존 견해에 대한 날카로운 첫 번째 단절은 1세대 역사가들에게서 시작됐다. 이들은 젊은 시절에 일어난 전쟁 당시, 그에 대한 생각을 가지기에는 충분하지만 전쟁에 참여하여 싸우기에는 어린 나이였다. 그들 중 남북전쟁의 대표적인 역사가는 제임스 포드 로즈James Ford Rhodes였다. 오하이오 주 출신인 로즈는 초기 여러 해 동안 자신의 고향인 클리블랜드의 강한 연방주의적 관점과 자신의 가족이 가지고 있는 남부에 대한 동정심을 조화시키기 위해 고군분투했다. 그 후 정치적으로 독립한 로즈 (19세기 후반의 다른 역사가들과 마찬가지로 자립할 수 있는 수입이 있는 사람이었다)는 공화당과 민주당 대통령 후보자에 대한 지지 사이에서 왔다 갔다 했고, 아프리카계 미국인들에게 투표권을 주는 것을 반대했다. 이러한 종류의 정치적 균형 잡기 행위는 그 자체로 적어도 과거에 대한 접근법의 일부에서 드러났는데, 그는 여러 권으로 간행된 책 《1850년 타협 이후의 미국사》*(1권은 1893년에 간행됐다)에서 남부와 북부 양측의 옳고 그름의 총계를 내기에 최선을 다했다. 그리고 이를 양측이 의견 차이를 보이는 부분을 냉정하게 판단하는 데 자신이 활용할 수 있는 증거로 삼았다. 남북전쟁의 원인에 대한 문제에서, 로즈는 남부가 '그릇된 원인'을 고수하겠다고 주장했기 때문에 북부가 남부를 공격해서 노예를 해방시키는 도덕적 선택을 할 수밖에 없었다고 굳게 믿었다. 그러므로 남북전쟁은 링컨의 국무장관인 윌리엄 H. 수워드William H. Seward가 초기 지속적으로 이야기했으며, 로즈가 그 말을 빌려서 했던 '억제할 수 없는 갈등irrepressible conflict'이었다. 한 역사가의 이런 주장은 전쟁이 정당했는지 아닌지에 대한 긴 논쟁, 즉 무엇보다도 먼저 싸웠어야 했는지 여부에 대한 논쟁을 즉시 재개했다.

그러나 그러한 확고한 신념이 북부의 신사 작가인 로즈를 그 시기의 풍토로부터 보호해줄 수는 없었다. 그의 연구에는 앞뒤를 가리지 않고 남부와 북부를 화해시키려는 명백한 징후가 곳곳에 있었다. 로즈는 북부의 많은 이들이 생각하는 것처럼 노예 소유주인 통치 엘리트 사이의 음모가 아니라 남부 민중의 의지, 즉 일종의 민주주의가 남부로 하여금 연방을 탈퇴하도록 부추겼다고 생각했다. 노예제는 악이었지만 노예주들은 악하지 않았다고 그는 주장했다. 북부인인 일라이휘트니Eli Whitney가 발명한 진(토닉워터나 과일주스를 섞어 마시는 독한 술)뿐만 아니라 무역과 상업 관행을 통해 북부는 남부연합의 지배자들만큼이나 그들 스스로 남부의 노예제를 유지하는 데 관여해왔다. 로버트 리 장군의 찬양자 로즈는, 리가 자신의 고향 버지니아와 운명을 같

---

* 이 책은 일곱 권으로 구성되어 있는데, 1893년부터 1906년 사이에 간행됐다. ─ 옮긴이

이하고 노예제 남부를 위해 싸웠지만, 조지 워싱턴과 같은 성격을 가지고 있었다고 믿었다. 그리고 노예제를 악으로 간주했지만, 로즈는 해방된 노예들이 집단으로서 투표권을 얻지 못했다고 주장했다. 이는 아마도 이 새로운 해석적 도식의 흐름을 보여주는 가장 명백한 징후일 것이다. 여기에는 남북전쟁을 지난 일로 돌리거나, 적어도 아프리카계 미국인을 희생시켜 그 전쟁을 잊고 싶어하는 백인 미국인들의 바람에 호응하려는 역사가 있었다. 이는 또한 대중 지배에 대해 의구심을 가진 보수적 성향의 학자가 쓴 역사로, 후대의 역사가인 데이비드 H. 도널드David H. Donald의 기억할 만한 말인 '민주주의의 과잉'이 있건 없건 간에 민주주의가 전쟁에 어느 정도 책임이 있는가 하는 문제를 광범하게 열어놓았다. 로즈가 쓴 역사가 남부와 북부 양측에서 큰 호평을 받았다는 사실은 그리 놀랍지 않다.

로즈의 사례는 대법원의 판사들이 그렇다고 이야기하듯이, 역사가들은 선택의 결과를 따른다는 것을 의미하는 것일까? 남북전쟁의 원인에 대한 로즈의 시간에 얽매인 해석은 역사가들이 그들의 교육, 공동체, 시간의 지적인 흐름에서 탈피한 확신과 판단의 자유를 행사하지 않는다는 것을 시사하는 것일까? 두 질문에 모두 부정적으로 대답한다고 해서, 역사가들이 그들 자신의 시대에서 자신들을 제어하는 문화적·지적인 힘에서 완전히 벗어날 수 있다는 것을 의미하지 않는다. 역사가들도 대다수의 사람들처럼 그들 시대의 현실에 영향을 받는다. 그러나 특히 로즈가 책을 쓴 이후 수십 년간, 아직 연구와 프레젠테이션의 기준이 확고히 세워지지 않았던 시기에 전문적인 역사가들은 점차 자신들의 주관성을 제약하고 어떤 책임감과 더 충분히 고려된 원리를 지키게 하는 전문적·비판적·윤리적 규범에 점점 더 종속됐다. 게다가 그들은 전임자들보다 더 엄중하고 광범위하게 다양한 비판의 대상이다. 역사가들은 역사적으로뿐만 아니라 윤리적으로 과거를 진실하게 밝혀야 한다는 자신들의 전문적 역량과 책임감 속에서, 이제 그들 자신의 시대와 장소에서 벗어나 자유로워지는 데 많은 노력을 기울일 것으로 기대되고 있다.

그럼에도 가능한 증거에 충실하고 객관성을 유지하려고 하는 이러한 투쟁(그리고 그것은 하나의 투쟁이다)에서 역사가들은 극복하기 거의 불가능한 두 가지 인간적 한계에 직면하게 된다. 첫 번째는 그들 시대의 사고방식이다. 두 번째는 모든 인간이 겪는 사고 자체의 경계, 즉 지적 통찰력과 이해의 한계로, 이는 명백히 첫 번째보다 훨씬 더 큰 문제이다. 인간의 의식은 자연이 부여한 생각의 한도와 모든 곳에서 언제나 사고와 관념을 구조화하는 지적·문화적·사회적 포장에 의해 항상 제한된다. 게다가 모든 역사가들은 자신의 연구에서 뚜렷한 성향과 세계를 바라보는 방법을 가지고 있다. 모든 사람이 삶을 파악하는 방식에서 다른 사람들과 다르듯이, 역사가들도 서로 다르다. 또한 어떤 역사가도 이미 알려진 것이건, 말하자면 새로운 자료의 발견을 통해 결국 알 수 있는 것이건 간에 하나의 주제에 대해 모든 것을 알거나 모든 가능한 생각을 할 수 있으리라고 기대할 수는 없다. 한 역사가나 하나의 시대에 지식과 이해에서 위대한 도약으로 보일 수 있는 것이 나중에 뒤돌아보면 단순한 걸음마거나 어쩌면 잘못된 발걸음일 수도 있다. 한때, 광범위한 존경과 권위를 얻은 것처럼 보이는 역사가들도 뒤이은 사람들에게는 제한적이고 역행하는 것처럼 보일 수 있다. 그리고 남북전쟁의 원인을 이해하기 위해 노력해온 다음 세대의 역사가들에게도 그렇게 보일 수 있다. 각각의 이들 세대 구성원들은 이전 학자들의 연구에서 결함, 숨길 수 없는 침묵, 한계를 발견해서 새로운 질문을 던지고 새로운 견해를 개발한다.

그것이 로즈의 역사의 운명이 됐다. 로즈의 역사는 그 시대에 널리 받아들여졌다. 그것은 지역 갈등에 진저리나고, 아프리카계 미국인들의 계속되는 곤경을 인정하기에 지쳤으며, 도금시대Gilded Age*의 돈벌이에 사로잡혀 있고, 이민자와 노동 불안을 우려했으며, 침착하고 신중한 이해를 하는 사람들을 충족시킬 수 있는 어떤 중립적 기반을 찾기 바랐던 백인 남성과 여성들에게 호소력이 있었다. 그러나 1890년대에 이르자 로즈의 역사 연구들은 부족한 것처럼 보이기 시작했다. 특히 새롭게 출현한 지적 흐름과 동떨어져 있기 때문이었다. 그의 역사는 관점에 대한 예리한 수정으로 이해를 크게 증진시켰음에도 불충분해 보였다. 더구나 그 역사가 편향되지 않았으며, 그러한 입장이 구체화되어 적어도 전쟁에 참여한 모든 백인들에게 암묵적으로 공감했음에도 그러했다. 로즈는 사실상 그의 동료 역사가들에게 확고하게 고정된 파벌적인 눈가리개 없이 그 갈등의 모든 측면을 고려할 수 있는 길을 열어주었다. 새로운 역사적 조사와 사고를 위해 이전에 폐쇄된 지형을 드러내게 한

---

* 남북전쟁이 끝나고 1870년대부터 1890년대 초까지 약 20년간 미국 자본주의가 급속히 발전한 시대를 말한다. 경제적으로 커다란 호황을 맞이했지만, 백인 상류층에 집중된 부의 편중 현상, 아프리카계 미국인 및 아시아계 이민자에 대한 사회적 차별, 정치적 부패 등 사회 문제가 만연했다. '도금시대'는 이를 풍자한 마크 트웨인(Mark Twain)과 찰스 두들리 워너 (Charles Dudley Warner)의 소설 《도금시대: 오늘날의 이야기》(1873)에서 비롯됐다. — 옮긴이

것은 관점의 변화이다. 역설적으로 이것이 로즈의 역사에 곧 그림자를 드리우고 남북전쟁의 원인에 대해 새로운 논쟁을 불러일으켰을 것이다.

로즈 이후, 문제는 그러한 논쟁이 무엇에 관한 것이냐였다. 로즈는 가장 대담한 지역적 접근법의 근거를 명확히 했다. '균형'이 아프리카계 미국인의 운명을 고려 대상에서 배제하는 등 몇 가지 문제점을 남겨놓았을지라도, 역사가들이 이제 균형을 진지하게 생각할 것이라고 기대됐다. 대부분의 역사가들은 북부뿐만 아니라 남부에서도 이제 노예제가 골칫거리가 됐고, 아프리카계 미국인들이 그 자유를 거의 즐기지 못할지라도 링컨의 북부가 미국을 근대적 국민성과 자유의 새로운 국면으로 이행하게 했다는 데 동의했다. 그러나 전쟁의 원인에 대한 핵심적인 질문의 대답에서는 합의를 하지 못했다. 만약 남부연합의 개개 구성원들이 불명예스러운 원인으로 싸우는 명예로운 사람들이었다면, 누가 혹은 무엇이 전쟁 발발에 실제로 책임이 있었을까? 만약 북부인과 남부인이 전쟁을 일으키는 데 아무런 역할을 하지 않았다면, 무엇이 그렇게 했을까? 그것은 다음 세대 역사가들이 논쟁을 벌여야 할, 그리고 로즈가 전쟁을 보는 방식에 대한 대안이 그로부터 나와야 할 이런 골치 아픈 문제들 이상의 것이었다.

학문적 해석의 등장

흔히 일어나는 일이지만, 이러한 다음 세대 역사가들이 택한 이탈은 이전 역사가들의 접근 방식이 가지는 약점에 대한 직접적인 공격에서 비롯된 것이 아니다. 그보다는 이 젊은 세대 역사가들이 가지고 있는 새로운 시각과 새로운 감성으로부터 생겨난다. 이들이 대학 교수진으로부터 역사가로 훈련을 받은 가장 초기의 사람들이라는 것은 큰 의미가 있다. 더구나 지적 노력을 요구하는 대부분의 영역에서 자연과학과 물리학의 영향력이 처음으로 광범하게 느껴졌을 때, 그들은 그렇게 했다. 특히 증거의 엄격한 사용, 확인 가능한 가설의 명료한 진술, 특별한 경험적 연구결과를 검토하고 그런 다음 확인하거나 틀렸음을 입증하는 많은 연구의 축적을 중요하게 여기는 기풍 등이 그들에게 미친 영향이었다. 이런 현상이 일어난 것은 새로운 지적 흐름, 특히 사회적 다윈주의의 영향이 예리하게 느껴지던 때, 역사의 자매학문, 특히 사회과학 중 경제학이나 사회학에서 그 영향력이 증가하던 때, 그리고 재통합된 국가로서 미국이 세계적 강국으로 모습을 드러내던 때였다. 마찬가지로 중요한 것은, 이런 지적 시대가 남북전쟁 이후 미국이 재건되고, 미국의 대륙 경계선이 영구히 확립되고 점차 채워진 이후 도래했다는 사실이다. 미국인들은 이제 대서양에서 태평양으로 퍼져나갔다. 이제 한두 지역 출신의 역사가들이 통일된 해석적 목소리로 말하거나 이전 일부 역사가들이 누렸던 것처럼 방해나 비판을 받지 않는 지적인 권위를 얻는 것이 더 이상 가능하지 않음이 판명됐을 것이다. 더욱이 이전의 역사가들과 비교할 때, 이러한 젊은 역사가들은 남북전쟁의 기원에 대한 대단히 중요한 설명을 찾고, '과학적'인 면이 떨어지는 이전의 남북전쟁 해석에 비판적이고 남북전쟁의 원인에 대해 새로운 질문을 던지는 경향이 있었다.

이 세대 역사가들 중 가장 뛰어난 인물은 미국이 배출한 가장 영향력 있는 역사가 중 한 명인 프레드릭 잭슨 터너Frederick Jackson Turner였다. 터너는 위스콘신주 출신으로, 존스홉킨스대학교에서 역사가 교육을 받았으며, 그런 다음에는 당시 미국 역사학을 주도한 중심인물이 됐다. 터너는 이런 역사가 중에서 대학에서 훈련된 가장 초기의 사람일 뿐 아니라 동북부든 동남부든 간에 동부 출신이 아닌 최초의 학자 중 한 명이었다. 게다가 터너는 경제와 산업의 중심지에 의한 착취, 특히 철도에 의한 것이라고 느끼는 착취에 대한 서부 농부들의 결연한 정치적 도전이 늘어나고 있을 때 성년이 됐다. 그들의 농장주와 포퓰리스트들의 저항은 뚜렷이 구분되는 서부식 정치세력의 출현을 알렸는데, 그 기준은 1896년 대통령선거에서 윌리엄 맥킨리William McKinley에 맞선 윌리엄 제닝스 브라이언Williams Jennings Bryan이 도입했다. 그러나 정치는 단지 새로운 서부의 자의식과 지방주의의 징후였을 뿐이다. 서부인들이 만든 역사 연구도 그랬다.

서부 사람들의 문화적·정치적 자의식은 남북전쟁이 부분적으로는 노예제를 미시시피강 너머 지역으로 확대하는 것을 둘러싸고 일어났지만, 서부의 해당지역은 완전하지는 않지만 동부에서 일어난 것과 같은 전쟁터의 끔찍한 학살에서 많이 벗어났다는 사실에 크게 기인했다. 그렇다. 오늘날에도 종종 그런 주장이 나오듯이, 남북전쟁의 대다수 중요한 전투는 동부에서 일어났지만 북부가 전략상 중요한 남부의 물자, 철도, 인구, 그리고 지리를 완전히 지배함으로써, 사실상 애팔래치아 너머 서부에서 미시시피와 다른 강을 따라 전쟁에서 승리했다고 할 수 있다. 그러나 그러한 주장은 아직 나오기 전이다. 대신 보통 농부인이 쓴 전쟁 및 그 원인에 대한 초기 역사는 전쟁의 서부 무대를 경시했다. 이에 비해 북부와 남부 양측을 위해 싸운 많은 서부 사람들이 1860년대 전투에서 자신의 생명을 잃었을지라도(이런 전투 중 많은 수는 서부의 남부연합 영역에서 격렬하게 치러졌다), 많은 서부인들, 심지어 확고한 연방주의자였던 위스콘신 출신의 터너와 같은 중서부 상류층 조차도 남북전쟁을 포함한 미국사에 대해 다른 사람들보다 쉽게 국가주의적 관점을 취할 수 있었다. 그들의 국가주의적 관점은 여전히 북부와 남부에 있는 동부인들 사이에 역사적 사고를 계속 요동치게 한 매우 격렬한 논쟁으로부터 비교적 자유로웠다.

터너는 미국 역사와 그리고 은연중에는 남북전쟁에 대한 새로운 서부적 해석의 팡파르를 울린 사람이었다. 1893년에 시카고에서 발표한 그의 '프런티어 테제frontier thesis'는 국가의 과거에 대한 서부적 사고방식의 안내서였다. 그러니까 당연히 철저하게 수정주의적이었다. 1890년 인구센서스 수치에 기초한 프런티어 테제는 국가의 전설적 프런티어의 종말과 은연중 미국사에서 새로운 시대의 시작을 선언했다. 프런티어 테제는 사고와 이해를 이끌어내는 엄청난 성과를 거두었지만, 끝없는 논쟁의 대상이 되고 완전히 받아들여지지는 않았다. 더구나 이것은 민주적 개인주의, 평등주의, 그리고 특히 국가주의와 같은 특성에 기반한 미국 사회, 정치, 그리고 성격의 발전을 설명하고자 했는데, 그 특성은 끊임없이 바뀌는 맨 앞의 경계선에 있는 사람들의 탐험과 정착 정신이 미국인들 마음속에 스며든 것이었다. 터너는 결코 남북전쟁과 그 원인에 대해 짧은 언급 이상을 한 적이 없지만, 사회의 지구물리학적 기반, 그리고 이에 따른 서로 다른 기후, 토양, 지형, 정착 패턴, 경제 체제, 노동 수요에서 비롯된 지역 사이의

질적 차이에 대한 그의 강조는 남북전쟁의 기원에 대한 다른 이들의 연구에 새로운 해석적 선택권을 주었다. 이제 전쟁의 원인을 오직 서로 다른 세계관과 노동 시스템, 자유주와 노예주만이 아니라 오히려 전쟁을 벌인 두 지역 사이의 그 밖의 서로 다른 많은 차이 탓으로 돌릴 수 있게 됐다.

또한 터너의 해석적 접근은 남북전쟁에 대한 새로운 국가주의적 관점으로의 포괄적인 전환을 반영했다. 참전용사의 고령화로 전쟁의 쓰라림이 약해지고, 미국의 대륙 내부로의 팽창이 마침내 철도로 견고해지고, 국가의 산업이 성장하고, 특히 1898년 스페인-미국 전쟁에서 승리자가 된 이후 미국이 세계무대에서 새로운 지위를 차지하면서, 남북전쟁의 책임이 어느 편에 있는지를 둘러싼 오랜 싸움은 점차 시대에 뒤떨어진 것처럼 보였다. 터너가 미국사에서 지역의 역할을 강조한 반면, 많은 사람들이 읽은 다른 연구를 한 에드워드 P. 채닝 Edward P. Channing과 존 바흐 맥마스터 John Bach McMaster 같은 또 다른 19세기 후기 역사가들은 더 큰 국가의 공유된 과거를 더 분명히 강조했으며, 지역 화해의 정신에서 여러 권으로 이루어진 국가사를 썼다. 국가의 역사는 화해를 설명할 뿐 아니라 촉진시켰다는 것이다.

이러한 해석적 발전에는 암묵적인 도덕적 변화가 중요한 비중을 차지한다. 비난을 퍼붓는 것은 더 균형 있는 이해의 추구로 바뀌었다. 반면에 개인적 책임이건 지역적 책임이건 간에 전쟁책임을 확실히 하기 위한 탐색은 중요성을 잃었다. 그것은 과거를 보는 이전 방식들의 수정이 의도하지 않았더라도 어떻게 지대한 영향을 미치는 결과를 낳았는지, 기존의 초기 시대 전통적 해석에 대한 대안을 둘러싸고 사람들이 종종 왜 그렇게 격렬하게 싸웠는지를 보여주는 변화였다. 터너는 남북전쟁을 거의 다루지 않았고 미국의 발전에서 노예제를 전체 역사의 진앙지 역할을 한 사실보다는 '하나의 사건'이라고 부르기까지 했지만, 과거 미국의 넓은 영역을 해석하는 그의 새로운 접근법은 점차 다른 역사가들의 관심을 노예제를 남부 지방주의의 근원으로 보는 것에서 벗어나게 했다. 대신에 그들은 노예제의 서부 확산뿐 아니라 미시시피강 너머 서부 지역을 통제하기 위한 두 개 동부 지역의 싸움과 관세, 토지 정착, 수송 발전을 둘러싼 그들 간의 논쟁을 탐구하기 시작했다. 북부와 면화왕국Cotton Kingdom(남부)은 이제 거대하고, 활력을 잃고, 근본적이고, 해소할 가능성이 거의 없는 차이를 둘러싸고 전쟁에 들어갈 수밖에 없는 지역들이라고 볼 수 있었다. 노예제는 그 원인 중 하나였을 뿐이다.

결과적으로, 역사 해석에 대한 터너의 다변적인 접근은 일반적으로 역사 해석의 정교성을 높이고 정치와 제도에 대한 주제에 불균형적으로 초점을 맞추던 것에서 벗어나 사회경제적 주제를 지향하는 방향으로 미국의 히스토리오그래피를 확대하는 유익한 효과를 얻었지만, 이는 의도치 않게 이어지는 반세기 동안의 남북전쟁에 대한 역사적 사고에서 이전과 같은 강한 도덕적 요소를 분리시키기 시작했다. 이는 놀랄 만한 일이 아니었다. 이전에 전쟁을 벌였던 남부와 북부 사이에서 화해가 가속화되던 시기, 짐 크로우Jim Crow법*이 남부에서 퍼

---

* 공공기관에서 인종 분리를 합법화한 법으로 1876년 발표되어 1965년까지 시행됐다. 공립학교와 공공장소, 군대, 심지어 대중교통, 화장실과 식당, 식수대에서 백인과 아프리카계 미국인을 분리했으며, 주로 남부 주들에서 시행됐지만 일부 북부에서도 적용됐다. ― 옮긴이

　　　　　　　　　　　　　　　끊임없이 변화하는 과거

지고, 광범위하고 강렬해진 인종적 편견으로 백인 미국인들이 해방된 노예들과 그들 자녀의 역경을 외면하고, 전쟁의 죄의식이라는 주제가 터너주의자들이 도입한 일종의 중립적 해석 스키마에 의해 점차 사라지게 됐다. 따라서 1차 세계대전 즈음에 다음 세대 미국 역사가들이 등장하여 지적인 공기가 신선하고 주로 개혁적인 아이디어로 채워지고 있을 때, 이러한 생각들에 영향을 받은 남북전쟁의 기원에 대한 새로운 접근법은 남북전쟁이 왜 일어났는지를 여전히 설명하려고 하면서도 전쟁의 책임을 배분하는 것을 피해온 세기가 바뀔 무렵 나온 해석적 접근법에 딱 들어맞았다. 이처럼 새로운 체제하에서 노예제는 역사적으로 실존했던 추상적인 어떤 것이 됐다. 전쟁의 복잡한 뿌리에 도달하는 새로운 방법을 찾으려는 역사가들이 다른 곳에서 지적인 자양분을 발견함에 따라, 노예들의 역경과 노예제의 도덕적 병폐에 대해서는 이제는 거의 들을 수 없었다. 역사 서술의 오랜 역사 속에서 반복적으로 일어났듯이, 과거를 보는 초기의 방식에 대한 수정은 깊은 도덕적 암시를 지니고 있다. 그 반대도 마찬가지다.

교차점을 가진 두 개의 서로 다른 특징이 이전 시대로부터 이런 새로운 히스토리오그라피의 시대를 출범시켰다. 첫 번째는 민주적 사회주의 사상으로, 유럽으로부터 미국의 지식 사회와 문화계로 퍼져나갔다. 이런 현상은 미국 경제를 엉망으로 만들고 있었던 도금시대 자본주의의 과잉과 반노동조합 기업 트러스트에 대한 거센 비판에서 찾을 수 있다. 두 번째는 첫 번째로부터 나온 것으로, 미국 국내의 강력한 진보적 개혁 운동이었다. 이 운동은 산업자본주의와 금융자본주의의 광범한 경제적 폐해를 바로잡기 위한 시도였는데, 이를 싱킹

하는 정치적 인물은 시어도어 루스벨트Theodore Roosevelt와 우드로 윌슨Woodrow Wilson이었다. 사회주의와 공산주의 이론을 둘러싼 자신들의 논쟁에 분주한 카를 마르크스, 프리드리히 엥겔스Friedrich Engels, 그리고 대륙의 다른 사상가들의 저술에 일반적으로 익숙한 사람들에게는 잘 알려져 있지만, '강도귀족Robber Barons'*과 자신들의 부富를 때로는 천박하게 과시하는 것에 대한 미국인들의 비판은 마르크스나 엥겔스에 거의 의존하지 않았으며, 지나친 빈부격차에 대한 일종의 토착적인 대중의 분노에 더 많이 기인했다. 역사가들은 더 이상 다른 누구보다 정치와 사상의 이러한 흐름으로부터 영향을 받지 않을 수 없었다. 그리고 이것은 특히 터너와 그의 동시대인들의 뒤를 잇는 역사가 세대에게 진실이다.

한 세대가 다른 세대를 계승하는 자연스러운 과정이 모든 젊은 사람들과 모든 오래된 생각을 휩쓸고, 양자를 모두 변화시킨다고 보아서는 안 된다. 정치적 진보주의가 팽배하고 시어도어 루스벨트, 윌리엄 하워드 태프트William Howard Taft, 우드로 윌슨이 백악관을 차지하고 있던 1차 세계대전 바로 직전의 시기에 장차 역사가가 되려는 많은 사람들은 이전의 해석 방식에 지적으로 닻을 내린 채 머물 수 있었으며, 머물렀다. 반면에 많은 노련한 역사가들은 더 새로운 해석 체제에 적응했다. 그 결과는 언제나 그렇듯이, 이전의 것을 완전히 지우거나 대체하지 않고 새로운 역사적 해석이 낡은 사고방식에 추가됐다. 결

---

* 독점이나 과점, 불공정한 사업 행위로 부당하게 부를 축적한 19세기 미국의 기업가나 은행가를 가리키는 말로 부정적 의미가 담겨 있다. 이 용어는 원래 라인강을 건너는 배에게 과도한 세금을 부여하여 돈을 벌었던 독일 중세 귀족에서 유래했다. — 옮긴이

　　　　　　　　　　　　　끊임없이 변화하는 과거

과적으로 옛 해석들은 역사가들을 새로운 사고에 들뜨게 하는 데 언제나 활용될 수 있었으며, 삶을 다시 즐기는 데 옛 형태나 새로운 형태로 소환될 수 있다. 따라서 해석은 지질 지층처럼 쌓이고 때로는 굳어져 다른 지층과 명확히 구분되고, 지진이나 다른 자연적 힘과 같이 혼합되고 함께 뒤섞여 그 자체를 하나의 풍경으로 느껴지게 한다. 새로운 해석의 시대, 도식, 사상학파, 이념에 대해 말할 때, 앞으로 보게 되듯이 우리는 수정이 가능한 바로 그 존재에 의한 추가, 대체, 드물게는 삭제, 수정 그 자체를 말하게 된다. 해석의 공존은 규칙이지, 예외가 아니다.

이전에 남북전쟁을 연구하는 역사가들은 그때까지 대부분의 역사가들이 그러했듯이 현재는 논의 밖에 있으며 해석적 전략 내에서 인정받지 못했던 존재인 과거의 과거라고 어려움 없이 그들이 규정할 수 있었던 것을 둘러싸고 논쟁을 벌여왔다. 북부와 남부는 전쟁의 책임에 대한 논쟁에서 그날의 우위를 차지하기를 바랐지만, 그들의 초점은 정확히 과거에 있었다. 이와는 대조적으로, 1920년대에 성인이 된 역사가 세대는 역사 연구에 새로운 충동을 가지게 됐다. 그들은 현재주의자였다. 그리고 개혁가였다. 그들의 역사는 과거에 대한 점수를 매기기보다는 자신들의 시대에 대한 동시대인들의 사고에 영향을 주었다. 그러한 충동은 그들의 글에서 명확하게 드러났다.

제임스 하비 로빈슨James Harvey Robinson은 그가 말하는 '평범한 사람을 위한 역사'와 현재주의 역사의 사례를 만드는 데 앞장섰다. 컬럼비아대학교의 유럽사가인 로빈슨은 우드로 윌슨이 대통령에 당선된 해인 1912년에 출판된 《새로운 역사》라는 직질한 제목이 붙은 책에서 이 새로운 접근법의 탄생을 발표했다. 로빈슨은 모든 사회적 진보는 현대적 상황에 대한 명확한 이해에 의존한다고 믿었다. 이는 결국 그러한 상황이 어떻게 발생했는지에 대한 역사 지식을 필요로 했다. 그러나 그가 쉽게 낙관적으로 말한 '역사적 마음자세 historical-mindedness'는 그 자체가 좋은 것은 아니었다. 그 대신, "다른 어떤 것도 할 수 없는 합리적 진보를 촉진할 것이다". 사회적·문화적·지적·정치적 진보는 공포로 얼룩진 두 차례의 세계대전 이전 로빈슨이 반복해서 다룬 주제였다. 그리고 그는 역사가들에게 인간사회가 시간이 지나면서 어떻게 나아져 그렇게 계속될 수 있는지를 탐구할 것을 촉구했다. 역사는 진보의 역사여야 했다.

로빈슨의 주장에도 불구하고, 현재의 역사는 그 자체로 '새로운' 역사는 아니었다. 결국, 군주·독재자·민주주의자들은 지금도 그렇듯이 그들의 정권과 그들의 정치적 생존에 도움이 될 만한 색조로 과거를 오랫동안 그려왔다. 그렇게 하기 위해 아무리 역사 기록을 엉망으로 만들지라도 그렇다. 이탈리아 철학자이자 정치인인 베네데토 크로체 Benedetto Croce는 로빈슨보다 앞서 '모든 역사는 현재의 역사'이며 '역사는 자유의 이야기'라고 주장했다. 따라서 로빈슨의 역사학은 서양 히스토리오그라피에서 인정된 현재주의의 최신 유형이었지만, 완전히 새로운 것은 아니었다. 로빈슨의 역사적 접근방식이 새로운 점은 경제학자 소스타인 베블런 Thorstein Veblen과 법학자 올리버 웬들 홈스 주니어 Oliver Wendell Holmes, Jr. 같은 사람들과 제휴하려는 의도로, 이는 과거 현상을 설명할 때 모든 미적·도덕적 고려에 대한 역사적 사유를 자유롭게 만들려는 그의 바람이었다. 더욱이 그는 역사적 관심의 합법적 대상으로서 사회적·문화적·지적 요소를 탄탄하게 옹호했다. 그는 "지금까지 현재는 기꺼이 과거에 희생된 적이 있다"고 썼다. "이제 진보를 위해 과거로 눈을 돌리고 이를 이용해야 할 때가 왔다." 그의 학자적 신념은 역사가 사회적 변화를 위해 사용될 수 있다는 것이었다. 그 확신에서 역사 연구는 제임스 포드 로즈에게서 생길 수 있는 지적 충동과는 거리가 먼 것을 대상으로 했다.

진보적인 목적을 위해 역사가 사용되기를 추구했던 개혁가로서 로빈슨은 주로 에세이스트였다. 문서의 깊이 있는 조사를 통해 상세하고 경험적이고 확장된 학문이 그가 개혁하고자 한 것에 어떻게 기여할 수 있는지를 보여주는 데 앞장선 역사가는 로빈슨의 컬럼비아대학교 동료 찰스 A. 비어드Charles A. Beard였다. 터너처럼 중서부 출신의 비어드는 그들이 그 장면에서 도달한 진보적 정치 시대 이후 '진보적 역사가들'이라고 불린 새로운 역사가 세대에서 가장 공적으로 알려진 선도적인 인물이 되어갔다. 비어드의 지적 추종자라고 불리게 된 것을 봐도 알 수 있듯이, 비어드파는 사람들과 집단들의 독특한 물질적 관심을 강조했다. 비록 종종 마르크스주의자라는 오명이 씌워졌지만, 비어드식의 유물론은 엄격하게 이데올로기적인 대륙적 사상가와 개혁가 사이에서 발견되는 것보다는 사회주의 사상의 미국적이고 더 유연한 '마르크스적' 변형이었다. 이것은 마르크스와 엥겔스의 더 명백한 사회주의보다는 미국의 사회주의자 유진 V. 뎁스Eugene V. Debs와 영국의 아티스트이자 개혁가인 존 러스킨John Ruskin 방식의 민주주의적 사회주의였다. 19세기의 많은 유연한 마르크스주의자 및 반反마르크스주의자들과 마찬가지로, 심지어 마르크스주의 징치를 경시하면서도 비어드는 계급 관계의 원인과 결과를 그려내고야 말겠다는 독일 이론가들의 지적인 야망을 존경했다. 1913년 이 책의 3장에서 언급할 《미국 헌법의 경제적 해석》이라는 뛰어난 수정주의 역사 연구서를 간행한 이 컬럼비아대학교 역사가는 많은 다른 사람들처럼 미국 부의 불공정한 분배, 강도귀족의 경제적 힘, 그리고 산업과 자본주의의 과잉으로 크게 시달렸다. 그는 또한 소득세, 여성 참정권, 아동노동 금지, 거대 기업의 독점 해체, 노동조합의 법적 보호, 연방의 은행 통제, 사회보장 제도 등 진보적 목표의 후원자였다. 그는 이데올로기가 아닌 기질, 즉 산업주의의 병폐와 노동자들의 부담을 가까이서 경험함으로써 사람들의 물질적 이해관계를 강조했다. 그러므로 열성적인 개혁가이자 역사가로서 그가 로즈가 대규모 산업을 수용한 것과 터너가 개인주의의 장점과 중요성을 강조한 것을 비판했다는 점에서, 그 이전 세대 학자들과 결별했다는 것은 놀랄 만한 일이 아니었다. 비어드의 역사는 또한 터너가 농업 프런티어와 지정학적·지역적 세력에 초점을 맞춘 것과도 확연히 갈라섰다. 그것은 도시 지향적이고 정치적으로 중요하며 분명히 비판적이고 인습을 타파하는 학문적 역사의 도래를 알렸다.

비어드식의 역사 해석은 두 권으로 간행된 그의 《미국 문명의 흥기》에서 무르익었다. 그의 아내 메리 리터 비어드Mary Ritter Beard와 함께 1927년에 간행해서 오늘날까지 널리 읽히는 영향력 있는 이 책은 남북전쟁의 기원을 해석하는 또 하나의 방법을 보여주었다. 비어드 부부는 남북전쟁이 미국에서 부의 소유와 계급의 관계를 재배열한 '두 번째 미국혁명'이었다고 썼다.* "자본가, 노동자, 북부와 서부의 농민들이 연방정부의 권력에서 남부의 농업귀족을 몰아낸 대격변"인 남북전쟁은 정치권력의 장악을 위한 서로 다른 두 경제 간의 투쟁 결과였다. 각각은 서로 다른 이익집단과 사회계급의 특징을 보여주는데, 한 구역은 플랜테이션 농업과 재산노예제에 기반을 두었으며, 다른 한 구역은 산업자본주의와 비어드가 이전에 노동 갈등을 다룰 때 사용했던 개념을 빌려 '임금노예제 wage slavery'라고 부른 것에 기반을 두었다. 양자 모두 핵심에서는 결함이 있다. 이 해석에서 노예제는 전쟁의 원인에서도, 독립적인 도덕적 문제에서도 자취를 감추었고, 그 대신 노예제의 존재는 전체적인 지역 문화의 기본이라기보다는 남부의 다차원적 경제의 한 요소였을 뿐이다. 비어드 부부의 관점에 따르면, 연방 탈퇴는 한쪽 편 계급, 즉 남부 농장주의 절망감에서 비롯된 것이었다. 남부 농장주들은 점차 성장하고 있는 북부의 또 다른 계급의 힘과 맞닥뜨렸는데, 이들은 공업과 농업생산물에 대한 보호관세, 플랜테이션 이외의 농업에 대한 보조금, 노예가 해방된 국가 영역, 도시정주의 장려에 이 구역의 개방, 철도에 대한 연방정부의 지원과 같은 혜택을 요구하고 있었다. 비어드 부부는 남북전쟁이 각각의 지역에 존재하는 서로 다른 경제 체제 간의 양립할 수 없는 차이에서 일어났다고 썼다. 이러한 이유로, 일찍이 다른 근거를 토대로 로즈가 주장했듯

---

* 비어드 부부는 이 혁명의 결과를 개탄했다. 미국 역사학계에서는 몇 되지 않는 더 많은 정통 마르크스주의자들이 이를 더 환영할 것 같다. 후자의 견해에 따르면, 남북전쟁은 단순히 부르주아혁명을 가리켰고, 그럼에도 그러한 혁명은 프롤레타리아독재를 가져올 다음 혁명을 위한 발판을 마련해주었다. 미국의 역사를 오랫동안 훑어보면서, 더 정통 마르크스주의 해석의 차가운 수용과 대비되는 비어드의 민주주의적 사회주의식 접근의 상대적 인기는 미국의 토양에서 급진적 역사 해석의 견인력에 대해 더 많은 것을 말해준다. — 지은이

이, 남북전쟁은 '억제할 수 없는 갈등'이었다.

북부를 강한 도덕적 관심의 중심지보다는 산업, 운송, 해운과 같은 경제적 이익을 지키기로 결정한 구역으로, 그리고 으레 그렇듯이 서슴없이 경제적 문제에 초점을 맞추는 것에 의해 비어드 부부의 남북전쟁 묘사는 두 역사가를 남부에 동정적인 것으로 보이게끔 하는 아이러니한 효과를 가져왔다. 과잉으로 인한 북부의 자본주의에 대한 20세기 초의 반감은 그들로 하여금 북부의 힘을 촉발시킨 남북전쟁의 결과를 그 기원으로 되돌려서 읽도록 했다. 사람들의 눈에는 전쟁의 발생이 어쩔 수 없었을지도 모르지만, 이들의 주장은 전쟁이 노예제를 파괴했다고 하더라도 산업자본주의, 부의 극단적 편중, 금융 붕괴와 같은 너무 큰 비용을 치러야 했기 때문에 지속될 수 없다는 것을 암시했다. 제퍼슨 데이비스와 다른 남부인들은 남북의 지역 갈등을 부채질한 것이 북부의 자본가라고 주장하지 않았는가? 그들은 노예제가 남부의 목표에 대한 북부의 반대를 추동하는 진정한 동력이었다는 생각을 비웃지 않았는가? 그들은 비어드 부부가 이제 매우 신랄하게 공격하는 전쟁의 결과를 정확하게 예상하지 않았는가? 여기에서 반동적인 남부연합을 구하려고 다가온 것이 진보적 사회주의인 것처럼 보였다.

역사적 사건 그 자체만큼이나 역사적 해석의 지형을 어지럽히는 수많은 아이러니들 중 하나로, 플랜테이션 노예제는 아니더라도 산업자본주의에 대한 비어드 부부의 비판에서 그들의 유연한 마르크스주의를 상실한 하나의 메아리를 발견했는데, 그것은 그들과 이념적으로 반대편에 있는 메이슨-딕슨 라인 Mason-Dixon Line* 남부의 목소리였다.

이들은 밴더빌트대학교 중심의 일군의 문학가와 역사가들로, 이후 내슈빌 도망자Nashville Fugitives와 남부 농민Southern Agrarians들로 알려졌다. 비어드 부부처럼, 그러나 정치적 스펙트럼의 다른 쪽 끝에서, 이러한 근대 지식인들은 자본주의적이고 도시화된 문명의 결과를 개탄하고, 옛 노예제 남부에 존재했던 안정적인 최저 생활을 유지시켜주는 농업과 점잖은 방식의 시대라고 그들이 생각하는 것의 부활을 추구했다. 도망자들이 1930년 발표한 유명한 성명서 〈나는 나의 입장을 취할 것이다〉에서 역사가 프랭크 L. 오우슬리Frank L. Owsley는 노예제를 남북전쟁의 기본적인 원인으로 보는 견해를 일축하고 비어드 부부와 같이 그 갈등을 남부에 대한 북부의 압력 때문이라고 말했다.

이런 혼합된 도식이나 그렇지 않으면 적대적 도식을 가진 관찰자들에게는 역사가의 화해가 20세기 초의 북부와 남부의 화해로부터 일종의 편안한 인종차별주의로 성장한 것으로 보일 수도 있는데, 여기에 해당하는 전형적인 것이 남부 출신 대통령인 우드로 윌슨 재임 시기 연방정부의 인종분리 정책이었다. 그러나 이 시점에서 독자들이 머리를 긁적거리는 것을 눈감아줄 수 있다고 해도, 더 많은 것이 위험했다. 애퍼매턱스 항복 이후 62년이 지난 현재, 역사가들이 원래의 남부연합의 입장으로 돌아가는 것 외에는 아무것도 하지 않았다는 것

---

* 미국의 펜실베이니아주와 메릴랜드주의 경계선이다. 식민지 시절 두 지역 영주 간의 경계 다툼을 해결하기 위해 영국 측량사인 메이슨과 딕슨이 1763~1767년 설정한 경계선으로, 이후 노예제 폐지를 주장하는 북부 주와 노예제를 찬성하는 남부 주를 나누는 경계선이 됐다. 노예제가 폐지된 이후에도 북부와 남부를 나누는 경계선의 대명사로 사용되면서, 북부와 남부 간의 사회적·문화적·심리적인 차이를 보여주는 상징이 되고 있다. — 옮긴이

은 정말 사실이었나? 미국의 민주적 사회주의는 이제 존 C. 칼훈John C.Calhoun식으로 차려입었다고 할 수 있을까?* 이렇게 물어보는 것이 괜찮을지 모르겠지만, 역사가들이 1860년대의 적대자들보다 훨씬 더 나아가지 못한 것은 무엇 때문일까? 우리에게 화해할 수 없는 과거에 대한 현재주의적 관점의 끝없는 계승만을 가져다주는 역사적 사고를 기대하는가? 이는 역사 기록의 해석적 수정을 이해하는 데 근본적 질문이다. 역사 이해는 진전될 수 없는가? 역사가들은 단순히 지칠 때까지 쳇바퀴만 도는 것인가?**

이것들은 역사가들 스스로 고심하는 타당한 질문들이다. 인식해야 할 가장 중요한 것은, 새로운 개혁을 통해 산업자본주의의 결과를 길들이려는 비어드 부부의 전향적 의도와 이른바 농업적 품위를 어느 정도 보존하려는 도망자의 후향적 목적이라는 두드러지게 다른 충동과 목적에서 비롯된 해석적 도식이 명확히 동일한 입장으로 끝날 수 있다는 것이다. 그러므로 수정은 때때로 우리에게 지적인 관점의 일치를 가져다주는 것으로 보일 수 있다. 그러나 자세히 살펴보면, 이러한 각각의 해석은 본질에 차이가 있었다. 비어드 부부의 역사는 철저히 근대주의적으로 산업적·금융적 강도귀족의 횡행을 바로잡기 위한 정부의 경제 개입을 포용했다. 이와는 대조적으로 도망자들의 역사는

---

* 존 C. 칼훈은 미국의 7대 부통령이다. 그는 인종차별주의자이자 노예제 옹호론자로, 노예제를 '필요악'이 아니라 노예와 노예 소유주 모두에게 '긍정적 선'으로 보았다. 다수의 횡포에 맞서 소수의 자유를 보호하고 연방정부의 권리가 제한되어야 하며 주의 권리를 인정해야 한다고도 주장했다. 그는 의회에서 능란한 말솜씨로 자신의 주장을 설득력 있게 제시했다. — 옮긴이

** 이 질문은 역사는 그 자체로 반복되는 것이 아니라 단지 역사가들이 반복하는 것이라는 오래된 냉소적인 격언을 떠올리게 한다. — 지은이

정부와 거리를 두고 자신들의 흑인 노예 생활을 통제해온 플랜테이션 소유자의 자비로운 방식 속에서 당시와 같은 정도로 존재한 남부 문명을 되찾기 위한 향수를 불러일으키려는 노력이었다. 과거에 대한 어떤 해석을 선택했는가는 현재에 대한 어떤 해석을 채택했는가를 결정했고, 그 반대의 경우도 마찬가지였다. 그리고 그러한 과거와 현재는 현저하게 달랐다.

따라서 로빈슨의 '새로운 역사'가 예고한 것은 모든 역사적 사고의 기본적인 현실에 대한 대중의 인정에 지나지 않았다. 역사 이해의 모든 발전은 상당 부분 역사가 자신의 환경, 즉 그들의 삶의 과정, 사회에서 그들의 위치, 그리고 그들 개인적 마음의 취향에서 비롯된다. 그러므로 어느 정도까지는 모든 역사가 현재에 도움이 된다는 사실을 받아들여야 한다. 그러나 이 명제가 아무리 타당하다 할지라도 역사 기록의 특별한 수정을 이해하는 데 약간의 도움이 될 뿐이다. 역사는 현재에서 읽고 이해되기 때문에 이것이 역사 이해에 진전이 없다는 것을 의미하지는 않는다. 역사가들이 과거의 현실을 최대한 발굴하고 분석해야 할 책임이 없다는 의미도 아니다. 비어드 부부가 남북전쟁의 기원을 바라보는 방식은 단지 한 차례 순환의 끝, 이 경우에는 갈등에 대한 남부연합의 입장을 다른 말로 정당화하는 것으로 되돌아가는 것처럼 보일 수도 있다. 하지만 그것보다 훨씬 더 진전된 것이었다. 그들의 주장을 깊이 들여다본 사람들에게 찰스 비어드와 메리 비어드는 완전히 새로운 연구 분야를 열어주었는데, 그것은 남북전쟁 직전 북부와 남부의 정치, 경제, 산업과 노예의 연구였다. 다시는 전쟁의 원인에 대한 이해가 같지 않을 것이나. 다시는 역사가들이 남북전쟁의 기원을 설명하려고 할 때, 갈등을 가져오는 데 자본, 산업, 운송, 농업 그리고 노동 시스템이 했던 역할에 대한 지식에 의존하지 않을 수 없다. 그러한 접근은 21세기에 새로 두각을 보였다. 전쟁을 더 큰 미국사 속에 집어넣어서 보는 비어드 부부의 관점은 결코 무시될 수 없다.

그것은 하나의 해석적 장점을 가지고 있는 것으로 보아야 한다. 그러나 남북전쟁의 도덕적 요소를 이해하는 데 비어드 부부의 접근방식이 의미했던 것도 똑같이 그렇다고 할 수는 없다. 터너의 프런티어 테제를 시작으로 전쟁의 도덕적 근거를 둘러싼 논란은 아카데믹한 학문의 새로운 강조에 뒷전으로 밀리기 시작했다. 그 자리에는 북부와 남부 중 어떤 지역이 전쟁에 책임이 있는지 그리고 북부와 남부 간의 전쟁을 억제할 수 없었는가 하는 케케묵은 문제들이 자리를 잡았다. 아이러니하게도 로즈와 다른 이들이 남북전쟁 전후 히스토리오그라피에 도입했던 공정함과 균형은 1914년 1차 세계대전이 발발하면서 도덕적 고려를 희생시키게 됐다. 불행하게도 그러한 현실은 과거에 대한 해석적 접근의 수정이 내포한 본질을 이해하는 데 중요한 역사적 탐구의 또 다른 측면을 보여준다. 그 역할이 '객관적'인지 도덕적 이해의 증진인지를 둘러싼 역사가들 사이의 분열은 이러한 두 가지에 대한 강조가 구분될 수 있다면 언제나 심오한 차이를 만든다. 터너와 같은 다차원적 역사는, 그 자체가 미국의 첫 번째 학문적 역사가 세대의 성숙의 산물로, 비슷한 결과를 가지는 또 다른 학문적 발전과 여기에서 교차한다. 이것은 내러티브 역사를 전문화된 전공 역사로 점진적으로 치환하는 것이었다. 이러한 발전의 씨앗은 19세기 초에 처음 생겨났고, 가장 확고히 자리 잡은 것은 전문적인 학문적 역사 연구에 개척자였던 독일의 대학에서였다. 유럽이건 미국이건 간에, 그때까지 과거에 어떤 일이 일어났는지 이야기하는 한편, 특별한 정치적·국가적 이념을 고양하고 증진시키기 위해 글을 쓴 사람들은 대부분 남성이고 몇몇은 문필 여성이었다. 그러나 뛰어난 대학교수들의 등장은 문학적인 스토리텔링식의 접근을 날카롭게 검토하게 했다. 과학적 탐구에 박차를 가하고 기록된 자료의 비판적 사용을 토대로, 이러한 초기 학문적 역사가들은 오랜 전통의 역사적 순수문학의 계승자인 내러티브 역사가들과는 대조적으로 정치적 신념이나 국가적 신념과는 상관없이 어떤 일이 일어났고, 그것이 왜 일어났는지를 결정하고자 했다. 이러한 발전의 상징적인 인물은 독일의 역사가 레오폴드 폰 랑케 Leopold von Ranke였는데, 그는 과거가 '본질적으로' 어떻게 일어났는지 확고히 하고자 했으며, 베를린대학교에 다니는 자신의 학생들에게도 그렇게 하라고 가르쳤다. 이 목표는 금새 랑케를 따르는 역사가들에게 가장 지속적으로 격론을 불러일으키고 논란이 된 목표 중 하나가 됐다.[*]

그 세기의 특징인 유럽과 미국 사상가 및 예술가 사이에 새로 생겨난 오해 유형의 대표적 사례로, 미국 역사가들은 역사에 대한 랑케의 관념적이고 로맨틱한 열정을 대부분 경험적으로 접근하는 미국인들

---

[*] 랑케는 다수가 독일인인 18~19세기 역사의 '과학'에 기여한 이질적 집단의 대변인 역할을 했음에 틀림없다. 아마도 이들 중 가장 위대한 이는 랑케가 깊이 존경한, 로마를 연구한 역사가이자 정확성과 신뢰성을 위한 역사적 사료의 비판적 평가를 크게 발전시킨 서구 히스토리오그라피의 선구자인 바트홀트 게오르그 니부어(Barthold Georg Niebuhr)였다. — 지은이

에게 어울리는 방식으로 오해했다. 이후 랑케의 충고는 전통적으로 역사가들에게 '본질적으로 일어난 일'이 아니라 '실제로 일어난 일'로서의 과거를 발견하라고 촉구하는 것으로 영어로 번역됐다. 이런 이유로, 미국 및 여러 곳의 역사가들은 정치적·제도적·외교적 문제의 객관적인 과학적 역사와 같이 "목격자들의 보고서, 그리고 가장 실제적이고 가장 직접적인 사료를 토대로" 역사에 접근하고자 하는 희망을 가지고 랑케식으로 기록보관소에 저장된 증거에 초점을 맞추었다. 이 역사가들의 가장 중요한 목적은 실제로 무엇이 일어났는지를 결정하는 것이 됐다. 마치 필연적으로 그런 결정으로 나아가게 되는 연구와 사고가 문화적·사회적·개인적, 그 밖의 다른 영향에서 자유로울 수 있다는 듯이 말이다. 그들의 지배적인 방법은 이전 시기에 일어났던 일을 파악하기 위해 원자료, 특히 원고든 간행물이든 간에 문헌자료를 사용하는 것이었다. 마치 문헌자료가 일어난 일을 정확히 반영하고 사실적으로 정확하며 모든 이야기를 말해주는 것인 양 여겼다. 그리고 그들의 지배적인 형식은 연구논문monograph으로, 이는 주요 발전을 폭넓게 다루는 데 구성요소 역할을 할 수 있는 실제 과거의 제한된 부분에 대해 깊이 탐구하고, 상세하고, 각주가 달린 조사였다.

연구논문의 역사는 곧 학문적 역사의 명확한 특성이 되어갔고, 역사 지식의 결정적 장점이 여기에서 나왔다. 때때로 어떤 부유한 사람이 집필하는 남북전쟁과 같은 커다란 사건에 대한 여러 권으로 된 역사와는 대조적으로, 연구논문은 대학원 학생이건 경험 많은 역사가건 간에 한 명의 연구자가 적당한 시간 안에 완성할 수 있는 조정 가능한 프로젝트였다. 그것은 또한 장차 역사가가 되려는 사람들을 관례적인 학문적 형식이 됐던 학문적 방법과 새로운 역사 지식의 제시 방식으로 동화시키는 데 적절한 하나의 수단이었다. 그 학문적 형식은 다른 역사가들이 점검할 수 있는 각주가 달린 원자료의 인용과 확인할 수 있는 내용에 의해 뒷받침되는 직접적이면서 있는 그대로의 문체와 주장이었다. 이런 연구논문에서는 간행된 과학적 실험 결과물의 형식과 특징을 역사가들이 채택하는 것을 볼 수 있었는데, 이는 다른 과학자들이 이 연구의 표절이나 오류를 탐색하는 방법과 결과를 제공한다. 연구논문이 가져온 주요 결과는 자신들이 연구하는 내용의 좁은 범위 안에서 어떤 주제를 가능한 한 깊이 파고 들어가기 위한 목적에서 역사가들이나 적어도 경력 초기 역사가들이 더 크고 광범위한 사건들을 묘사하려는 노력을 점차로 뒷전으로 돌리고 있다는 사실이었다. 언제나 정확한 것은 아니지만, 이에 대한 비판들이 지적하는 바와 같이 단조롭고 본질을 잃고 한때 가졌던 도덕적 깊이와 학습할 만한 교훈이 들어가 있지 않은 역사 서술이 더 많아지게 되었다. 이것은 연구 논문이 반드시 도덕적 내용, 주장 또는 암시가 없다는 것을 의미하지는 않았다. 그러나 20세기 초의 이 새로운 체제에 의해 훈련된 역사가들은 스스로를 도덕주의자나 스토리텔러로 생각하지 않았다. 그들은 스스로를 랑케식의 말대로 "그것이 실제로 일어난 것처럼" 과거의 실체를 발굴하는 진실 추구자로 생각했다. 그 새로운 정신으로 또 다른 세대 역사가들이 남북전쟁의 기원에 접근했다.

남부 출신 역사가들의 접근

이러한 새로운 세대의 구성원들은 미국 각지 출신이었다. 그러나 남북전쟁의 원인에 대한 이러한 새로운 역사에 가장 중요한 기여를 한 집단은 메이슨-딕슨 라인의 남부에서 태어나 여전히 역사 대학원 교육의 중심이었던 북부에서 교육을 받은 남성들로 이루어졌다. 그리고 그들 중 대부분은 그 뒤에 남부에서 거주하면서 학문적인 업적을 쌓았다. 그중 가장 큰 부분집합은 로빈슨이나 비어드와 같이 컬럼비아 대학교 역사가인 윌리엄 A. 더닝 William A. Dunning의 영향을 받았다. 당연하게도 처음에는 북부의 슐러 및 로즈의 연구, 그런 다음에는 중서부 출신 터너의 연구와 마찬가지로, 더닝에게서 훈련을 받은 이런 남부 출신 학자들의 역사는 그들이 나고 자랐던 지역의 전통적인 역사적 견해를 많이 반영했다. 그러나 다른 지역 출신의 남북전쟁 이전 남부 역사 연구자들과는 달리, 이러한 새로운 세대 역사가들은 국가의 다른 일과 관련한 언제나 명백한 정치적·경제적·문화적 입장뿐 아니라 노예와 아프리카계 미국인을 향한 자기 지역의 역사적 태도를 다루어야 하는 부담을 안고 있었다. 따라서 터너와 비어드가 이끌었던 것을 따라, 그들은 남북전쟁의 원인에 대한 설명에서 깊게 뿌리 내린 노예의 도덕성을 바라보는 지역적 차이를 과소평가했다. 게다가 그들은 북부인과 남부인 모두 그들의 소중한 신념을 지키기 위해 똑같이 가치 있다고 여긴 국가의 남북전쟁 역사에 대한 조정된 설명을 받아들인 한 세대의 미국인 구성원들이었다. 과거에 대한 이런 설명은 KKK Ku Klux Klan*를 찬양하는 영화, 〈국가의 탄생〉에 경의를 표하는 국가적 분위기와 함께 했다. 이 영화는 북부인들을, 새로운 규범을 남부 사회에 도입하는 데 적절하지 않은 뜨내기 출마자, 강간범, 야수로 묘사한 《바람과 함께 사라지다》와 이를 각색한 영화에 대해 한숨을 내쉬었다. 그리고 남북전쟁을 일으킨 책임을 아프리카계 미국인들에게 돌리기까지 했다.

비록 남부 역사를 연구하는 이 집단의 남부 역사가들이 일반적으로 남부와 북부 역사가들 속에서 노예제를 남북전쟁을 일으킨 가장 중요한 원인으로는 말할 것도 없고 하나의 중요한 원인으로조차도 대단치 않게 생각하는 일반적인 북부 및 남부인들과 입장을 같이 한다고 하더라도, 특히 남부의 관점에서 보면 그들은 학문적으로 기여했다. 많은 이들이 말했듯이, 그들이 전쟁 전 남부 개별 주들의 역사를 만들었든 노예제 그 자체에 대해 글을 썼든 간에, 그들의 남부적인 변증론은 틀림없는 것이었다. 이 역사가들 중 가장 잘 알려진 인물인 울리히 B. 필립스Ulrich B. Phillips는 조지아주 출신으로, 그들 중 유별나게 처음에는 위스콘신, 그다음에는 미시건, 마지막으로는 예일 등 북부의 대학교에서 전문적인 경력을 쌓았다. 그의 가장 영향력 있는 저작인 《미국 니그로 노예》(1918), 《옛 남부의 삶과 노동》(1929)에서, 필립

---

* 남북전쟁이 끝난 직후인 1865년 미국 테네시주 펄래스키에서 백인우월주의와 인종차별을 내세우면서 만들어진 단체다. 아프리카계 미국인의 정치적·사회적 권리 획득에 동조하는 세력을 폭력과 테러로 협박했다. 세계 각지에서 미국 이민이 증가하자, 개신교 근본주의에 입각하여 개신교와 백인들의 순수성을 지킨다는 구호 아래 20세기 중반 이후에는 반이민 정서를 기반으로 반유대주의, 반가톨릭으로 강령을 확대했다. 한때 회원이 수백만 명에 달했던 것으로 알려졌지만, 연방정부의 단속과 지속적인 인종차별철폐 운동으로 그 세력은 미미해졌으며 활동도 거의 없는 실정이다. — 옮긴이

스는 백인과 아프리카계 미국인 사이의 육체적 차이와 그러한 차이로부터 비롯된 모든 것을 자명한 명제로 내세운 남부 플랜테이션의 역사를 구성했다. 필립스는 아프리카계 미국인들은 '야만적이고', 수동적인 '인종'의 구성원이며, 노예제가 그들의 '무지하고 나태한 노동'을 앵글로색슨 공동체 내의 삶을 위한 '확실한 신체 단련'으로 변형시키는 학교라고 묘사했다. 남부의 경제 시스템과 기후 조건이 그 특수성을 설명하는 데 도움이 됐다는 것을 인정하더라도 그는 몇 번이고 되풀이하여 전쟁 전, 그리고 확대하면 전쟁 후에도 남부의 핵심에는 남부를 '백인의 나라'로 유지하려는 백인 거주자의 결정이 있었다는 확신으로 되돌아갔다. 더욱이 필립스는 남북전쟁에 대한 남부연합의 논리를 반복하면서, 갈등을 야기한 것은 '싸움하기를 좋아하는' 남부가 아니라 공격적인 북부, 특히 광신적인 반노예제라는 요소였다고 주장한다. 그러나 노예를 남부에 의해 문명화시킨다는 특이한 제도를 끝내기 위한 노예폐지론자의 노력에서 보면, 노예를 재산으로 삼는 제도는 의심할 여지없이 무력충돌이라는 어마어마한 비용 없이도 미래 어느 때인가는 폐지됐을 것이다.

노예제와 노예에 대한 것보다 전쟁 자체에 그들의 관심을 집중함으로써 필립스의 신남부연합을 따르던 많은 남부의 역사가들은 전쟁 책임론에 대한 자신의 주장을 더욱 진전시켰다. 예를 들어, 저널리스트이자 아마추어 역사가인 조지 포트 밀턴George Fort Milton이 주장했듯이, 반드시 그렇다고까지 하는 것은 아니지만, 전쟁의 책임은 북부와 양 지역을 섬터 요새Fort Sumter의 피할 수도 있었던 대치 속으로 빠져들어 가게끔 만든 링컨의 몫이 됐다. 연방의 보존은 그에 따른 유혈

끊임없이 변화하는 과거

사태와 노예해방의 사회적 혼돈에 가치가 없게 됐다. 이런 관점에서 보면 초기 연방주의적 히스토리오그라피를 뒤엎어서, 북부의 극단주의는 전쟁, 금융의 부패 및 이에 따르는 금권정치의 뇌물, 품위 있는 농업문명 위에 군림하게 된 가혹한 산업자본주의에 책임이 있다. 1차 세계대전의 전선에서 섬뜩한 대학살을 겪은 후, 많은 미국인들은 미국 사람들 전체의 복지를 희생시키더라도 어떤 갈등도 평화롭게 해결하는 것이 전쟁보다 더 좋다고 여기게 된 것은 우연이 아니었다. 이러한 시각에서 보면 남북전쟁은 점점 '쓸데없는', '억제할 수 있는' 갈등으로 비쳤고, 이런 시각의 가장 중요한 옹호자인 제임스 G. 랜달_{James G. Randall}의 말에 의하면 국민이 '어리석은 실수를 한 세대'로 보이도록 이끌었다. 랜달은 1940년대에 "링컨의 세대가 끔찍한 전쟁에 휘말렸다"고 썼다. "만약 전쟁을 설명하기 위해 한 단어 또는 구절이 선택된다면, 그 단어는 노예제, 국가의 권리, 혹은 다양한 문명이 될 수 없을 것이다. 남북 양측 모두의 광신이나 오해, 어쩌면 정치와 같은 말이어야 할 것이다." 로즈와 다른 이들의 국가주의적 접근방식을 더 철저히 부인하는 것은 상상하기 어렵다.

그러나 언제나 그렇듯이 역사 해석의 진지한 노력에 대해서 단지 불쾌하다는 이유로 과거 이해의 이러한 수정을 무시하는 것은 심각한 잘못일 것이다. 남부의 이런 역사가들의 연구들에 나타나듯이 이런 노력들이 이제 역사가들에게 불균형하고 편견을 가진 것으로 보인다면 특히 그렇다. 많은 면에서 더닝과 필립스의 제자들과 그들에게서 영향을 받은 이들은 많은 차원의 남부 역사에 대한 혁신적인 역사를 만들어냈다. 이전에 조사된 적이 없는 자료를 이용하고, 남부의 읽고와 기록을 유래 없이 많이 모으고, 거의 연구되지 않은 남부 미국사의 핵심 주제에 관심을 돌림으로써, 그들은 남부의 노예 소유와 인종차별적인 과거의 뒤를 잇는 모든 역사에 대한 기초를 다졌다. 그리고 그들의 주장이 같은 주제의 북부 역사가들의 연구보다 덜 미묘하고 더 직접적일 수는 있지만, 빠르고 보편적인 비난에 부딪힐 것 같지는 않았다. 그와는 정반대였다. 북부 사람들이 북부에 전쟁책임이 있다는 이러한 역사가들의 주장을 반사적으로 거부하더라도, 많은 이들이 남부 학자들의 온건한 보수주의와 인종차별주의를 공유했다. 만약 어떤 북부 사람들이 남북전쟁은 남부를 단지 북부의 사업상 이해관계를 가진 경제적 식민지로 만들었을 뿐이라는 주장을 무시한다면, 그들은 1차 세계대전 이후 미국의 특징이라고 할 수 있는 무신경한 개인주의, 노동 불안, 외국인 이민, 아프리카계 미국인의 차분하지 못함을 싫어하는 점에서 남부 역사가들 못지않은 것이다. 신남부연합 히스토리오그라피는 지역 간의 화해, 사회적 안정, 그리고 많은 역사가들이 이전 시대의 특징이라고 잘못 생각해온 '인종' 및 민족집단 간의 합의 열망과 잘 들어맞았다. 즉, 1950년 이전 남부 역사가들의 펜 끝에서 나온 남북전쟁의 원인에 대한 수정주의 역사는 그 나라의 일반적인 보수적인 지적 분위기와 결코 맞지 않는 것이 아니었다.

그러나 이보다 크고 중요한 똑같이 명심할 문제는 이 남부 사람들의 해석은 새로운 연구를 추구하기 위한 문을 열었으며, 그들의 해석을 아주 싫어하는 역사가들에 의한 새로운 질문을 제기했다는 사실이다. 노예제는 전쟁이 없었더라도 시드는 것이 예정된 경제적으로 취약한 제도였던가? 노예들 스스로가 노예제하에서 자신의 삶과 문화를 형성하지 않았는가? 2차 세계대전의 종전 후 점차 명확해졌듯이 1930년대에 남부 수정주의의 출현으로 이러한 문제에 대한 답변이 새로이 급박해졌다. 1950년대부터 시작된 노예제와 남북전쟁의 기원에 대한 이해의 진전은 남부 역사가들의 주장이라는 도전이 없었다면 이루어지지 않았을지도 모른다. 미국 국내와 전쟁터에서 2차 세계대전에 기여한 결과로 아프리카계 미국인들의 주장이 증가하는 것뿐 아니라 대공황 기간에 아프리카계 미국인, 북부, 남부가 곤경을 겪는 동안 백인 미국인 시각이 다시 나타난 것은 결국 신남부연합 히스토리오그라피에 대한 많은 의문을 불러일으켰을 것이다. 그러나 그들의 연구가 불러일으킨 문제에 대한 해답의 추구와 커다란 갈등의 원인을 둘러싼 국가적이고 권위 있는 새로운 합의의 창출이 더닝학파 구성원의 대립적 견해에 의해 크게 가속화됐다는 것은 의심의 여지가 없다.

따라서 우리는 모든 역사적 사고, 수정주의 및 그 밖의 것들이 잠재적으로 도발적이라고 보아야 한다. 바로 그 성격상, 새롭게 쓴 역사는 역사가들에게 더 많은 생각과 새로운 학문, 반대되는 주장, 그리고 언제나 그런 것은 아니더라도 종종 널리 합의된 새로운 이해로 끝나게 되는 그런 논쟁을 부추긴다. 그래서 개별 역사가들이 이런저런 해석적 도식에 화를 낼 수도 있고 과거에 대해 새롭고 독특한 해석을 하는 사람들이 때때로 자신의 주장을 전면에 내세우기 위해 그들의 사례를 과장하는 반면, 모든 역사가들이 다른 역사가들의 주장과 싸울 수 있는 자유가 남아 있고, 혹독한 전문적 평가를 받는 검증의 시간을 견딜 수 있는 대안적 관점을 제시할 수도 있다. 역사가 집단이 상당한 규모와 다양성을 가지고 있고 이들의 연구에 대한 평가를 다양한 경로로 내놓을 수 있는 지금, 모든 역사가들의 학문적 저작에 대한 평가는 역사적 사고나 연구의 진전을 촉진시킬 가능성이 있다. 역사가들의 저작에 수정주의적 사고가 하는 역할을 찬양하는 주된 근거는 과거에 대한 새로운 접근법이 가지는 이런 측면, 즉 역사가나 그 밖의 사람들이 사고를 더할 수 있도록 자극하고 추가 지식을 창출할 수 있기 때문이다. 학자들이 남북전쟁의 기원을 이해하기 위한 탐색을 계속하던 때인 2차 세계대전 이후 무슨 일이 뒤따랐는지에 대해서는 확실히 그렇다.

새로운 노예제 해석

울리히 필립스와 남부 역사가 더닝학파 구성원들은 1939년 재개된 유럽 충돌의 발발 이후 뒤따를 수도 있는 새로운 공포를 남북전쟁의 역사를 썼을 때 알지 못했을 것이다. 남북전쟁의 기원에 대한 그들의 견해는 1차 세계대전의 대규모 손실 이후 1920년대와 1930년대에 형성되고 발달한 것으로, 미래의 세계 분쟁에는 아무런 도움이 되지 않았다. 그러나 랜달이나 에이버리 O. 크레이븐Avery O. Craven, 두 명의 훨씬 더 젊은 북부인인 로이 F. 니콜스Roy F. Nichols와 케네스 M. 스탬프 같은 그들의 동료들은 자신들이 전문적인 무대에 등장했을 때 사회를 휩쓴 2차 세계대전의 분위기를 무시할 수 없었다.[*] 1945년 직

---

[*] 이상하게도 이 논쟁에서 랜달과 크레이븐은 마치 그들이 그들 전임자들의 해석을 문제 삼은 최초의 역사가인 것처럼, 그리고 남북전쟁 히스토리오그라피의 수정이 이전에 일어난 적이 없었던 것처럼 '수정주의자'라고 불렸다. 수정주의 역사의 긴 역사에서 그러한 용어는 종종 현

후, 그들의 견해는 필립스와 같은 나이든 동료들의 견해와 밀접하게 일치했다. 이 젊은 학자들은 특히 전문 역사가들이었다. 그래서 이들은 지역이나 다른 관련 요인뿐 아니라 학문 내부의 긴요한 문제에 이끌렸다. 터너 시대 이래 전문 역사가들이 지역 갈등, 산업자본주의의 성장, 남부와 북부의 과잉된 전쟁열과 같은 다른 요인들을 지지해서 남북전쟁의 원인에서 노예제를 천천히 배제시켜왔기 때문에, 문화적인 면뿐만 아니라 전문적인 새로운 상황의 자극 없이 이러한 해석적 얽매임에서 벗어나도록 기대하는 것은 무리일 것이다.[*] 반면, 역사가 에드워드 카가 촉구한 것처럼 "사실을 연구하기 전에 역사가를 연구하는 것"이 현명하기는 하지만, 그렇다고 과거에 관심이 있는 누군가가 해야 할 전부가 되어서는 안 된다. 단지 어떤 생물학적 현실의 탓으로 돌릴 수 있기 때문에 역사 해석을 일축하려는 경향이 있는 사람들(이들 중 일부는 남부인이고 다른 일부는 중서부 출신이며, 일부는 나이 많은 학자들이고 일부는 젊은 사람들이다)은 역사학이 하나의 독립적인 지적 영역임을 인정하지 못한다. 역사학에 종사하는 사람들의 학문적 저작 중 대부분은 하나의 별개 주제에 대한 현존 해석을 검증하고 정교히 하는 것을 지향하지, 생물학적·역사적·문화적·사회적 환경을 단순히 반영하려고 하지는 않는다. 그 결과 통상적으로 안정된 연구 패러다임(이 경우는 필립스와 더닝학파의 해석) 안에서 연구하는 역사가들은 거대한 발걸음을 널리 퍼져 있는 해석으로부터 멀리 떼는 경우가 거의

실을 명확히 하기보다는 모호하게 한다. ─ 지은이

[*] 일부는 아프리카계 미국인 역사가 카터 G. 우드슨(Carter G. Woodson)과 듀보이스의 발자취 안에서 그렇게 할 수 있었을 것이다. ─ 지은이

없다. 그리고 전쟁에 대한 피로감이 1945년 이후처럼 널리 퍼져 있을 때는 확실히 그렇게 하지 않는다. 당시에는 어떤 전쟁이라도 옹호하는 어떤 사람도 상상하기 어려웠다. 심지어 노예제의 심오한 도덕적 문제에 성패가 달려 있는 사람들조차도 마찬가지였다. 현대 전쟁터의 참상과 민간인 사상死傷에 대한 절망감은 남북전쟁이 쓸데없는 전쟁이었으며, 그 주요 이득인 노예제의 퇴치는 인명과 재산의 대가로 아무런 가치가 없었다는 필립스 및 그 당시 학자들의 신념과 잘 맞아 떨어졌다. 그렇지 않으면 어쩌면 이와는 정반대로, 남북전쟁이 '쓸데없는 전쟁'이었다는 동료 역사가들의 견해에 대해 이전에 이미 민감하게 반응하고, 살아가면서 현재의 갈등 비용을 학습함으로써 1945년 이후 많은 역사가들이 모든 전쟁을 비난하는 경향이 있었다. 이에 따라 남북전쟁은 크레이븐의 책 제목인 《억제할 수 있는 갈등》이었다는 그들의 확신은 당시 전 세계적인 재앙인 홀로코스트, 독일·일본 민간인 폭격, 핵무기에 의한 일본 도시 파괴에 대한 전반적인 환멸과 잘 어울린다. 노예제 폐지에 대한 극단적 믿음, 즉 노예제 폐지를 위해 유혈행위를 자행하는 것도 서슴지 않은 남부에 대한 선동정치가 존 브라운John Brown*의 신념과 같은 전투적인 정서 표출을 포함한 모든

---

* 무장봉기를 통해 노예제를 폐지하고자 했던 노예해방 운동가이다. 노예제 옹호에 대한 평화적 저항은 효과가 없으며, 노예제 폐지를 위해서는 폭력혁명밖에 없다고 생각했다. 1856년 추종자들과 함께 노예제 옹호자 5명을 죽였으며, 1859년에는 병기창을 습격해 무기를 탈취하여 혹인 노예를 무장시키고자 했다. 이 계획은 실패하고 브라운은 체포되어 사형에 처해졌으나 남부 사람들과 민주당은 이 사건이 공화당의 의사를 대변한 것이라고 생각했다. 이 사건과 브라운의 처형을 둘러싼 미국 사회 내의 첨예한 갈등은 남북전쟁이 일어나게 된 하나의 중요한 계기로 평가되고 있다. — 옮긴이

광신에 대한 일반적인 의심의 기운이 떠돌았다.

　게다가 메이슨-딕슨 라인 양편 급진파의 정신병리학에 대한 강조는 일반적으로 인간심리에 대한 대중의 관심 확대에 부합했다. 데이비드 H. 도널드, 돈 E. 프렌베커Don E. Fehrenbacher와 데이비드 M. 포터David M. Potter 같은 역사가들은 이러한 관심을 남북전쟁 전 북부와 남부 개인과 전체 사람들의 정신 상태와 정신역학에 초점을 맞추는 데 반영했다. 그들의 관점에서 보면, 남북전쟁 전야에 촉발된 급진적인 열정을 잠재울 수 있었다면 노예제와 정부의 권리를 둘러싸고 타협을 이끄는 협상을 성취하고 비극적인 갈등을 피할 수 있었을 것이다. 물론 이러한 관점이 가지는 문제점은 적어도 노예제가 시들어 사라지기 전까지는 이를 수용한다는 것을 의미하는 데 있었다. 이는 노예들로 하여금 지속되는 속박을 계속 참아야 하게 했다. 마치 동유럽의 유태인과 수백만 명의 다른 사람들이 1933년 이후 자신들의 운명을 나치즘과 소련 전체주의에 맡겨야 하는 것과 마찬가지였다.

　그러나 남북전쟁 이전의 히스토리오그라피에서 노예제, 노예제 반대, 그리고 노예들을 추방하고 싶어 했던 랜달, 크레이븐, 니콜스, 스탬프 같은 역사가들은 이번에는 자신들의 해석적 도식에서 고려하지 않은 세 가지 현실에 직면하게 됐다. 첫 번째는 전후의 나치즘 청산이었다. 두 번째는 쓸데없는 전쟁을 치러왔다는 견해를 받아들일 것 같지 않은 귀환 군인들과 여성 세대에게 학업 경력을 쌓게 하는 것인데, 이는 주로 제대군인원호법G. I. Bill of Rights을 통해 지원됐다. 이 두 가지와 무관하지 않은 세 번째 현실은 남북전쟁의 역사나 그 문제로, 미국 역사와 생활 전반에서 자신들이 배제되는 것을 더 이상 받아들일 수 없는 아프리카계 미국인 시대의 도래였다. 이들은 북부 도시에서 1941년 이전 일어난 아프리카계 미국인 문화에 대한 재각성과 그들 자신이 겪었던 전쟁 경험의 수혜자였다.

게다가 2차 세계대전 이후를 되돌아보면, 우리는 남북전쟁의 해석에서 새로운 시대의 기초를 만드는 데 결합한 수많은 히스토리오그라피의 힘을 볼 수 있는데, 그 해석은 옛 것을 누더기가 된 채로 남겨놓고 남북전쟁의 역사학에서 중요한 개념적 수정을 이루어냈다. 우선, 비교적 제한된 특정 연구 주제를 상세히 연구하는 연구논문의 역사는 반박의 여지가 없을 정도의 성숙한 수준에 도달했다. 남북전쟁 이전의 정치, 노예제 폐지, 노예의 경제적 생존 가능성, 전쟁의 결정과 같은 문제에 적용됐을 때, 전쟁에 참전하고 돌아온 사람이 다수이며 전통적인 사고방식에 쉽게 빠져들지 않는 젊은 역사가들이 대부분 서술한 연구논문의 결과는 변혁적이었다.

둘째, 그리고 많은 부분에서 젊은 세대 역사가들이 만들어낸 연구논문 역사의 결과인 남북전쟁 이전 남부에 대한 역사 서술은 그 자체로 변혁적이었다. 이제는 백인 개신교 남성뿐만 아니라 여성, 아프리카계 미국인, 가톨릭 신자, 유대인들을 포함한 젊고 더 다양한 학자 집단은 메이슨-딕슨 라인 남부의 더 복잡하고, 활력이 넘치고, 유동적인 사회의 역사를 발굴하기 위해 옛 남부에 대한 목련과 복숭아꽃과 같은 경건한 이미지를 완전히 벗어 던졌다. 이 새로운 세대의 아프리카계 미국인 역사가들 중 가장 뛰어난 사람은 존 호프 프랭클린이었다. 프랭클린은 백인 학자들뿐 아니라 1920년대의 카터 G. 우드슨과 1930년대의 W. E. B. 듀보이스의 이전 연구를 바탕으로 남부의 인종들이 완전히 서로 뒤얽혀 있으며, 노예는 그들을 묶은 쇠사슬에도 불구하고 자신의 삶을 능동적으로 만드는 사람이며, 담배와 면화 문화는 경제적으로 불안정한 것으로 묘사했다. 1947년에 처음 출간되어 2009년 저자가 사망할 때까지 빈번하게 수정된 프랭클린의 고전 《노예에서 자유로》는 셀 수 없이 많은 역사가들에게 남부의 역사를 자기 나름으로 자유롭게 탐구할 수 있다는 신호를 주었다. 결과적으로 남부의 역사는 백인뿐 아니라 아프리카계 미국인의 역사도 결코 동일하지 않을 것이다.

노예제의 역사 또한 깊은 변화를 겪었다. 미국 고등교육의 확대와 함께 백인 남성이 아닌 역사가의 수가 점점 늘어나 대학교수에 합류했다. 이들은 역사 문헌에서는 이미 구체화됐지만 이전에는 꼼꼼하고 깊이 있는 탐구의 초점이 전혀 아니었던 일련의 문제들을 추적하기 시작했다. 게다가 1960년대와 1970년대의 시민권 획득과 냉전 및 베트남전에 반대하는 시위의 영향을 받아 역사가들은 노예제하에서의 아프리카계 미국인의 실제 생활과 이전에 지나치게 감정적이고 무분별하게 급진적으로 보였던 노예제 반대와 폐지론자 세력을 새로 살펴보았다. 비록 우드슨, 듀보이스, 프랭클린이 아프리카계 미국인들의 혁신적인 역사를 통해 이런 주제에 대한 새로운 학문적 관심을 불러오는 데 앞장섰지만, 옛 필립스 모델과 가장 결정적이고 효율적으로 단절하고 노예제의 새로운 역사 속으로 안내한 사람은 전쟁의 효용성이나 가치에 대해 일찍이 회의적이었던 케네스 M. 스탬프였다. 1956년 간행된 그의 고전적 저서인 《특이한 제도: 전쟁 전 남부의 노예제》는 광범위한 합의에 따라 노예제가 노예들에게 인지한 것이었으며 이익이었다는 남부 옹호론자들의 해석을 종식시켰다. 그러나 역사 해석의 운명에 편애와 편견이 어떤 역할을 할 수 있을지 설명하기 위해서는 여기에서 1950년대 속으로 들어가서 노예와 아프리카계 미국인의 히스토리오그라피가 일반적으로 아프리카계 미국인 학자들이 이전에 가꾼 새로운 토양 속으로 결정적으로 이동하기에 앞서 백인 학자들로 하여금 완고한 사고를 가진 사람들에게 제동을 걸게 한다는 데 유념할 필요가 있다. 이런 필요는 우드슨, 듀보이스, 프랭클린의 저서가 대학교수들의 인종차별주의와 인종분리 때문에 전문적 역사학계에서는 거의 무시됐기 때문이었다. 우드슨, 듀보이스, 프랭클린이 노예, 해방된 아프리카계 미국인, 그리고 남북전쟁 이후 자유를 얻은 사람들이 몇 세기 동안 속박된 노예 상태로 오래 지속되고 마음에 상처가 되는 비용을 치렀다고 주장했지만, 역사가들은 스탬프가 이 문제에 힘을 실을 때까지는 그들의 증거와 주장을 신뢰하지 못했다. 그러나 그가 한 번 남부 옹호론자들의 입장에 못을 박자, 존 W. 블라신게임의 1972년 저서 《노예 공동체: 남북전쟁 전 남부의 플랜테이션 생활》, 유진 D. 제노비스Eugene D. Genovese의 1974년 저서 《롤, 조던, 롤: 노예들이 만든 세계》, 같은 해에 나온 아이라 베를린Ira Berlin의 《주인 없는 노예: 전쟁 이전 남부의 자유 니그로》 등과 같은 중요한 연구들이 추가로 그 뒤를 이었다. 이러한 세 권의 저서는 모두 노예제 아래 아프리카계 미국인 문화의 강점을 드러냈다. 그러한 추가적인 저서의 결과는 이전에는 보통 간과됐던 우드슨, 듀보이스, 프랭클린의 연구가 학자들 사이에서 새로운 매력을 얻고, 스탬프의 중요한 연구와 동등한 평가를 이끌어냈다는 것이다. 다른 많은 사람들뿐만 아니라 그들 모두는 남북전쟁 이전까지 노예건 자유민이건 간에 아프리카계 미국인에게 자유와 기회를 억제하는 규제에도 불구하고, 자신이 할 수 있는 한 최선을 다해 자신의 삶과 공동체를 건설하는 데 성공한 그들 자신을 위한 행위자였다는 사실을 명확히 했다.

그러나 이 오래된 주제에 새로운 접근법이 준 결정적인 영향을 가장 잘 보여주는 책은 로버트 W. 포겔Robert W. Fogel과 스탠리 L. 엥거먼Stanley L. Engerman이 1974년에 쓴 충격적인 선언 《고난의 시간: 미국 흑인 노예제의 경제학》이다. 이 책은 경제이론 및 통계 증거에 기초하여, 다른 노예 체제와 비교했을 때 미국 노예제는 상대적으로 유순한 형태의 노동이었으며, 독자 생존이 가능한 경제 체제였고, 남부 주들의 전체적 이익을 기반으로 하는 것이었다고 주장했다. 그것은 인간에 대한 속박과 인종 통제 체제일 뿐 아니라 남부 부富의 주요 원천이었다. 저자들이 노예제에 대한 혐오감을 분명히 밝히고 주장했음에도 불구하고, 왜 그런 주장이 격렬한 반응을 일으켰는지 충분히 짐작할 수 있다. 경제적 측면에서 노예제가 합리적인 생산 체제인가? 남부의 노예 소유주들은 자신들의 경제적 이해관계를 정확히 알 수 있을 만큼 현명한가? 노예노동의 경제적 가치는 자유노동과 동일한 관점에서 측정할 수 있는가? 특히 신세계의 다른 곳과 대조해볼 때, 노예제는 이전에 생각했던 것보다 덜 부담스러울 수 있을까? 자료의 종합과 계량경제적인 방법을 사용해서 부도덕한 제도를 측정할 수 있는가? 이 책의 내용과 주장은 남부와 노예제에 대한 역사가 공동체를 즉시 뒤흔들었다. 그리고 저자들의 주장은 때때로 무자비한 공격을 받아서 역사 기록으로 시느 막다른 골목에 몰리게 될 정도로 심각한 피해를 입었다.

그러나 이 책이 출간된 이후 수십 년 동안, 남북전쟁과 미국 남부를 연구하는 역사가 중《고난의 시간》에 부채를 지고 있다고 느끼는 사람이 거의 없더라도, 책의 저자들이 탐구의 여지를 열어놓은 문제는 결코 그 중요성을 잃지 않았다. 미국 남부와 강제적인 인종적 노예노동은 이제 제노비스가 상상했던 정적인 반자본주의적 문화가 아니라 역동적인 자본주의 사회로 여겨지고 있다. 역사가들은 이제 설탕 문화의 성장뿐만 아니라 남북전쟁 전 남서부로의 팽창으로 인해 1860년대에는 이전보다 노예제가 강화되고 노예 가격이 높아졌다는 데 동의한다. 월터 존슨Walter Johnson의《어두운 꿈의 강: 면화왕국의 노예와 제국》(2013), 에드워드 E. 밥티스트Edward E. Baptist의《절반의 이야기는 결코 듣지 않았다: 노예제와 미국 자본주의의 성립》(2014), 스벤 베커트Sven Beckert의《면화제국: 글로벌 히스토리》(2014),[*] 2016년 웬디 워렌Wendy Warren의《뉴잉글랜드 종속: 초기 미국의 노예제와 식민지화》같은 최근의 저서에서 주장하듯이, 노예 소유자들과 노예 무역상들은 국제 상업시장에 얽혀 있는 최신 자본가, 주요 작물을 생산하는 기업가, 노예화된 노동자들을 효율적으로 착취하는 데 숙련된 전문가인 북부의 자유노동, 상업, 공업 업무 파트너와 똑같이 강압을 통해서 모든 면에서 수익을 추구하는 자본에 정통한 사람임을 입증했다. 노예의 경제적 가치에 대한 확인이 필요하다면, 우리는 해방된 노예를 소유하는 데 들어갔던 수십억 달러의 남부 자본이 남북전쟁 후

---

[*] 이 책의 한국어판 제목은《면화의 제국: 자본주의의 새로운 역사》로, 2016년에 나온 개정판 (Empire of Cotton: A Global History)을 번역한 것이다. — 옮긴이

끊임없이 변화하는 과거

증발했다는 것만 보면 된다. 그러나 여기에 더해서 이 역사가들은 노예제가 전쟁 전의 미국 경제를 뒷받침하고 지배했으며, 노예 소유자들은 19세기의 많은 기간 동안 미국의 대외 정책을 이끌어왔다고 주장했다. 결과적으로 노예 소유자들이 제노비스와 그 밖의 사람들이 규정한 관점에서는 자본주의적 방법을 충분히 채택하지 않고도 국제 자본주의 체제 내에서 이익을 추구한다고 해도, 그들의 강제 노동착취는 미국의 힘을 확장하는 데 매우 결정적이었다. 만약 그들이 살아서 이 책들을 읽는다면, 찰스와 메리 비어드는 충분히 발전되지 않은 자신들의 이전 견해가 정당했다고 주장했을지 모른다.

이 모든 것은 역사의 역사를 어지럽히는 아이러니한 전환 중 하나로, 이런 최근 역사가들의 자본주의 중심 해석이 초기 수십 년에는 단지 간헐적으로만 제공됐던 남북전쟁의 도덕적 해석의 사례를 강화했다는 것을 말해주었다. 이러한 일련의 새로운 추론을 주창한 사람은 프린스턴의 역사가 제임스 M. 맥퍼슨James M. McPherson이었다. 1988년에 출간된 영향력 있는 자신의 《자유의 함성: 남북전쟁의 시대》에서 맥퍼슨은 1860년대의 갈등을 대립적인 사회 체제와 이데올로기에 의해 뒷받침되는 북부와 남부 간의 커다란 도덕적 투쟁으로 치부했다. 밥티스트, 베커트, 존슨, 워렌의 연구와 맥락을 같이하는 전쟁에 대한 맥퍼슨의 거대한 도덕적 표현은 역사가들 간의 의견 차이를 끝내기 위한 그들 사이의 오랜 일종의 휴전을 맞이한 가운데 신마르크스주의적 해석으로 이제 편안히 자리 잡을 수 있었다.

더욱이 포겔이나 엥거먼 같은 비정통적인 주장을 역사적으로 이해하는 것이 가지는 함의를 일단 고려한다면, 우리는 전통적인 역사저 사고가 되어온 것에 대한 도전까지도 어떻게 역사적 이해에 침투되는지 다시 보게 된다. 예를 들어, 포겔과 엥거먼이 단언했듯이, 플랜테이션 노예제가 경제적으로 타당했다면 전쟁 없이 그 체제가 종식될 수 있었을까?[*] 그들의 주장은 다시 한 번 남북전쟁을 '필연적이고', '억제할 수 없는' 갈등으로 보이게 만들었다. 이는 제임스 포드 로즈가 처음 밝힌 입장으로, 비어드에 의해 새로운 형태로 소생했고 《미연방의 시련》이라는 일반적인 제목 아래 남북전쟁의 기원과 고발을 주제로 하는 여러권으로 구성된 그의 역사서 첫권이 나온 1947년에 알렌 네빈스Allan Nevins에 의해 지속됐다. 노예 소유주들이 노예의 수익성을 평가하는 데 경제적으로 합리적이었다면, 그리고 신마르크스주의자 유진 제노비스가 오랫동안 주장했듯이 그들이 경제력만큼이나 사회적·문화적 지위에 힘의 많은 기반을 둔 사회계급의 가부장적 지도자로서 자신들의 지위를 유지했다면, 링컨의 공화당이 그렇게 우려했던 것처럼 노예제가 결국 캘리포니아의 임페리얼 밸리나 쿠바, 브라질 같은 먼 곳에 보급됐듯이 미국의 그 밖의 다른 곳, 특히 대규모의 단일경작이 번성하는 그런 지역으로 확대되는 일은 없었을까? 남북전쟁 이전 리치먼드 철강 산업에서 이미 그랬듯이, 노예제가 그

---

[*] 마치 어떤 역사 해석도 도전을 받지 않은 채 오래 지속되지 않는다는 증거인 것처럼, 밥티스트, 베커트, 존슨, 워렌의 최근 저작들은 일부 경제사가들의 강한 공격을 받았는데, 이들은 다른 이들이 사용한 것과 거의 유사한 필사본 사료에서 발췌하여 종합한 자료의 평가로부터 연구를 하면서, 자료에 덜 의존한 밥티스트 및 다른 학자들의 역사가 주장한 것에 도전했다. 같은 자료에서 도출됐지만 다른 기능과 방법을 가진 역사가들에 의해 달리 이용된 각각의 해석이 어떻게 역사적 논란을 불러일으킬 수 있는지는 여기에서 완벽하게 설명된다. 이 특별한 싸움이 얼마나 빨리 그리고 어떤 근거로 해결될지는 두고 볼 일이다. — 지은이

끊임없이 변화하는 과거

자체로 도시 산업에까지 적용되지 않았을 수 있을까? 만일 그랬다면 광업과 같은 다른 산업에서는 왜 그렇게 되지 않았을까? 그리고 만약 노예제가 당시 미국에서 그렇게 수익성이 있었다면, 전쟁 이전의 많은 남부인들이 추구했던 것처럼 미연방이 더 많은 이익을 얻기 위해 국경을 넘어 더 많은 영역을 확보하려는 것이 합리적이지 않았던가? 다시 말해, 포겔과 엥거먼의 연구가 나온 후, 진정한 그리고 경제적으로 강한 '슬레이브 파워Slave Power'*가 실제로 존재했으며, 북부인들은 그렇게 생각하는 망상에 빠지지 않았다고 주장하는 것이 다시 가능했다. 즉, 남부 노예주들은 예속 노예제 유지와 남부 경계 및 농업 너머로 이를 확대하는 것을 둘러싸고 정치적으로 결속했다. 수십 년 동안 주장되지 않은 것이지만, 노예폐지론자들 역시 남부를 지나치게 감정적으로 증오하는 사람들이라기보다는 무엇인가를 알아낸 사람들이었다고 다시 주장할 수 있었다. 노예 소유자가 자신을 변호한 근거를 생각해볼 때, 그들의 급진주의와 무장력에 대한 요청은 합리적이고 타당했다.

남부와 노예제에 대한 이런 새로운 역사의 대부분은 많은 지적 학문에서 1945년 이후 일어난 근대화에 대한 커다란 논쟁 내에서 발전했다. 이는 사회가 농노, 노예, 소작인 등과 같은 한 가지 이상의 예속 노동을 이용하는 소규모 농업에서 임금노동을 활용하는 도시 산업 생산수단으로 변화하는 과정, 즉 생산수단뿐 아니라 이념과 문화의 변

---

* 남북전쟁 이전 1840년대와 1850년대에 노예 소유주들이 보유한 미국 연방정부의 정치적 권력을 말한다. 그렇지만 이는 노예폐지론자들이 남부의 노예제를 비판하기 위해 만들어낸 개념으로 보는 견해도 많다. — 옮긴이

화가 수반하는 오랜 과정에 대한 논쟁이었다.[*] 근대화 이론은 거기에 내포된 진보의 함의를 완전하게는 아니더라도 상당 부분 잃었지만, 남북전쟁 이전 북부와 남부의 다른 문화, 노동 시스템, 시장 지향을 측정하고 비교하는 새로운 방법을 제공했다. 이런 맥락에서 반세기에 걸쳐 남부와 북부 사이에서 일어난 무력 충돌의 원인이 무엇이었는지 이해할 수 있는 더 많은 방법이 생겨났다. 제노비스는 남부를 근대화된 자유토지주의free-soil의 이익, 상업적 농업, 그리고 북부의 도시 산업을 반대하는 노예 소유자의 사회적 권위를 중심으로 건설된 구식의 신봉건적인 온정주의 문화라고 보았다. 마르크 에그널Marc Egnal 은 노예제가 아닌 경제력을 남북전쟁 원인의 중심에 둔 신비어드식 접근법을 제시했다. 이와 일치하는 연구에서, 버트람 와이어트-브라운Bertram Wyatt-Brown과 다른 사람들은 남부가 노예폐지론에 의해 위협받은 개인적·가부장적·가족적·지역적 명예라는 윤리적 테제에 예속되어 있다고 묘사했다. 다른 역사가들은 북부의 경제와 문화가 더 발전했다고 묘사했는데 북부의 상업주의, 자유토지주의 농업, 그리고 자유노동은 남부에게 무력으로 자신을 방어하는 것 외의 다른 어떤 선택 수단도 부여하지 않은 공격적인 힘이었다. 자신들의 막대한 자본이 땅과 노예에 묶여 있으며, 그래서 북부의 부에 비해 상대적으로 유동성이 부족한 남부인들은 노예제가 도시 제조업에 충분히 적응할 수 있다는 것이 입증되기 시작해서 경제적으로 타당성이 있을 때

---

[*] 근대화에 대한 논쟁은 일반적으로 문학, 예술, 음악, 문화에서 모더니즘에 대한 논쟁과는 달랐다. ― 지은이

자신들의 자산을 공업과 비농업적 상업으로 전환할 수 있었다고 주장했다. 어쩌면 결국, 남부연합 사회는 전근대적이지 않았다. 정체되어 있지도 않을 뿐더러 활력이 넘치는 북부의 근대화 체제를 방해하지도 않았다. 역사가들은 또한 북부와 남부에 근대화의 여러 가지 척도를 적용했을 때 북부와 남부 어느 편도 각각의 내부에서 옛 방법에 의존하지도 않았으며, 경제적 갈등 없이 새로운 방법으로 갈아타지도 않았음을 발견했다. 그 갈등은 남북전쟁으로 가는 길의 역할을 했으며, 전쟁 기간 동안 전투와 정치에 영향을 미치고, 전후에는 주요 변화를 이끌었다. 이 모든 것은 북부와 남부가 별개의 두 개 문명, 즉 하나는 근대, 다른 하나는 전근대라는 일부 역사가들의 결론에 크게 도전했다. 그 대신에 이 주장은 북부와 남부 양측은 상업주의와 자본주의적으로 서로 달랐지만 자기 자신의 방식으로 각각 경제발전의 서로 다른 길을 과감히 시도한 후에 남북전쟁의 전쟁터에서 승리를 위해 싸우게 됐다는 것으로 넘어갔다.

지금 대부분의 사람들이 노예제의 지속과 확산의 문제를 설명의 중심에 두고 있기는 하지만, 지금 보듯이 역사가들이 섬터 요새에서 첫 번째 총격이 발생한 지 150년이 넘도록 여전히 남북전쟁의 원인과 같은 그런 매우 중요한 문제에 대해 완전히 동의를 하고 있지 못하다면 그 밖의 어느 누가 그것을 할 수 있겠는가? 약간의 난처함은 이해할 수 있다. 그러나 이제까지 그래왔던 것처럼 여러 갈래로 나뉘어온 남북전쟁의 기원에 대한 최근의 다양한 접근법의 결과들이 그 주제의 역사에 대한 두 가지 지속적인 결과를 가져왔다는 것에는 의심의 여지가 없다. 첫째 그리고 아주 단순하게 보면, 그 결과는 노예제와 남부에 대한 이해에 혁명을 일으켰다. 이 두 가지 모두 1945년 이전에 존재했던 해석적 도식에 내재된 그것들의 특징으로 되돌아가지 않을 것이다. 21세기 처음 수십 년 동안의 광범위한 합의로 노예제는 다양하고 그 자체가 변화하는 국가의 일부 안에서 늘 변화하고 확대되는 제도로 이해되어왔다. 그 제도는 3/5 조항*과 모든 주 상원의원의 동일한 수 배정에 의해 1789년 이후 70년 동안 국가의 정책을 효율적으로 장악했다. 그것은 남부 여러 지역에서 서로 차이가 있으며, 노예의 분노로부터 언제나 폭발할 가능성이 있는 불씨였으며, 강압에 기반한 체제였다. 그 체제는 노예 소유주의 헤게모니적 폭력과 그럼에도 어떻든 간에 자기 자신의 행위주체성과 통합성, 자존감을 유지했던 충분한 수의 노예들의 침묵에 의해서만 제대로 기능할 수 있었으며, 노예 소유자의 견해에 대한 타당한 경제적 토대 없이는 여전히 완전하지 않았다. 역사가들은 다른 많은 것을 덜 근본적이지만 직접적인 갈등의 도화선으로 보아서 전쟁 원인의 목록에 포함시켰지만, 결과적으로 노예제가 실제로 남북전쟁의 근본적 원인이었으며, 남부는 이를 지키려 했고 북부는 그 확산을 중지시키기로 결정했다는 확신은 이제 역사가들 사이에 거의 보편적으로 받아들여지는 견해였다.

둘째, 이 해석적 스튜stew는 역사가들이 현상의 근본을 찾기 위해 어떻게 분투하고 실제로 찾는 것이 얼마나 어려운지 밝혀준다. 그러

---

* 1787년 필라델피아 회의에서 채택된 노예에 대한 과세 및 하원 구성 인구 비율 안이다. 노예제를 반대한 측에서는 인구 비율로 구성하는 하원을 자유민의 수만으로 하자고 주장했으나, 노예제를 찬성하는 측에서는 노예의 실제 수를 모두 포함하자고 주장했다. 이에 대한 타협책으로 노예 수의 3/5만 과세하고 하원을 구성하는 인구 비율로 하기로 합의했다. — 옮긴이

므로 이전에는 제기되지 않은 질문과 아직 접하지 않은 증거와 주장의 차이를 통해 문제들에 대해 의견을 달리하고 자신들이 나아갈 길을 생각함으로써, 역사가는 언제나 서로 간에 문제를 제기하면서 이전의 해석을 수정하고 새롭고 두려움 없이 자신들의 주제에 서슴없이 접근하는 것이 왜 필수적인지 보여준다. 이것이 그들의 지적 세계이다.

역사적 사고의 본질인 수정주의

이것이 남북전쟁의 원인과 그 밖의 다른 모든 역사 주제의 해석이 끝없이 변화한다는 것을 예상해야 하고, 해석의 차이가 해결되는 것을 상상할 수 없고 도달할 수 없는 것으로 간주해야 한다는 것을 의미하는가? 일부 사람들을 곤란하게 할 수 있는 이 질문에 대한 답은 '아마도 그렇다'라는 것이다. 그것은 일부 역사가들이 같은 근거를 거듭해서 검토하는 것보다 나은 것은 없다고 생각하기 때문은 아니다. 대신에 모든 해석적 차이, 특히 주요 문제의 해석적 차이를 완전히 해결하는 것은 아마도 도달할 수 있는 경계를 벗어나는 일일 것이다. 인간 사고의 본질은 불완전하고 미완성이며, 인류의 본질은 논쟁적이고, 사고와 성향이 광범하게 다양하며, 대부분의 지식은 잠정적인 것이다. 이 생각에 움찔하는 것은 당연하며, 모든 역사가들은 적어도 그들이 받아들인 해석, 즉 자신들이 제일 먼저 만드는 데 관여하여 널리 채택될 것으로 생각했던 해석이 최종적이고, 권위가 있고, 확실하고, 불가침석이고, 영원히 유지될 것이라는 소소한 마음을 가지고 있다. 그러나 이것 역시 착각이다. 다른 사람들 사이에서처럼 역사가들 사이에서 존재하는 정신, 기질, 관심의 다양성을 간과하기 때문이다. 어떤 사람들은 성격상 고정적이고 변하지 않는 것에 이끌리고, 어떤 이들은 가변적이고 영구적이지 않은 것에 이끌린다. 어떤 이들은 확립된 생각 구조 안에서 가장 잘 사고하며, 어떤 이들은 그것의 밖에서 가장 잘 사고한다. 어떤 이들은 또 다른 것을 탐색하는 것보다 알려진 세계의 어려움을 겪는 것이 최선이라고 추론한다. 역사적 지식의 경우 불확실성, 모호성, 미지의 것에 더 익숙한 사람들이 안정적이고 알려진 것에 만족하는 사람들보다 먼저 만족할 가능성이 높다. 그런 신념을 제시하는 것이 그 편을 드는 것은 아니다. 그보다는 2장과 3장에서 내가 언급할 역사 해석의 오랜 역사에 대해 우리가 알고 있는 모든 것을 토대로 서술하는 것, 지난날 항상 그러했던 사실과 앞으로도 언제나 그럴 것 같은 사실을 서술하는 것, 과거의 이해는 본질적으로 과거를 연구하는 역사가의 외적 환경 및 그 현실을 태어나게 한 역사가와 일치하는 것임을 서술하는 것이다.

역사적 사고의 내적 논리를 바꾸는 것이 가능하지 않다는 것과 마찬가지로, 설사 가능하더라도 수정주의 역사의 종말을 바랄 이유가 없다. 남북전쟁의 발발에 대한 서로 다른 해석들이 바로 역사가들 사이의 차이 때문에 생겨났다는 이해의 발달을 보라. 그렇다. 이러한 견해 중 일부는 남북전쟁은 말할 것도 없고 19세기 미국에 대한 우리의 이해를 재구성할 것을 요구해왔다. 이들 중 다수는 언제나 통찰과 지식의 발전에서 비롯되는 이해의 변화를 거부하는 사람들에게 방해가 된다는 것이 판명됐다. 일부는 잘못된 것으로 판명되기까지 했다.

즉, 역사가들이 과거 사건에 대한 어떤 가능한 해석도 완전히 배제하는 것이 정당화된다면 말이다. 그러나 역사가들은 제임스 포드 로즈 시절부터 남북전쟁의 원인을 생각해왔다. 그들은 논쟁의 근거를 좁혔고, 거기에 실려 있는 주제에 언제나 정서적이고 역사적으로 주목하게 될 견해의 결과적 차이를 이해하고 받아들이게 됐다. 역사가들은 전쟁의 기원에 대한 어떤 척도, 예를 들어 노예제의 존재와 확산을 둘러싼 싸움이 남북전쟁 발발에 얼마나 중심 문제인지에 대해 동의하지 않으며 아마도 언제나 동의하지 않을 것인 반면, 우리는 그러한 의견 차이를 자유사회에서 논쟁이 가지는 활력의 지속적인 이익을 반영하는 것으로 환영해야 한다.

어쨌든 전문 역사가들은 왜 다른 사람들보다 자신이 살고 일하는 사회와 문화에 휘둘리지 않기를, 그리고 연구 방법, 사용 가능한 증거, 해석적 도식에서 발전하기를 기대하는 것일까? 왜 우리는 그들이 100년 전의 역사가들이 했던 것처럼 자신의 의문을 표현하거나 과거에 사용했던 방식으로 그들의 발견을 제시하기를 기대해야 하는가? 결국 사람들은 피카소에게 틴토레토Tintoretto의 양식으로 그림을 그리라고 요구하지 않는다. 그들은 필립 글래스Philip Glass가 모차르트의 음색으로 작곡하기를 기대하지 않는다. 그들은 마돈나가 엘라 피츠제럴드Ella Fitzgerald처럼 노래하지 않는다고 해서 불평하지 않는다. 예술가들처럼 역사가들도 다른 세계가 아닌 그들이 살고 있는 세계를 강조한다. 만일 그들이 자신과 동시대의 사람들이 인식하고 이해할 수 있는 용어로 글을 쓰지 않는다면 그들은 유용한 지적·사회적 기능을 거의 제공하지 못할 것이다. 더욱이 역시 지식은 사람의 마음속에서 가장 쉽게 가치를 얻고, 지식이 독자의 마음과 관련되고 욕구를 느낄 때, 그들이 살았던 상황에서 이해가 될 때 가장 생동감 있게 다가온다. 모든 이어지는 시대에, 사회는 새로운 지식과 이해를 필요로 하는 새로운 도전에 직면한다. 남북전쟁 직후의 수십 년 동안이 그런 경우였는데, 여전히 원초적인 감정이 각 지역의 남북전쟁 책임에 대한 역사적 방어를 불러왔기 때문이다. 산업자본주의의 비용이 대단한 것은 아니지만 노예사회의 가치에 대한 새로운 시각을 일깨웠던 20세기의 처음 3분의 1 시기가 그러했다. 그리고 긴급한 대중적 요구가 인종차별주의, 인종 관계, 저항의 역사적 현실과 미국에서 정부의 역할에 대한 검토를 촉구한 시민권 운동 등장 이후도 그러했다.

그러나 전문 역사가들은 생각 없이 단순히 사회 그 자체의 신념을 되돌아보지는 않는다. 그들은 자신의 사고가 가능한 한 많은 현재의 지적 관습으로부터 면역력을 가지게 하기 위해 고군분투한다. 그러나 더 큰 사회의 구성원들이 결코 역사가들 자신보다 그들 자신의 견해에 더 획일적이지 않기 때문에, 개별 역사가들은 항상 다른 사람들보다 사회의 어떤 분야나 어떤 학파의 사상에 종종 의도적이지 않게 더 긴밀하게 연관되어 있는 자신을 발견할 것이다. 역사가들의 해석에 대한 검토가 기존의 어떤 정치적·이데올로기적 견해와 일치하는 것은 아니다. 검토는 알려진 증거, 해석의 타당성, 그 강점과 역사가들의 해석을 일치시키는 것이다. 이는 언제나 지식과 이념을 대상으로 하는 비판에 견디는 능력이다.

결국 남북전쟁의 원인을 둘러싼 전쟁터와 같은 그런 역사적 논쟁은 러시안 인형처럼 그 주제에 대한 논쟁의 발생 이후 제시되어온 모든 주장의 유산을 그 안의 어딘가에 통합하고 구체화하는 종합적인 해석적 무대로 여겨야 한다. 어떤 주제에 대한 일군의 서로 다른 해석들은 역사가와 일반 독자들이 비슷하게 서로 논쟁을 하는 분명하고, 제한이 있고, 지적인 세계를 창조한다. 그래서 우리가 진리라고 부르는 목적을 달성하기 어려워도 소중히 여기는 지식과 이해, 접근법을 비록 점근적이나마 점차 더한다. 그것은 역사 지식이 발전하고, 논쟁이 시작되고 결론이 나며, 학자들이 다음에 집중해야 할 가장 중요한 것이 무엇인지 결정하고, 아이디어가 다듬어지는 세계이다. 침투할 수 있고 변화하는 경계선을 가진 비공식적 세계인 이 지적 세계는, 언제나 그렇지는 않지만 보통은 협력관계이고, 강한 학문적 파트너십이 탄생하며, 기관과 출판이 그 구성원의 연구를 뒷받침하는 일종의 전문적인 집이다. 남북전쟁의 원인에 대한 150년 이상의 사고에서 확실히 나타나듯이, 때때로 울화통이 터지고, 격렬한 갈등이 표면화되고, 일종의 교착상태가 발생할 수도 있지만, 서서히 그렇지만 확실히 선의 의지를 가진 역사가들은 논쟁에서 자신들의 입장을 줄이고, 어떤 합의에 이르고, 자신의 동료를 동일하게 험난한 탐구와 사고 영역을 이끄는 열쇠의 손잡이로 받아들이고, 서로 간에 배우게 될 것이다. 이것은 참가자들이 그 해석적 도식의 변화하는 성격을 내적 본질의 일부로 받아들이는 사고의 세계다. 따라서 수정주의는 역사적 사고에 으레 통합되어 있는 조건이다. 그렇지 않은 경우는 이제까지 없었고 앞으로도 없을 것이다. 사실, 역사 논쟁이 고대에서 기원하며 이후 계속됐음은 우리가 다음 장에서 2500년 이상의 긴 수정주의의 역사로 눈을 돌리면서 분명해질 것이다.

2장
고대 수정주의 역사의 기원

남북전쟁의 원인에 대한 히스토리오그라피가 분명히 보여주듯이, 역사가들은 서로 논쟁한다. 그들은 항상 그래왔다. 역사가의 주장이 진지하게 다루어지려면 문서, 유물, 그리고 인터뷰 자료와 같은 역사적 증거에서 나와야 하므로, 증거로부터 이어지는 논증은 정확성과 타당성을 평가받아야 한다. 하지만 종종 모든 증거가 알려지는 것은 아니다. 때로는 증거라고 알려지는 것이 불완전한 경우도 있다. 그리고 알려진 증거는 보통 서로 다른 방법으로 사용될 수 있다. 그러므로 역사적 주장은 거의 언제나 부분적이다. 역사적 주장은 특정한 시기에 특정한 사회와 문화에서 특정한 한 명의 역사가의 마음에서 생겨나며, 따라서 필연적으로 그 마음, 그 역사가의 의도, 글쓰기의 시기, 사회와 문화를 반영한다. 역사가들은 모든 가능한 것이 아니라 구체적인 목적을 위해 증거를 사용한다.

따라서 이 장과 다음 장의 역사적 논증도 나의 입장에서 쓴 것으로,

모든 독자는 이런 점을 염두에 두고 읽어야 한다. 이는 나의 시각과 이 책의 의도 중에 하나에 근거한 주장으로, 역사는 항상 수정되어왔다는 것을 설명하고, 이러한 진술을 뒷받침하는 증거를 제공하기 위한 것이다. 나는 그러한 관점에서 역사적 사고의 긴 역사를 검토할 것이다. 역사적 사고를 논의하는 많은 다른 역사가들처럼 그 변화를 분석하려는 것은 아니다. 나는 역사 서술의 완전한 역사를 쓰려고 하지는 않는다. 역사학계에서 잘 알려진 인물과 학파 그리고 그들이 쓴 역사 중 가장 관심을 가질 만한 부분을 나 자신의 목적을 위해 검토하고자 할 뿐이다. 그들의 연구가 가진 커다란 장점을 강조하기보다는, 그들이 쓴 것으로부터 지금 나의 목적에 도움이 될 만한 것을 끌어내겠다. 이는 시대가 지나면서 역사 서술이 새로운 환경, 새로운 지식, 그리고 새로운 정신에 지적으로 적응하는 지속적 여행으로, 즉 이전의 역사하기 방법과 이전에 가지고 있던 역사 이해에 대한 수정의 오랜 기록으로 어떻게 읽힐 수 있는지 보여주기 위한 것이다. 왜냐하면 2500년 이전 서구 세계에서 역사가 시작되던 바로 그때부터, 역사가들은 과거에 대해 서로 다른 접근법을 취해왔기 때문이다. 역사가들은 오래 전 사건들에 대한 뚜렷이 다른 접근법들을 제공하고, 서로 간에 자유롭게 공격하며, 그리고 우리에게 의견 분열, 예리한 전환, 자신들 이전에 일어난 것을 바라보는 새로운 방법의 끊임없는 축적으로 가득한 역사 서술의 전통을 제공했다. 역사가 프레드릭 W. 메이트랜드Frederick W. Maitland가 한때 썼던 것처럼, 역사하기나 역사적으로 사고할 수 있는 고정된 방법은 없다. "정통 역사는 용어상 모순인 것처럼 보인다." 그리고 이것은 시작부터 그래왔다. 이 장과 다음 장에서

끊임없이 변화하는 과거

는 역사하기의 단 하나의 방법, 즉 보편적으로 받아들여지는 하나의 역사가 왜 실제로 존재하는 일이 거의 없는지 보여주려고 한다. 그리고 새로운 연구 방법, 새로운 증거, 새로운 이해, 새로운 주장에 부딪히기 이전, 심지어 완전히 대체되지 않더라도 상대적으로 짧은 기간 동안만 그 당시 어떻게 존재했는지 보여주고자 한다. 역사 서술은 끝없는 수정의 기록이 아닐 수 없다.

그리스에서 싹튼 수정주의 역사의 씨앗

기원전 450년경 그리스에서 역사 쓰기가 시작되기 전에, 거대한 인간적 주제와 영웅적 인물들의 내러티브 전설인 서사시가 있었다. 서사시는 우리가 오늘날 역사로 인식하는 것이 자라난 토양이 된 역사 서술의 씨앗이었다. 서사시는 과거의 이야기였다. 종족과 사람들의 기원에 대한 이야기, 남성과 여성 사이의 싸움 및 운명에 대한 그들의 투쟁 이야기, 엄청난 고난을 둘러싼 비극과 이를 극복한 승리의 이야기, 인간과 이교도 신 및 이교도 신들 사이의 이야기, 질서로부터 무질서로 그리고 인간사가 바로잡혔을 때 다시 안정으로 되돌아가는 순환의 이야기였다. 고대 서사시 중 가장 위대한 것은 서양 문학의 기원인 호메로스의 《일리아드》와 《오디세이》이다. 인간 상황에 대한 설득력 있는 묘사 때문에 그 서사시의 장엄한 이야기는 더 이상 배타적이지는 않지만 서구에서 살아가는 사람들의 지배적인 문화 유산으로 여전히 남아 있는 사고 과정을 분명히 밝히는 데 노움을 주었나. 이 서사시들은 아킬레우스, 아가멤논, 헥토르, 오디세우스, 페넬로페와 같은 고대 영웅들의 업적에 대해 이야기한다. 트로이전쟁 동안 그들이 보여준 불굴의 용기, 명예, 복수, 충성과 같은 용맹한 업적을 서구의 의식 속에 아로새겼다.

그러나 이 위대한 창조 서사시들은 역사가 아니라 신화이다. 몇몇 실존 사람들의 실제 업적을 아무런 의심 없이 기반으로 한 윤색된 단순한 이야기는 듣는 사람들을 기쁘게 하고 비슷하게 굉장한 업적을 성취하려는 야망을 그들에게 불러일으키고 도덕적 행동의 교훈을 가르치고 자존심과 복수의 대가로 치러야 할 비용에 대해 경고하고자 한다. 때때로 '사랑의 탐색quest romance', '신화적 역사mythistory'라고 불리는 두 개의 호메로스의 서사시는 역사가 아닌, 위대한 문학예술 작품으로 적절하게 교육되어왔다. 그 작품들은 자신의 힘을 확실히 존재했던 역사적 사실의 단면들에서 얻는 것이 아니라, 보편성에 대한 작품들의 주장과 시인들에 의해 무수한 세대에 걸쳐 극의 형태를 띠게 됨으로써 획득했다. 시인들은 이 서사시를 이야기하면서 예술로서 타의추종을 불가능하게 만들고, 이제는 그것을 읽는 모든 사람들로 하여금 자신을 되돌아보게 하는 스토리로 가득 채웠다. 그 스토리라인을 침범하여 이 이야기를 달리 말할 수 있는 방법은 없을 것 같다. 스토리라인 중 어떤 것도 잠정적인 것은 아니다. 만약 '호메로스'가 실제로 존재한다면, 그는 자신의 이야기가 개연성이 있는지를 따지지 않고 사실로 연관시켰을 것이다.[*] 신과 인간은 상호 작용하고 서로에게 영향을 미치지만, 원인과 결과 사이의 연관성은 약하며, 적어도 오늘날에는 신뢰하기 어렵다. 호메로스가 그의 영웅들에게 무슨

끊임없이 변화하는 과거

일이 일어났는지 설명하려고 할 때, 그는 종종 신을 불러 일깨운다. 인간이 아닌 그들은 배후에서 조종한다. 그리고 그는 서사시의 인간 등장인물과 그들의 업적을 평가할 수 있는 어떤 증거를 남기지 않는다. 호메로스와 같은 사람들이나 당시 사람들이 그가 서술한 다른 사람들과 마찬가지로 의심할 여지 없이 역사의 기본적인 지적 요소, 즉 설사 우리 시대의 개념은 아닐지라도 시간과 변화의 개념을 가지고 있으며, 그리고 이야기를 하려는 충동을 가지고 있음을 우리는 안다. 우리는 또한 호메로스가 그의 등장인물들에게 부여한 인간의 자질과 감정을 가진 남성과 여성들로 고대 그리스가 가득 채워졌다는 것을 알고 있다. 그러나 우리는 호메로스의 시에 나오는 특정 인물들과 그들의 업적, 심지어 그러한 인물들이 신의 개입 없이 행동할 때조차 호메로스의 주장을 독립적으로 평가할 수 없다. 그리고 그는 우리가 그렇게 하도록 어떤 도움도 주지 않는다.

이런 고대 그리스의 문화와 같이 대부분의 그 시기의 비서구 문화들은 역사에 대한 감각이 결여됐다. 그들이 말한 이야기의 내용은 주로 연대기와 가계도였다. 유일한 예외는 고대 히브리인들이었는데, 그들의 성서는 시간에 따른 변화 기록의 독특한 초기 사례이고, 많은 사건들의 사례에 대한 기록, 세계의 창조 이래 인간 존재에 대한 직선적인 설명이고, 그리고 사람들의 역사에 대한 자의식적인 내러티브이

---

* 호메로스가 존재했다는 사실에 대한 불확실성 외에도 '그가 단일한 한 명의 인물이었는지도 분명하지 않다. 또한 '그가 눈이 멀었을지도 모른다. 게다가 2세기 이상 학자들은 호메로스 서사시, 특히 《일리아드》에 사실적 타당성을 부여할 수 있을지 여부를 따지는 역사적 가치를 논쟁해왔다. — 지은이

다. 그러나 히브리인들조차 자신들의 과거에 일어났던 일들과 왜 그렇게 했는지에 대해 우리가 믿을 수 있고 검증 가능한 기록이라고 인정할 만한 것을 쓰지 않았다. 호메로스와 히브리인들은 시간 순이기는 하지만 인과관계는 없는 일련의 사건들로 구성되는 연대기를 엮었다. 역사는 인문적 인과관계나 자연적 인과관계, 변화의 매개체, 혹은 진보와 쇠퇴의 결과로 그들의 의식 속에 침투하지 않았다. 그들의 역사는 잘 알려진 패턴을 따르는 사건의 순환으로 항상 같았다. 그리고 이러한 이야기 작가들이 말한 이야기에서, 인간은 자신의 운명을 결정하는 데 별다른 역할을 하지 않았다. 대부분 변덕스럽고 제멋대로 행동하는 신들이 안장에 앉아 인류를 독려했다. 타락하기 이전의 역사의식 시대, 즉 논쟁을 초래할 수 있는 역사적 주장이 서술되기 이전의 시대가 존재한다면, 그것은 호메로스의 시대였다. 기원전 5세기에 이르러, 그 시대는 다른 그리스인들의 손에 의해 끝났다.

우리가 역사라고 알고 있는 것은 이제 막 시작단계였던 과거, 연대기, 가계도에 대한 생각이 많은 사람들과 여러 세대에 걸쳐 공유된 과거에 관한 지적 구조로 바뀌었을 때 시작됐다. 당시는 설명이 단순한 연대기를 보완했던 시기, 그리고 마찬가지로 중요한 것으로는 비판적 생각을 가지고 운명과 신, 그리고 시간의 순환에 대한 이야기에 공들여가던 시기였다. 즉, 우리가 아는 것과 같이 역사는 누군가가 호메로스와 같은 이야기에 대해 회의적이기 시작하고, 인간 사건의 인간적 기반을 찾고, 시적 상상력보다는 증거를 사용하고, 인간적인 원인을 인간적인 결과와 관련지을 때 나타나는데, 이때는 누군가가 호메로스를 넘어 허구를 사실로 대체했을 때이다. 이러한 성격을 확대된 내러

끊임없이 변화하는 과거

티브에서 보여준 첫 번째 사람은 할리카르나소스Halicarnassus의 헤로
도토스이다. 할리카르나소스는 현재 아시아에 있는 에게해 동쪽 해안
의 보드룸이라는 마을로, 헤로도토스는 기원전 484년에 그곳에서 태
어났다.* 완전히 남아 있는 서구의 산문 저작으로, 어떤 주제를 처음
으로 충분히 서술한 자신의 기념비적인 《역사》에서 헤로도토스는, 그
리스인과 헤로도토스가 아테네로 이동하기 전에 함께 살았던 페르시
아인들과 같은 비그리스 민족인 '야만인barbarians'(그와 당시 사람들이 이
들을 불렀던 이름)들 간에 기원전 480~478년에 일어난 전쟁에 대해 썼
다. 그의 의도는 음유시인들과는 달랐는데, 트로이전쟁에 대한 그들
의 전통적 해석은 호메로스에서 절정에 달하고 그들의 이야기는 신성
하거나 신화적인 인물로 가득찼다. 헤로도토스는 《역사》를 시작하는
말로 "그래서 인간의 사건은 시간이 지나면서 사라지는 것은 아니다"
라고 진술하면서 자신의 연구를 제시했는데, 이는 신의 행위뿐 아니
라 "어떤 것은 헬레네스, 다른 어떤 것은 야만인이 만든" 알려진 인간
행위에 대한 기록을 보존하기 위한 것이었다. 그는 또한 '이들로 하여
금 서로 전쟁을 일으키게끔 하는 원인들'에 대해 말하기 시작했다.**

---

* 그리스와 그 이전의 이집트와 수메르에는 헤로도토스 이전에도 역사가, 적어도 초기의 역
사가들이 있었고, 헤로도토스의 초기 역사를 다른 사람들은 알고 있었다. 하지만 지금은 거
의 알려져 있지 않고, 그들의 업적 중 비문, 연대기, 가계도를 제외하고는 거의 남아 있지 않
다. ― 지은이

** 역사가들은 서로 논쟁하고 문제 삼기만 하지는 않는다. 시인, 작곡가, 예술가들처럼, 그들
은 항상 자신의 전임자들에게 경의를 표하며 언제나 그렇게 해왔다. 인용에서는 보통 그렇게
하며, 때로는 앞선 연구자들의 이전 탐구를 자신의 연구에 통합함으로써 그렇게 한다. 그러나
때로는 그저 묵묵히 고개를 끄덕이기만 한다. 여기서 최초의 역사가인 헤로도토스는 자신의
위대한 선조인 호메로스에게 경의를 표함으로써 이 점에서 선례를 만늘었는데, 호메로스는

그것은 단순한 목적이었다. 그러나 나중에 밝혀졌듯이, 운명적인 약속이었다. 자신이 말한 이야기에 대한 책임을 받아들이기 위해 정체성을 가진 그리스인으로서 대담한 자신감을 가지고 1인칭으로 글을 쓰는 것을 선택함으로써, 헤로도토스는 그리스인이 '역사historiē'라고 부르는 탐구나 지적 노력의 새로운 장르로 가는 문을 열었다. '역사'라는 용어는 결국 과거에 대한 탐구를 의미하게 됐다. 그가 물려받은 전통을 벗어나 자신이 제기한 의문을 탐구함으로써 헤로도토스는 역사를 쓰는 일에 착수했다. 그리고 의도적이었는지 아닌지는 알 수 없지만, 산문으로 글을 쓰면서 그는 역사의 영역을 상상적 문학의 문화적 지배로부터 분리시켰다. 키케로가 그를 '역사의 아버지'라고 부른 것은 충분한 이유가 있다.

헤로도토스를 인간행위의 단순한 연대기 기록자가 아닌 역사가로 만든 것은 그가 자신의 연구에 도입한 특별한 요소로, 이는 이전에는 볼 수 없었던 것이다. 그는 본질적으로 역사가일 뿐 아니라 지리학자, 인류학자, 동물학자, 민족지 학자, 민속학자였다.[*] 그는 널리 여행하면서 페르시아전쟁 이전과 전쟁 중에 일어난 일, 즉 헤로도토스의 젊은 시절 동안, 그리고 그가 인터뷰했던 많은 사람들의 생생한 기억 내에서 일어났던 갈등에 대한 증거를 확보하기 위해 당시 사람들과 이야기를 나누었다. 이렇게 함으로써 그는 적극적이면서 관심을 끌었던

자신의 책 《일리아드》 6권에서 트로이의 헬레네로 하여금 "그래서 우리가 남자들을 오게 하는 노래 속에서 살게 될 수 있을 것이다"라고 헥토르의 사랑을 호소하게 했다. — 지은이

[*] 고전학자인 에디스 해밀턴(Edith Hamilton)은 헤로도토스를 가리켜 '최초의 유람객'이라고 불렀다. — 지은이

끊임없이 변화하는 과거

역사적 방법을 처음 사용했는데, 이 방법은 오랫동안 역사 연구의 많은 이상형 중 하나 역할을 했지만, 또한 현장연구와 기록연구 사이의 생산적인 긴장감을 만들어냈다. 예를 들어, 바벨탑에 대한 고전적인 묘사를 제공한 사람은 헤로도토스였는데, 이 묘사는 이후 그에 대한 모든 설명의 기초가 됐다. 프랑스 아날학파와 페르낭 브로델Fernand Braudel 같은 학자들이 과거에 대한 획기적인 해석적 접근을 개척했다고 주장하기 2500년 전, 헤로도토스는 그들의 망탈리테mentalité(영어 단어 '사고방식mindset'이 아마도 가장 비슷한 의미일 것이다)의 역사와 과거의 커다란 자취(장기지속la longue durée이라고 불러온 것)를 강조하는 조짐을 보였다.*

헤로도토스는 서구와 동양 사이의 투쟁(그리스, 즉 서구의 승리), 자유와 폭정 사이의 투쟁(자유, 즉 그리스 자유의 재차 승리)이라는 커다란 주제를 제시했는데, 이 투쟁은 이후 서구의 기억과 문화에 내내 메아리쳤다. 그의 역사적 인물들은 민주주의, 과두정치, 군주제의 상대적 이익에 대해 논쟁했는데, 이 논쟁은 아리스토텔레스의 《정치학》으로부터 계몽주의 정치사상가들을 거쳐, 미국 공화주의의 설립자들에게 이어져 깊은 관심을 가지게 했다. 다신교 문화에 참여했던 그는 신의 개

---

* 아날학파는 1929년 뤼시앵 페브르(Lucien Febvre)와 마르크 블로크(Marc Bloch)에 의해 간행된 유명한 프랑스 학술지 《사회경제사연보(Annales d'histoire economique et sociale)》의 제목으로부터 그 이름을 얻었다. 거기에 자신의 연구를 발표한 역사가들을 통해, 그 학술지는 20세기 후반 서구의 히스토리오그라피에 큰 영향력을 행사했다. 그러한 영향은 사회, 문화, 경제사뿐만 아니라 '깊은(deep)' 역사 그리고 세계사의 연구에서도 계속 지속되고 있는데, 저자들은 사건들(사건사: l'histoire evenementielle)이 아니라, 방대하고, 세월이 흘러도 변하지 않는 기후, 지리, 사회발전(장기지속)의 힘을 강조하는 선도적인 아날학파 역사가 브로델의 선례를 따르고 있다. — 지은이

입과 델포이 신탁에 대한 주장을 편하게 전했지만, 살았던 것이 알려진 역사적 인물들에게는 전반적인 인간적 자질을 부여했다. 철학자들이 이미 시작한 것처럼 인간 문제에 대한 신들의 영향력을 완전히 무시할 수는 없었지만, 헤로도토스는 신들을 지구상에서 원인을 야기하는 행위자들에서 배제하기 시작했다. 그가 생각하기에 인과관계는 변덕스러운 신이 아닌 인간이 일으킨 사건과 결정에 달려 있는 것이었다. 그래서 그는 어떤 저작이 역사인지 아닌지 판단하는 변하지 않는 기준 중의 하나를 규정했다. 그는 단지 페르시아전쟁이 어떻게 일어났는지 기록하는 것이 아니라 설명하려고 노력했다. 그리스 도시국가 대중의 삶을 자기 책 속으로 가져온 그리스인으로, 글을 쓰는 동안 헤로도토스는 그리스에 대한 자신의 충성심과 그의 역사를 채우는 페르시아인과 그 밖의 다른 사람들에 대한 관대한 이해 사이에 균형을 추구함으로써, 호메로스가 자신의 이야기에 나오는 인물들을 공명정대하게 처리한 것처럼 되풀이했다. 헤로도토스는 자신이 쓴 역사를 "그리스인과 야만인에 의해 분명해진 위대하고 훌륭한 행동들"이라고 말했다. 따라서 인간적 이해나 도덕적 주제는 크로이소스, 키로스, 크세르크세스, 다리우스 같은 '야만인' 지도자의 지휘 아래 일어난 페르시아의 그리스 도시국가 침략, 살라미스Salamis 해전이나 테르모필레Thermopylae 전투 같은 위대한 전투 등 서구인의 기억 속에 살아 있는 인물이나 사건과 마찬가지로 그것이 태어날 때부터 역사 텍스트로 통합됐다. 헤로도토스는 의도적으로 그가 이용할 수 있는 가장 광범위한 방법, 증거, 설명을 사용하여 전쟁의 기원을 밝히는 것을 목표로 삼았다. 그는 또한 지중해 문명에서 전쟁이 차지하는 중요성을 평가하려고 노력했다. 그는 과거를 합리적으로 탐구한 최초의 인물이다.

그러나 헤로도토스가 역사가인 것은 그가 자기 자신의 연구에서 페르시아전쟁의 원인을 설명했기 때문만은 아니었다. 또한 그가 신이 아니라 인간을 중심에 두고 주제별로 자신의 역사를 썼고, 사건과 결정을 인과적으로 연결시켰으며, 우리가 그를 객관적이고, 당파적이지 않으려고 한 사람으로 인식할 수 있는 입장을 채택했기 때문도 아니다. 그는 자신이 만나고 배운 사람에게서 보고 들은 것을 자료로 하여 서술했기 때문에 역사가였다. "내가 멤피스에서 헤파이스토스의 사제들과 대화하면서 배운 또 다른 것들도 있었다." 그는 또한 독자들에게, 예를 들어 '전해 들은secondhand', '두 사람을 거쳐 들은thirdhand'과 같이 자신이 그런 사료들로부터 얼마나 멀리 떨어져 있는지 말했다. 여기에 역사적 방법을 개척하는 동시에, 그 자체가 하나의 성취물인 역사를 당시에는 존재하지 않았던 사람들을 위해 이야기한 사람이 있었다.

의심이 많은 리포터처럼, 《역사》에서 헤로도토스는 신뢰성과 타당성이 부족함을 발견한 과거의 주장과 이야기에 눈살을 찌푸렸고, 그리고 그것을 주저없이 거부했다. "신이 [바빌론] 신전으로 들어가, 침대에 누워 휴식을 취한다"는 칼데아인의 신념에 대해 헤로도토스는 "나는 그들을 믿지 않는다"라고 말했다. 그는 다른 곳에서 "나의 일은 사람들이 말하는 것을 기록하는 것이지만, 내가 그것을 믿어야 할 의무가 있는 것은 결코 아니다"라고 말했다. 많은 신화를 무시한 채, 그는 전설을 사실의 확인으로 대체하는 데 착수했다. 그는 호메로스를 부드럽게 비난하면서, 400년 전에 살았던(또는 우리가 그렇다고 생각하는) 위대한 시인의 실수였다고 여겼던 것을 바로잡았다.[*] 회의론자인 그는 자신이 어떻게 그리고 왜 그런 결론에 도달했는지 설명해야 하는 책임을 받아들이면서 자신의 판단을 자유롭게 제시했다. '아마도', '그들이 말하길', '일부 전거에 따르면', 그리고 '지식이 허용하는 범위에서는'과 같은 단어와 구절이 그의 서사를 채웠다. 자신의 연구에 앞서 나왔던 사건에 대한 서사시나 연대기와는 다른 역사를 제공함으로써 헤로도토스는 과거에 대한 당시 사람들의 이해를 바꾸기 위한 첫걸음을 내딛고 있었다. 그는 또한 과거에 대한 다른 설명이 존재할 수 있다고 제안했다. 그의 《역사》는 역사가들이 자료를 평가하고, 자신이 쓴 것을 확인하거나 새로운 증거를 찾고, 과거에 대한 새로운 견해를 제공하고, 다른 사람의 연구가 가지는 오류, 한계, 헌신에 대해 자유롭게 비판하는 것을 역사의 관행으로 만들었다. 사실, 단순히 현장연구의 초기 버전을 차지한 것만으로도 헤로도토스는 역사 탐구의 미래 과정을 시작한 셈이었다.

서구 히스토리오그라피가 창조되자마자 그다음으로 역사 쓰기 안에서 수정주의적 전통이 될 수 있는 것의 씨앗이 자리 잡았다. 일단 헤로도토스가 역사적 비판을 만들어내자, 이것은 결코 억제될 수 없었고 누구도 그 영향권에서 벗어날 수 없었다. 그러므로 이 위대한 첫

---

[*] 이런 점에서 헤로도토스는 거의 동시대인인 플라톤과 달랐다. 《공화국》에서 플라톤은 시민들에게 해로운 영향을 미친 그의 이상적인 정치로부터 시인, 특히 호메로스를 추방했다. 헤로도토스는 그의 위대한 전임자에게 더 쉽게 다가갔는데, 의심할 여지없이 그의 서사시들은 시 이상이며, 그 안의 어딘가에는 예술을 창조하기 위해 사용된 사실이기는 하지만 오랫동안 잃어버린 역사적 사실들이 반영되어 있다고 생각했다. — 지은이

번째 역사가들조차도 자신이 선임자들의 연구에 의문을 가지는 것을 뿌리칠 수 없었던 것과 마찬가지로 자신의 후임자들에게서 공격을 받는 것을 피할 수 없었다. 헤로도토스 자신이 공격을 받고 그의 《역사》가 조롱받는 데는 그리 오랜 시간이 걸리지 않았다. 사실 그의 저서에 대한 비판은 너무 영향력이 있어서, 그의 《역사》는 2500년 동안 사실상 무시됐다.

헤로도토스의 《역사》를 일축하기 시작한 것은 헤로도토스보다 젊은 동시대인이었던 투키디데스였다. 투키디데스는 《역사》가 '잠깐 동안 들을 수 있는 훌륭한 에세이'로, 연구를 하지 않은 채 썼으며 오래 유지될 수 없는 저서라고 조롱하듯이 말했다. 투키디데스는 "대부분의 사람들이 진실을 찾는 데 그리 꼼꼼하지 않아서, 알게 된 첫 번째 이야기를 받아들이는 경향이 있다"고 썼다. 이와는 대조적으로 자신의 견해는 "확실히 믿을 수 있는" 것이었다. 그에게 역사는 "진실을 훼손할 만큼 매력적인" 것은 아니었다.* 그 자신과는 다른 초점을 받아들이지 않고 자기 자신의 독자적 의도를 가진 어느 누구에게나 도전함으로써 투키디데스는 해석적 차이를 해석적 전투로 전환시키고 과거를 둘러싼 끝없는 투쟁이라고 판명될 것의 문을 열어놓았다. 그 투쟁은 무엇이 좋은 역사, 유용한 역사, 기교적인 역사인가를 둘러싼

---

* 투키디데스의 영향 아래, 폴리비우스는 이후 그의 작품이 우리에게 남겨진 전임자들 중 몇 명에게 이의를 제기했고, 로마제국 동안 플루타르코스는 헤로도토스의 '악의'를 조롱했다. 그러나 그들의 비판은 이후의 몇몇 공격에 비해 온화한 것으로 드러났다. 키케로와 완전히 다른 16세기 인문주의 역사가 후안 루이스 비베스(Juan Luis Vives)는 헤로도토스를 '거짓말의 아버지'라고 불렀다. 역사가들의 품위는 이것으로 끝났다. ― 지은이

것이고, 더구나 무엇이 과거 사건에 대한 '정확한' 해석인가, 탐구의 '정확한' 주제인가, 사용하기에 '정확한' 증거인가를 둘러싼 것이며, 거기에 더해서 무엇이 역사 서술의 '정확한' 목적인가를 둘러싼 것이었다. 선행연구자들에 대한 비판을 역사적 사고를 진전시키는 정당한 관행으로 확립시킴으로써, 투키디데스의 말은 또한 그의 뒤를 이은 연구자들에게 역사하기를 어떻게 하고 과거가 의미하는 것이 무엇인지를 둘러싼 투쟁이 언제나 온화하거나 갈등에 자유로운 것만은 아닐 수도 있음을 유념하게 했다.

무엇이 문제였나? 무한한 탐구력을 가진 범汎세계주의자인 헤로도토스는 우리가 일종의 보편적 문화사로 받아들이는 것, 즉 모든 인간의 가능성이라고 생각하는 것에 대해 써오고 있었다. 그는 세계의 관습, 신념, 믿음, 전통 그리고 행위의 방대한 다양성을 보았고 받아들였으며, 바로 그런 이유로 그 자체로 연구할 만큼 매력적이고 가치 있는 모든 그런 차원의 세계를 발견했다. 자신이 글을 썼던 당시의 세계의 상황에 대해 그는 그 사건의 기원과 뿌리를 설명하는 데 필요한 만큼 과거에 도달하지 않고는 이를 이해할 수 없다고 믿었다. 만약 당시 세계를 연구할 가치가 있었다면, 그것이 싹트기 시작한 역사적 세상을 이해해야 할 이유는 더욱 더 많았다. 자민족중심주의자가 아니었던 그는 모든 사람의 사고와 문화가 사람들의 행위와 관계가 있으며, 과거에 대한 모든 종류의 질문을 타당하게 제기할 수 있고, 모든 주제가 그 밖의 모든 것을 설명하는 데 잠재적으로 관련이 있다고 간주할 수 있다고 믿었다. 그는 어느 누구라도 중요성이나 관심사를 넘어선다고 무시하지 않았다. 그 이후 사람들이 했던 것처럼 역사의 주제를

끊임없이 변화하는 과거

제한하거나 한 종류의 역사를 다른 종류의 역사보다 높이려는 노력에 그가 당황해할 것이라는 사실을 우리는 상상할 수 있다.

이와는 대조적으로 투키디데스는 헤로도토스의 접근법과 그의 주제에 결함이 있다고 생각했다. 기원전 465년과 460년 사이에 부유한 아테네 엘리트로 태어난 투키디데스는 헤로도토스보다 호기심을 가지거나 이해관계에 초연한 탐구자라는 성격은 덜했지만 더 활동적이고 전략적 사고를 하는 인물로, 오늘날 우리가 국방 지식인a defense intellectual이라고 부를 수 있는 인물이자 자신이 이해하려고 하는 사건을 추적한 어떤 사람이었다. 460년 아테네와 스파르타, 그리고 그리스 동맹국 간의 내전인 1차 펠로폰네소스전쟁이 일어났을 때, 그는 패배한 아테네 해군을 이끌다 추방당한 후 20대에 미완성의 글을 썼다. 객관성을 유지하기 위해 열심히 노력하는 동안, 참여자로서 관찰, 연상, 책무를 가지고 최선을 다해 글을 썼다. 자신의 탄탄한 초점, 합리주의, 엄격함, 객관적이고자 하는 명확한 열망으로, 투키디데스는 다른 접근법을 따르고 다른 목적을 가진 이어지는 이후의 모든 역사가 주장하는 방향으로 역사를 바꾸었다.

예를 들어, 그의 고전적인 《펠로폰네소스전쟁사》에는 올림포스산에서 싸우거나 인간사에 개입하는 신들이 없었다. 대신에 투키디데스는 그의 이야기를 전적으로 살아 있는 인간들 사이에 기초했다. 그리고 그는 고통을 겪을 때 어떤 도움의 기도도 생각하지 않았다. 그는 아테네에 전염병이 창궐하는 동안, 질병의 확산을 막는 데 어떤 행위도 아무런 소용이 없었다고 썼다. "신전에서의 기도, 신탁의 조언 등은 모두 똑같이 쓸모없다." 역사가들이 자신의 설명에서 모든 신들과 입증할 수 없는 주장들을 추방하려는 것은 이번이 마지막이 아니라 처음이었고, 따라서 지속적으로 중요성을 가지는 일이었다. 역사 연구와 해석을 위한 합리적인 토대로서 투키디데스의 마음에는 신화적이고 초자연적인 설명이 없었다. 마찬가지로 운명적으로, 그리고 자신이 모든 일이 어떻게 왜 일어났는지 알고자 하는 희망에 굴복한다고 느낀다는 것을 암시하면서, 투키디데스는 헤로도토스보다 전쟁, 정치, 국정, 외교 등과 같은 일련의 제한된 토픽을 그의 주제로 받아들였다. 사람들은 종교적 신념이나 매장 풍습이 아니라 군사적 전투와 군사적 리더십을 조사함으로써 전쟁과 국가 간의 관계를 설명한다고 그는 생각했다. 그는 또한 당시의 사건과 자신이 싸웠던 전쟁을 쓰면서 동시대사contemporary history를 실제 서술하는 데 착수했고, 따라서 회고록의 요소를 역사 서술에 도입했다. 역사 초상화가인 그는 페리클레스 같은 당대의 주요 인물이 자신의 저서에서 주도적 역할을 하게끔 했다. 투키디데스는 페리클레스를 위한 연설을 썼는데, 그 내용과 교훈은 계속해서 읽을 만했다. 그는 크고 추상적인 힘이 아니라 인간이 역사를 만든다고 믿었다. 이 모든 것은 투키디데스를 헤로도토스와 같이 역사가의 과업이 과거를 일어났던 대로 재구성하는 것이지 그렇게 일어났다고 다른 사람들이 믿기를 원했던 대로 재구성하는 것은 아니라고 처음으로 인식한 바로 그런 사람 중 하나가 되게 했다.

비슷한 결과로, 투키디데스는 역사가 학생들에게 경고와 교훈을 주는 일종의 인간 '과학'이라고 믿었다. 예를 들어 일반화에 대해, 그는 전쟁이 대개 사전 숙고의 부재로부터 시작된다고 주장했다. "행동이 우선이고, 사람들은 이미 자신이 고통을 받을 때 생각하기 시작한다." 가장 중요한 것으로, 그는 자신의 저서가 '항상 소유할 수 있는 것'이 됐으면 했다. "현재의 세대가 지금 우리를 놀라게 하듯이 미래 세대는 우리를 경이롭게 할 것이다." 비록 그는 사랑하는 고향 아테네를 '그리스에 대한 하나의 교육기관'으로 생각했지만, 그에게 역사는 주로 기쁨을 주고 기념하고, 의식을 고양시키기 위한 것이 아니었다. 오히려 역사 지식은 인간사와 국정을 숙달하고 공공정책을 지휘하는 사람들에게 없어서는 안 될 하나의 유용한 도구였다. 투키디데스에게 역사는 공적 사건의 역사가 됐다. 그리고 우리가 소포클레스와 에우리피데스의 동시대인에게 기대할 수 있는 것처럼, 비극이 역사적 사건의 주제로 등장했다. 투키디데스의 사고방식에 의하면, 인간 본질은 균일하기 때문에 비록 그 규칙성이 과학적 실재와 같은 균일성이 아니더라도, 역사가들이 과거의 연구로부터 배우는 것에서 일반적인 결론을 도출하는 것은 정당하다. 그와 다른 사람들의 손에서 역사 지식은 지혜로 이어질 수 있다. 그를 따르는 많은 사람들도 그렇게 생각했다.

투키디데스의 위대한 역사는 우리의 목적에 특별한 의미를 가진다. 스스로를 '펠로폰네소스전쟁의 수정주의 역사가'라고 칭하는 고대 세계 연구를 주도하는 역사가 도널드 케이건Donald Kagan의 권위 있는 말에 의하면, 헤로도토스의 역사에 대한 접근 방법을 문제 삼음으로써 투키디데스는 '최초의 수정주의 역사가'가 됐다. 투키디데스는 크고 작은 여러 가지 이유로 케이건에게 수정론자라고 인정받는다. 그는 헤로도토스식 역사 서술의 목적인 즐거움을 주기보다는 가르치고자 했다. 그는 이야기를 말하는 것 대신에 질문을 했다. 헤로도토스와 마찬가지로 그는 개인적인 지도자에 대해 썼지만, 이전 사람들과는 달리 리더십의 본질과 그의 지도자가 채택한 국정운영 방식을 파헤치려고 했다. 그는 평범한 사람들에 대해서는 거의 논하지 않았다. 이것은 그가 관찰한 것으로부터 인간의 본성, 선과 악, 운명의 작용에 대한 역사적 진실을 도출하도록 이끌었다. 그는 더 강하다고 믿는 것을 위해 대중적인 인과적 설명을 거리낌 없이 일축해버렸다. "최소한의 공언이지만", 펠로폰네소스전쟁의 근본 원인은 "라케다이몬인들Lacedaemonians을 두려움에 떨게 하고 전쟁을 불가피하게 만들었던 아테네의 힘의 성장이었다고 나는 믿는다"라고 그는 썼다. 그는 확고한 사실에 기초하여 자신의 연구를 하고, 입증할 수 없는 것은 배제하려 했다. 따라서 투키디데스는 인간사를 이해하는 데 역사 지식의 유용성을 주장했다. 그리고 그는 광범한 공간과 긴 시간에 걸친 커다란 힘을 강조하는 역사가들과 더 제한적인 문제에 초점을 맞추는 역사가들 사이의 긴 싸움을 시작했다. 프랑스인들이 '전체사l'histoire totale'라고 부르는 것을 연구하는 역사가들과 개별적이고 더 가까운 사건들, 또는 '사건사'에 초점을 맞춘 역사가들 사이에 이런 균열을 열어놓음으로써, 그는 역사 탐구의 주제를 헤로도토스가 관심을 두었던 사회와 문화에서 전쟁과 대외관계로 바꾸었다. 그 이상의 수정주의자를 얻기는 어려울 것이다.

그 마지막 노력을 하는 데 투키디데스는 가장 지속적인 영향을 끼쳤다. 독일 종족에 대한 타키투스의 글과 같은 단지 몇 가지 예외가 있지만, 18세기가 될 때까지 과거를 연구하는 사람들은 다시 그들의 관심을 사회와 문화에 돌리거나 정치, 군사 문제, 그리고 국가들 간의 관계와 관련이 없는 사람들의 삶의 현실을 재파악하려고 하지 않았다.[*] 심지어 그때까지도 역사가들이 헤로도토스의 영감으로 돌아가는 경우도 상대적으로 짧았다. 전문적인 훈련과 연구 분야로서의 역사학의 출현에 기초를 닦은 19세기 독일 학자들은 그런 투키디데스식의 주제에 똑같이 초점을 맞추었는데, 그것은 이후 20세기 후반까지 다시 방향이 크게 달라지지 않았다. 그의 말과 주장의 힘에 의해 자리매김한 이 '최초의 수정주의 역사가'는 이후 그와 입장을 달리하는 모든 역사가로 하여금 그들 자신의 '수정주의적' 접근을 택하게 했다. 그 이후로, 이전에 제공된 해석과 현저하고 분명하게 다른 모든 역사 해석은 선행했던 다른 해석의 수정이라고 부를 수 있었다.

물론 '수정주의자'라는 용어를 고대에 만들어진 저작에 적용하는 것은 시대착오적이다. 이것은 오래된 과거에 만들어진 말이 아니라 19세기 후반의 단어다. 그러나 투키디데스가 자신과 헤로도토스 사이에 만든 지적·방법론적 공간에 이 용어를 적용하는 것은 우리에게 역사가들이 과거에 무엇을 해왔으며 이후 언제나 그래왔는지를 이해할 수 있는 기회를 제공한다. 그러기 위해서 우리는 젊은 시절 받아들였을 수도 있는 많은 개념들을 포기해야 한다. 그런 다음 우리는 종종 무의식적으로 역사가들이 과거의 사실과 관련이 있지만 그 밖의 것과

---

[*] 한 가지 사례를 들려준다면, 아들 존 퀸시 애덤스(John Quincy Adams)에게 교육을 장려하면서, 존 애덤스(John Adams)는 헤로도토스가 아니라 투키디데스의 책을 읽으라고 권했다. 말년의 서신에서 애덤스와 토머스 제퍼슨은 그들이 읽은 타키투스와 투키디데스에 대해서는 되돌아보았지만 헤로도토스에 대해서는 그러지 않았다. 이들은 헤로도토스의 역사가 국정에 도움이 된다고 여기지 않았다. ― 지은이

는 거의 관련이 없는 사람들이며, 그래서 과거를 과거에 그대로 남겨 두는 사람이라고 배운다. 우리는 역사가들을 봉건주의가 무엇이고, 미국의 독립선언이 언제 발표됐으며, 프랑스혁명은 왜 일어났고, 대공황은 어떻게 전개됐는지 가르치는 사람들이라고 생각한다. 따라서 우리는 종종 역사를 일련의 사실, 단순히 일어났기 때문에 기록된 사건의 목록으로 잘못 생각하는 경우가 많다. 그러나 사실의 단순한 관계는 역사가 아니다. 왕의 목록은 통치자의 명단일 뿐이지 그 밖의 아무 것도 아닌 것처럼, 연대와 그에 첨부된 사건의 나열은 또 다른 초기 형태의 기록된 시간과 그것의 흐름인 연보annal일 뿐이다. 인과적 연계성이 없이 일어난 순서로 구성된, 때로는 관련이 있지만 언제나 관련이 있는 것은 아닌 사실들을 일컫는 연대기chronology는 우리가 역사라고 알고 있는 것에 연보보다는 단지 조금 더 가까울 뿐이다.

그러나 역사는 연보나 연대기가 아니다. 역사는 사실들이 어떤 목적을 위해 사용될 때 연대기에서 탈피한다. 따라서 헤로도토스의 《역사》와 투키디데스의 《펠로폰네소스전쟁사》는 연대기를 넘어서 역사가 됐다. 왜냐하면 이 책들의 저자는 자신이 쓴 전쟁의 원인과 결과를 설명하고, 사건, 행동, 동기를 인과적이고 어떤 목적을 위해 연결시키려고 했기 때문이었다. 우리는 여기에서 연대기 작가들과는 달리 역사가들이 무엇을 성취하려고 하는지 보기 시작한다. 역사가들은 목록을 작성하거나 일어났던 사건을 그대로 하나의 내러티브로 이야기하지는 않는다. 대신에 역사가들은 연대기 작가의 목록에서 발견된 사실들 사이의 관계를 이해하려고 노력한다. 예를 들어, 우리는 영국 정부가 1765년에 인지세법Stamp Act을 채택했다는 것을 알고 있다. 우리

끊임없이 변화하는 과거

는 영국이 1774년 보스턴 항구를 폐쇄했다는 것도 알고 있다. 그것도 역시 사실이다. 우리는 영국군이 렉싱턴에서 콩코드로 갔다가 이듬해 보스턴으로 돌아온 것을 알고 있다. 이것은 또 다른 사실이다. 그리고 우리는 1776년 7월 2일에 2차 대륙회의의 구성원이 독립선언문에 동의했고, 이틀 후에 이를 공식화했다는 것을 알고 있다. 이러한 것들도 모두 사실이다. 그러나 단순히 사실을 열거한다고 해서 이런 사실들이 역사를 구성하는 것은 아니다. 이런 사실들은 역사가들이 어떻게, 왜 미국 독립으로 이어졌는지 설명하기 위해 서로 관련짓기 전까지는 선언적 진술에 불과하다. 일단 이러한 사실들이 서로 연결되고 어떻게든 한 가지가 다른 한 가지로 이어져야, 당시 사람들이 가지고 있던 이해에 다른 이해를 추가하여 혼합하고 그런 다음 특별한 방식으로 해석되어야, 그때 우리는 연대기가 아니라 역사를 갖게 된다. 즉, 사실만으로는 역사를 가질 수 없다. 사실만으로 우리는 역사에 대한 서로 다른 해석을 할 수는 없다. 기존 증거에 대한 다른 관점이 나타나 과거에 대한 새로운 이해와 해석의 가능성이 생겨날 때 우리는 과거를 달리 해석하게 된다.

헤로도토스 이후 수세기 동안, 그와 투키디데스가 그들의 역사에 도입한 관점은 상대적으로 안정된 지적 세계 안에 있었다. 고대 역사가들은 그들끼리 논쟁하고 서로를 비판했지만, 사고와 표현의 동일한 일반적인 규범을 공유했고, 그들의 역사는 같은 일반적인 목적을 반영했다. 만약 투키디데스가 세속적인 역사를 어떻게 할 것인가에 대한 스테이크스 경마sweepstakes[*]에서 헤로도토스와 맞붙어 이김으로써 공적인 일을 그린 다양한 역사의 전통적 내용으로 확립했다면, 수정주의에서 그가 차지하는 중요한 확인 헤로도토스의 저서 내용에 대한 성공적 공격 역시 세속적 역사 자체가 도전받을 때까지는 역사 서술의 그런 중요한 변화로는 최종적인 것이었다. 역사가로서 투키디데스의 계승자들인 그리스인과 로마인들은 자신들의 선조가 쓴 것 내부에서만 지적 질서를 진전시키거나 산산조각 낸 그들 선임자들의 방식을 실질적으로 변경하거나 일축해버리지 않은 채 서로 다른 이야기를 하고 다른 점을 강조했으며 서로 다른 결론을 도출했다. 그 결과 건축물, 조각, 연극의 시대와 마찬가지로 역사의 고전 시대(헤로도토스와 투키디데스의 시대)는 서구를 역사적 사고와 예술의 변경할 수 없는 구조로 각인시켰다. 이러한 초기 역사가들의 저서(헤로도토스와 투키디데스의 저서를 제외한 나머지 대부분의 연구들은 단지 단편적으로만 우리에게 전한다)가 구체화한 역사의 양식, 그것이 전한 내용, 그리고 그 역사를 묘사한 수사법은 수세기 동안 아무런 방해를 받지 않고, 대부분은 다툼 없이 지속됐으며, 이 과정에서 그리스 역사가들로부터 로마 역사가들에게로 옮겨졌다. 그것들은 우리 시대에 서구의 도덕적·정치적 사상의 기초를 형성한 이야기들 속에 내재해 있었다. 이러한 역사가들의 저서는 20세기 초등학생부터 대학생까지의 교육과정에 포함됐고, 그들의 저서를 읽고 암송하거나 그들이 쓴 예시를 소중히 여겼던 정치인, 성직자 그리고 시인들의 마음을 채워주었다. 이 중 오늘날까지 전해지는 가장 유명한 것으로는 크세노폰, 폴리비우스, 살루스티우스, 리비

---

* 마주들이 돈을 걸고 자기 말을 출전시켜 하는 경마를 이른다. 스테이크스란 내기에 건 돈이라는 뜻이다. — 옮긴이

　　　　　　　　　　　끊임없이 변화하는 과거

우스, 플루타르코스, 타키투스, 요세푸스의 저서가 있다. 학문의 부활인 르네상스는 도덕적·시민적 지침으로서 고대의 권위를 다시 일깨우지 않고서는 그 이름을 얻지 못했을 것이다. 근대 시기까지 군인들은 교훈을 얻기 위해 이런 고대의 역사 텍스트를 연구했다. 대륙회의와 헌법제정회의 구성원들 중 자신들의 논쟁에서 이런 고대 역사가들을 언급하지 않거나 새로운 국가의 기초를 세우는 데 그들이 가르쳐준 교훈을 따르지 않은 사람은 드물었다. 고전적 역사는 미국을 세운 사람들이 가지고 있던 사상의 바로 그 토대가 됐다.

물론 이러한 초기 역사가들 사이에서 주제, 양식, 어조, 그리고 강조의 차이는 존재했다. 그러나 그들의 저서가 어떻게 다른지가 아니라 공유한 것은, 대부분 결과적으로 미래에 남긴 것과 그리고 이어지는 지적 진동을 솟구치게 한 것이었다. 헤로도토스를 제외한다면 그들에게 역사는 거의 전적으로 정치사와 군사사였고, 나머지는 더 큰 목적을 위한 것이었을 뿐이다. 이는 그들로 하여금 과거를 세부적인 내용과 순환적 과정에서 변하지 않는 확실한 것으로 묘사하게 했다. 전쟁과 국가 간 갈등은 보통이었고, 우리가 예상했던 진보는 존재하지 않았다. 비록 그들은 리비우스의 로마 건국에 대한 묘사와 같은 자신들이 다루는 주제의 기원을 돌아볼 수 있었지만, 먼 과거의 증거를 찾기 어려웠기 때문에 가까운 때나 동시대의 사건에서 가장 큰 편안함을 느꼈다. 예외적으로 투키디데스를 제외하고, 그들은 신들에 대한 숭배(유대인 역사가 요세푸스는 '신성한 섭리'가 영향력이 있다고 믿었다), 웅변술의 강조(투키디데스가 다시 최고의 사례가 됐다), 역사적 사례에 의한 교육(투키디데스, 리비우스), 선거에 대한 애착(플루타르코스), 위대한 인물, 사건, 국가에 대한 강조(그들 모두), 전쟁(헤로도토스, 투키디데스 그리고 율리우스 카이사르는 그들 사이에서 이러한 주제를 선도한 인물이었다), 그리고 국정운영과 도덕, 매너의 불가피한 타락(폴리비우스, 리비우스, 타키투스, 살루스티우스)을 역사에 적절히 도입했다. 입헌정부를 세운 미국인들의 정치적 철학은 리비우스와 타키투스가 묘사하고 설명한 로마의 분할이라는 사례 없이는 생각할 수 없다. 그리고 에드워드 기번Edward Gibbon이 로마제국의 쇠퇴와 몰락을 처음 배운 곳이 그들 이외에 어디겠는가? 헤로도토스 이래 그들은 역사가 그것이 제공하는 미덕과 악덕의 기록으로 가르친다고 주장했고, 어떤 독자들도 그 역사가 예시한 도시와 국가에 대해 자랑스러운 애국심을 놓칠 수 없었다. 도시와 국가의 역사는 우리가 역사로 인식하는 형태를 처음으로 취한 역사 서술 이후 수세기 동안 지중해 세계에 적합한 설명이었다. 이것은 개별적인 역사적 발전과 사건들의 역사였다.

그래서 만일 역사 서술에 대한 어떤 진술이 서구에서 역사의 기초가 세워진 바로 그 순간과 우리가 고전 역사와 고전 시기의 관계에 대해 배울 수 있는 순간부터 자명하다고 말할 수 있다면, 그것은 모든 시기, 모든 문화, 모든 신념 체계가 그 자체의 역사를 생산한다는 명제이다. 그 역사는 그 자신의 공동체 구성원들에게 독자적이고, 부분적이며, 때로는 의심할 여지가 없다. 그리스와 로마 세계의 역사가들은 무엇보다도 그들의 고대 땅에 거주하는 사람들이 납득할 수 있는 역사, 서술하는 시대와 이를 서술하는 역사가들의 지적 문화를 반영한 역사, 그리고 그 시대가 어떻게 형성됐는지 탐구함으로써 동시대인들로 하여금 자신이 살고 있는 시대를 이해할 수 있게 하는 역사를

끊임없이 변화하는 과거

썼다. 하지만 그런 역사는 인종 기원, 지리적 위치, 서로 다른 생활 경험 등 한 가지 이상의 이유로 그리스나 로마 세계에서 확실한 입지를 가지지 못했거나 자신들의 신념 체계가 그리스인이나 로마인의 세계관을 수용할 수 없었던 사람들을 충분히 만족시킬 것 같지 않았다. 그리고 그 반대 방향도 마찬가지였다.

기독교적 역사인식의 서구 지배

이런 역사는 후기 로마 세계에서 살았던 작지만 천천히 늘어나고 있는 기독교 공동체 내의 사례에서 입증되는데, 이들 중 대부분은 자신의 종교적 믿음을 서서히 바꾸고 있던 유대인들이었다. 그들이 자신들에게 알려진 역사의 맥락에서 새로 생겨난 신앙을 생각했듯이, 그들의 입장에서 스스로 상상해보라. 헬레니즘화된 로마 세계의 현존하는 역사 기록들, 즉 모든 로마 사람들은 아니더라도 로마 엘리트들의 관점을 반영하는 역사들은 변함없이 이교도적이었다. 그러나 신화적 역사를 가득 채운 신들을 점차 배제하면서, 이러한 역사들은 자신의 운명에 책임이 있는 인간들을 그 주제로 삼았다. 이런 고전적 연구들은 인류 역사가 시작됐다고 전해지는 날짜도, 인류 역사의 전체적인 의미도, 역사가 어떻게 운영되거나 역사의 일반적인 목적이 무엇인지 설명하는 도식도 제시하지 못했다. 말하자면 그리스 국가들의 전쟁이나 로마의 기원에 집착했다. 이들은 자신의 연구가 모든 역사의 연구라고 주장하지 않았다. 단지 그중 구체적인 지리적 지역의 역사라고 주장했다. 그것들은 진보나 구원에 대한 어떤 이야기를 분명하게 제공하지 않았다. 이러한 히스토리오그라피적 현실을 감안할 때, 이교도적 로마제국에 살고 있는 경건한 기독교인의 새로운 역사적 신념 체계를 반영하는 새로운 종류의 역사가 이러한 젊은 신자들의 집단 내에서 나타났을 것임을 상상하기는 이제 어렵지 않다. 예수 탄생 3세기 만에 이러한 해석이 나왔다.

결국 이교도의 믿음이 아니라 기독교적 신앙에 따라 기독교 공동체 내에서 만들어진 역사는 서구에서 과거, 현재, 그리고 미래를 인식하고 기록하는 방식에 결정적인 변화를 가져왔다. 그 새로운 방식은 새로운 연대기와 그리고 가장 중요하게는 새로운 스토리라인을 가진 서구 역사를 각인시켰다. 사실 그것의 가장 지속적인 결과는 역사가가 그리스-로마사를 말해왔던 다중 내러티브를 하나의 새로운 이야기로 바꾸는 것이었다. 이를 만든 사람들은 역사가들이 완전하게는 아니더라도 과거의 내러티브를 통제함으로써 현재에 영향을 미친다는 자명한 이치를 고려해왔다는 것을 분명히 감지했다. 인간사뿐 아니라 히스토리오그라피의 진정한 혁명인 고전 연대기와 이야기를 기독교식으로 대체하는 것에 내포된 엄청난 깊이와 중요성은 기원후 4세기 이후 서구인들이 그 결과에서 벗어나지 못했다는 단순한 사실에 의해 전달된다. 그때 이후, 그리고 서구에서는 대략 1500년 동안 수세에 몰린 사람들은 세속주의자들과 역사적 인간사를 보는 오래된 방식을 고수하는 사람들이었다. 만약 어떤 사람들이 '수정주의적'이라고 등록하지 않은 역사를 비난할 이유를 가지고 있었다면, 그들은 기독교 히스토리오그라피의 혁명이 뒤에 남겨놓은 그리스-로마 이교도 전통의 계승자였을 것이다. 이제 공식적 역사가 기록되는 방식이 아무리 바뀌었어도, 서구 사상과 역사의 토대에 스며든 그 혁명의 영향은 결코 뛰어넘을 수 없으며 서구 히스토리오그라피로부터 완전히 배제할 수도 없었다. 즉, 기독교 사상과 신앙이 만든 것 이상으로 역사의 개념, 방법, 내용을 더 크게 수정한 경우는 서구에서 없었다.

많은 지적·정신적 운동의 기원과 같이 기독교는 역사적으로 잘 알려지지 않은 사람들 사이에서, 이 경우에는 지중해 연안의 유대인 내에서 태어났다. 이들 중 일부는 헬레니즘화되고, 일부는 로마화되고, 일부는 주변의 주요 문화에 영향을 받지 않았다. 그들의 믿음은 유대교의 유일신과 함께 구약성서에 제시된 유대인의 기원과 생활의 기록에서 제일 먼저 포착됐는데, 그 신은 히스토리오그라피에서 자신의 모습을 드러내서 선택된 인간 종족과의 약속에 따라서 지상에서 자신의 길을 걸어갔다. 이러한 믿음은 신약성서에서 지상의 신의 현현顯現이라는 기독교적 내러티브로 확장됐다. 성서 자체는 일종의 역사를 구성한다. 이것은 이야기와 관련이 있고, 사건의 인과적 설명을 제공한다. 이는 많은 변덕스러운 신이 아닌 단일한 목적을 가진 신의 손에서 일어나는 것이기는 하지만, 기적적 사건의 이야기를 제공한다는 점에서 고전적 히스토리오그라피, 특히 헤로도토스에게 있어 이교도 역사의 초기 다양성과 유사하다. 이것은 위반, 처벌, 속죄, 구원뿐만 아니라 기원, 지도자, 사건, 전쟁 이야기를 들려준다.

그러나 18세기 이후 서양에서 역사가 정의되어온 바에 따르면, 성서는 단순히 역사 그 자체라기보다 역사를 위한 사료이다. 헤로도토스식의 접근과는 달리, 그것은 탐구가 아니다. 그것은 투키디데스식 역사와 비슷하게 교훈을 제공하지만, 그 교훈은 국정운영에 관한 것이 아니라 도덕적 교훈이다. 고고학, 언어학, 인근 학문에서 이끌어 낸 정보와 결합해서 다른 방법으로는 얻을 수 없는 성서시대의 지식을 생성해왔다는 사실 때문에 역사가들은 성서를 파헤친다. 고전 역사와는 달리, 성서는 여러 시대에 많은 사람들에 의해 쓰였고 그런 다음에는 규범적인 텍스트로 모아진 복합적인 역사이다. 성서는 단일한 저자의 견해, 관점 그리고 양식을 포함하지 않는다. 그리고 많은 이유로, 이것은 성서의 전통적 내용이 만들어졌을 때 존재했던 많은 다른 텍스트를 배제했다.

교부 오리게네스Origen나 테르툴리아누스Tertullian 같은 위대한 초기의 기독교 사상가들은 그들의 젊은 기독교 공동체가 기독교적 측면에서 이치에 맞는 그 존재에 대한 내러티브를 만들려고 애를 씀에 따라 과거에 대한 완곡한 해석을 제공해왔다. 그러나 성서 비평가들과 종교 사상가들인 그들을 진정한 의미의 역사가로 볼 수는 없다. 그 대신에 최초로 역사 재능을 보인 예외적인 기독교도는 유세비우스로, 그는 오늘날 이스라엘에 속해 있는 팔레스타인의 로마 유대지방에 있는 지중해 해안 도시 카이사레아의 4세기 주교였다. 313년 기독교로 개종하여 서양사의 과정을 바꾼 로마 황제 콘스탄티누스의 동시대인이자 조언자였던 유세비우스는 자신의 새로운 공식적 종교 신앙에 역사학의 내러티브 토대를 제공할 필요성을 느꼈다. 자신의 책《교회사》에서 그는 "이 책은 나에게 특별히 중요하다고 생각된다. 왜냐하면 내가 알기에 이 주제를 연구하는 데 전념한 기독교인 작가가 없기 때문이다. 그리고 나는 이 책이 역사 탐구를 좋아하는 사람들에게 가장 유용하게 되기를 바란다"라고 썼다. 그 이전의 고전 역사가들처럼, 그는 자신이 선택한 예시들, '우리 구세주의 사도들'인 젊은 교회의 교부, 성인, 주교들의 '계승의 기억을 보존'하려고 노력했다. 그는 자신이 '이 주제의 연구에 가장 먼저 착수한 사람'이었다는 것을 자인함으로써, 자신의 기본적 의도를 강하게 진술하는 동안 그가 저질렀을지도 모르는 실수에 대해 독자들의 관용을 구했다. 그의 의도는 "혁신을 사랑한다는 명목으로 가장 큰 오류에 빠지고 자신이 이른바 지식의 발견자라고 거짓으로 선언하면서 사나운 이리떼와 같이 그리스도의 양떼들을 무자비하게 완전히 유린한 사람들의 이름과 수, 시대를 제시하는" 것이었다.

그러나 유세비우스의 연구결과는 자신의 생각대로 기록을 바로 잡는 것 이상이었다. 역사 그 자체가 새로운 토대를 얻었다. 유세비우스는 아브라함으로부터 유래된 과거에 확실한 연대기를 부여했다. 더욱이 '우리 자신의 구세주의 날들' 이래의 과거를 세속적이 아니라 성스럽게 설명하는 그의 《교회사》는 그리스도와 그의 12제자로부터 시작해서 유세비우스 자신의 생애로 이어지는 사실상 지상에 대한 신의 절대권의 역사였다. 이러한 접근방식 때문에 도널드 R. 캘리Donald R.Kelley는 유세비우스를 '기독교도 헤로도토스'라고 부르는 것이 정당하다고 주장했다. 이런 폭넓은 접근법은 그의 저서를 고백적이고 유럽 중심적 역사일 뿐 아니라 보편적 역사라고 주장할 수 있는 최초의 연구로 만들었다. 그의 지중해 세계Mediterranean world는 그가 완전한 세계라고 생각했던 것을 대변했다. 그것은 또한 기독교의 승리의 역사, 다시 말해 켈리의 말대로 하면 '복음을 위한 준비'의 역사였다. 그 역사는 사실상 로마 주교를 일신교 기독교 교회의 최고 지위를 가지게 하고 신성로마제국이 성립하기 이전 시기에 일어난 일에 중심적 위상을 부여하는 것을 확립했을 뿐 아니라, 로마사를 신성한 역사와 화해시키고 히스토리오그라피에서 자리잡게 했다. 유세비우스는 '로마제국을 하나의 전체로 재통일한' 사람은 콘스탄티누스라고 썼다. 또한 예를 들어, 인터뷰에 의존했던 헤로도토스, 교화 연설을 한 투키디데스 같은 대부분의 이전 역사가들과는 달리 유세비우스는 로마 역사가 폴리비우스가 쓴 《역사》를 따라서 자신이 알고 있는 문서의 내용을 광범위하게 인용했다. 따라서 그는 역사를 서술하는 데 남아 있는 문헌자료에 의존했는데, 이는 이후 역사적 추론의 근본적인 특징이 됐다. 그는 또한 폴리비우스를 따라 가장 웅장한 주제들을 채택했는데, 폴리비우스의 경우 지중해 세계의 지배자로서 로마의 부상이 그런 주제였다.

다른 면에서는, 유세비우스의 《교회사》는 더 문제가 있음이 밝혀졌다. 그것은 유대인들, 고전적 역사가들, 이단자들을 단 하나의 진실The One Truth의 적으로 취급하는 당파적이고 논쟁적인 것이었다. 유세비우스는 그의 저서를 보편적인 역사 중 하나로 여겼지만, 이것은 좋은 사람과 나쁜 사람을 구분하는 도식을 위해 공동의 인간성이라는 주제를 제쳐놓은 것이었다. 그것은 교리와 비견될 만큼 강력해서 변하기 어려운 히스토리오그라피적 정통성의 전통을 로마 교회 내부에 확립했다. 그리고 전쟁과 국가를 중심으로 하는 역사적 시대화의 고전적인 접근방식을 흡수하는 한편, 그런 연대기를 로마 주교 승계의 계통을 기반으로 하는 주교의 역사로 대체했다. 세속적인 역사를 신성한 역사로 길들임으로써, 유세비우스는 또한 이교도들이 기록했던 역사를 동시대로 옮기고, 이에 따라 기독교(나중의 가톨릭)와 로마제국, 교황과 로마 제도, 기독교도와 이교도, 성스러운 신앙 체계와 불경스러운 신앙 체계, 신성한 히스토리오그라피와 인간 히스토리오그라피를 결합시켰다. 그러나 이는 기독교적 관점이 매우 많이 들어간 역사였다. 그것은 서구인의 의식과 삶 속에 깊이 뿌리박혀 있고 이교도들이 그랬던 것보다 더 길고 더 완강하게 서구 사상에 고정되어 있는 과거 해석의 방법에 맞서 싸울 수 있는 지적 권위를 추구하는 어떤 새로운 종류의 역사를 장차 강요하는 역사였다. 결과적으로 기독교 역사가 서구 표준이 된 후에 생겨난 어떤 별개의 새로운 역사적 방법이나 관점은 이러한 더 큰 기독교 맥락에서 보면 필연적으로 '수정주의'였을지 모른다. 거대 수정은 수정 위에 누적됐다. 처음에는 이교도의 기독교화였고, 다음에는 기독교인의 세속화였다.

승리한 기독교 역사와 로마의 역사를 성스러운 역사의 일부로 만드는 것 외에도, 유세비우스의 수정주의 내러티브는 인간 존재에 대한 신성한 계획을 내놓았다. 역사는 이제 직선적이고 진보적이었다. 그리고 역사의 반복적 순환에 대한 고전적 신념이 개별 인간의 성취, 죄, 몰락, 판단, 구원, 구제의 순환 형태로 기독교 히스토리오그라피 속에 내재된 채로 남아 있다면, 가장 큰 의미에서 역사는 이제 그 자체가 심오한 수정주의적 발명인 성서가 밝힌 목표를 가졌다. 처음으로, 신이 주시하는 가운데 구원뿐 아니라 계몽을 향한 세속적인 진보와 발전의 기회는 종교적 권위뿐 아니라 지적인 권위를 가졌다. 그 이후로, 신앙인들은 인류의 삶과 사회가 발전하고 성장할 수 있다고 확신하는 진보의 자녀로 남게 됐다. 그리고 그 이후로, 역사가들은 현재를 과거의 성취에 지나지 않는 것으로 보는 경향, 즉 역사가 허버트 버터필드Herbert Butterfield가 말한 '휘그 오류the whig fallacy'에 맞서야 했다.*

버터필드의 명확한 표현에 따르면, '휘그 역사the whig history'는 "혁명이 성공적이었다면 칭찬하고, 과거 진보의 어떤 원리를 강조하고, 현재를 미화까지는 아니더라도 인정하는 이야기를 제공하는" 경향을 소중히 한다. 휘그 역사가는 "세상을 진보의 친구와 적으로 나누는 일에 매달린다". 진보의 적은 우리가 무엇을 하는지 알지 못하는, 깨닫지 못한 사람들이다. 휘그 역사가는 종교적 자유가 어떻게 생겨났는지 묻는 대신에, "우리는 동정심의 예리한 조직화에 의해 '우리의 종교적 자유를 누구에게 감사해야 하는가?'라는 질문으로 이것을 읽는 경향이 있다". 이러한 역사가들은 과거에서 입증할 수 있는 진실과 과거로부터 교훈을 추구하며, '단지 과정만' 분석하는 것을 경멸한다. 즉, 역사가들은 "단지 복잡성과 변화만을 위해서 복잡성과 변화를 보는 것"을 경멸하는데, 버터필드는 이를 '정확히 역사가의 기능'이라고 말한다. 과거에 대한 "상상적 동정" 대신에 "과거의 다양한

---

* 1931년 간행된 버터필드의 영향력 있는 책인 《역사의 휘그적 해석》에서 만들어낸 용어인 '휘그 역사'와 '휘그 오류'는 영국 근대사에서 군주제를 지지한 왕당파들과 의회, 그리고 더 나아가 국민을 위한 더 큰 힘을 추구했던 휘그인들이라고 알려진 사람들 사이의 필수적인 갈등 관계를 이끌어냈다. 따라서 휘그당은 보통 '진보'의 주창자, 그리고 버터필드가 비난했던 역사는 필연적으로 발전을 성취한다고 주장하는 사람들로 여겨져 왔다. — 지은이
휘그 역사는 현재를 가장 발전된 이상적인 사회로 보는 진보사관이다. 현재의 정치, 사회 체제를 가져오는 데 긍정적 역할을 한 사건을 진보, 이에 지장을 준 역사적 사실은 보수반동으로 본다. 근대화의 이론적 기초를 제공했다. — 옮긴이

일들에 대한 도덕적 판단을 내리려는 모든 이런 바람에도 불구하고, 역사가가 가장 불안해하는 것은 바로 현재의 어떤 것이다". 버터필드의 관점에서 보면 유세비우스의 《교회사》는 현재를 염두에 두고 쓴 제임스 하비 로빈슨의 '새로운 역사'의 초기 버전이라고 할 수 있다.

유세비우스 이후 역사적 사고의 특징은 영원히 역사는 앞으로 나아간다는 방향성의 가정에 있는데, 이런 가정은 우리 자신의 시대까지도 도전 받지 않는 지속적인 힘이었다.* 이제 하나의 신이 지배했고, 다양한 변덕을 부리면서 제멋대로 행동하는 이교도 신들은 허구와 환상의 전초기지로 밀려나갔다. 그러므로 유세비우스와 그의 계승자들이 성서에서 예언됐다고 말하는 가운데, 지상에 기독교 천년 통치가 시작됐다. 유세비우스 이후 몇 세기 동안, 사건의 연대기에 지나지 않는 대부분의 서구 역사는 역사의 스토리라인에 대한 이런 장인의 재연구에서 파생된 것이었다.

그러나 이 히스토리오그라피 혁명을 이교도 역사에 대한 완전한 거부로 보는 것은 잘못일 것이다. 과거에 대한 사고와 글쓰기의 모든 과거 도식은 아무리 깊이 숨겨져 있고, 심지어 잊혀진 것이라고 하더라도 새로운 것에 박혀 있다. 때때로 애써 시도하기도 하지만, 다른 모든 사람들과 마찬가지로 역사가는 지적·문화적 세계의 모든 측면을 버릴 수 없다. 그중 많은 영역을 우리는 알지 못한다. 역사적 과거의 유령은 언제나 역사의 집에 거주한다. 초기 기독교 시대에 그 유령

---

* 사실 켈리는 유세비우스를 '원래의 휘그 역사가'라고 칭했는데, 이는 마치 그 문명은 미리 결정됐고, 역사의 방향은 의심할 여지가 없고, 가능한 대안적 결과도 존재하지 않았던 것인 양, 서양 기독교 문명의 뿌리를 과거에서 발견했다는 것을 의미한다. — 지은이

들은 그리스와 로마의 시트를 덮었다. 기독교 역사가들은 초기 작가들이 이야기한 로마 역사의 많은 부분을 창세기 이후의 세계사에 흡수했다. 그들은 신의 왕국의 기록에서 뛰어난 인물들의 역할을 무시하지 않았다. 이번에는 종종 성의聖衣를 입고 있기는 하지만, 고전시대 연대기가 그렇듯이 위대한 남성들과 간간히 위대한 여성들은 기독교도로 채워졌다. 기적이 이교도 신들이 때때로 행하는 설명할 수 없는 행동을 대신했다. 고전적 설명에서처럼 사람들은 서로 싸웠다. 그리고 간과할 수 없는 것은, 과거에 역사가 그리스와 로마 도시 및 국가의 일에 대한 그리스인과 로마인의 지배를 통해 전해졌던 것과 같이, 신의 지상통치 역사는 그의 교회와 사제의 역사를 통해 전해졌다. 직접적이 아니거나 어쩌면 의식하지도 않을지라도, 기독교 히스토리오그라피는 고대 역사가들이 설정한 위대한 인물, 갈등, 제도, 그리고 배워야 할 교훈 등의 측면에서 구체화됐다.

많은 점에서 유세비우스 이후 기독교의 역사는 서양 사상의 역사이다. 4세기부터 14세기까지 역사는 십자군전쟁, 성인들의 삶, 환상적인 아서왕의 이야기와 기사도 장면에 도취되든지 아니면 교회의 중심에 자리잡았다. 장 프루아사르Jean Froissart 같은 연대기 작가들에 의해 묘사된 기사의 규범과 전투 행위 그리고 더 연극적인 토너먼트들이 사실적 보도를 포함하고 역사 자료로 사용될 수 있지만, 역사를 생각하는 방식의 잔여유산을 거의 남기지 않았다. 일부 중세 학자들(이들 중 가장 유명한 인물로는 16세기 프랑스 투르 지방의 그레고리Gregory와 오랫동안 가경자可敬者, Venerable였으며 이제는 성인聖人인 베다Bede가 있다)은 그들 각자의 영역에서 기독교에 대한 영향력 있는 설명을 함으로써 역사적 관점(그리고 베다의 경우는 연대기적 날짜 배열)의 주목할 만한 변화를 만들어냈다. 이렇게 해서 그들은 서구의 역사적 사고에다가 개별 국가의 역사에 대한 강조를 더했고, 역사가들이 이전에 썼던 방식으로부터 또 다른 출발을 시작했다. 그러나 다른 역사적 전통 못지않게 기독교 히스토리오그라피 그 자체는 변화와 더 중요한 분쟁에 취약하다는 것이 입증됐다. 기독교 정치인들, 기독교 신학자들, 기독교 종파들 사이에서 일어난 기독교 내의 분열이 그들 자신을 명확하게 하는 데는 어느 정도 시간이 걸렸을지 모른다. 그러나 만약 그 깊이와 결과가 16세기 종교개혁에 따른 기독교 신앙공동체 내부의 깊고 영원한 분열에 필적하지는 않을지라도, 그것은 역사적 사고의 과정에 지울 수 없는 영향을 미치고 유세비우스가 시작한 해석적 도식을 수정하는 데 결과적으로 충분했다.

그것은 유세비우스와 다른 사람들이 자신들의 역사에서 쓴 초기 기독교 땅과 사회가 어떤 다른 지역 못지않게 그 세속적 환경에 영향을 받기 때문이었다. 그래서 빠르게 확산되는 기독교 공동체에 대한 공격이 일어났을 때, 기독교적 신념을 지속시킬 만큼 성장했던 지적·종교적 체계는 그 공격에 대응하기 위해 원래의 기독교적 공식화 이상으로 발전해야 했다. 기독교의 시각에서 가장 이해하고 정당화하기 어려운 것은 지상에 대한 신의 통치 요구와 삶의 현실 사이의 괴리였다. 그리고 그 격차의 지적·신학적·역사적 중요성을 깨닫는 데 필요한 것으로는 410년 서고트족의 로마제국 약탈만한 것이 없었다. 유세비우스와 그의 계승자가 그들의 기독교 연대기에 편입시킨 도시인 그곳의 고대, 거주자에게는 '영원한 로마Eternal Rome', 로마주교가 거주하는 곳, 그래서 콘스탄티누스 이후 신자들이 기독교의 중심이라고 생각했던 곳은 어땠을까? 만일 기독교의 운명이 그렇게 취약한 제국의 수도와 긴밀하게 연결되어 있다면 이 로마를 어떻게 이해해야 할까? 반면, 만일 기독교가 로마의 상황으로부터 자유롭다면 어떻게 이해할 수 있었을까?

서고트족의 영원한 도시 로마 침략으로 기독교인들에게 강요된 이러한 질문에 대한 가장 중요한 지적인 반응은 그 이후로 성 아우구스티누스Saint Augustine로 알려진 인물인 오늘날의 알제리에 있는 히포의 주교로부터 나왔다. 아우구스티누스가 410년 이후의 어느 시기에 쓴 《신의 도시》는 스스로 역사를 쓴 것이라고 주장하지는 않았지만, 거의 유세비우스의 《교회사》만큼이나 히스토리오그라피적으로 혁명적이었다.* 파괴된 로마에서 온 난민들을 직접 마주한 아우구스티누스는 교회의 터전이 파괴된 것을 이해하기 위해 이 위대한 책에서 다른 많은 이들처럼 씨름하며 티베르강의 파괴된 공동체와 같은 '인간의 도시'와 '신의 도시'를 구별했다. 전자인 지상의 도시를 아우구스티누스는 인간의 삶, 죄, 악, 혼란의 고향으로 묘사했는데, 세속적 역사가 이곳에서 이 과정을 걷는다. 다른 도시, 즉 천국은 신성한 질서, 정의, 용서, 사랑의 장소이다. 그는 첫째로 이렇게 쓰고 있다. "그것이 제압한 군주prince와 국가들은 통치의 사랑에 의해 통치된다. 다른 말로 하면 대공과 신하들은 서로 사랑으로 봉사한다." 두 도시가 때때로 뒤

---

* 또한 아우구스티누스는 그의 선조들의 구분으로 하면 역사가라고 할 수 없다. 예를 들어, 그는 헤로도토스가 했던 것처럼 인터뷰와 여행을 통해 증거를 찾지 않았고, 유세비우스가 했던 것처럼 문헌자료를 사용하지도 않았다. ─ 지은이

끊임없이 변화하는 과거

섞이지만, 인간은 그중 한 곳에서만 살고 오직 신의 개입과 구원을 통해서만 다른 도시로의 접근을 바랄 수 있다. 그러나 비록 지상의 도시로 밀려난다고 해도, 인간은 신의 섭리에 의한 계획의 대상이며, 그들의 영적인 과정을 드러내고 설명하는 것이 역사가들의 역할이 된다. 따라서 유세비우스에 이어 아우구스티누스는 진보의 개념에 추가적인 권위를 부여하고, 다른 인간에 대한 인간행위를 설명하는 역사가의 전문적이고 지적인 책무에 새로운 책임감을 추가했다.

모든 관념들이 그렇듯이, 범위가 크든 작든 간에 아우구스티누스의 두 도시 도식은 예상하지 못하거나 의도하지 않은 엄청난 결과를 가져왔는데, 이는 아우구스티누스 자신이 예견했다면 다른 방향으로 그의 마음을 돌렸을지도 모를 만큼 엄청난 것이었다. 이러한 결과는 처음에는 미묘하고 느리게 나타나서, 아우구스티누스의 지적 혁신과 위태로운 것의 첫 번째 징후가 나타난 사이의 기간은 1000년 이상이었다. 15세기 르네상스가 되어서야 아우구스티누스가 두 영역의 경험을 구분한 것에 대한 역사적 이해의 중요성이 처음으로 충분히 가시화됐다. 신학적 전략으로 의도된 아우구스티누스의 지적 움직임은 이전에 일어났던 과거에 대한 고전적 해석에서 기독교적 해석으로의 변화만큼이나 지대한 영향을 가져올 역사적 혁명을 위한 토대를 마련했다. 그 혁명은 서서히 환상에서 벗어나고, 신비화를 해체하고, 역사를 탈기독교화하는 것이었다. 즉, 인간사로부터 마법적 정신, 동물과 가정의 신, 유령, 그리고 다른 초자연적 존재뿐 아니라 신을 추방하는 것이었다.

그러니 이런 이교도 인물들이 세계의 지적 구조에서 탈피하는 것이 점진적이면서 장기간에 걸친 것이어서, 우리는 의도가 역사적이지 않고, 실현되는 데 너무 느리고, 역사가들의 작업방식이 되기까지 너무 오래 걸리는 사고의 그런 중요한 변화가 역사적 사고 변화의 역사에 포함되어야 하는지 여부를 물어야 한다. 역사가가 아닌 사람이 역사적 사고에 영향을 줄 수 있는가? 인간 생활에서 환상의 탈피나 신성한 중재자 역할의 약화와 같은 발달이 역사 수정주의의 역사에서 정당한 위치를 차지할 수 있을까? 역사적 연구에 대한 21세기의 몇 가지 가정으로부터 벗어나기만 한다면, 두 가지 질문은 모두 히스토리오그라피의 기능에 부합될 수 있다. 오늘날 기존의 과거 해석에 대한 도전은 점점 더 빗발친다. 그것은 새로운 증거 자료(예를 들어 유전자 샘플), 오래된 증거를 이용하기 위한 새로운 방법의 발달(정글 숲으로 뒤덮여 있는 건축물을 찾기 위한 원격 센서를 갖춘 항공 광선레이더), 타당한 역사적 증거를 구성한다고 여겨지는 것의 확장(예를 들어 동굴 벽화 또는 매립지의 내용물), 그리고 새로운 사고 방법과 해석 방식의 확산(젠더 연구가 좋은 사례이다)의 시작에서 비롯된다. 그러나 그것은 가속화된 의사소통 때문에 훨씬 더 빨라지기는 했지만 아우구스티누스의 역사 연구와 마찬가지로 역사학 외부의 사고 변화에서 도래한다. 그러므로 아우구스티누스의 위대한 업적과 이탈리아 르네상스에서 그 비신학적 결과의 조짐이 처음으로 나타나기까지 사이의 몇 세기 동안 《신의 도시》가 신학적 저작이라는 이유만으로 그의 신학적 도식은 역사학의 역사에서 다룰 문제가 아닌 것처럼 보일 수 있었다. 그러나 아우구스티누스의 사상에 대해 역사적 글쓰기의 지적 의도나 역사적 근접성이 아니라 궁극적으로 깊이 있는 지적 결과로 판단한다면, 그의 책은 이미 과거를 상상하는 방식의 또 하나의 중요한 전환점이라고 여겨야 한다. 우리는 그 책의 유산을 받았다.

신을 위한 역사에서 인간 중심의 역사로

아우구스티누스의 《신의 도시》는 역사의 두 영역인 세속적 영역과 신적 영역을 구분했다. 그 책은 양자의 역사를 별개로 서술할 가능성, 즉 하나의 역사를 다른 역사로부터 구별하여 서술할 가능성, 심지어 교회가 그런 서술을 허락할 가능성을 제시했다. 그리고 역사적 진보의 관념을 기독교적 방식뿐 아니라 세속적 방식으로도 제시할 수 있는 단층선을 노출시켰다. 이 가능성은 14세기와 15세기 이탈리아에서 처음으로 완전히 포착됐으며, 교회 신자들과 그 밖의 사람들은 고대 그리스와 로마의 텍스트의 중요성을 재발견했다. 이처럼 학문을 재탄생시키고 문학과 역사적 글쓰기를 재발견한 르네상스는 서구 사상의 방향을 신과 관련된 사건보다는 인간을 향해서 점진적으로 전환하는 길을 열었다. 역사 연구는 인문주의적 사고와 성찰의 위대한 시대에 새로운 권위를 얻었다.

나중에 돌이켜 기독교식의 역사적 사고방식에 대한 이런 첫 번째 진지한 도전의 출현을 불가피하다고 보는 것은 솔깃한 일이다. 그러나 역사적 발전이 불가피하다면 역사가들은 직업을 잃게 되고 그들의 노동이 예언자들과 계획자들에게 넘어갈 수 있을 것이다. 대신에 그러한 발전은 그것들이 발생한 추에 설명과 해석을 필요로 한다. 두만

할 나위 없이 역사를 쓰는 사람들은 다른 사람들과 같은 광범한 다양성을 가지고 있기 때문에, 기독교 이야기 전개로부터 역사 서술의 분리는 언젠가는 일어났을 것이다. 이는 단지 유세비우스나 아우구스티누스의 마음과는 다른 마음을 가진 사람들이 언젠가는 과거에 대한 글쓰기를 시작했을 것이기 때문이다. 그러나 왜 14세기와 15세기에 이런 일이 일어났는가? 반反사실적 물음을 포함하여 질문하면, 왜 그보다 더 일찍 또는 더 늦게 일어나지 않았을까? 그리고 왜 이탈리아, 특히 토스카나에서 그런 일이 일어났을까?

콘스탄티누스 황제가 로마제국 내 기독교에 대한 적대감의 종말을 알리고 이 새로운 종교가 지지자를 얻는 것을 허용한 지 몇 세기 내에, 이탈리아 국가들은 독자적이고 자주 전쟁을 벌이며 분리주의적이고 왕위 계승의 위기와 정권 교체에 의해 갈가리 찢어진 관할구역의 집합체가 됐다. 종종 이탈리아 외부 국가의 많은 지도자들이 이러한 이탈리아 국가들을 탐냈다. 베네치아 같은 공화국이든 밀라노나 나폴리와 같은 독립적인 공국이나 군주국 이건 간에, 이런 작은 국가들은 지리적으로 모두 도시를 중심으로 하는 '도시국가'에 포함됐다. 자신의 자유를 유지하기 위해, 그들은 숙련된 정치인들과 외교관으로 이루어진 간부들을 양성했고, 그들의 도시나 도시의 통치 가문에 대한 확고한 충성심을 가진 애국자들을 낳았다. 종교는 이 사람들의 관심사와는 거리가 멀었다. 마치 아우구스티누스의 허락을 받은 것처럼, 그들은 세속적인 관점에서 자신들의 상황을 이해했고, 세계를 바라보는 비종교적 견해의 증가와 조화를 이루며 고전 고대의 글들, 특히 고전적인 역사 텍스트에 대한 이해를 깊이 발전시켰다. 이처럼 역사적으로 우연한 일들이 동시다발적으로 일어나는 와중에 두 가지 발전이 생겨났는데, 그것은 무엇이 그로부터 역사적 사고에서 서서히 전통적인 것이 되었는지를 확고히 하는 데 결정적이었다. 첫째, 역사가들 사이에서 역사 해석과 논증의 수정을 수용하는 것이고, 둘째, 그러한 논증을 수행할 수 있는 관습의 채택이었다. 각각은 과거를 이해하고 역사적 탐구를 추구하는 방식에 영원히 영향을 미칠 수도 있는 것이었다.

첫 번째 창조적인 돌파구는 로렌초 발라Lorenzo Valla의 언어학 연구에서 나왔는데, 그는 14세기에 다시 관심을 끈 고전 고대 텍스트의 해석에 깊은 영향을 받은 유랑하는 이탈리안 성직자이자 학자였다. 언어의 역사적 연구인 언어학은 이미 명망 있는 탐구 주제였고, 그리스와 라틴 고전 텍스트에 대한 관심의 부활은 서술된 언어에 대한 연구를 다시 활성화했다. 1439년 발라는 콘스탄티누스 황제가 로마와 제국 서부에 대한 권한을 교황에게 부여한 것으로 추정되는 4세기 문서로 알려진 이른바 《콘스탄티누스 대제의 기부 증서》*가 위조된 것이라고 날카롭게 공격함으로써 교회 안팎에서 중세 지식인들을 놀라게 했다. 발라는 뒷날의 교회가 그 위조된 문서를 홍보함으로써, "교황 직책의 위엄을 손상시키고, 고대 로마 교황의 기억을 훼손하며, 기독교를 모욕했고, 그리고 모든 것을 살인, 재난, 범죄와 혼동하게 만드는 데" 관여했다고 썼다. 그의 뛰어난 언어학 성과와 법의학 연구

---

*　콘스탄티누스 대제가 기독교로 개종하면서 감사의 뜻으로 교황에게 광범한 특권을 주고 막대한 재산을 기부한 내용을 담은 문서이다. 그러나 실제로는 8세기 중엽 만들어진 가짜 문서임이 판명됐다. — 옮긴이

는 기부 증서가 4세기에 존재하지 않았던 단어들을 포함하고 있기 때문에 오랫동안 주장해왔듯이 콘스탄티누스 직후의 시기에 쓴 것일 수가 없으며, 그 대신에 그보다 훨씬 뒤에 만들어진 것임을 입증했다. 콘스탄티누스가 교황에게 교회의 권한을 부여한 문서라고 여겨졌던 것은 전혀 그런 권한을 가진 것이 아니었다.

역사 기록 분석을 토대로 한 발라의 발견은, 물려받은 역사적 지혜의 수정이 가능할 뿐만 아니라 그런 변화된 역사가 확립된 권력과 전통에게는 위험할 수 있다는 것을 밝혀냈다. 그 위험은 '수정주의' 역사가 항상 논란이 되어온 이유들 중 하나이다.* 발라의 연구는 또한 새롭지만 그때부터는 기본이 된 역사적 논증의 기준을 확립했다. 모든 역사 해석은 증거를 기반으로 하는 검열을 통과해야 한다. 역사를 새로 쓰는 것만큼이나 오류투성이의 기록된 역사를 제거하는 것은 역사가들의 책무였다. 과거에 실제로 일어났던 일에 대한 논증이 권위 있는 것으로 생각되려면, 이제 단순한 주장이 아니라 사실에 입각한 증거에 기초해야만 할 것이다. 게다가 단순한 비판의 문제를 넘어서는 것이지만, 발라의 업적은 또한 물려받은 지식에 대한 어떤 공격의 손만큼이나 그에 대한 어떤 방어의 손 안에 많은 무기를 배치함으로써 역사적 논쟁의 영역을 점차 동등하게 만들었다. 단지 그 주장이 매

---

* 그러나 발라의 발견이 교황 지위의 상황을 바꾸지는 않았다는 점에 주목해야 한다. 이것은 수정주의 역사를 권력에 대한 피할 수 없는 위협으로 보는 사람들을 편안하게 할 것이다. 사람들은 과거에 대한 기존의 해석이나 수용된 해석에 대한 도전에 의해 영향을 받는 반면, 이러한 도전이 제도, 관행 또는 관계에 빠르고 깊은 변화를 초래하는 경우는 드물다. 그러한 변화가 올 수는 있지만, 대개는 점진적으로만 일어난다. ─지은이

력적이라는 이유만으로 어떤 수정주의 역사도 미래에 승리를 거둘 수는 없다. 그러한 주장들은 이제 경험적 타당성과 다른 전문적 역사가들의 수용이라는 혹독한 시험을 견뎌내야 했다. 그것은 또한 증거 자체가 모순되고 불완전하며 불분명할 수 있다는 복잡한 사실을 이겨내야 했다.

그러나 발라의 업적은 역사의 역사에서 훨씬 더 큰 불길한 징조의 발전을 내포했는데, 그것은 마땅히 받아야 할 대가를 획득하지 못했다는 사실이다. 이는 역사가가 되기 위해 자신이 쓴 역사의 참여자가 될 필요는 없다는 것을 증명했다. 이전에 그것은 헤로도토스와 투키디데스에서 시작해서, 유세비우스와 아우구스티누스를 거쳐 그레고리, 베다, 프루아사르와 같은 중세 인물에 이르기까지 모든 역사가의 상황이었다. 근접 참여의 역사가 관례적이고 정통적인 형식의 역사 글쓰기였다. 이와는 대조적으로 발라는 역사 지식을 직접 관찰로부터 해방시켰다. 그는 사상가들과 학자들이 그들이 쓴 주제에 직접 관여하지 않을 수 있고, 남아 있는 문서와 교회 아카이브 안에서 그들 역사의 자취를 조사할 수 있으며, 자신의 필기 책상에서 그것들을 되돌아봄으로써 개연성 있는 내러티브를 구성하고 권위 있는 해석을 제공할 수 있음을 증명했다. 비록 우연이기는 할지라도, 발라는 과거에 대한 순수한 지적 탐구의 문을 열었으며, 이에 따라 독립적이면서 종종 충돌하고, 때때로 양립할 수 없고, 그래서 이전 시대에 대해 끊임없이 변화하는 해석의 문을 열었다. 그의 조사연구는 종교 기관과 권력있는 가문의 아카이브 조사를 기반으로 한 과거사건에 대한 균형잡히고, 어쩌면 '객관석'이기까지 한 평가의 출현으로 이어섰나.[*] 수성수의 역사의 오랜 혈통에서 로렌초 발라는 그 가장 위대한 인물들 중 한 자리를 차지할 자격이 있다. 모든 역사가들은 그에게 빚을 지고 있다.

발라의 충격적인 발견에 이어서, 마찬가지로 결정적인 과거에 대한 두 번째 새로운 접근법이 르네상스 기간 동안 뒤따랐다. 중요한 것은 이것이 발라와 같이 속박을 푼 아카이브 연구에 바탕을 둔 것이 아니라는 사실이다. 그리고 이것은 만연해 있는 기독교식 과거 읽기, 즉 르네상스 인문주의자들이 중세시대라고 불렀던 아우구스티누스 이후의 역사적 사고의 특징인 홍수와 로마라는 기독교 공동체의 이중적 기반과 싸워야 했다. 대부분의 면에서 이처럼 되살아난 과거에 대한 접근은 옛 역사적 관습을 따랐다. 역사를 쓰는 사람들이 실무자로 사건에 참여한 바로 그 상황을 이해하려는 시도였다. 다른 점은 새로운 역사가들의 관점으로, 그것은 발라의 관점과는 달리 줄곧 논쟁되어왔더라도 이전으로 되돌아가는 일이 없는 역사에 대한 접근의 시작이었다. 이것은 역사가의 공동체, 즉 그의 도시국가에 초점을 맞춘 역사였는데, 이 중 피렌체가 가장 매력적인 곳으로 관심을 모았다.

이탈리아 공동체의 지역 역사는 인문주의자 조반니 빌라니 Giovanni Villani와 후기 발라의 스승인 레오나르도 브루니 Leonardo Bruni에 의해 개척됐다. 그러나 지역 사건의 연대기를 분석적 역사로 대체함으로써 이에 대한 최고의 업적을 남긴 두 명의 역사가는 피렌체인인 니콜

---

* 따라서 발라는 르포르타주(reportage, 사실상 헤로도토스 이래 초기 역사가들이 추구했던 당대 사건에 대한 현장 관찰을 기반으로 한 '역사의 첫 번째 원고')와 사건이 일어난 지 오랜 시간이 흘러서 그 사건에 관여했던 사람들이 죽은 과거에 대한 더 냉정하고, 거리를 유지하고, 성찰적이고, 사료에 기반한 해석인 전문적 역사 사이의 구분을 강화했다. ─지은이

　끊임없이 변화하는 과거

로 마키아벨리와 프란체스코 귀차르디니이다. 두 사람은 피렌체에서 공직을 맡았는데, 마키아벨리는 외교관이자 메디치 가문의 지배를 몰아내려는 공화주의적 노력의 대변자였으며, 귀차르디니는 메디치 가문을 위해 봉사한 외교관으로, 발라에 따르면 이 때문에 자신이 이용했던 문서기록을 깊이 알고 있었다. 아우구스티누스가 로마의 약탈을 신학적으로 이해해야 하는 데 직면한 것처럼 두 사람은 모두 1494년에 일어났던 프랑스의 이탈리아 도시국가 침공으로 깊은 고민에 빠졌다. 그리고 리비우스가 일찍이 로마의 몰락을 곰곰이 되새겼던 것처럼 이 두 사람 모두 그들 자신의 역사와 과거 역사로부터 통치, 행동, 실천의 원리를 추출하고자 했다. 이는 마키아벨리가 정치와 국정운영에서 힘의 역할을 강조한 《군주론》(1515)과 그가 극찬한 공화주의 정부의 지속 조건에 대한 연구인 《리비우스의 첫 10권에 대한 논고》(1519)에서 매우 두드러졌으며 지속적으로 계속됐다.

그는 "제도와 중요성의 측면에서 모두 베네치아공화국이 다른 이탈리아 도시국가들보다 더 높이 평가받을 만하다"고 썼다. 그리고 어떻게 베네치아공화국이 그 명성을 얻고 그 이후 잃었는지 보여주려고 노력했다. 자신의 중요한 저서 두 권에서 마키아벨리는 투키디데스의 역할을 전제하면서, 정치가들에게 전쟁과 외교의 성공과 실패의 원인을 배우기 위해 역사를 공부할 것을 촉구했다. 《군주론》에서 마키아벨리는 "마음을 훈련시키기 위해서 군주는 역사를 읽고 저명한 사람들의 행동을 공부해야 하며 그들이 전쟁에서 어떻게 행동했는지 알아야 한다. 그들이 거두었던 승패의 원인을 검토하여 전자를 모방하고 후자를 피해야 한다"고 썼다. 귀차르디니는 역사가 떠맡았던 '법 law'

과 연구해야 하는 '법'을 언급했다. 그것이 서로 달랐을 정도로 두 사람의 눈에 역사는 배울 수 있는 교훈으로 가득한 하나의 유용한 과학이었다. 저명한 역사가 펠릭스 길버트Felix Gilbert의 말에 따르면, 그들의 연구에서 "'왜'에 대한 설명은 '무엇'에 대한 내러티브보다 우선했다".

인문주의자들과 마찬가지로 이 두 역사가는 자신들의 영감을 고전시대 역사에서 찾았고, 공화주의의 장점과 공공복지 서비스에 대한 고대의 관심을 되살렸다. 마키아벨리는 1525년에 비관적인 《피렌체의 역사》(종종 《플로렌스의 역사》라고 알려졌다)를 썼으며, 귀차르디니는 1540년 똑같이 어두운 마음으로 가득한 《이탈리아의 역사》를 썼다. 두 책은 모두 이탈리아 토착어로 서술됐다. 그러나 그들의 역사는 헤로도토스 및 투키디데스와 마찬가지로 그들 시대를 이해하는 데 노력했다. 전자는 권력과 그의 오랜 피렌체에 대한 애국심에서 나왔고, 후자는 도시국가와 그들 사이의 힘의 균형성의 필요에 대한 그의 이해를 기반으로 하는 것이었다. 정치, 전쟁, 대외관계에 대한 투키디데스와 리비우스의 관심사를 적용해보면, 그들은 투키디데스처럼 다양한 방면에서 실천가였고, 인간사의 모든 차원은 아니지만 특정 차원에 고대인들이 철저히 초점을 맞춘 것을 역사에서 되찾았다. 그들은 또한 투키디데스처럼 최근의 역사에 전념했으며, 국가운영과 도덕철학에 적절한 행위와 해로운 행위에 대한 교훈을 주는 인간행동의 그런 사례를 과거에서 찾았다. 이는 역사를 교육 커리큘럼에 오랫동안 들어가 있게 한 최후의 주제였다.

더욱이 마키아벨리와 귀차르디니는 인간사에 대한 관례적인 종교적 설명을 철저히 배제하고, 인간의 과거에서 어떤 천우신조의 목적을 찾는 것을 거부함으로써 고대, 중세, 기독교 히스토리오그라피에서 급격히 벗어났다. 그들의 접근은 역대 교황들이 일생 동안 이탈리아의 어지러운 상황에 책임이 있었다는 확신에 힘입은 바가 크다. 그들은 교회를 비판하는 것에 죄책감을 느끼지 않았다. 그렇게 함으로써 그들은 서구에서 교회와 국가 사이에서 정치적·헌법적 긴장감뿐 아니라 오래 지속되는 지적 긴장감의 토대를 깊게 했다. 그런 점에서 그들의 역사는 새로운 것이었다. 서구의 관점에서 보면, 고전시대 역사가들이 이교도, 즉 다신론자거나 많은 신을 믿는 사람들이었던 지역에서, 르네상스 인문주의자들은 종교적 문제에서는 기독교도였지만 역사적 문제에서는 세속주의자들이었다. 그들은 인간사에서 신의 섭리를 드러내 보이겠다는 중세적 결단에 애착을 느끼지 않았다. 그들의 저작에는 여호와 하나님도, 설명할 수 없는 것에 대한 메타포로 이제는 점점 늘어가고 있는 '포르투나Fortuna'나 '운명의 여신Fate'을 제외한 신들도 나타나지 않았다. 그들의 주제는 사건에 대한 그들의 설명과 그것에서 이끌어낸 교훈이 그러하듯이 이 세계에 대한 것이었다. 고전적 전통과 인문주의적 전통에서는 '사례에 의해 가르치는 철학', 즉 명확히 정의된 행위가 아니라 인간의 행복과 불행을 향한 철학적 태도의 사례로 가르치는 철학으로부터 이끌어낸 것이었다.* 인

---

* "역사는 예시로부터 가르치는 철학이다"는 할리카르나소스의 디오니시오스의 유명한 말로, 그 이후 수많은 사상가들에 의해 제기됐다. 마키아벨리와 귀차르디니가 그들의 설명적 도식에서 특히 운명이라는 대군을 완전히 몰아낸 것은 아니다. 그러나 인간의 삶에서 포르투나의 역할과 진정한 힘을 받아들이면서, 그들은 원칙적으로 인간에 영향을 미치는 힘을 뛰어넘

간에 의해 만들어진 역사는 인간의 방식으로 설명되어야 했다. 이와
관련하여 그들의 역사는 인간과 신의 도시에 대한 아우구스티누스의
구분이 의도치 않게 제공한 개방으로 옮겨갔다. 그리고 신들을 지상
의 대리인으로 믿은 헤로도토스의 역사, 신이 지상의 영역을 주재한
다고 믿은 유세비우스의 역사로 거슬러 올라가는 역사와의 단절을 알
렸다. 이 두 역사가의 암묵적인 태도는 신이 역사적 설명에 필수적이
지 않다는 것이었다. 그들이 역사에 대한 세속적인 접근으로 전환한
것은 비록 서구 역사 연구의 핵심 특징으로 스스로를 확고히 하는 데
수세기가 걸렸지만 운명적인 일이었다. 이전에 역사를 탐색했던 방법
의 변화 중 지속적인 결과에서 이에 필적할 수 있는 것은 없다.

　서구 히스토리오그라피에서 이러한 르네상스적 변화의 또 다른 한
측면에 관심을 외면해서는 안 된다. 오늘날 역사가와 그들의 독자들
이 '수정주의 역사'를 생각할 때, 그들은 종종 이데올로기적 전쟁이나
또는 적어도 일본에 원자폭탄을 투하하는 것의 타당성을 둘러싼 싸
움과 같은 이데올로기적 형식을 띤 싸움, 예컨대 페미니스트적 관점
과 같은 오래된 주제에 대한 새로운 관점, 또는 DNA 발견과 같이 새
로운 증거의 발견에 의해 생겨나는 새로운 해석을 염두에 둔다. 이러
한 신선한 관점의 대부분은 의도적이다. 그 저자들은 특별한 주장을
하거나 새로운 사실의 발견 때문에 어떤 특별한 방향에서 하나의 주

는, 인간이 그것들을 완전히 이해할 수 없을 정도로 크고 복잡한 그런 힘을 염두에 두고 있었
다. 이런 역사가들에게, 이는 인간사의 방향에 대한 신념, 역사의 과정에 대한 목적, 신에 의해
세워진 계획을 수반하지 않았다. 그러나 역사가의 지식이 한계에 이를 때까지는 합리적인 설
명에 대한 자신감과 완전히 양립할 수 있었다. ― 지은이

　　　　　　　　　　　　　　　끊임없이 변화하는 과거

제에 대한 이전 관점에 도전하거나 추가하는 자신들의 근거를 명확히 한다. 마키아벨리와 귀차르디니는 이러한 더 최근의 역사가들로 분류할 수 있다. 그들은 자신에게 스스로 부여한 도전 때문에 세속적인 접근을 채택하여, 기독교 문화 내에서 자신이 사랑하는 이탈리아 도시국가에서 당시 일어난 실망스러운 사건들에 대한 설명을 지상으로 끌어내렸다. 그리하여 그들은 역사 연구를 신학 및 현재뿐 아니라 과거도 신의 손에 있기 때문에 이해할 수 있는 것이 아니라는 가정으로부터 해방시키는 과정을 시작했다. 그들 중 누구도 역사적 과거를 설명하기 위해 확인할 수 있는 사실을 넘어설 필요가 있다고 믿지 않았다. 그들 두 사람은 "역사적 글쓰기가 다른 어떤 방법으로 표현할 수 없는 통찰력을 드러낼 수 있었다"고 믿었다고 펠릭스 길버트는 귀차르디니에　대해 썼다. 그들에게 역사는 인간 삶의 독특한 이해를 제공하는 독립적인 지식의 한 분야였다.

　종교개혁 초기에 이르면 이미, 역사적 사고와 서술은 결국 역사를 우리가 오늘날 알고 있는 다수의 여러 접근법에 열어놓을 수 있는 다양한 해석과 감수성의 초기 징후를 보여주고 있었다. 당시는 1517년 마르틴 루터Martin Luther가 로마가톨릭에 도전하고 크리스토퍼 콜럼버스Christopher Columbus가 우연히 서반구를 발견한 이후에 두 피렌체 역사가들이 자신들의 역사 저서를 쓰고 있던 때였다. 그렇다면 그들이 어떻게 그렇게 하지 못했을 수 있을까? 종교개혁과 유럽의 서쪽 땅 발견은 히스토리오그라피적 해석에서 또 다른 하나의 혁명을 일으켰는데, 그것은 그때부터 지속적으로 1517년 이전 시기, 즉 초기 교회의 기원과 16세기 초 사이의 시기가 적어도 서구의 기독교 사회에서는 암흑시대Dark Age로 알려지게 됐다는 사실이었다. 그 자체가 하나의 목소리는 아니더라도 몇몇 공식적인 고전 텍스트에서는 독특한 접선接線, 독특한 양식이 나타나고 있었다. 이미 역사는 하나의 관점이나 하나의 감성, 하나의 탐구 표현으로 귀착하려는 경향에 맞서 싸우고 있었다. 다시 말해, 역사적 사고는 막 근대로 접어들려고 하고 있었다.

3장

근대 수정주의의 역사

1492년 이후 대서양 서쪽 끝의 새로운 세계에 대해 유럽인들이 의식하기 시작하고, 1519년 이후 서구 기독교가 종교전쟁으로, 그리고 결국 점차 국가 간의 전쟁으로 분열됨에 따라 그때까지 존재해온 기존의 일반적인 역사적 관습과 전통이 약화됐다. 이전에는 알지 못했던 땅과 사람 및 관습, 구체적 형태를 갖춘 국가적이고 제국적인 차원의 새로운 경쟁자, 그리고 전에 없이 안팎으로 공격을 받는 옛 서구 기독교를 발견한 유럽인으로서는, 그 순간부터 역사를 새로운 증거, 새로운 갈등, 새로운 지적 필요에서 나온 모든 관점에서 다시 써야만 했다. 따라서 역사적 사고와 논증의 변화는 가속화되기 시작했고, 비록 많은 부분은 여전히 역사 서술의 기초를 세운 고전시대와 이교도 학자의 덕택이기는 하지만, 다양한 역사적 장르의 수가 늘어나고 종류가 많아졌다. 이미 과거는 다른 관점으로 보면 달라 보이고, 그 해석과 발표가 논쟁의 대상이 되지 않은 채 남아 있는 일은 결코 없을 것임이 분명했다. 역사가 사회의 나머지 부분과 단절된 적은 없었다. 처음부터 역사는 강력한 외부의 영향에 적응해야 했다. 그러나 15세기 후반부터, 그러한 영향들의 수와 다양성, 그리고 힘은 커지기 시작했다. 역사적 사고를 외부 현실에 맞도록 조절하는 것은 새로울 것이 없었다. 오히려 서구 사회의 가속화되는 분열과 갈등을 감안할 때, 그런 현실에 적응해야 할 필요성이 단순히 강화됐다. 그때부터 다른 어떤 것이 아닌 다양성, 논쟁, 변화가 역사의 특징이 됐다.

유럽인들이 서쪽의 새로운 세계를 발견한 것은 근대 초 세계에서 역사적 사고가 겪은 첫 번째 큰 충격이었다. 어떻게 낯선 문명에서 기독교의 기원과 일치하는 이야기가 존재할 수 있었을까? 특히 서반구Western Hemisphere의 부족 문화가 그 기원에 대한 그들 자신의 이야기를 가지고 있었다면 말이다. '신세계New World'의 다른 과거와 대조했을 때 '구세계Old World'의 과거가 얼마나 중요했을까? 이러한 신세계가 투키디데스식 전통에서 힘과 전쟁을 우선시한 내러티브에 포함될 수 있거나, 헤로도토스의 상대주의와 서로 다른 문명이 동등하게 중요하다는 것을 수용하는 것이 새로운 현실의 발견에 더 잘 어울릴 것인가? 비슷한 중요성을 가지는 이런 수많은 다른 질문들에 대한 미래의 대답은 여러 세기에 걸쳐 역사적 사고의 기저를 이루었던 확실성의 약화를 가속화했을 것이다.

과정은 느리지만, 오래된 지식을 새로운 것에 적응시키거나 그 반대도 마찬가지로 역사적 관점을 지속적으로 수정하게 했는데, 그 영향은 결코 시들지 않았고, 새로운 이해가 거기에서 계속해서 흘러나오고 있다. 전 세계 모든 사람들의 역사와 문화를 더 많이 알게 되고,

　　　　　　　　　　　　끊임없이 변화하는 과거

인간의 과거에 대한 지리, 환경, 생명의 영향력에 대한 인식이 가속화되고, 서로 다른 사람들이 자신의 기원에 대한 별개의 믿음을 가지고 독특한 방식으로 세계를 보고, 별도의 신을 숭배하고, 별개의 사고방식을 창출하는 언어로 이야기를 한다는 것이 명확해졌다. 이런 모든 요인들의 결과로, 16세기 초에 존재했던 기독교와 서구적인 역사적 사고에 대한 확신은 당연히 와해될 수밖에 없었다. 그 대신에 역사는 점점 더 다양해지고 논쟁의 대상이 됐다.

보통은 1517년 마르틴 루터가 가톨릭교회에 직접 도전한 것으로 거슬러 올라가는 종교개혁이 서구의 과거를 다시 생각하게 하는 두 번째 자극제였다는 것은 놀랄 만한 일이 아니었다. 이러한 자극은 도널드 켈리가 말하는 '수정주의의 거대한 프로젝트'였다. 우선 루터교 신자들에게, 그다음으로는 다른 개신교 신자protestant들에게, 서구 기독교 내부의 신학뿐 아니라 군사적 갈등은 새로운 역사 내러티브, 국가의 과거에 대한 새로운 강조, 그리고 사료에 대한 의존의 강화를 필요하게 만들었다. 개신교도로서 유세비우스에 해당하는 사람은 오늘날에는 많이 회자되지 않는 스트라스부르에서 활동한 역사가이자 외교관인 요한 슬레이단Johann Sleidan이었다. 그는 자신이 떠올릴 수 있는 한 균형을 유지하면서 1555년의《찰스 5세 치하 종교와 국가 상황에 대한 논평》에서 루터의 종교개혁을 지지한 역사적 사건을 설명했는데, 이 때문에 일부 동료 루터파 교도들의 적개심을 샀다. 그의 다음으로 다른 개신교 역사가들, 루터의 추종자들, 장 칼뱅John Calvin, 필립 멜라치톤Philip Melanchthon, 울리히 츠빙글리Ulrich Zwingli가 자신들이 보아왔던 대로 콘스탄티누스 이태 참된 교회True Church를 믿었하게 했던 신학적 오류의 역사를 깨끗이 씻어내기 위해 슬레이단에 합류했다. 이것은 필연적으로 어떤 종교적 역사가 신학적·도덕적인 우위를 점하고 있는지를 놓고 개신교와 가톨릭 옹호자들 사이에서 깊숙이 양극화되고 격론을 불러일으킨 연구와 싸움을 야기했다. 각 종교, 그 당시 각 종파와 교파는 이제 그들 자신의 역사가를 가지고 있거나, 적어도 그들의 역사적 관점으로 글을 쓰는 선전가를 가질 것이다. 만약 그렇다면 대부분이 자기편을 드는 역사가를 가지고 있지 않은 나라, 도시, 정당, 사람들이 어디에 있었을까? 역사는 탐구의 장일 뿐 아니라 논쟁의 장이 되어가고, 그것이 남길 수 있는 전쟁터가 되어가고 있었다.

여기서 중요한 점은 매우 많은 서구 신앙 고백들 간의 경쟁이 신학뿐 아니라 역사적 측면에서 일어났다는 사실이었다. 로마 교회와 로마 역사가 오랫동안 과거를 이해하는 방법을 지켜온 자물쇠였다는 점을 감안할 때, 점차 확산되는 가톨릭교회와의 관계 단절은 독일, 프랑스, 영국 같은 다른 나라 사람들로 하여금 이탈리아의 멍에에서 벗어나 국가의 관점에서 자신들의 역사를 해석하려고 하게끔 만들었다. 심지어 때로는 역사적 기원을 탐색하는 데 그리스와 로마의 과거, 마키아벨리와 귀차르디니처럼 신까지도 완전히 무시하는 데 이르기도 했다. 이런 역사들은 이제 모국어로 서술되어 라틴어를 능숙하게 구사할 수 없는 사람들이 접근할 수 있게 됐고, 따라서 역사적 이슈가 이전 학자나 의사, 변호사 같은 교육받은 전문가 집단 외부의 논쟁에서는 결코 전례가 없었을 정도로 중요성을 띠기 시작했다. 역사는 현재주의적인 색채를 띠면서, 국가적 애국심의 발흥 및 점점 성장하는 독자 대중과 정치 계급의 한 요소가 되어가고 있었으며, 이후 그런 상태로 유지되어왔다. 따라서 과거에 대한 해석은 1648년 30년전 쟁Thirty Years' War이 끝날 때까지 서로 다투게 될 국가들, 즉 국가 간의 수정주의적 전쟁터가 됐다.

이러한 국가사의 출현은 오로지 역사적 사고의 세속화 경향을 더욱 가속화시켰으며, 점점 더 전문화되어가는 훨씬 더 제한된 주제를 선호하는 입장에서 보편적이라고 주장하는 역사를 해체하는 초기 사례였다. 게다가 슬레이단과 다른 이들에 의해 시작된 과거를 보는 가톨릭과 개신교의 관점 사이에 존재하는 히스토리오그라피적 차이는 적어도 4세기 동안 약화되지 않았다. 신앙고백을 서로 정당화하는 것을 목적으로 하지 않는 종교의 역사를 읽는 것이 가능해진 것은 단지 최근 수십 년일 뿐이다. 그리고 종교적 차이, 적어도 서구 거대 종교 사이의 차이를 정당화하는 역사의 역할은 줄어들었지만, 이데올로기적 경쟁자나 방법론적 경쟁자, 그 밖의 다른 경쟁자들이 연출하는 지형의 기능을 하는 역할은 결코 끝나지 않았다.

늦어도 16세기 초로 거슬러 올라가는 이런 발전에서 우리는 역사적 사고의 또 다른 특징에 주목해야 하는데, 이는 또한 유럽의 종교전쟁이 끝나는 1648년 이전에는 결코 사라지지 않은 것이었다. 그것은 전문 역사가들이 '역사주의historicism'라고 알고 있는 것이다. 이는 과거에 대한 진실을 알아낼 수 있는 지리적·연대기적·문화적·국가적·윤리적·이데올로기적인 어떤 고정된 지점도 존재하지 않는다는 인식이다.[*] 만일 가톨릭 신자와 개신교 신자, 독일인과 프랑스인, 그리고

---

[*] 변화무쌍한 용어인 '역사주의'는 설명이 필요하다. 칼 포퍼(Karl Popper)가 그랬듯이 역

영국인, 식민주의자와 아프리카 노예, 그리고 아프리카 원주민, 휘그당원과 토리당원, 남성과 여성, 이들 각자가 만약 역사적 과거와 관련된 독자적 관점을 도입하려고 한다면, 그때 역사가들이 책임감을 가지고 탐색해온 과거에 대한 복구할 수 있는 진실은 어디에 있었는가? 지적 세계의 기반이 한 번 느슨해지자 과거에 대한 완전하고 아마도 단일한 이야기를 발견하고 그에 대해 동의할 수 있는 역사가의 능력을 근본적으로 의심하는 역사주의를 다시 억누르는 것은 결코 가능하지 않았다. 불가피하게 17세기부터 역사는 서로 대립하는 과거에 대한 해석이 우위를 차지하기 위해 싸우는 무대가 됐다.

그러나 모든 역사가 잠재적으로 수정주의 역사라는 주장은 무분별한 것이 될 위험이 있다. 헤로도토스 시대부터 역사가들이 많은 사실들 중에 하나를 찾는 것이 아니라, 과거에 대한 진리 The Truth를 찾고 있었던 것은 그들의 자만이었다(키케로는 진리의 추구를 역사의 '첫 번째 법칙 first law'이라고 불렀다). 그래서 자신들의 역사가 특정 국가의 정권이나 종교적 견해를 정당화하는 역할을 할 때조차도, 역사가들은 증거

사 지식의 철학자들은 "역사는 구체적인 역사법칙이나 진화 법칙에 의해 통제되는데, 이를 발견하는 것은 우리로 하여금 인간의 운명을 예언할 수 있게 할 수도 있다"는 가상적인 역사법칙을 언급하기 위해 이 용어를 사용한다. 게오르크 W. F. 헤겔, 카를 마르크스, 오스발트 슈펭글러(Oswald Spengler), 아놀드 토인비(Arnold Toynbee)는 이러한 견해의 옹호자이다. 이와는 대조적으로 활동하고 있는 대부분의 역사가들은 과거 모든 것의 발전과 현실을 문화, 사회, 제도, 정치, 언어 등의 충분한 맥락 속에 위치시키는 방법을 의미하는 말로 이 용어를 사용한다. 이 용어를 그런 의미에서 보면, 역사주의자가 아닌 역사가는 거의 없다. 그들은 맥락주의자이다. 그러나 문제를 더 복잡하게 만드는 이 용어의 세 번째 의미가 존재하는데, 그것은 20세기 역사가 제임스 하비 로빈슨 이후 많은 역사가들로 하여금 역사 지식은 현재 문제를 해결하는 데 도움을 줄 수 있다는 것을 신봉하게 만들었다. 분명히 해야 할 것은 '역사주의'라는 용어는 조심해서 적절히 사용하고, 읽어야 한다는 점이다. — 지은이

끊임없이 변화하는 과거

에 충실해야 한다는 이상론을 주장했다. 이런 진실 추구의 욕구는 역사가들이 다른 역사가들의 공동체에 입장할 수 있는 티켓이었다. 이러한 주장은 또한 스토리텔러 storyteller와 시인들로부터 역사가들을 분리시키고, 역사가들이 노력한 결과를 허구보다 사실에 더 가깝게 만들었다. 그러나 그러한 주장은 역사가들 사이의 의견 차이를 막는 데별 도움이 되지 않았다. 왜냐하면 그들이 증거의 타당성에 대해 도달할 수 있는 어떤 합의도 자동적으로 증거의 중요성과 의미로 확장되지는 않았기 때문이다. 예를 들어, 역사가들은 수정헌법 제13조가 미국의 노예제를 종식시켰다는 것에 동의할 수 있다. 하지만 미국 노예제의 법적 종말이 아프리카계 미국인과 백인에게 실제로 똑같이 의미하는 바가 무엇일까? 진리의 추구는 역사가들을 결합시킬 뿐만 아니라 분리시킬 수도 있다.

그런 의미에서 역사가들이 아무리 사실이라고 규정하더라도, 그것은 언제나 다른 해석과 비교해서 그 해석이 가지는 상대적 장점이 무엇이며 진실에 어떻게 충실한지 주장하고 있는 것이다. 다른 해석의 상대적인 장점에 대해 논쟁할 때조차, 역사가들은 또한 다음과 같이 질문해야 했다. 만약 모든 역사 서술이 똑같이 진실이라고 주장을 한다면, 어떤 근거로, 누가 그런 주장을 평가해야 하는가? 종교, 국가 정권, 이데올로기 진영 또는 해석적 접근과 같은 어떤 외적 권위에 의존하는 것이 역사가들을 합의에 이르지 못하게 한다면, 어떻게 해야 하는가? 시간이 지나면서 다음과 같은 대답이 나오게 됐다. 합의는 경험의 축적과 역사가들의 노력을 좌우하는 일련의 기준을 만들 수 있는 수용 가능한 증거 활용에 대한 일종의 비공식적 동의에 도달하는 것을 통해서만 이룰 수 있었다. 동시에 역사가들은 결국 그 어떤 것도 그들 사이의 불일치를 근절할 수 없다는 것을 이해할 것이다. 그들은 기껏해야 자신들의 의견 불일치를 감수하고 끝없이 논쟁을 벌이기로 합의하는 동시에 분쟁의 근거를 좁히기를 바랄 수 있을 것이다.

게다가 시간이 지남에 따라 실제 활동을 하는 역사가가 늘어나고 과거를 연구하는 사람들이 다양해지면서 이러한 의견 불일치는 커졌다. 학생들은 역사교과서에서 그 결과를 경험하는데, 교과서 서술은 처음에는 큰 사건과 발전을 다소 느긋한 속도로 보여주다가, 때로는 학교 역사과목에 지속적인 좌절을 느끼게 하는 점점 더 많은 사실, 날짜, 이름으로 완전히 대체하는 데까지 이르게 된다. 모든 것을 포괄하기는 점점 어려워진다. 심지어 역사적 사고의 역사에 대한 개괄적인 설명, 그러니까 중요한 일련의 논의들이 어떻게 전개됐는지를 보여주는 그런 개괄적 설명도 일단은 계몽주의, 그다음으로는 19세기와 20세기에 이르면 많은 생략을 해야만 역사가나 역사 연구를 여러 갈래로 분리하여 단순히 개괄하는 것으로부터 벗어날 수 있다. 이때에 이르면 역사적 사고는 지난 세기 오랫동안 서구에서 그 특징이었던 가정, 접근법, 방법의 상대적 일관성이 붕괴됐다. 뚜렷이 다른 해석들의 확산과 함께 역사가들의 시선 아래 점점 더 많은 주제들을 통합하고 커다란 역사적 시간을 해석적 목적을 위해 점점 더 짧은 시간으로 줄이는 것은 과거를 바라보는 부분적으로 타당한 방법의 무궁무진하면서 때로는 소모적인 일종의 활용가능성을 만들어낸다. 이것은 지적 근대성의 또 다른 특징이 됐다.

언제, 때로는 17세기에서 19세기 사이의 언제 역사 연구가 완전히

　　　　　　　　　　　　끊임없이 변화하는 과거

근대적 형태의 문턱을 넘어갔는지 대해서는 역사가들 사이에 의견이 다를 것이다. 그러나 계몽주의 시대 초기인 17세기 후반에 이르면 오늘날 우리가 전문적인 역사라고 생각하는 것이 그 모습을 드러내기 시작했다는 것을 보여주는 많은 특징적인 징후가 나타났음은 의심할 여지가 없다. 로렌초 발라가 《콘스탄티누스 대제의 기부 증서》가 위조됐다는 것을 밝혀낸 사례를 따라, 17세기 역사가들은 시대와 맞지 않는 증거를 주시하고, 특히 세속사에 대한 주장을 평가할 때 으레 자신들의 연구 방법에 사료비판을 포함시키기 시작했다.[*] 이 목표를 달성하는 데 역사가들은 국가와 교회의 기록보관소가 점차 개방된 것에 도움을 받았다. 역사가들은 또한 역사학의 목적과 역사 연구의 방법을 놓고 다투었다. 특히 17세기 프랑스와 영국에서, 그들은 고대와 근대 사이의 전쟁으로 알려지게 된 오래된 증거와 새롭게 발견된 증거의 상대적 권위, 논증과 조사에 대한 오래된 접근과 새로운 접근의 상대적 권위를 놓고 다툼을 벌였다. 새로운 지식이 오래된 이해를 대체할 수 있다는 바로 그 주장은 고대적 시각이 비판받을 수 있다는 것을 의미했을 뿐만 아니라, 또한 특정 역사가 타당하고 수용할 만한 가치가 있다는 주장의 정당성을 전제로 하는 것이었다.

역사적 합의 또한 회의주의의 위협을 받았다. 역사가들은 주장, 사료, 그리고 방법에 대한 회의주의를 그들의 연구에 자연스러운 것으로 받아들이는 경향이 있지만 어떤 역사가들은 다른 이들보다 더 회

---

[*] 섭리의 역사는 그 주장의 본질 때문에, 오늘날 등장한 증거 기반의 타당성에서 벗어나는 경향이 있었다. 그러나 바뤼흐 스피노자(Baruch Spinoza)가 성서에 제시된 신성한 기원을 받아들이기를 거부한 것은 성서의 주장에 대한 지속적인 비판에 활기를 띠게 했다. — 지은이

의적일 수 있다. 모든 역사가들의 지적 도구로서 회의주의는 그 자체의 역사가 있다. 헤로도토스 때부터 역사가들은 사람들과 기록 자료가 제시하는 역사적 사건과 발전에 대한 많은 주장을 무시해왔다. 데카르트Rene Descartes는 근본적 의심을 서구 철학 사상의 구성요소로 만들었다. 그러나 역사가의 일반적 입장, 즉 증거에 대한 통상적이고 필수적인 접근법인 비판의 방법으로서 회의주의는 그 기원을 18세기와 특히 두 사람에게 두고 있다. 과거의 역사적 주장에 대한 의심을 사고의 원칙으로 승격시킨 첫 번째 저명한 사상가는 데이비드 흄David Hume으로, 그는 오늘날에는 철학가로 알려져 있지만 1764년 출판하기 시작한 《영국의 역사》여섯 권으로 18세기 후반에 많은 논란의 대상이 됐다. 회의주의를 확장된 역사 탐구의 기본적인 방법으로 적용한 두 번째 사람은 영국의 에드워드 기번으로, 그는 18세기 자칭 계몽주의에 특히 뛰어난 범세계주의 인물이며 근대의 가장 위대하고 박식한 역사가 중 한 사람이다.

1776년에 첫 번째 책이 나온 이후 여섯 권으로 간행된 기번의 역작 《로마제국 쇠망사》는 많은 면에서, 이 책을 쓴 당시의 관습에 잘 들어맞는다. 이 책은 주요 인물, 정치, 제도, 법, 갈등, 그리고 전쟁을 다루고 있다. 제목에서 구체화된 것처럼, 이 책은 역사의 순환 및 타락과 하강의 진행이라는 고전적이고 기독교적인 장치를 채택함으로써 잠바티스타 비코Giambattista Vico의 전통 속에 있는 다른 연구들을 뒤따랐다. 그리고 여기에 "로마의 쇠퇴는 무절제한 위대함의 자연스럽고 피할 수 없는 결과였다"는 과거로부터 얻은 투키디데스식의 교훈이 없었던 것은 아니다. 그러나 이 책은 "그 역사가 유럽 과거의 본보기였던 제국 로마와 로마에 위치했던 교회가 왜 힘과 영향력을 다른 세력에게 이양했는가?"라는 교회와 모든 유럽 국가의 중심 문제를 제기한 반면, 새로운 방식으로 다루었다. 그중에는 기번이 로마의 족쇄로부터 서양 역사학의 해방을 가속화시킨 것도 들어가 있었다. 이런 해방은 발라, 마키아벨리, 귀차르디니에 의해 시작되어, 역사 서술의 미래 방향을 결정지을 만큼 중요한 주안점의 변화에 이르렀다. 그는 신선하고 독특한 접근법으로 그렇게 했다. 예컨대 과감히 문화사에 발을 들여놓고, 그에 따라 볼테르Voltaire나 요한 고트프리트 헤르더Johann Gottfried Herder와 마찬가지로 몇 세기 동안의 투키디데스식 속박 이후 역사에 대한 헤로도토스식의 접근법을 되살렸다. 로마의 역사와 현장보도로부터 역사를 영원히 해방시킨 마키아벨리, 귀차르디니, 흄, 윌리엄 로버트슨William Robertson 같은 그들 전임자들의 선례를 따라, 기번 역시 서구 역사의 중심에서 로마의 과거를 배제하고, 서구 세계 역사의 범위를 크게 넓히고, 다른 역사가들로 하여금 다른 주제들을 탐구하고 과거를 판단하기 위한 다른 기준을 세우도록 촉구했다. 그는 반어적 위트를 논쟁의 방법으로 사용한 최초의 역사가였는데, 이 방법은 위풍당당한 속도와 권위 있는 문체로 더욱 더 영향력이 있었다.* 그는 심지어 그렇게 많은 종교적 실천의 아름다움이라고 자

---

* 다음과 같은 글을 예로 들 수 있다. "로마 세계에서 유행한 다양한 예배 방식은 대중에게는 모두 똑같이 진실로, 철학자에게는 똑같이 거짓으로, 치안판사에게는 똑같이 유용하게 여겨졌다." 콘스탄티누스 공의회가 제거한 대립교황(antipopes)에 대한 서술은 이렇다. "세 명의 교황들 중, 요한 23세가 첫 번째 희생자였다. 그는 도망갔다가 포로로 끌려왔다. 가장 문제가 된 혐의는 감춰졌다. 그리스도의 대리자는 해적질, 살인, 강간, 수간(獸姦), 근친상간으로만 기소됐다." 불행히도, 기번의 능글맞은 유머는 본보기가 되지 못했다. 오늘날 역사 글쓰기

신이 생각했던 것을 애도하는 노래를 쓸 때조차도 교회와 그 지도적 인물을 가차 없이 비판했다.

기번은 또한 18세기 문학계의 다른 사람들은 소유하고 있었을지라도 이전 역사가들 사이에서는 거의 찾아볼 수 없었던 과거에 대한 사고의 전환을 가져왔다. 기번 이전 어느 누구도 그렇게 광범위한 간행 자료를 발굴하거나 자주 사용되고 자주 인용되는 자료, 특히 종교적 자료에 대해 발라의 정신 속에 있는 것과 같은 커다란 회의감으로 문제를 제기하지 않았다. 그는 종교에 대한 글을 쓸 때 역사가의 책임에 대해 다음과 같이 성찰했다. "신학자는 자신이 원래의 순수함을 그대로 간직한 채 하늘로부터 내려왔다는 듯이 종교를 기술하는 즐거운 과제를 마음껏 수행할지도 모른다. 역사가에게는 한 가지 더 우울한 의무가 부여된다. 역사가는 나약하고 타락한 인종들 사이에서 지상에 오래 머무는 것을 신학자가 인정한 필연적으로 뒤섞이는 오류와 타락을 발견해야 한다." 주로 기번의 사례에 영향을 받아, 역사는 타당성, 의미, 증거의 중요성에 대한 끝나지 않는 논쟁인 경험적 인간과학이 되기 위한 여정을 계속했다. 가장 중요한 것은 기번이 과거에 합리적인 독립성을 부여했다는 것이다. 로마, 그러니까 서구 문명의 중심지로서 로마가 기독교에 의해 구원됐으며 그 영향력은 교회에 의해 보존됐다는 몇백 년이나 된 주장에 현혹되지 않는다는 것을 명확히 하면서, 기번이 로마의 몰락을 '야만과 종교의 승리', 즉 미개한 침입자와 가톨릭교회의 승리이며, 이들의 부패가 로마의 몰락을 촉진시켰다

에서는 위트를 좀처럼 찾아보기 힘들다. ― 지은이

고 본 것은 유명하다.[*] 하지만 기번의 가장 지속적인 영향력은 그의 모순적인 정신 변화에서 비롯됐을지도 모른다. 기번은 역사 기록에서 의도하지 않은 결과, 거창한 계획의 어리석음, 너무 많은 이전의 인과적 설명이 근거가 없음을 밝혀냈다. 그는 역사가들의 임무가 일반적으로 인정되는 견해로부터 탈피하여, 증거로 하여금 과거에 대한 그들의 내러티브와 과거가 어떻게 생겨났는지에 대한 그들의 설명을 안내할 수 있게 만드는 것이라고 그의 뒤를 잇는 모든 학자들에게 촉구했다.

기번은 여러 권으로 간행된 자신의 저서를 완성함으로써 인간과학으로서 역사학의 위상을 학문적으로 확고히 했다. 혼자서 그렇게 한것은 아니지만, 고전적 지위를 확보할 때까지는 오랜 시간이 걸렸던두 가지 커다란 역사 주제인 로마사와 기독교사에 대한 그의 깊은 수정주의적 접근은 역사적 사고와 실천의 새로운 시대를 열었다. 기번은 마키아벨리나 반대편 영국 저자들, 자신이 책을 썼던 시기의 정치인뿐 아니라 로마의 고대 역사가들에게 많은 빚을 졌음에도 불구하고, 대부분의 주제를 미래 역사가의 평가와 재평가를 위한 공정한 게임에 개방했다. 과거의 내용에 대한 경건함은 더 이상 유지될 필요가없었다. 물론 모두가 그렇게 한 것은 아니지만, 기번의 예에 따르면역사가는 이제 그들이 선택한 어떤 주제에 자신의 개인적 관심, 관점, 방법, 이념을 쏟아부을 수 있었다.

---

[*] 말할 필요도 없이, 기번의 연구는 역사가들과 성직자들 사이에서 결코 끝나지 않는 로마의 몰락에 대한 논쟁을 불러일으켰다. — 지은이

근대 수정주의 역사의 다양한 스펙트럼

새로운 과학적 지식의 공격, 고전 학습의 부활, 서구 교회 내의 분열, 신대륙의 발견, 새로운 문서의 축적, 텍스트 비평의 발전이 있은 이후 19세기 초에 이르기까지, 역사는 콘스탄티누스에 의한 서구의 기독교 개정 이후 몇 세기 동안의 서술에서 그랬듯이 거의 알아볼 수 없을 정도로 변했다. 과거에 대한 존엄하고 통일된 기독교적 관점은 붕괴됐고, 전통적인 주제들이 역사가의 관심을 장악하는 일은 상당히 약해졌다. 그리고 심지어 기번과 같은 뛰어난 인물이라고 하더라도 순수문학가의 역사적 방법과 양식 독점은 위협을 받았다. 투키디데스식 역사의 고전적 주제인 정치, 국정운영, 그리고 전쟁과 같이 존중받는 주제들도 마찬가지였다. 기번의 《로마제국 쇠망사》 대부분은 그 시대의 두 위대한 혁명인 미국혁명과 프랑스혁명 사이에 간행됐다. 이를 묶어서 생각해야 하는 사건들처럼, 그의 연구는 역사하기의 오래된 방법의 정점과 새로운 방법의 시작을 함께 보여주었다. 그래서 역사가들은 문학적 예술성으로 역사를 전면적으로 쓰는 것을 멈추려고 하지는 않는 반면, 그들의 거대 연구는 점차 더 적은 범위, 더 큰 초점, 그리고 새로운 의도를 지닌 역사로 대체됐다. 모든 것은 국민국가를 세우는 데 도움을 준다는 더 공적인 목적을 지향하는 아카이브 연구에 기반하여 새로운 지식을 만들어내려는 전문적 목적에서 나온 것이었다. 나폴레옹전쟁이 1815년 워털루에서 프랑스 황제의 마지막 패배로 끝날 무렵까지 역사가들이 살고 일하던 세상은 크게 바뀌었다. 그들이 쓴 역사도 똑같이 영향을 받았다는 사실은 놀라운 일이 아니었다.

끊임없이 변화하는 과거

역사적 사고와 실천의 역사의 다음 장은 우리 시대 역사 연구의 표준이 된 그런 수정주의 역사의 성장을 낳았는데, 이는 18세기에 역사학의 역사 발전의 두 중심 국가였던 영국과 프랑스의 동쪽에서 일어났다. 이어지는 다음 100년은 역사 연구에서 독일의 세기였음이 판명됐다. 왜냐하면 당시 독일은 아직 통일되지 않은 공국, 교회의 영역, 그리고 자유도시의 상태였는데, 우리가 오늘날 전문적 역사학의 세계라고 생각하는 매우 많은 속성들이 여기에서 기원하기 때문이다. 나폴레옹전쟁에서 독일의 패배는 특히 프로이센에서 독일인의 정치와 지적인 삶을 일깨우고자 하는 욕구를 불러일으켰다. 역사 연구를 위해, 주로 베를린과 괴팅겐에 있는 독일 대학들이 그러한 깨달음의 주요 장소가 됐다. 역설적으로 역사가들의 의도와 관행의 변화는 프랑스혁명의 혁명적이고 보편주의적이고 합리주의적인 사상에 대한 민족주의적 반응에서 비롯됐다. 즉, 학계 역사가들의 수정주의적 충동은 전통주의적이고 보수적인 맥락 안에서 지속적인 뿌리를 얻었다. 역사의 많은 모순들 중 하나는 근대 역사적 수정주의의 많은 장점이 자유주의에 대한 반작용 덕분이라는 사실이다.

역사학의 역사에서 이러한 새로운 단계는 관점과 접근의 변화 그 이상을 필요로 했다. 그것은 독립된 학술적 학문, 즉 그 자신의 방법, 주제, 목적, 구조, 그리고 적어도 그 발전의 일부가 내재적으로 일어날 수 있는 실천성을 가지고 있는 지식 영역의 창조를 필요로 한다. 이는 외부 영향뿐 아니라 학문 자체 안에서 연구하는 전문적 역사가의 기존의 역사 탐구에서 벗어나는 것이다. 그런 학문이 되기 위해 역사는 수사학, 웅변학, 종교, 법 연구의 부속물에서 탈피해야 하고, 지적으로뿐만 아니라 제도적으로도 자율적이 되어야 했다. 이 학문은 그 자체에 전념하는 실천가를 만들어야 했는데, 이들은 자기 스스로를 전문적 역사가라고 부르고 역사를 '했다_did_'. 이는 사료의 해석과 주장의 평가를 가장 중시하는 기번이 제시한 모델을 기반으로 세워져야만 했다. 이것은 역사가의 기술을 실제 연구에 적용하는 사람들을 육성하고 지원할 준비의 규약과 제도적 구조를 필요로 했고, 이에 따라 이를 태어나게 했다. 이런 실천가들은 각자가 주도하는 증거와 주장을 자유롭게 따를 수 있다는 의미에서 자신의 연구와 해석의 정당성에 대한 확신이 필요했다. 그리고 그것은 진보의 이념, 즉 인간 문제뿐만 아니라 인간 지식 향상의 가능성에 대한 위대한 계몽주의 신념을 전제로 하는 것이었다.

그러나 프랑스에서 급진적 혁명과 그 뒤를 이은 짧은 나폴레옹제국의 실패 이후 진보에 대한 생각은 상당히 위축됐다. 프랑스혁명의 합리적이고 세속적인 이상과 나폴레옹제국 군대의 발전이 실패로 판가름 났을 때, 보편주의적 역사의 희망은 날카로운 타격을 입었다. 로마의 사례를 토대로 세워진 지배적인 서구 문명이 아닌 개별 국민국가의 역사는, 이제 점점 더 많은 사람들에게 인간 삶의 개선을 위한 지침의 그럴 듯한 원천으로 보였다. 만약 개별 국가에서 인간의 상황에 이익이 된다면, 참으로 개별 국가의 부와 힘의 향상이 가능하다면, 역사 지식은 진보가 어디에서 일어났고 어디에서 일어나지 않았는지를 평가하는 열쇠가 될 수 있다. 역사는 이제 분리된 소규모 관할 지역에서 벗어나 독일이나 이탈리아 같은 새로운 국민국가가 출현하거나, 옛 국가들이 근대화하는 데 지적 도구일 뿐 아니라 잠재적인 정치

끊임없이 변화하는 과거

적 도구가 됐다. 사실 민족주의는 나폴레옹 이후의 유럽에서 역사학을 형성하는 주요 역사적 힘이 됐다. 역사적 논쟁에 이해관계가 포함되는 경우가 결과적으로 많아졌다. 그리고 '단순히' 박식함을 보여주고 즐거움을 주는 헤로도토스식 역사는 민족적 자의식과 자기주장을 기반으로 하는 사람들에게는 특히 제한적으로 보였다. 18세기에 볼테르 및 기번과 함께 일종의 르네상스를 누렸던 사회사와 문화사는 이제 다시 국민(인민, 민중, 그리고 인종), 국가(정치적 단위), 국가 관계, 즉 다음 100년간의 역사 연구와 논쟁의 핵심에서 제기된 모든 역사 주제에서 뒷전으로 밀려났다. 여기에서 분명해졌겠지만, 역사는 그 유용성을 아무리 제한적으로 규정할 수 있다고 할지라도, 다시 한 번 '유용한' 것이 됐다.

오늘날 우리가 아는 학문적 역사의 기본적인 요소를 창조하는 데 앞장선 지난 두 세기의 가장 영향력 있는 인물은 아마도 신흥 근대 독일의 핵심 국가인 프로이센의 중심부에 있는 베를린대학교 역사 교수인 레오폴트 폰 랑케일 것이다. 랑케가 1825년 교수직을 맡기 전까지 대학에 재직하는 역사 교수들이 곳곳에 존재했다. 그리고 왕실, 교회, 다른 기록보관소의 준전문적 직위뿐 아니라 많은 왕자궁의 왕립 역사학자 직위는 근대 역사 연구를 위한 기초를 제공하게 했다. 오늘날 우리가 당연시하는 대학 학부 내 별개의 학문 주제별 학과들에 대해서는, 대학 내 기존의 법학과 의과대학들이 이미 길을 알려주었다.

그러나 근대 역사 교수직, 역사학과, 다른 역사가들의 학문적 진로를 준비하는 방법의 토대를 닦은 사람은 다른 누구보다도 랑케였다. 역사 연구와 글쓰기를 직업에서 천직으로 전환시킨 역사의 전문적 발달의 이 초기 순간에 가장 큰 역할을 한 사람이 바로 그였다. 그는 세미나를 역사학에서 전문적 교육의 주된 특징으로 확고히 제도화해서, 역사가의 영향을 지속적으로 반드시 느낄 수 있게끔 하는 학생 준비 시스템을 만들었다.[*] 객관적 역사의 가치를 강조하면서, 그는 자신의 학생들로 하여금 산만하게 펼쳐지는 내러티브 대신에 꼼꼼히 초점을 맞춘 연구논문monograph, 즉 원고와 간행된 자료로 구체화되는 알려져 있는 증거에 의존하는 것이 필요한 일종의 프리젠테이션을 쓰게 함으로써 모든 후세대 역사가들에게 영향을 주었다. 그의 유명한 표현에 따르면 역사가의 의무는 과거를 '원래 있던 그대로wie es eigentlich gewesen war' 발견하는 것이다.[**] "기록보관소로 가라"와 "사실을 진술하라"는 이후 줄곧 역사 연구의 필수가 됐다. 증거에 대한 강조는 문서내용에 대한 일관된 비판적 회의주의 및 문학적·산문적인 것보다는 오늘날은 종종 '학술적'이라고 비판받는 그런 종류의 중립적인 것에 더 크게 의존하는 데 수반된 것이었다. 랑케가 확립한 연구와 글쓰기 규범은 결국 1859년 랑케식 역사학에 전념한 첫 학술지인 《역사잡

---

[*] 미국에서는 19세기 말에 존스홉킨스대학교와 하버드대학교에서 처음 그의 예를 따랐다. 물론, 이 연구 세미나는 다른 많은 분야에서 모든 대학원 준비의 표준적인 특징이다. ─ 지은이

[**] 랑케의 유명한 구절을 영어로 정확히 번역하는 데 많은 애를 먹었다. 그것은 또한 의미를 크게 바꾸지 않는다면 '실제 일어난 대로'로 번역될 수도 있다. 그러나 어떤 사람들은 더 나은 번역이 '본질적으로 그랬던 대로'나 '본질적으로 일어난 대로'라고 믿는다. 이 대안적 번역은 랑케의 말에서 과거는 객관적 실체로 알 수 있거나 재창조할 수 있다는 암시, 어떤 사람들에게는 랑케가 순진한 사람이 될 수도 있는 암시를 배제한다. 그 대신에 '본질적으로 그랬던 대로'라는 번역은 어떤 객관적인 실체도 포착할 수 없으며 과거의 어떤 부분을 이해하는 단일한 방법은 결코 있을 수 없다는 더 근대적이거나 일부 사람들이 말하는 포스트모던적 이해를 허용한다. ─ 지은이

지》의 발간으로 이어졌다. 대부분의 당시 역사가들과 마찬가지로, 랑케와 그가 가르친 학생들의 학문은 국민국가에 초점을 맞추었다. 그렇지만 훨씬 뒷날 제국das Reich에 대한 독일인들의 생각이 되는 끔찍한 결과를 가져온 신비적·영적·신학적 그리고 좁게는 민족주의적 덫에 걸리지는 않았다. 랑케의 업적은 또한 국가 간의 관계, 특히 국가 간의 변화하는 힘의 균형을 강조했다. 랑케는 이러한 영향력만으로는 충분하지 않다는 듯 역사의 모든 시대와 주제는 "신과 직접 연관되어 있다unmittelbarzu gott"고 주장했는데, 이는 20세기 후반 광범위한 공명을 불러일으킨 신념이었다. 이러한 확신이 '역사과학historische Wissenschaften'이라고 자신 있게 부르게 된 토대였으며, 랑케는 스스로 역사를 그 자체의 독자적 방법으로 확보한 지식의 집합체인 '경험과학empirical science'이라고 불렀다.*

랑케의 영향력을 지나치게 강조할 위험이 있기는 하지만, 그의 뒤를 잇는 거의 모든 역사가들이 랑케 및 그의 동시대인들이 확립한 것과 씨름해야 한다는 사실을 간과하는 것도 불가능하다. 어디에서든지 제도, 관행, 그리고 의도가 통상 그렇듯이, 랑케가 처음으로 완전히 발전시킨 것들은 지속되는 경향이 있었다. 이런 주제와 내러티브 양식이 역사가의 십계명으로 서술된 것이 아니라 단지 사람들이 찾아보

---

* 랑케가 역사학을 창시할 수 있게 한 베를린대학교는 그의 목적에 그 이상으로 적합할 수는 없었고 프로이센의 수도에 있었기 때문에 더 큰 영향력을 행사할 수 있었다. 이 대학은 1810년 철학자 빌헬름 폰 훔볼트(Wilhelm von Humboldt)가 이끄는 한 무리의 사람들에 의해 설립됐다. 광범위한 학문, 계획적이고 체계적인 탐구 형식, 또는 우리가 학문이라고 부르는 것의 집결지였다. 역사학도 그중 하나였다. 훔볼트가 만든 대학이 현재의 베를린 훔볼트대학교이다. ─ 지은이

는 아카이브의 가공물이나 그들 연구의 의도일 뿐이라고 반박할 때조차도 랑케 이후 국가 관계와 정치외교사에서 벗어나는 것은 이설異說로 여겨지게 됐다. 그 결과 랑케의 규범에서 벗어나는 것은 참신하지만, 어쩌면 위험해 보였다. 연구논문의 형식으로 제시된 '객관적' 역사의 목적에 대해 제기된 문제들과 심지어 그 가능성에 대한 회의주의조차도 불신에 부딪힐 것 같았다. 비록 어떤 사람이 모든 주제는 신과 관련이 있다는 랑케의 신념을 인용하더라도, 말하자면 인간사회의 발전에 전사戰士와 정치인뿐만 아니라 육체노동자, 여성, 노예가 하는 역할을 역설하고, 과거에 대한 그들의 기여를 재포착하려고 하더라도 크게 강화된 전문적 관습, 기대, 실천이 랑케식 규범에서 탈피하는 것을 가로막는다. '수정주의 역사'라는 용어가 수정주의자의 입장에서는 저항, 기존 해석에 대한 의문으로 고민하는 사람들의 입장에서는 불신이라는 함의를 전하게 됐다는 것은 놀라운 일이 아닌가? 어떤 집단에게는 그 말이 확립된 권위와 관행에 대한 용납할 수 없는 비판인 모독lèse majesté과 같이 보일 것이고, 다른 집단에서는 이 말이 새로운 이념적·정치적 도전처럼 보일 것이다.*

---

* 이는 19세기 독일에서 명백해졌는데, 한편으로는 랑케와 그의 동료들, 특히 프리드리히 마이네케(Friedrich Meinecke), 다른 한편으로는 카를 람프레히트(Karl Lamprecht)와 그의 동료인 문화사 옹호자 사이의 날카로운 싸움, 즉 익히 알려진 바와 같이 방법논쟁(Methodenstreit) 또는 '방법을 둘러싼 논쟁'이 일어났다. 문화사 옹호자들은 야코프 부르크하르트(Jacob Burckhard)가 이전에 안내했던 것에 따라 1890년대에 랑케식의 정치사에 도전했다. 랑케파들은 역사가들 사이에서 일어난 그 특별한 전투에서 효과적으로 승리를 거두었으며, 그에 따라 강한 독일 국민국가의 출현과 독일인 및 독일 '민족(race)'의 각성(장차 제3제국이 출현하는 데 간접적인 영향도 함께했다)에 초점을 맞춘 역사학을 유지했지만, 람프레히트는 역사 연구가 75년 후 특히 프랑스에서, 그뿐만 아니라 이후 조금 뒤에는 독일, 영국, 미

그러나 인간 본성에 대한 호기심과 논쟁을 고려할 때, 전통을 경멸하건 고수하건 간에 그 어느 편도 새로운 증거를 사용해서 새로운 주장을 진전시키고자 하는 충동을 결코 종식시킬 수 없었다. 이는 독일에서 일어난 또 하나의 발전으로, 랑케의 주장보다도 더 도전적인 역사 해석에서 명백해졌는데, 그것은 의도와 결과, 실천에서는 완전히 달랐지만 역사적 사고에 미친 충격에서는 1400년 전 아우구스티누스의 저술이 준 충격과 유사했다. 이 신선한 해석의 저자는 랑케의 동시대인인 카를 마르크스였는데, 그는 아우구스티누스와 마찬가지로 전형적으로 인정받는 역사가 집단의 구성원은 아니다. 아우구스티누스의 저술과 마찬가지로 마르크스도 역사적 사고에 즉각적인 영향을 미치지는 않았다. 20세기가 되어서야 비로소 마르크스에서 비롯된 사상과 저술의 거대한 집적인 마르크스주의가 알려지게 됐는데, 그것은 정치나 이념적 스펙트럼에서 입장이 무엇이건 간에 인정하고 부딪혀야 하는 히스토리오그라피의 피할 수 없는 요소가 됐다.

어떤 이들은 마르크스 및 이데올로기와 글쓰기에서 그의 동료였던 프리드리히 엥겔스를 정치경제학자라는 이유로 역사가의 반열에서 제외했다. 그러나 그들은 자신의 많은 저작에서, 그리고 직접적으로는 마르크스의 《1848~1850년 프랑스에서의 계급투쟁》과 엥겔스의 《독일에서의 농민전쟁》과 《독일에서의 혁명과 반혁명》에서, 과거에 대한 역사가들의 관심보다 많은 것을 다루기는 했지만 틀림없이 역사를 썼다. 사회과학자로 불리게 된 초기의 사례로서, 대부분의 근대 역

국에서 맞이할 전환을 예언했다. — 지은이

사가와 달리 마르크스와 엥겔스는 인간 문제에서 패턴과 법칙을 추구했고, 개별적인 사건과 관계에 관심을 덜 가졌다. 역사가들은 인과관계를 확인하려고 하지만, 그들 중 어느 누구도 마르크스처럼 인간을 필연적인 역사 변화에 구속되는 것으로 격하시킨 '경제 발전의 논리'에 대해 쓰려고 하지는 않을 것이다. 그러나 그들의 연구가 보편적인 주장을 하고, 역사적 사례로 가득 차 있으며, 너무 대담하게 미래를 예측할 뿐 아니라 과거를 설명한다는 이유로 처음부터 그들의 연구를 역사적 사고에서 차단하거나 그들의 글이 과거를 인식하는 방식에 영향을 주지 못하게 하는 것은 불가능함이 입증됐다. 이러한 이유로, 정통적인 계몽주의 역사에 대한 그들의 도전은 포괄적이고, 깊은 영향을 미쳤다.

성공적이지 못한 것으로 판명됐지만, 마르크스는 역사 이해의 주된 초점이자 타당한 초점인 인간의 행위에서 모든 철학과 형이상학을 지우려고 했다. 무르익은 자신의 글들에서, 그는 유대교-기독교식의 신과 이교도의 신이 인간사에 어떤 책무를 가지고 있음을 부정했다. 그는 이런 종교들은 단순히 인간의 상상이라고 생각했다. 그리고 '인민의 아편'인 종교, 인간의식, 이념 이 세 가지를 모두 더 기본적인 물질적 실재의 반영인 '상부구조superstructure'로 여겨 인간 생활에서 이차적 역할을 하는 것으로 깎아내렸다. 그는 인간이, 그리고 인간만이 자신이 구축한 사슬을 통해서건 그들을 억누르는 사슬을 끊고 획득한 자유를 통해서건 간에 그들의 생산양식과 거기에서 나오는 사회적 조건 및 관계, 즉 '구조structure'를 통해 자신의 세계를 만든다고 믿었다. 마르크스는 엥겔스와 함께 쓴 《독일 이데올로기》에서 "삶은 의식에

끊임없이 변화하는 과거

의해 결정되는 것이 아니라 삶에 의해 의식이 결정된다. (⋯) 천국으로부터 지상에 내려온 독일 철학과는 정반대로, 여기에서 우리는 지상에서 천국으로 올라간다"라고 썼다. 마르크스는 생산양식이 계급, 노동 분업, 사회를 구성하는 물질적 관계를 만든다고 주장했으며, 이에 따라 "개인의 본성은 (⋯) 그들의 생산을 결정하는 물질적 조건에 달려 있다"는 단호한 '역사적 유물론'과 자신의 신념을 강조했다. 그리고 그렇게 사회적 관계와 생산력이 신념 체계와 모순될 때 그 신념 체계, 즉 그 이념은 바뀌어야 한다. 관념과 현실 사이 관계의 변화라는 이런 상황 속에 계급 간의 관계를 변화시키고 '프롤레타리아 독재'를 초래함으로써 자본주의를 파괴할 '계급투쟁'의 씨앗이 잉태된다. 그것은 결국 착취당하는 사람들을 지배하는 착취자들이 보유하는 강압적 권력의 반영에 지나지 않는 국가기구의 변혁을 필요로 할 것이다. 그런 변혁이 일어났을 때, 즉 자본주의가 내재된 모순으로 붕괴하고 국가가 고사됐을 때, 알려진 식의 역사는 종말을 고하고 "모든 사람의 능력에 따르는 것으로부터 모든 사람의 필요에 따르는 것까지"의 협력과 평온, 그리고 재산의 공동 소유 사회가 자리를 잡을 것이다.*

마르크스와 엥겔스의 미래에 대한 이론화가 오늘날 역사가가 자신의 주제를 다루는 방식과 상반된 것으로 보인다면, 이는 유세비우스의 방식과 다를 바가 없다. 위대한 기독교 역사가처럼, 두 독일인은 그들 시대의 주요 갈등인 자본주의와 노동이 충돌하는 현상의 역사적

---

* 말할 필요도 없이, 상당수의 역사가들은 진보적이고, 마르크스처럼 불평등을 비난하지만, 마지막 날에 어떤 엘리시움에 도달하거나 더 최근에 그리고 예언적으로 명명됐던 것처럼 역사의 종말을 맞이할 것이라는 마르크스의 확신을 공유할 사람은 거의 없다. — 지은이

뿌리를 확인하고 그 이해를 추구했다. 그들은 19세기 모순이 미래의 어떤 시점에서 해결되는 것에서 나오는 역사적 낙원의 실현을 상상했다. 그들은 그날의 전례 없는 상황과 혼란에 의미를 부여하려고 했다. 이러한 목표는 현재 역사가의 소관이 아닌 것으로 여겨지지만, 과거로부터 이끌어낸 두 '마르크스주의' 이론가의 이러한 주장은 유세비우스의 주장이 점점 더 많은 서구 역사가들의 사상에 그랬던 것처럼 근절할 수 없게 각인됐다.

　그러나 이러한 이론적이고, 메타 역사적이며, 예언적인 혁신이 암시하는 것 이상으로 마르크스는 역사적 사고와 특별히 관련된 다른 종류의 도전을 제시했다. 투키디데스 이래 히스토리오그라피에서 존중하는 관심사인 국가, 외교, 전쟁의 연구로 대표되는 그 시대의 역사적 정통성을 직접 취하지 않고 마르크스는 대신에 다른 곳에서 자신의 관심사를 연마했다. 문화사와 사회사를 탐구했다는 점에서 볼테르와 기번의 선도를 따라서 그는 자본주의, 재산 소유, 노동과 노동관계, 제조업, 사업과 상업, 그리고 무엇보다도 계급의 역사의 문을 열었다. 그것은 전체 경제의 역사, 즉 생산양식과 서로 다른 집단 사람들 사이의 관계에 내재된 모든 차원의 역사였다. 계급으로 시선을 돌리면서, 마르크스는 전통, 문화, 의존, 자유에 대한 질문의 중요성을 확대했다. 그리고 그는 국가의 이념을 필요한 질서의 원천과 법치로부터 한 계급이 다른 계급을 지배하는 권력 도구로 전환시켰다. 역사가들은 마르크스 이론의 이런 주안점들을 대부분의 서양 대중 이상으로 널리 받아들이지는 않았다. 그러나 그것은 역사적 사고에 새롭고 비판적으로 중요한 탐구 주제를 도입하고 전통적 역사 이해의 광범위한 수정을 위한 토대를 마련했다. 그들은 또한 역사가들의 노력의 바로 그 진실성에 대해 의구심의 씨를 뿌렸다. 역사는 이제 이데올로기적 도구로 보일 수 있고, 모든 역사가들은 이제 계급, 그리고 이후에는 민족, 인종, 젠더에 대한 편견을 가졌다고 의심받을 수 있었다.

마르크스주의가 전통적인 진보적 히스토리오그라피를 전혀 대체하지 못했으며 이전 시대에 기독교 히스토리오그라피만큼 서구에서 폭넓게 채택되지 못한 것은 놀랄 만한 일이 아니었다. 19세기까지 어떤 영역이나 사람들에게 허용되는 단일한 믿음을 결정하는 지위에 있는 소련, 중국, 북한의 그런 전체주의적 압제자를 제외하고는 콘스탄티누스 같은 독재자나 그 뒤를 잇는 절대군주는 거의 없었으며, 단일 역사가가 유세비우스처럼 서구 문화의 모든 히스토리오그라피 분야를 장악하고 그 뒤를 잇는 대부분의 사고패턴을 설정할 수도 없었다. 서구의 역사적 사고는 점차 다양한 의도와 방법들이 역사가들의 연구의 특징이 되는 수준까지 발전했다. 마르크스 시대까지 '마르크스주의' 역사나 다른 종류의 역사도 학자들과 사상가들 사이에서 어느 정도 받아들여졌을 때조차 그 분야를 독차지하지 못하거나, 누구의 반대도 받지 않는 우선권을 획득하려고 싸우지 않았다. 게다가 마르크스주의가 결국 전체주의인 소련 공산주의와 연합한 것은 서구에서 논쟁적 지위를 공고히 했으며, 결코 이 지위에서 벗어나지 않았다. 그러나 역사학계 내에서 마르크스주의의 영향력은 결국 엄청남이 입증됐다. 이는 단지 자칭 마르크스주의 역사가들 사이에서만이 아니었다. 이것은 사회사와 정치사의 균형을 이루고, 1945년 이후 세계의 변혁에 내응하고사 하는 역사가들의 증가하는 열망을 조직하고 민족시기는 데 도움을 주었다. 1960년대까지 어떤 역사가도 계급과 노동관계, 산업과 상업, 그리고 국가권력의 초정치적extrapolitical 결과와 같은 주제와 학문적으로 친숙해지는 것을 합법적으로 피할 수 없었다. 1970년대까지 그 누구도 마르크스주의 용어나 이와 관련된 말과 친숙해지지 않을 수 없었다. 노동대중이나 정치의 경제적 해석의 역사를 쓰기 위해 '생산수단'이나 '프롤레타리아'를 들먹일 필요가 없었다. 20세기의 마지막 3분의 1 시기에 마르크스주의자의 문제제기는 역사가들 사이에서, 심지어 마르크스주의자가 아닌 역사가들 사이에서도 흔한 것이 되어갔다. 결과적으로 이교도와 비교했을 때의 기독교 역사와 똑같이 마르크스주의적 틀을 포함하는 역사 연구는 그 어떤 것도 필연적으로 정통성과 전통적 방법으로 쓰고 있던 역사의 배경을 거스르는 '수정주의적'인 것이 됐다. 전통적인 것과 새로운 것의 병치는 어쩌면 불가피했다. 그러나 20세기에 이르러 이런 병치는 흔한 일이 됐다.

20세기 초 미국의 수정주의 역사 연구

수정주의 역사의 오랜 역사를 개관하려는 나의 노력과 잘 어우러져, 20세기 이전의 히스토리오그라피에서는 시대착오적이었던 '수정주의 역사'라는 용어가 마침내 어떻게, 그리고 왜 널리 적용됐는지 최종적으로 상세히 설명해야 할 곳은 바로 여기이다.* 그 이유는 19세기

---

* 새로운 용어가 존재하기 오래 전에 존재했던 실재를 가리키기 위해 오늘날의 다른 분석적

후반이 되어서 마르크스 이론에 대한 반작용으로 '수정주의'라는 용어가 어떤 지적인 연구에도 보편적으로 사용됐기 때문이다. 그리고 20세기가 되어서야 역사가들은 현재의 용례와 가까운 방식으로 이 용어를 사용했다. 19세기 후반 이전에는 어떤 비슷한 의미를 가지거나 비슷하게 수용된 다른 용어는 존재하지 않았으며, 19세기 이전에는 어떤 주제에 대한 이전 역사의 수정을 지칭하기 위해 어떤 단어도 만들어지지 않았다. 결국 이전의 해석이나 관습적인 해석에서 벗어난 1900년대 이전의 역사 연구나 서술된 어떤 다른 주제에 '수정주의적'이라는 용어의 사용을 피하는 것, 혹은 어떤 시대의 역사 서술에 이 용어의 적용을 삼가는 것은 불필요해 보였다. 어쨌든 케이건과 켈리가 투키디데스와 이후의 역사가들의 저서에 이 용어를 적용한 사례가 보여주듯이, 역사가들은 그렇게 하는 것을 회피하지 않았다. 어떤 히스토리오그라피적 전통에서 역사에 이 용어를 광범하게 적용하는 것은 이제 불가피하며, 완전히 적절하고 타당해 보인다.

그러나 19세기 전의 역사 연구에 적용할 때, '수정주의'라는 용어를 사용하는 것에 대한 사람들의 의구심이 무엇이건 간에 이 용어의 사용이 1890년대 후반 유럽 마르크스주의자들 내부에서 탄생한 것을 시작으로 식별 가능한 역사를 가지게 됐다는 것은 부인할 수 없다. 마르크스주의자들의 정통 마르크스주의 사상에 대한 비판, 특히 민주적 사회주의의 창시자 중 한 명인 에두아르트 베른슈타인 Eduard Bernstein

---

용어(예를 들면 계급, 젠더, 사회적 구조, 경제적 유동성)를 사용하는 것은 인문학과 사회과학의 학자들 사이에서는 일반적이다. — 지은이

이 제기한 비판에 반대하면서 이 신조어는 생겨났다. 베른슈타인이 그랬던 것보다 카를 마르크스의 원래 사상을 더 가깝게 고수했던 정통 마르크스주의자들은 베른슈타인과 마르크스주의 기본 명제로부터 벗어난 다른 이들에 대해 '수정주의'라는 용어를 처음으로 사용했다. 그러나 자신을 비판하는 사람들이 그 용어를 부정적으로 사용했음에도 불구하고 베른슈타인이 자신의 비판에서 이 용어를 사용했다는 사실은 강조할 만하다. 의심할 나위 없이 마르크스주의와의 연관성 때문에 '수정주의자'라는 용어는 결코 그 경멸적이고 부정적인 함의를 완전히 잃지 않았고, 목적을 가지고 비난하는 투로 사용하는 것을 피하지도 않았다. 특히 일부 일반 대중들은 그 말을 듣거나 사용할 때 대부분 부정적 의미로 듣거나 사용했다. 그러나 오늘날 대부분의 역사가들은 이 용어를 서술적으로든 비판적으로든 쉽게 받아들이고 사용하고 있다.

어쨌든 전문적인 역사 연구와 관련하여 역사가들이 이 용어를 채택하는 일은 베른슈타인의 시대에는 일어나지 않았다. 이 용어의 광범위한 사용은 미래로 넘겨졌다. 사실 역사 연구와 관련하여 '수정주의'가 언제 처음 사용됐는지는 아직도 정확하게 단정할 수 없다. 그러나 우리가 다른 나라에서 서술된 역사를 대신하여 오롯이 미국에 초점을 두어야 한다면, 틀림없이 미국에서 첫 번째로 폭넓은 논쟁의 대상이 된 학문적 역사 연구는 찰스 비어드의 《미국 헌법의 경제적 해석》이라고 할 수 있다. 이 책은 이제 '수정주의'라는 서술적 꼬리표를 쉽게 붙일 수 있는 연구로, 이 책의 간행은 학문적으로나 대중적으로나 날벼락과 같은 일이었다. 비어드의 책은 헌법의 입안자Framers of

끊임없이 변화하는 과거

the Constitution와 그 반대자들 모두 깊은 계몽주의나 헌법적 원리에서가 아니라 자신들이 소유한 재산의 종류 때문에 그들 각자의 입장을 채택했다고 주장했다. 공격과 찬양을 동시에 받은 비어드의 주장은 미국사를 서술한 역사의 새로운 국면을 예고했는데, 수정주의적 역사가 가지는 장점에 대한 강한 자신감이 그 특징이었다.

헌법에 대한 비어드의 연구는 미국 역사학계에서는 이제까지 찾아볼 수 없었던 두 가지 점에서 이전의 해석과는 확연히 달랐기 때문에 큰 돌풍을 가져왔다. 그것은 강한 민주적 사회주의 주제를 미국사 문헌에 도입했다. 그리고 또한 처음으로 건국의 아버지의 명성과 이전에는 의문이 제기되지 않았던 그들의 시민적 원리에 기반한 사심 없는 행위를 따졌다. 비어드가 썼듯이, "(헌법) 의회의 구성원들이 '무관심했다'고 (…) 말할 수는 없다. (…) 그들은 경제적 문제에 대한 개인적 경험을 통해 자신들이 세우고 있는 새로운 정부가 달성하고자 한 정확한 결과를 알고 있었다". 게다가 비어드의 책은 크고 광범위한 문제를 여러 권으로 나누어 접근하는 방식보다는 선택적으로 남아 있는 증거의 면밀한 조사에 기반한 연구논문에 단단히 초점을 맞추었다는 점에서 특징적이었다. 그것은 대학 역사 교수의 랑케식 방법에 따른 철저한 학문적 연구로, 학문 세계가 요구하는 기준에 맞춰서 자신의 책을 쓴 것이었다. 이 책은 그렇게 평가됐다.

비어드 연구의 충격은 이전에는 이용되지 않았던 재무부 기록에 근거한 단일하고 한정된 주장에서 비롯됐다. 그 주장은 1787년 여름 미국 헌법의 틀을 만든 사람들이 비록 신생 미국을 우려하기는 했지만 자신들과 같은 재산가층에 유리한 방식으로 헌법을 기초했다는 것이었다. 비어드가 단순히 입안자들의 사상이 그들의 사회적 지위에 얽매여 있다는 놀랍지 않은 가능성을 지적한 것이라면 이는 새로운 주장이 아닐 것이며, 오늘날 우리에게 새롭다는 인상을 주지도 않는다. 부유한 지주계급이자 도시의 전문 젠트리gentry 구성원으로서, 그들은 자신의 지위나 이해관계를 위태롭게 할 수 있는 일련의 헌법 조항을 통해 이를 약화시키려고 하지는 않았을 것이다. 결국 입안자들은 이러한 이해관계가 일반적인 자유민이나, 적어도 그 안에서 자신들의 가치나 열망을 공유하는 사람들의 이익과 일치한다고 가정했다. 그러나 비어드는 1987년 여름에 필라델피아에 모인 입안자들 중 상당 비율이 농부가 아니라 도시인, 상점 경영자가 아니라 변호사였으며, 그리고 그의 주장 중 가장 놀랄 만한 것으로 채권자, 땅 투기꾼, 투자자, 공공 증권 소유자임을 보여주는 증거를 제시했다. 그는 "적어도 입안자의 6분의 5가 즉각적이고, 직접적이고, 개인적으로 필라델피아에서 자신들이 한 일의 결과에 관심이 있었고, 다소 정도의 차이는 있을지라도 그 헌법 채택의 경제적 수혜자였다"고 주장한다. 그리고 그는 더 구체적인 주장으로 나아갔다. 입안자들은 의도적으로 세 집단의 미국인들의 이익을 보호하려 했다. 이들 집단은 혁명 시기 기존의 빚을 현금이 필요한 사람으로부터 할인된 가격에 산 사람들, 자신들이 대출한 돈의 가치를 하락시키는 등 화폐가치 하락을 가져올 수 있는 지폐 발행을 국가가 하지 말라고 촉구하는 사람들, 상업과 제조업, 지주 재산의 이익을 지키려는 사람들이었다.

간단히 말해서 헌법은 나라의 새 헌법에 그들 자신의 이해관계를 반영하려는 입장에 서 있는 특정 계급 남성들의 산물이라고 비어드는 주장했다. 이들은 자신들의 이익이 국가 중심 체제에 의해 위협받는 다고 믿고, 연방 조항을 바꾸기를 희망했다. 비어드는 헌법 입안자들에 대한 공개적인 옹호자이었지만, 그의 증거 분석은 그들을 비판하는 것으로만 읽힐 수 있었다. 이것은 또한 헌법 입안자들이 자신들이 구성한 정부로부터 직접적으로 이익을 얻으려고 했다거나 자신들의 이해관계가 그들이 공적 문제를 바라보는 방식을 결정했다고 주장하는 것으로 읽힐 수도 있었다. 전자는 비어드의 진보주의 시대 추문 폭로자에게는 자연스럽게 다가온 그런 유형의 비난이며, 후자는 그들의 동기에 대한 더 미묘한 사회경제적 해석이었다. 비어드는 언제나 전자의 해석보다는 후자의 해석을 옹호하는 것이 더 편안했지만, 두 접근법은 다른 사람이 빠져든 추악한 삶의 경쟁 이상의 어떤 것이라는 헌법 입안자에 대한 이전 관점을 종전보다 더 받아들이기 힘들게 했다. 비어드의 뒤를 이어 건국을 연구한 어떤 역사가도 그의 책이 제기한 도전을 무시할 수 없었다. 그것은 헌법에서 구체화된 입안자들의 동기와 말들이 그들 자신의 이해관계를 넘어선 어떤 것이라는 설명에 대한 도전이었다.

초기 헌법의 역사에 대한 비어드의 재해석은 작가가 외부의 영향력에서 벗어나서 글을 쓰려고 아무리 애써도, 모든 역사 연구에 그 시대와 저자가 어떻게 반영됐는지 모든 면에서 보여주는 하나의 사례였다. 미국의 어떤 특정 순간에 강하게 흐르는 지적·문화적 흐름의 증류물인 비어드의 《미국 헌법의 경제적 해석》은 그의 감수성과 사회의 식뿐만 아니라 많은 미국인들과 공유하는 지적·정치적 약속에서 나온 것이있다. 이 책은 과거에 대한 연구로 읽어야 하지만, 그것은 또한 하나의 진보적 연구, 산업의 상황과 사회적 불평등에 대한 분노뿐 아니라 개혁론자의 희망으로 가득한 '새로운' 역사였다. 더욱이 이 책은 그 시대에 적절한 역사 지식을 만들려는 몇몇 역사가들의 결정을 반영한 것이었는데, 그들 중 대표자는 비어드의 컬럼비아대학교 동료인 제임스 하비 로빈슨이었다. 그래서 '새로운 역사New History'라는 이름이 붙었다. 이는 또한 비어드의 또 다른 컬럼비아 동료인 경제학자 E. R. A. 셀리그만E. R. A. Seligman의 영향을 보여주었다. 1902년 간행된 셀리그만의 야심찬 반마르크스주의 연구 《역사의 경제적 해석》은 그의 모닝사이드 하이츠Morningside Heights 동료들에게 깊은 인상을 남겼다. 게다가 비어드의 연구논문은 '형식주의에 대한 반란'이라는 정치학과 법학에서 당시 통용되는 현실주의의 압박과 이들 학문과 다른 학문에서 모든 요구와 주장을 위한 경험적 기초의 탐색을 반영했다. 모든 사법적 주장의 기반을 확인 가능한 사실에 두려는 노력의 아마도 가장 좋은 예는 1908년 뮬러 대 오리건Muller vs. Oregon 소송*에서 루이스 D. 브랜다이스Louis D. Brandeis(브랜다이스는 당시 아직 법관이 아니었다)가 대법원에 제출한 통계학과 사회과학적 논증을 담은 유명한

---

* 1903년 오리건주는 일부 직종에 종사하는 여성의 노동시간을 하루 10시간 이하로 제한하는 법을 만들었다. 세탁업도 이 직종 중 하나였다. 세탁업 고용주인 뮬러는 이 법을 위배하여 기소됐다. 뮬러는 오리건주의 이 법이 연방헌법의 자유 계약의 권리를 위배했으며, 여성에게만 적용되는 차별적 입법으로 평등권에도 위배된다고 소송을 제기했다. 그러나 오리건주 대법원과 이어서 연방대법원 모두 이 법이 합헌이라고 판결했다. 이 소송에서 오리건 주정부 측 변호사로 참가한 브랜다이스는 100여 쪽에 달하는 변론서 중 2쪽 정도만 법적 근거를 제시하고 나머지는 과다 노동이 여성의 신체와 육아에 미치는 영향, 이 때문에 일어나는 아동의 신체적·정서적 침해, 주정부가 이런 문제를 해결해야 할 의무 등 의학, 심리학, 사회학 등 과학적 근거를 제시했다. 뮬러 대 오리건 소송은 이후 미국 사회복지 입법의 근거가 됐다. ─ 옮긴이

긴 문서 〈브랜다이스 변론서〉일 것이다. 어느 누구도 명백한 사실 뒤에 숨어 있는 것을 알아내고 공적인 일의 어두운 측면을 폭로하는 것을 즐거워하는 듯 사적 측면을 열심히 들춰내는 비어드의 논조에 충격을 받지 않은 채 그의 책을 읽을 수 없다. 상업적·재정적·경제적 이해관계의 시민적·경제적 요구와 이런 이해관계의 정치적 개입에 깊은 회의를 보이는 진보적 입장은 자신이 주장한 것이 입안자들이 만든 헌법의 뒤에 깔려 있는 현실임을 비어드가 드러내기 시작한《미국 헌법의 경제적 해석》내용에서 명확히 알 수 있는 것이었다. 그것은 국가의 통치에 계속해서 적용되어 어느 누구도 잊을 수 없는 헌법이었다.

그러나 이러한 맥락에서 비어드의 해석은 그가 사용한 증거를 오해하고 그 밖의 증거를 무시했다는 다른 역사가들의 비판적인 공격에서 살아남지 못했다는 것에 주목하는 것이 중요하다. 리처드 호프스태터 Richard Hofstadter가 명명했듯이, 비어드의 책은 '가장 논쟁적인 그 시대의 역사책'이다. 그러나 그것은 단지 미국 건국의 아버지에 대한 비어드의 비정통적 관점을 약화시키려는 노력의 더 매력적인 타깃으로 만들었을 뿐이었다. 어떤 역사도, 그리고 그렇게 단호한 수정주의는 확실히 결코 2차 읽기와 새로운 정밀 조사의 대상에서 벗어날 수 없다. 비어드도 예외는 아니었다. 비어드가 논점으로 확립한 입안자의 개인적 재산과 실질적 재산 보유 사이의 구분은 옹호할 수 없음이 판명됐다. 확고한 중산층 부모를 두었던 비어드는 자신의 연구에서 결코 어떤 계급적 반감을 보여주지 않았지만, 비어드의 경제 해석에 내재된 이원론, 특히 사산가와 다른 사람들 긴의 극명한 이원론은 이원론적 관점으로 세계를 보는 오랫동안 지속된 미국 포퓰리즘의 경향을 반영한 것으로, 수십 년이 지나면서 설득력이 떨어졌다. 경제적 이해관계가 헌법조항과 직결됐다는 비어드의 주장 뒤에 있는 물질주의적이고 결정론적인 가정은 또한 결국 결함이 있는 심리학적·사회학적 가정의 결과로 여겨져 지지를 거의 받을 수 없었다. 비어드의 연구 이후 발굴된 새로운 문서에 대한 학자들의 연구는 또한 헌법 입안자들의 동기에 대한 또 다른 방향의 예리한 해석의 길을 열었다. 그러나 이런 결함 때문에 《미국 헌법의 경제적 해석》이 헌법의 기원에 대한 학문에 미친 영향이 이제 약화됐음에도 불구하고, 역사 지식 자체인 어떤 역사가의 연구가 당시의 정치와 관련이 있고 나아가 역사학에서 언제나 당시의 정치를 배제할 수 없음을 입증할 필요가 있다면, 비어드는 다시 한 번 이를 입증하는 데 성공했다.

비어드의 획기적인 연구를 그렇게 영향력 있게 만든 특징 중 하나는 이것이 연구논문을 요구하는 학문의 학술적 프로토콜과 날카로운 정치적 감수성을 결합시켰다는 것이다. 이는 그의 전문화된 역사 연구와 그 자신의 연구방식을 이어받은 많은 연구들에 적합했는데, 이들 연구는 로빈슨의 '새로운 역사' 양식에서 완전히 그러하듯이 이전에는 거의 소유하지 않았던 학문적 벽을 넘어서 관련성을 가지는 것이었다. 결과적으로 이데올로기적 주장을 뒷받침하는 데 역사 지식을 적용한 것은 그렇게 사용하려면 더 오래 기다려야 했을 수도 있었던 학술 학문의 정당성을 획득했다. 학문 또한 대중적 시야에 더 널리 들어오게 됐고, 이제는 학문 외적 보상을 받을 수 있는 것으로 더 널리 이해됐다. 그 결과는 아마도 역사학이 학자가 아닌 사람들에 의해 가장 넓은 범위의 주제에 적용되는 것을 피할 수는 없을 것이라는 사실이다. 그리고 비어드의 주장을 둘러싸고 한 세기 동안 지속된 논쟁에서 나중에 드러났듯이, 학자들은 스스로 당파적 갈등에 참여하는 정치적 투사들과 같은 열정으로 동료들의 연구와 싸우고, 거기에 덧붙이고, 그것을 수정하고, 그리고 일축했다. 역사는 개방적이고 민주적인 사회에서 공론의 정상적인 요소로 자리 잡기 시작했다.

그러나 그것이 불러일으킨 학문적인 소동을 감안하더라도, 비어드의 책은 과거가 현재의 공적인 일에 직접적인 역할을 할 것이라는 논란을 불러일으키기에는 부족했다. 《미국 헌법의 경제적 해석》에 대한 논쟁이 대중매체로 퍼져나갔지만, 이것은 결코 학자뿐만 아니라 특히 신문 작가, 평론가, 명사와 같은 오늘날 우리가 대중적 지식인이라고 부르는 사람들 사이에서 큰 목소리를 불러일으키지는 못했다. 그 단계는 1차 세계대전의 원인에 대한 격렬한 논쟁이 벌어진 1920년대에서야 도달했다.

당시는 논란이 비어드의 책을 둘러싼 논쟁이 주로 벌어졌던 학문적 범주에서 벗어나서, '수정주의'라는 용어가 과거에 대해 증오심을 가진 대중적 논쟁에서 처음으로 널리 사용되게 됐던 시기로, 그 논쟁 중 많은 부분은 현재에 대한 것이었다.* 그때부터 '수정주의 역사'

---

* 대략 검색한 것이기는 하지만, 구글 엔그램에서 '수정주의(revisionism)'와 '수정주의적(revisionistic)'이라는 용어를 검색한 결과, 두 가지 모두 1920년대에는 그렇게 많이 사용하지 않은 것으로 드러났다. 이때는 찰스 비어드의 《미국 헌법의 경제적 해석》이 출판되고 얼마 지나지 않은 때이다. 그리고 1차 세계대전이 일어난 원인을 놓고 논쟁이 최고조에 달한 1920~1940년대에는 이 용어의 사용이 상당한 증가를 보였다. 아마도 매우 미미하기는 하겠지만, 이 수십 년 동안 이 용어들이 사용된 것 중 일부는 마르크스주의 학계 내부의 포스트

라는 개념은 이전에 역사가들의 연구에 제한됐던 것으로부터 일반적인 지적 담론의 일부가 되어갔다. 또한 이때부터 그 용어는 수정주의를 들먹이거나 일축하는 정치적이고 이데올로기적인 경쟁자들의 스포츠가 됐다. 이들은 자신의 목적에 따라 긍정적이건 부정적이건 간에 수정주의에 다양한 함의를 부여하고 채택했으며, 이후 수정주의는 그런 함의를 가지게 됐다. 1차 세계대전의 원인에 대한 논란을 주목하게 만든 것은, 이것이 그러한 논쟁의 가장 생생하고 중요한 특징인 증거, 이데올로기, 당파, 개인적인 요소를 모두 포함하고 있다는 점이다. 이와 함께 우리는 수정주의 역사의 오늘날 세계로 들어간다.

세계대전의 책임을 둘러싼 논쟁

미국 역사학계에서는 1914년 유럽이 전쟁에 돌입하고 1917년 미국이 이 갈등에 뛰어든 것을 미국의 상황이라는 시점으로 볼 수밖에 없었다. 시어도어 루스벨트, 윌리엄 하워드 태프트, 우드로 윌슨 대통령 아래 중요한 정치 개혁의 기간을 거치면서 1901년 이래 국가는 그 길을 걸었다. 그리고 1916년 재선을 위한 선거운동에서 윌슨은, 미국이 전쟁과 거리를 두겠다는 유명한 약속을 했다. 그러나 1914년 8월 사라예보에서 오스트리아-헝가리제국의 후계자인 페르디난트 대공 Archduke Ferdinand이 암살당한 것과, 그 결과로 뒤따른 피의 대재앙,

---

베른슈타인 논쟁 때문이거나 그런 논쟁과 관련된 것일 수도 있다. — 지은이

미국과 다른 나라들에 대한 독일의 무제한 잠수함전 선언은 윌슨 행정부와 많은 미국 대중의 관심을 점차 국내 문제에서 대외 문제로 돌리고, 미국이 유럽의 충돌에 개입하게 될 수밖에 없을 가능성을 높였다. 윌슨은 3년 동안 전쟁 중인 국가들 사이에서 미국의 중립을 유지하는 데 성공했다. 그러나 1915년 일어난 악명 높은 독일의 영국 여객선 루시타니아호 격침을 비롯하여 1917년까지 계속된 독일의 해상 도발, 독일과 멕시코 사이의 동맹을 제안한 이른바 치머만 전보Zimmerman telegram,* 유럽 땅의 군사적 고착이 독일과 동맹국의 승리로 귀결될 수도 있다는 위험, 그리고 유럽 내 힘의 균형의 전복 등을 고려할 때, 주저하는 윌슨을 포함하여 대부분 미국인들은 동맹국Central Powers 또는 때로는 삼국동맹Triple Alliance이라고 불리는 독일, 합스부르크, 오스만제국에 맞서 연합국Entente, or Allied Powers과 운명을 같이할 준비가 되어 있었다. 적어도 윌슨의 마지못한 미국의 전쟁 참여 요구를 뒷받침하기에는 충분한 많은 미국인들 또한 전쟁책임이 독일에 있고, 따라서 미국은 1917년 4월에 그랬던 것처럼 전쟁에 참여하는 것 외에 더 이상 어떤 선택의 여지가 없다고 믿게 됐다. 1918년 11월 전쟁이 끝나갈 무렵, 미군이 수천 명의 사상자를 낸 대가로 균

---

* 1917년 1월 16일, 독일제국의 외무장관인 아르투르 치머만(Arthur Zimmermann)이 멕시코 주재 독일대사에게 보낸 비밀 전보문으로, 미국의 1차 세계대전 참전을 예상하면서 이 경우 멕시코 정부에게 동맹을 제안하라는 지시가 담겨 있었다. 그 대가로 독일은 멕시코에 경제적 지원을 하고 미국에 빼앗긴 뉴멕시코와 애리조나를 멕시코에 반환한다는 조건이었다. 치머만 전보는 영국 정보부에게 감청됐으며, 그 내용이 나중에 해독되면서 미국 내에서 독일에 대한 반감이 크게 높아지는 계기가 됐다. 멕시코는 독일의 제안을 검토한 결과 현실적 가능성이 없는 것으로 판단하여 미국의 참전 직후 공식적으로 거부했다. — 옮긴이

형추가 동맹국에 맞선 세력으로 기울게 한 후에, 미국의 여론은 독일에 대해 훨씬 더 강경해졌다. 그리고 대부분의 미국인들은 독일이 전쟁을 일으킨 죄로 자신이 저지른 행위에 대한 대가를 치러야 한다는 그때까지의 전통적 견해를 받아들였다. 이 견해는 전후 역사가 베르나도테 E. 슈미트Bernadotte E. Schmitt에 의해 가장 효과적으로 주장되었다. 이것은 기본적으로 1차 세계대전의 원인과 책임에 대한 대중적이고, 전통적인 견해로 남아 있었다. 이 견해는 1962년에 간행된 바바라 W. 터크먼Barbara W. Tuchman의 유명한 베스트셀러 역사책인 《8월의 총》에서 가장 효과적으로 담아냈는데, 이 책은 그때부터 날카로운 학문적 공격에 직면했다.

그러나 새로운 증거와 되살아난 진보주의 개혁의 조류, 그리고 국내 정치의 불안한 뒤섞임은 슈미트가 글을 쓴 이후 오랫동안 그의 견해를 도전받지 않은 채 확고히 유지되게 만들었다. 우선 1916년 자신의 대통령 재선 운동 당시 유럽의 전쟁에 미국이 참전하지 않게 하겠다고 약속함으로써, 윌슨은 고립주의자 및 독일계 미국인들과 같이 동맹국과의 전쟁을 절대 반대하는 사람들을 만족시켰다. 그는 또한 미국을 전쟁으로부터 지키기 위해 열심히 일하겠으며 그렇게 하는 데 성공할 것이라는 그의 약속을 믿는 사람들 사이에 실현되지 않은 기대감을 불러일으켰다. 그는 그렇게 하기 위해 애썼으나 성공하지 못했다. 전쟁이 끝날 무렵, 그들의 희망은 물거품이 되고, 수백만 명의 미국인들은 정부에 배신감을 느끼고 분개했다. 그리고 자신들이 가짜 상품을 샀다는 것을 보여주는 어떤 증거도 신뢰하게 됐다. 게다가 전쟁책임이 자신들에게만 있지 않다는 것을 보여주기 위해 패배한 동맹국들은 자신들의 전쟁 이전의 외교 기록보관소를 열어서 조사할 수 있게 했다. 이 아카이브는 전쟁 상황을 만드는 데 영국, 프랑스, 제정 러시아가 독일 및 합스부르크와 책임을 공유한다는 증거를 제공했다. 이는 분쟁 기간 내내 독일인 및 독일 역사가들이 강하게 내세우던 견해였다. 그들의 입장에서 볼 때 1917년 10월혁명으로 러시아 정부를 장악하고 러시아군을 전장에서 철수시킨 다음, 새롭게 권력을 얻은 볼셰비키는 적대행위의 발발에 차르 정부가 공모했다는 것을 보여줄 수 있는 모든 것을 하는 데 열중했다. 따라서 전쟁에 뒤이은 강화조약에서 동맹국이 전쟁이 일어난 것에 대한 법적 책임을 받아들일 것을 강요받았음에도 불구하고, 동맹국만이 유럽의 대학살에 책임이 있다는 견해를 학자들이 확신을 가지고 유지하기는 점점 더 어려워졌다. 만약 적대행위를 시작한 책임을 영국과 프랑스에게 적어도 부분적으로라도 물을 수 있다면, 연합국과의 협력을 통해 민주주의를 세계에서 안전하게 한다는 미국의 전쟁 참여 타당성은 크게 약화되고, 고립주의 정서는 정당화될 수 있었다.

수천 명의 목숨을 대가로 한 기업의 영향력('이익')과 무기상인의 폭리에 대한 오래된 포퓰리즘적이고 진보적인 의심은 전쟁책임에 대한 새로운 의구심을 더했다. 특히 1920년 미국 경제가 침체된 이후에 그러했다. 또한 전시 스파이방지법Espionage Act하 언론 자유의 억압에 대한 분노가 높아졌는데, 법무장관 A. 미첼 팔머A. Mitchell Palmer는 전쟁이 끝난 후 이 법을 러시아에서 볼셰비키가 승리한 것을 추종하는 데 집착하는 공산주의자라는 혐의로 사람들을 구속하고 추방하는 데 이용했다. 이전 전쟁 참여가 신보수의 성지의 미래를 시켜줄 것이라는 관점에 동조했던 사람들은 속았다고 느꼈다. 전쟁이 끝났기 때문에 미국인들로 하여금 국가의 전투 부대를 지원하는 데 협력하게 했던 정상적인 전시 충동 역시 소멸됐다. 그리고 오래된 정치적 싸움도 새롭게 재개됐다. 많은 사람들에게 최근의 전쟁 비용은 점점 더 정당화될 수 없는 것처럼 보였다. 전쟁의 책임은 해외뿐 아니라 국내에서 어떻게 배분되어야 하는가? 세계대전의 책임은 누구에게 있으며, 누가 미국의 참전을 책임져야 하는가?

이처럼 누적된 문제에 대한 논란이 발생한 것은 이런 격앙된 상황에서였다. 이는 1919년 독일이 배제된 채 진행된 회담에서 베르사유 조약이 체결된 것과 미국이 참여하지 않은 국제연맹의 출범, 이 때문에 평화 조항에 속았다고 느낀 많은 주요 미국인들이 빠르게 환멸을 느끼기 이전에도 그러했다. 헌법 입안자에 대한 비어드의 분석을 둘러싸고 불과 몇 년 전에 벌어진 논쟁과는 달리, 전쟁의 책임을 둘러싼 논쟁은 대중 인쇄물 속에서 넘쳐났으며, 국가의 주요 공공 지식인들이 참여해서 결국 2차 세계대전 이전 국제관계를 향한 미국의 자세에 대한 논쟁에서 일익을 담당했다. 결과적으로 1차 세계대전에 대한 책임 논쟁은 단순히 학문적 소동이 아니라 지속적인 정치적·이데올로기적 파문에 따른 것임이 입증됐다. 최근의 세계사를 해석하는 방법에 대한 싸움은 남북전쟁의 원인에 대한 초기 해석 싸움과 똑같은 무게를 가지게 됐다. 이번의 차이점은 아마추어와 순수 문학가가 아닌 전문적인 학문적 역사가들이 논쟁의 가장 중요한 위치에 서 있다는 점이다.

이것은 스페인-미국 전쟁 이후 미국인을 사로잡은 논쟁이었다.

이 논쟁에는 미국 국내의 옛 진보주의 시대의 싸움, 권력에 대한 논쟁, 부에 대한 논쟁, 정의에 대한 논쟁이 영향을 미쳤다. 또한 1920년의 관점에서 볼 때, 전쟁의 발발은 이윽고 필라델피아협약Philadelphia Convention에 대한 비어드의 해석을 둘러싼 뜨거운 논쟁이 가질 수 없었던 즉시성과 타당성을 갈등에 부여했다. 결과적으로 새로운 논쟁은 미국이 전쟁에 참여하기도 전에 시작됐던 격렬한 싸움에 미국인들을 신속하게 끌어들였다. 이는 비어드 자신뿐만 아니라 참전을 선호했던 월터 리프만Walter Lippmann, 허버트 D. 크롤리Herbert D. Croly와 같은 작가, 철학자 존 듀이John Dewey, 그리고 역사가 칼 L. 베커Carl L. Becker가 고립주의자 랜돌프 S. 본Randolph S. Bourne이나 위스콘신 상원의원 로버트 M. 라폴레트Robert M. La Follette와 같은 전쟁 반대자들과 정면으로 대결했던 싸움이었다. 가끔은 격렬했던 그들의 논쟁이 전쟁 이후 다소간 원래의 형태로 계속됐을 때, 그리고 논쟁자들이 독일이 가진 힘의 위험성, 모건Morgans과 록펠러Rockefellers의 조악한 모방, 그리고 이 기적 금권정치에 대다수 미국인들이 복종한 것에 대한 준비된 진보주의자들의 주장을 소환했을 때, 놀란 사람들은 거의 없었을 것이다. 또한 1919년에 이르면 모든 사람들이 오래된 논쟁의 진보주의 관점을 옹호할 수 없게 만든 새로 개방된 외교 기록보관소의 소중한 수집물을 감안해야 했다.

이 전후戰後의 싸움에서 첫 번째 심한 공격은 1920년 스미스칼리지Smith College의 역사가 시드니 B. 페이Sidney B. Fay에게서 나왔다. 그는 지금과 마찬가지로 당시에도 주도적인 전국 역사학술지였던《미국 역사평론》에 글을 써서 전쟁을 일으키고 의도적으로 그렇게 한 것에 대해 독일에게 책임이 있다고 규정한 파리강화조약의 조항들이 세밀한 조사를 견뎌낼 수 없다는 새로운 증거를 제시했다. 1919년 《평화의 경제적 결과》에서 베르사유조약을 공격한 존 메이너스 케인즈John Maynard Keynes에게서 단서를 얻어서, 페이는 전쟁을 일으킨 책임으로 독일만이 홀로 승전국들에게 배상금을 지불해야 한다는 강화조약의 요구 사항은 정당한 명분이 없었다고 주장한다. 이는 이후 아돌프 히틀러가 다른 국가들의 처리에 대한 독일인의 거부감을 일으키기 위해 이용한 '강요된 평화dictated peace'라는 주장이었다. 많은 사람들은 페이의 주장이 가지고 있는 함의를 미국이 유럽의 재건을 위한 추가 비용을 지불하고 독일의 배상금을 줄이도록 압박하는 정치적 움직임에 불과하다고 해석했다. 만일 독일이 영국과 프랑스에 대한 배상금 중 일부를 탕감 받았다면, 그 지불금은 부유한 사람들과 은행들이 보유하고 있는 독일에 대한 미국의 대출금을 상환하는 데 쓰일 것이라고 주장했다. 전쟁으로 치닫게 된 것에 연합국은 책임이 없다고 옹호한 사람들에게 채찍을 든 주도적인 '수정주의자'로 부상한 인물은 페이의 동료 학자인 해리 엘머 반스Harry Elmer Barnes였다. 결국 유럽의 대재앙에 미국이 개입한 것은 엄청난 실수였다고 주장함으로써, 반스는 비어드나 베커 같은 역사가였을 뿐만 아니라 《국가》와 같은 대중적인 여론 잡지에서 가장 인기 있는 인물이자, 많은 진지한 여론 조성자들을 전쟁이 일어난 것은 독일에 책임이 있으며 미국은 관계가 없다는 표준 견해에 대한 비판자로 전환시키는 데 매우 큰 책임이 있는 역사가가 됐다.

사실 반스는 종종 '수정주의 역사'라는 바로 그 개념 자체가 이의 제기와 저항을 맨 먼저 불러일으킬 수 있다는 선동적인 주장으로 많은 청중에게 매우 효과적으로 다가갔다. 그는 특히 널리 읽힌 1926년 작 《세계대전의 기원: 전쟁책임 문제 입문》에서 이런 주장을 펼쳤는데, 이 책은 이 표준 견해에 도전했다. 이전에 어떤 형태로든 '수정주의 역사'에 대해 알지 못했으며, 역사가들에 따라서 증거와 해석에 대한 견해가 서로 다를 수 있다는 생각에 새로움을 느낀 많은 대중들은 최근까지 저항을 받지 않고 인기를 누리는 해석에 도전하는 새로운 증거에 기반한 발견을 평가하고 흡수하는 것이 어렵다는 것을 발견했다. 이러한 상황에서 대립되는 역사 해석을 둘러싼 최초의 대중적 실랑이가 '수정주의 역사'라는 개념을 작동하게 만들었다. 또한 반스와 같은 학계의 전문적 역사가들이 점점 더 늘어가는 학계 외부의 비평가 및 유명인사들, 예컨대 우파로는 찰스 A. 린드버그Charles A. Lindbergh, 좌파로는 노먼 토머스Norman Thomas와 역사 분야를 공유해야 할 것이라는 사실이 명백해졌다. 역사가들 스스로 이들에게 최근 역사에 대한 당시까지의 정통적 해석이 가지는 심각한 문제를 경고했다.

흔히 있는 일이지만, 역사가 공동체 내 논쟁의 외부 환경들 또한 대중적 논쟁을 지속시켰다. 1923년 초 프랑스와 벨기에 군대가 독일이 배상금을 지불하지 않는 것을 보상받는다는 명목으로 독일의 산업 요충지 루르 분지를 침공했을 때, 전쟁을 일으킨 독일의 책임을 대단치 않은 것으로 생각한 수정주의자들의 해석은 다시 힘을 얻었다. 어떤 새로운 증거 때문이 아니라 프랑스와 벨기에의 침공이 이미 발표된 신선한 주장에 새로운 전망을 던졌기 때문이다. 독일민이 유럽에서 일어난 사건에 홀로 책임이 있다는 견해는 더 이상 유지될 수 없었다. 사람들은 전쟁의 발발이 유럽의 한 국가나 다른 국가들로 하여금 모든 사람이 어쨌든 예측했던 갈등에 끼어들도록 책동질하기 이전인 1910년 이후에는 이제 시간 문제였을 뿐이라고 돌이켜보면서 주장할 수 있었다. 더구나 전문 역사가, 잡지 편집자, 신문 작가 등이 똑같이 수정주의의 목소리를 일제히 내게 된 것은 의문의 여지없이 많은 부분이 1920년대 하딩 Harding 시대 정치적 보수주의에 대한 불만 때문이었다. 그러나 사람들은 또한 아일랜드계 미국인과 독일계 미국인에 의해 언제나 거의 표면화된 영국의 어떤 동기나 모든 동기에 대한 의심을 평가절하하지 않도록 경계해야 했다. '귀화인 hyphenates'이라고 불렸던 이들은 전쟁의 시작에 이르는 과정에서 자신들의 견해가 무시되어왔으며 전쟁 이익의 상징이었던 유대인 은행가들에 대한 반유대주의적 공감을 느꼈다. 문제를 더 복잡하게 만드는 것은 이 중 어떤 것도 많은 미국인들이 가지고 있는 깊이 뿌리박힌 친영국 충성심에 대해 아무런 말도 해주지 않는다는 점이다. 이들의 대표자는 계속해서 가장 큰 정치적 힘을 가지고 있고, 대영제국을 돕기 위해 무엇보다도 먼저 전쟁에 참전하는 것을 별로 꺼리지 않는다. 이러한 깊고 넓은 문화적 편견의 결과는 증거 및 그 의미에 대한 논쟁이 일반적으로 학계 내부에서 진행되던 것에서 1920년대 후반에 이르면 그 어떤 제한도 떨쳐버렸다는 사실이다. 정치적이고 수사적인 난투가 학문적 토론을 대신했다.

미국의 전쟁 개입을 옹호하는 사람들을 계속해서 혹독하게 비판한 반스 외에도, 역사가이자 경제학자인 C. 하틀리 그라탄 C. Hartley Grattan

은 그의 1929년 작 《왜 우리는 싸웠는가?》에서 오래된 고립주의 충동에 새로운 생명을 불어넣었다. 그라탄은 1차 세계대전에 대한 독일의 책임을 줄이고, 더 나아가 게르만의 배신에 대항하는 도덕적 십자군으로서 미국이 참전한 것의 정당성을 약화시키는 새로운 증거를 이용했다. 그러나 그는 또한 미국의 참전이 미국이 목적으로 했던 확실한 안전보장을 얻는 데 실패했다는 입장에 도전한다. 그의 관점에 따르면, 미국의 안보는 전쟁에 참전함으로써 강화됐다. 따라서 또 다른 커다란 문제가 표면화됐다. 세계 문제에서 미국을 위해 무엇이 최선인가? 세계 문제에 끼어드는 것이 최선인가, 아니면 냉정하게 거리를 유지하는 것이 최선인가? 전쟁으로 누가 이익을 얻는가 하는 부담이 훨씬 더 큰 문제가 또 다른 무대에서 곧 생겨났다. 그 무대는 상원의원 제럴드 P. 나이Gerald P. Nye가 주관한 미국의 전쟁활동 지원에 군수품 제조업자들이 하는 역할에 대한 공청회였다. 사실 1930년대 중반까지, 미국의 대외 관계와 국내 정치의 측면 중 시드니 B. 페이와 해리 엘머 반스가 1920년대 도입했던 관점에 의한 재검토를 회피할 수 있는 것은 거의 없었다. 마찬가지로 중요한 것은, 미국의 1차 세계대전 참전을 옹호하려는 유명 인사나 평범한 미국인들의 수가 점차 받아들여지고 있는 용어인 '수정주의 역사가들'이 제시한 증거만 없다면 도달했을 것 같지 않은 수준으로 감소했다는 사실이다. 1937년 갤럽 여론조사에서 70퍼센트의 응답자가 미국의 전쟁 참여가 실수였다고 생각한다는 사실이 보여주듯이, 수정주의 역사는 명확히 성숙한 상태에 접어들었다. 실제로 이 역사 경연대회의 가장 권위 있는 역사가인 워렌 I. 코헨Warren I. Cohen의 밑에 따르면, 수정주의 역사는 학사들의 연구를 벗어나 일반적인 담론으로 들어갔다는 점에서 '승리를 거둔' 것으로 부상했다.

그러나 그것이 이야기의 끝이 아니었다. 또 다른 역사가 찰스 C. 탄실 Charles C. Tansill은 1938년에 간행한 《미국이 전쟁으로 가다》에서 반영국적 입장을 강하게 주장함으로써 1917년 미국의 참전을 반대하는 명단에 합류했다. 바로 그 순간, 사건은 다른 많은 사람들과 마찬가지로 외국과의 사기성 있는 거래에 미국을 참여시키려고 한 사람들에게 경고의 역할을 한다고 그가 믿은 그런 종류의 주장이 염두에 두어야 할 또 다른 운명과 맞닥뜨렸다. 그 운명은 물론 영토 회복주의적이고 호전적인 나치즘이었다. 일본이 진주만에서 미국을 공격하기 이전에 일어났지만 유럽에서 2차 세계대전이 발발한 것에 대한 대중의 반응보다 역사 해석이 외부 사건에 어느 정도 휘말릴 수 있는지를 보여주는 더 좋은 예를 찾기는 어려울 것이다. 린드버그와 토머스와 같은 유명인사와 마찬가지로 비어드, 그라탄, 그리고 탄실과 같은 역사가들은 미국이 두 번째로 유럽 대륙에 개입하는 것을 확고히 반대했지만, 소련과 나치 독일은 1939년 폴란드를 분할하기 시작했고 독일 군대는 1940년에 파리에 진입했다. 그래서 역사가들이 이전에는 전쟁과 외교 정책에 대한 논쟁의 견해를 바꿀 기회를 가졌고 그렇게 해서 큰 효과를 거두었을 지라도, 이번에 그런 기회가 없었을 것이다. 전쟁이 세계의 민주주의를 안전하게 만들 수 있다는 믿음을 오랫동안 비판해온 영향력 있는 언론인 월터 밀리스 Walter Millis 같은 이들은 1941년 이제 여러 사건들로 열렬한 군사 개입주의자가 되어야 했다. 반면에, 1941년 이전 영국을 도우려는 노력뿐 아니라 그의 정치 때문에 프랭클린 델라노 루스벨트Franklin Delano Roosevelt를 혐오했던 이들은 뉴딜을 위협할까 우려해서 무력 충돌로부터 미국이 거리를 두는 데 분투해온 대통령의 뒤를 따르는 것 외에 어떤 선택도 할 수 없게 됐다.* 1941년 12월 미국이 추축국에 선전포고를 했을 때, 수정주의 역사가들에 의해 실질적으로 뒷받침되고 부분적으로는 그들에 의해 유지된 국가를 전쟁으로부터 벗어나게 하려는 20년간의 노력의 가치는 하룻밤 사이에 증발하고 말았다. 대부분의 수정주의 역사가들은 그들의 깊은 불안감에도 불구하고 이러한 새로운 전쟁의 필요성을 당연시했다. 이번에는 누가 전쟁의 책임이 있는지, 혹은 미국이 전쟁에 참여해야 하는지에 대한 지속적인 논쟁이 없었다. 그리고 독일이 유럽에서 명백한 공세를 취한 이후 전쟁책임에 관한 오래된 논쟁과 1917년 유럽에 미군을 파견한 지혜를 살릴 수 있는 기회는 일본이 진주만을 공격했을 때 사라졌다.

그런 기회는 적어도 공적으로는 사라졌다. 그래서 일본의 진주만 공격 이후 어느 누구도 미국의 2차 세계대전 참전에 이의를 제기하지 못하듯이 1차 세계대전 참전에 대해서도 이의를 제기하려고 하지 않았다. 그러나 과거에 대한 히스토리오그라피적 논쟁과 새로운 사

---

* 이는 이런 전개과정을 매우 압축적으로 보여준다. 강력한 반개입주의와 반전쟁 정서는 1941년 12월 진주만 공격이 일어날 때까지 확대됐다. 그러나 진주만 공격은 반개입주의 주장을 무의미하게 만들었다. 하지만 수정주의적 사고는 살아남아 미국인들이 2차 세계대전과 그 여파를 보고 대응하는 방식에 영향을 미쳤다. 역사가들과 운동가들의 수정주의적 견해는 루스벨트의 전쟁 수행에서 몇 가지 제한을 두게 했다. 1919년 베르사유조약의 결과와 국제연맹에 대한 환멸은 1945년 이후 세계의 나머지 지역을 향한 미국의 정책에 깊은 영향을 미쳤다. 지은이

고에 영향을 준 사건의 힘이 지니고 있던 힘의 한계는 1945년 이후 1차 세계대전에 대해 해석한 문헌에서 일어난 일에서 밝혀졌다. 그 문헌들은 전쟁의 발발을 독일의 책임으로 본 원래의 1919년 틀로 돌아가기보다는, 주형鑄型에서 전적으로 수정주의로 남아 있었는데, 이는 대부분 역사 자료들이 수정주의 관점을 강하게 뒷받침하기 때문이었다. 확실히 1914년 널리 퍼져 있던 믿음과 마찬가지로 세계대전을 일으킨 기본적인 책임이 자신에게 있다는 주장을 독일은 받아들여야 했다. 이런 결론은 주로 1960년대 프리츠 피셔Fritz Fischer의 연구로 널리 받아들여졌는데, 그는 《1차 세계대전에서의 독일의 목적》에서 다시 한 번 전쟁을 일으킨 책임을 독일의 어깨에 지게 했다. 그러나 어떻게든 다른 강대국들, 특히 프랑스와 러시아가 그 갈등에 대한 어떤 책임도 없다는 견해는 다른 강대국들이 연루됐다는 것을 보여주는 새로운 증거를 지속해서 찾고 새로운 관점에서 이를 해석하는 이들의 철저한 조사로 신뢰성을 잃어왔다. 1차 세계대전의 기원에 대한 맥락은 확대되어 1905년과 1911년 모로코 위기, 이탈리아와 터키 간의 긴장 상황, 그리고 1914년 일어난 오스트리아 대공 프란츠 페르디난트 암살 이전 발칸제국의 갈등이 포함됐다. 이제 역사가들은 전쟁에 참여한 각 국가의 국내 정치가 그해 여름 사라예보 암살에 대한 그들의 대응에 상당한 영향을 미쳤음을 인정한다. 적어도 현재로서는 역사적 합의의 무게, 즉 어떤 역사적 논쟁에서 기대할 수 있는 최선의 합의는 1차 세계대전에 대한 해석을 둘러싼 경쟁에서 수정주의가 이겼다는 것이다. 그러나 그들은 주로 1920년대와 1930년대 논쟁을 지배했던 대중 출판물과 문화평론가의 바로 그런 종류의 시각에서 그렇게 했다.

이를 전통적 견해에 정면으로 맞서거나 정치적 진영의 구성원을 일깨우는 역사 해석이 그 신랄함을 잃어버렸다는 증거로 여겨서는 안 된다. 그것이 전통적 역사 서술의 모든 수정은 으레 받아야 하는 비판에 견딜 수 있으며 그래서 역사가들이 타당하다고 받아들일 수 있는 다른 견해와 입장을 나란히 할 수 있는 입지를 가질 믿음을 어느 누구에게도 주어서는 안 된다. 대신에 우리는 1차 세계대전의 책임과 미국의 참전을 둘러싼 논쟁 과정을 현대의 역사 논쟁이 성숙했다는 신호로 보아야 한다. 새로운 역사적 증거, 신선한 주장, 실제 사건들이 결합된 논쟁은 1914년 이후 얻은 지혜를 고수하려는 사람들의 지식과 통찰력에 대한 터무니없는 공격으로 간주되던 것으로부터 벗어나, 점차 그런 확실성을 갉아먹고 1차 세계대전의 기원에 대해 이전에 존재했던 것보다 더 풍부하고 훨씬 더 미묘하고 복잡한 이해를 제공했다. 시간의 흐름과 새로운 지식의 축적이 헤로도토스, 투키디데스, 유세비우스의 고전적 역사에 도전한 것처럼, 그런 동일한 요소들은 세계대전에 대한 당시 사람들의 초기 믿음을 수정하게 했다. 그리고 현저하게 짧은 시간 안에 그렇게 했다. 게다가 시간이 지나고 세계, 국내 정치, 그리고 국제관계의 형태를 변화시키는 사건들이 잇달아 일어남에 따라 이데올로기의 불꽃은 쌓여왔다. 여행과 커뮤니케이션, 깊은 학술적 탐구, 역사가의 수와 활동하는 사람의 증가, 역사적 방법과 해석적 선택의 확대라는 우리의 변화한 세계에서, 견해와 정보의 교환은 최소한 어떤 학문적 문제의 더 신속한 해결과 알려져 있거나 알려져야 할 것에 대한 더 충분한 합의를 가져왔다. 비록 이런 조건들이 학문적 논쟁을 종결시키지 못한다고 할지라도, 비역사가의 공격이나 대중의 관심사를 다루어야 할 필요성으로부터 역사가들을 떼어놓을 수 없다고 할지라도, 비역사적인 고려사항이 민감하고 직접적인 공적 문제를 다루는 역사 논쟁에 들어가는 것을 막을 수 없다고 하더라도, 역사가는 대중적 관심사의 비판적 쟁점에 대한 학문적이고 공적인 논쟁을 통해 결코 끝나지 않는 역사 이해의 탐색과 적용 가능한 역사 지식을 전달하기 위한 새로운 조건을 제시했다.

수정주의 역사의 대중 확산

이 장과 그리고 앞의 장에서 했던 대략 2500여 년에 걸친 역사 해석의 변화에 대한 이러한 압축된 검토로 역사 이해의 모든 주요 수정이나 그 기간 전체에 걸쳐 일어난 모든 중요한 역사적 재해석을 다룰 수는 없을 것이다. 그러나 기존 역사 주장에 대한 수정주의의 오랜 역사 중 가장 흥미로운 부분 중 일부만 다루는 것에서 시작했을지라도, 어떤 시대 어떤 사람들이 그들의 과거를 보는 방식에 대한 도전을 회피할 수 없다는 결론에 저항하기는 어렵다. 전문적 역사가이건 그 밖의 다른 사람들이건 간에 과거를 연구하는 사람들은 그들 자신의 독특한 민감성, 태도, 상황을 현재와 과거에 자신들이 서술하는 것과 세계를 보는 방식에 적용하기는 어렵다. 그러므로 자신들의 해석이 아무리 활용할 수 있는 증거에 따른 것이라고 해도, 과거의 어떤 시대, 발전, 사건들의 중요하지도 않은 요소에 대해 단일한 합의에 도달하리라고 사람들에게 일반적으로 기대하거나 특별히 역사가들에게 기대하는

끊임없이 변화하는 과거

것은 불가능하고 따라서 어리석다는 것이 드러났다. 마찬가지로 일부 나라에서는 널리 받아들여지는 과거에 대한 해석에 어떤 의문을 제기하는 것이 위험을 무릅쓰는 일이라는 것은 의심할 여지가 없다. 그 위험은 단순한 비판에서부터 조롱, 추방, 심지어 죽음까지 이어질 수 있다. 지적인 혁신가들은 언제나 적대감과 경멸에 직면하지 않는가? 그러나 대부분의 역사가들은 전문적이고 대중적인 견해의 장에서 그들의 연구가 부족하다는 것을 발견하게 될 위험을 받아들여 왔다. 과감하게 새로운 증거를 사용하거나 새로운 방식을 기존 증거에 적용하는 역사가들에 의해서만 새로운 지식과 새로운 이해가 시작될 수 있다. 그래서 투키디데스 이래 역사가들은 확실성의 유혹을 오명의 위험보다 더 나쁘다고 여겨왔다. 자신보다 앞선 세대 역사가들보다 과거를 더 깊이 이해하려는 투지로 그들은 사료를 파고들어 두려움 없고 의기양양하게 그들 개인의 정신을 역사 문제에 적용했다. 역사가들은 결국 과거에 대한 어떤 관점을 다른 사람들이 그들 스스로 다른 어떤 것에 대해 동의할 수 있다고 판단한 것 이상의 명백한 것으로 받아들여야 하는가?

논쟁과 의견 차이는 역사가들 사이에 으레 있는 일이며, 해석의 잠정성은 하나의 규범, 특히 어떤 오랜 시간에 걸친 규범이다. 토머스 S. 쿤Thomas S. Kuhn이 전통적으로 받아들여지는 설명의 틀 안에서 논의를 계속하는 과학적 연구를 설명하기 위해 만든 용어인 정상과학normal science처럼, 역사가들의 일은 보통은 어느 정도 자신들이 항상 19세기 이래 사용되어온 것과 대체로 유사한 방법을 통해서, 그리고 그들 모두가 받아들인 논증 방식과 일치하는 방법으로 전개된다. 따라서 전통적인 사고에 가장 빠르고 충격적으로 도전할 수 있는 것은 새로운 방법 혹은 새로운 탐구 논리가 아니라 오래된 문제에 대한 새로운 접선이다. 이 새로운 접선은 너무도 두드러져서 1962년 간행된 자신의 고전적 저서 《과학혁명의 구조》에서 쿤이 사물의 해석 체계의 '패러다임 전환paradigm shift'이라고 부르는 것이 된다. 쿤은 이 용어에 정통적인 과학적 이해와의 어떤 중요한 단절을 부여했다. 이는 당시의 설명 관례 안에서는 이해할 수 없는 새로운 연구와 새로운 사상에서 비롯되는 이례적인 것과 반박의 여지없는 질문의 점진적 축적에 의해 야기된 단절로, 나는 다른 곳에서 이를 '해석의 퇴적sedimentation of interpretation'이라고 불렀다. 그는 또한 그러한 변화의 원인들에 오래된 사고의 방향을 바꾸고 새로운 질문을 제기하는 더 넓은 문화에서의 변화를 포함했다.

그러나 이것은 일단 역사의 어떤 주제를 보는 특정 방법이 한번 제시되더라도 빠르게 가속도가 붙어 수용되고, 결과적으로 널리 수용된 새로운 사상으로 큰 주제에 영향을 미칠 수 없음을 의미하지는 않으며, 역사가가 스스로 그들에게 깊은 중요성을 가지는 학문의 세계, 아마도 일반적으로는 사상과 행동의 세계를 바꿀 증거와 새로운 사고를 사용할 기회를 거부함을 의미하지도 않는다. 제임스 하비 로빈슨이 20세기 초에 '새로운 역사'가 필요하다면서 던진 도전은 과거를 보는 새로운 방식을 제시한 사람들을 수세에 몰아넣기에는 너무 영향력이 크고 생산적임을 보여주었다. 역사 지식은 이제 민주적이고, 대중의 소유가 됐다.

최근 수십 년 동안 로빈슨식의 새로운 역사는 새로운 학문과 젠더,

섹슈얼리티, 인종, 민족, 종교적 신념의 역할에 대한 이해가 전면에 등장함으로써 전통적인 역사 해석 속으로 퍼져 나갔다. 이런 현상은 더 다양한 사람들이 전문적 역사가 반열에 들어가서 수정주의 역사가 일반적인 대중에게 적용 가능성이 있음이 입증된 때인 2차 세계대전 이후까지 그렇게 진행될 수 없었을 것이다. 선의로 제공하는 모든 것이 그렇지는 않더라도 이런 역사학은 때로는 견디기 어려운 비판을 받기도 하지만, 학문적 지식을 적용하는 학문적 세계의 지분을 사회적 관계와 정치적 합의라는 더 큰 세계로 넓히는 것과 똑같이 이해를 크게 확대해왔다. 1960년대 이후 학자들이 '서발턴 subaltern' 집단이라고 부르는 여성, 노동자, 이주민, 게이와 레즈비언, 그리고 대중적이지 않은 신념의 옹호자들 같은 이전에 멸시받고, 간과되고, 저평가되던 사람들에 대한 새로운 주장이 그들 사이에 동력을 얻었다. 그러자 역사가들은 일반적으로 최소한 서구의 역사, 거의 대부분 백인 남성의 역사를 의미하는 전통적인 정치사, 제도사, 외교사 도식 바깥의 사람들을 계속해서 제외하는 어떤 역사도 더 이상 큰 가치가 없다는 결론에 도달했다. 이런 의미에서 역사는 시민권을 받아들였다. 역사 지식이 대중의 관심에 적절하며, 모든 사람이 과거에 대해 설명해야 하고 또 설명할 수 있음을 깨달아야 한다는 새로운 역사를 지지하는 사람들의 희망은 입증됐다. 이로 인해 엄청나게 새로운 역사 탐구의 시대를 연 것에 더해서, 이전에는 무시됐던 이런 사람들을 외교, 정치, 공공정책 등과 같이 존중받는 역사 주제의 역사 서술 속에 넣는 것은 합리적으로 잘 이해되는 토픽이라고 오랫동안 생각되어왔던 것들까시 그세 변화시켰나.

21세기 초반까지, 학술적 권위와 대중적 태도 사이의 긴장은 사회 문제의 통상적인 구성요소가 됐다. 일부 시민들이 때때로 학문적인 역사 지식을 확실히 자리 잡거나 애국적인 사상에 대한 주제 넘는 방해라고 보는 것과 똑같이, 전문적 역사가들은 아마추어적 의견을 가끔 탐구의 깊이가 더 깊고 이해의 폭이 더 넓은 자신들의 더 큰 지식을 폄하하는 것이라고 보는 경향이 있다. 그 내용과 주장에서 언제나 그럴 필요는 없을지라도, 역사가들은 때때로 학술 논쟁에서 자신들이 그러했듯이 과거에 대한 대중적 논쟁에서도 같은 겸손을 보여야만 한다는 것을 상기할 필요가 있다. 두 가지 종류의 논쟁은 항상 잠정적이고 부분적이다. 그리고 과거에 대한 대중적 토론의 주장들은 그것이 일어나는 모든 시대 현실의 증거를 드러내고 있으며, 그 시대가 바로 역사 탐구의 주제임을 역사가들은 알아야 한다. 그들의 입장에서 볼 때 대중 구성원들은 역사가들이 하는 것만큼 학술적 지식을 따를 필요가 없고 다른 사람들과 의견의 합의를 이룰 필요가 없다. 그러나 그들은 적어도 해석뿐 아니라 사실과도 씨름하는 역사가들이 증거로부터 이끌어낸 확실한 결론이라고 생각하는 것을 무시하는 데서 비롯되는 잠재적 비용을 인지해야 한다.

논쟁이 없는 문화는 삶이 없는 문화이고, 갈등이 없는 역사 연구는 활기가 없는 역사 연구이다. 우리는 대부분의 역사가들이 자신들의 지식 탐구에 적용하는 것과 똑같이 자유로운 명제에 따라 시민들이 처신하기를 바란다. 그 지식은 이해의 기초이자 행동의 안내자 역할을 한다. 그것은 헤로도토스 시대부터 역사가들의 시금석이 되어왔다. 그리고 그것이 존재하는 한, 과거에 대한 전투는 끝나지 않을 것이다.

끊임없이 변화하는 과거

4장
다양한 형태의 수정주의 역사

지금까지의 논의에서 분명해졌듯이, 각각의 역사 저작에 접근할 때는 한 측면이나 다른 한 측면에서 이전의 어떤 연구를 수정했다고 여기는 것이 최선이다. 각각의 역사는 뉘앙스와 표현이 그 밖의 모든 역사와 다르다는 간단한 사실에서부터 시작하여 같은 주제에 대한 저작들 사이의 차이는 수정주의 역사로 가는 어떤 문턱이 교차될 때까지 그 수와 종류가 증가한다. 그런데 문턱이 어디인가? 일부 역사가들은 이전에 알고 있는 것에 새로운 세부사항을 단순히 더한 역사는 어떤 중요한 의미에서든 아마도 수정주의가 아니라고 주장할 것이고, 다른 역사가들은 이에 동의하지 않을 것이다. 그러나 대부분의 역사는 그 주제에 대해 새로운 내용, 주장, 관점, 세부 사항에서 진전을 보이고, 그렇게 함으로써 주제의 초점을 바꾸고, 새로운 방향으로 나아간다. 일부 사람들은 이전의 해석에 대해 중요한 도전장을 던진다. 때때로, 역사 이해의 진정한 혁명은 한 연구의 힘과 권위나 많은 저자들이 쓴 긴밀하게 관련 있는 일군의 저작, 또는 저항하기 어려운 거대하고 큰 문화적 힘 때문에 일어나는데, 이는 역사가들로 하여금 그런 세력의 여세에 굴복하고 그런 해석을 지지하는 대열에 합류하게 한다. 하지만 어떤 주제에 대한 정통 역사가 언제 막을 내리고 수정주의 역사가 시작되는가? 그래서 모든 역사 저작이 어떻든 간에 수정주의적이라고 가정하는 것, 즉 기존 주제에 대한 기존의 해석을 잠정적으로 위협한다고 가정하는 것이 왜 최선인지 말하고, 그런 다음에는 그것이 어떤 점에서 그리고 어느 정도 이전의 과거 이해를 변화시키는지 결정하는 것은 어렵다.

　수정주의는 어떤 저작이나 또는 일군의 저작들에 내재되어 있는 것은 아니다. 과거에 관한 저작들을 일반적으로 구분하는 것은 모두 시험적인 것이며, 그 구분은 각각의 저작을 그것의 분명한 역사적 맥락에 놓을 때만 결정될 수 있다. 모든 역사 서술은 그 자체가 지식에 어느 정도 기여했는가에 따라 평가해야 한다. 더욱이 평가에 대한 접근법은 시간이 지남에 따라 변하기 때문에, 한 시대에 수정주의로 보이는 것이 다른 시대에는 그렇게 보이지 않을 수도 있고, 역사 연구에 대한 비판적인 접근법이 결코 균일하게 적용되지 않으며, 역사가들이 그런 접근의 타당성을 만장일치로 받아들일 가능성은 결코 없다. 현재의 요구들, 역사의 기법에 대한 생각의 변화, 과거와 현재의 여러 범위에 대한 더 충분한 인식, 심지어 지적인 유행까지도 모두, 어떤 특정 시기에 역사 연구를 하나의 개별 주제에 대한 일반적인 역사 서술 내에서 무엇이라고 생각하는지, 또는 수정주의 역사를 만들기에 충분할 만큼 상당히 신선한 어떤 것이 무엇인지 결정하는 역할을 한

　　　　　　　　　　　　　끊임없이 변화하는 과거

다. 따라서 그런 문헌 내에서 어떤 역사 연구가 차지하는 위치를 결정하는 어떠한 명확한 규칙도 존재하지 않는다는 것은 아무리 강하게 강조해도 지나치지 않는다. 한 저서의 지적인 운명과 영향력은 종종 저자가 죽은 지 오랜 시간이 지날 때까지 알 수 없는 경우가 많다. 한때 중요한 결과라고 생각되던 연구들이 시간의 흐름에 따라 덜 그렇게 보일 수 있다. 따라서 '수정주의 역사'와 같은 어떤 단일한 범주가 오랫동안 존재해온 많은 다양한 수정주의 역사를 효과적으로 이해할 수 있게 하는 역할을 한다고 가정하는 것은 이치에 맞지 않는다. 모든 역사는 그 자체로 다른 것들과의 맥락 속에서, 그리고 모든 역사 서술의 더 큰 관점에서 고려되어야 한다. 수정주의 역사의 범주는 유동적이어야 하며, 어떤 규모의 수정주의 역사에 어떤 단일한 연구를 위치시키는 것 자체는 잠정적인 것으로 간주되어야 한다.

이제까지 내가 별다른 구분을 하지 않고 포괄적으로 사용해온 '수정주의 역사'라는 용어는 많은 종류의 역사로 구성되어 있는 것을 대변해왔다. 단일한 범주를 몇 개의 더 구체적인 하위 범주로 분리하지 않는다면, 우리는 수정주의 역사가 포괄하고 있는 많은 부분이나 수정주의 역사를 쓰는 역사가들의 명확한 의도와 접근 방식을 간과할 위험이 있다. 따라서 이하에서는 수정주의 역사의 일반적 현상을 분해하고 그 다양한 양상을 구별해보기로 하자. 각 종류의 수정주의를 하나의 분명한 역사적 주제에 접근하는 방식으로 취급하려면 역사가들이 과거에 대한 해석에 도달하는 근거를 밝히게끔 해야 한다. 이를 위해서는 또한 여러 차원의 역사가들의 목적과 최종 연구를 밝혀야 하는데, 역사가들은 때로는 이를 의식하지 못한 채 연구를 진행할 수도 있다. 그러나 나는 결코 수정주의 역사의 공식 유형을 제공하거나 과거에 대한 어떤 특별한 연구가 역사 문헌의 몇몇 도식에서 확실한 입지를 차지할 수 있거나 차지해야 한다고 주장하고 싶지는 않다. 그 문헌은 너무 가지각색이고 역사가들과 독자들의 경험은 너무 다양해서 수정주의 역사를 어떤 지식 체계로 분류하는 것도 정당화할 수 없다. 내가 여기에서 제안하는 범주 사이에 서로 경계를 짓는 엄격한 선을 제시한다는 의미도 아니다. 그 대신 이하의 내용에서는 엄격한 척도가 아니라 하나의 스펙트럼을 스케치하고자 한다. 그리고 역사가들이 과거를 어떻게 보아야 할 것인지에 대해 주장하는 것과 마찬가지로 구체적인 역사 연구가 수정주의의 스펙트럼에서 어디에 위치하는지 따져볼 것이다. 나의 의도는 오히려 역사 저작의 영향을 확인하고 더 충분히 이해할 수 있는 몇 가지 이정표를 제공하려는 것이다. 그것이 특정 역사 저작의 상대적 가치를 측정하거나 개별 역사가들의 통찰력과 기능을 비교하는 기초의 역할을 한다는 것을 의미하지는 않는다. 수정주의 역사의 일반적인 현상에 대한 성찰의 맥락에서 나는 이러한 비공식적 분류법을 단지 복잡한 현상에 대한 이해의 폭을 넓히는 보조 수단으로 제시하겠다.

변혁적 수정주의

내가 일찍이 지적했듯이, 헤로도토스에 대한 날카로운 이견을 제기했다는 점에서 투키디데스를 수정주의의 시초로 생각하는 것은 정당하

끊임없이 변화하는 과거

다. 그러나 자신보다 앞서 존재했을 수도 있는 역사가들(헤로도토스의 저서를 제외하고는 현재 남아 있는 이들의 저서는 거의 없다)과의 비교뿐 아니라 우리에게 알려진 고대 문헌의 위대한 몇몇 작품을 노래하고 쓴 음유시인들과도 비교할 때, 헤로도토스는 수정주의자들의 신전에서 가장 중요한 위치를 차지해야 한다. 단지 "역사historiē"라고 칭한 새로운 형태의 산문체 글쓰기를 시작한 것만으로, 그는 매우 새로운 방향으로 나아갔다. 그래서 호메로스의 서사시와 비교했을 때, 헤로도토스의 《역사》는 기교와 의도에서 그런 위대한 시들과 극명하게 다른 모습이었다. 그러나 시간의 우선순위가 재해석의 중요성을 측정하는 우선순위를 결정하는 것이 되어서는 안 된다. 기존의 역사적 견해에 대한 수정, 즉 이런 변화의 깊이와 척도의 상대적 중요성을 평가하는 또 다른 기준이 더 유용할 것이다. 그러나 투키디데스가 기존 역사적 접근법에 명확하면서 목적을 가진 문제를 제기하고 대안을 제시하는 지속적인 전통을 시작한 역사가라는 사실이, 그가 기존 접근법에서 이탈한 것이 그를 계승한 모든 역사가들의 그런 행위보다 더 위대하고 중요하다는 의미는 아니다.

모든 역사가들과 엄밀히 비교할 때, 서구에서 빼어난 히스토리오그라피적 탁월성의 영광은 확실히 유세비우스가 구상하고 쓴 서양 교회의 역사 몫이다. 유세비우스와 그의 기독교 후계자들은 과거, 현재, 미래에 대한 새로운 거대 내러티브의 창조를 통해 서양의 과거를 지속적으로 재상상하게 했다. 그들은 이전에 지배적이었던 고전적 히스토리오그라피 전통을 몰아냄으로써 그렇게 했다. 이러한 행위는 주요 지역 세계 사람들의 전체 문화를 영원히 변화시킨 해석적 혁명인 번형적 수정주의의 하나였다. 하지만 과거를 해석하는 방법을 바꾸는 것에 더해서 모든 역사 서술에 특성을 부여하는 복잡한 상황의 문제 중 하나에서 유세비우스와 그의 계승자들은 오래된 역사 해석의 수정자들만큼이나 새로운 역사적 추론의 창시자들이었다. 새로운 것의 창조와 기존의 역사적 이해의 변화는 때때로 함께 간다. 유세비우스와 마찬가지로, 어떤 역사가는 한 역사학파의 변혁적 역사가가 될 수 있는 반면, 다른 역사학파를 세우는 역사가가 될 수도 있다.

역사적 이해는 과거와 현재의 연속성에 대한 인식 없이는 존재할 수 없다. 그러나 유세비우스식의 히스토리오그라피는 4세기 이전 사람들이 자신들의 기원을 이해하는 방식과 그들의 후계자들이 자신들의 기원을 이해하는 방식 사이의 연결고리를 끊는 것에 가깝다고 생각될 수 있다. 공식적인 역사적 방법 안에서 생각했던 몇몇 사람들의 유세비우스 시대 이전과 이후 사이의 심리적·역사적 균형을 유지시킨 것은, 유세비우스가 처음 시작한 과거에 대한 변형적 재상상이 헬레니즘 시대 지중해 세계에서 시작하여 점차 서구에서 가장 먼 곳(바로 그런 변형 때문에 기독교 세계라고 알려질 수 있었던 곳)까지 옮겨가기는 했지만, 그 속도가 느렸으며 일관성이 결여됐다는 단순한 사실이었다. 유럽에서 이교도적 신념의 마지막 주요 보루였던 영국 제도諸島는 3세기에 완전히 기독교화되지는 않았다. 또한 하나의 역사 체제에서 다른 체제로 전환이 쉬워진 기독교는 비기독교 인종과 민족문화 집단의 많은 요소와 관습을 흡수했다. 그리고 기독교와 비기독교 히스토리오그라피는 많은 지역과 서구 사회에서 나란히 병존했다.

그럼에도 유세비우스식의 수정은 지적·문화적 세계 전체의 영원한

끊임없이 변화하는 과거

개정을 보여주었다. 이는 예리하고 철저해서 지지자들 각자의 과거와 미래에 대한 인식을 재검토하고 재형성시키는 종교적 신념 변화의 뒤를 잇는 역사 이해의 변화였다. 역사가들은 이러한 해석적 분열에서 '패러다임의 전환'을 보게 될 것이다. 이것은 아마도 과학적 이해에서 혁명과의 관계에 원래 사용하던 개념을, 잘못된 적용에 빠지는 일 없이 역사적 사고에 충분히 적용할 수 있게 된 것에 가장 가까울 것이다. 역사적 개념화에서 그러한 깊이와 침투 결과를 가진 그 밖의 다른 변화는 서양에서 결코 일어난 적이 없다. 과거, 현재, 미래를 재조직하는 다른 어떤 도식도 사고와 이해에 그렇게 깊은 영향을 미치지 못했다. 사실 이런 규모로, 그리고 지구상 많은 곳에서 마음과 정신의 가장 깊은 곳까지 이와 같은 침투력을 가진 일이 일어난 것을 본 적은 없으며,[*] 그런 일이 언젠가 다시 일어날 것이라고 상상하기도 어렵다. 유세비우스 이후 이교도 히스토리오그라피는 서구에서 역사 서술의 가장자리로 점차 밀려났고, 오래된 신들은 스스로 대체되거나 혹은 유대교 신, 모세 5경의 경우에는 기독교인이 채택하여 자신들의 성서로 통합한 역사적 사고와 서술의 전통에 의해 대체됐다. 이는 히스토리오그라피의 변형일 뿐 아니라 상상할 수 있는 가장 철저한 지적 변형이었다.

기독교 혁명을 겪은 사람들 시야의 놀라운 변화가 너무 깊이 스며들어, 그 변화의 자식들과 마찬가지인 오늘날 서구의 대부분 사람들

---

[*] 물론 유사한 큰 규모의 신앙의 변화가 불교나 이슬람교 같은 다른 종교의 발생으로 그 밖의 곳에서 일어났다. ─ 지은이

은 과거에 대한 서구의 사고에 깊이 영향을 미친 역사적 우연성을 인식하지 못한다. 그들은 종종 그 변화가 기독교 신앙과 일치하게끔 미리 정해져 있다고 가정한다. 그러한 모든 것들과 마찬가지로, 유세비우스의 혁명은 그 특이한 상황의 결과였다. 콘스탄티누스 황제가 기독교가 자신이 통치하는 제국의 종교가 될 것이라고 선언하지 않았다면 이런 일은 결코 일어나지 않았을 것이다. 그리고 혁명이 다른 시기에 다른 역사적 상황하에서 일어났다면, 어쩌면 그런 식으로 일어나지 않았을지도 모르며 아마도 그처럼 구석구석 영향을 미치지는 못했을 것이다. 기독교적 신앙 체계의 영속성이나 그것이 결국 서구에 확산되리라는 보장은 전혀 없었다. 콘스탄티누스의 계승자인 로마 황제들은 대표적으로 율리아누스 황제가 그랬듯이 제국을 이전의 신앙으로 되돌리려고 했다. 그리고 기독교인들이 자신의 신을 숭배할 법적 권리를 허락하지 않았다. 몇몇 국민국가들은 1492년 스페인이 기독교로 개종하기를 거부한 유대인과 무슬림을 추방하는 것을 목격한 이후 자유로운 종교 활동을 금했다. 서구 기독교 사회에서 살고 있는 다른 분명한 신앙을 가진 사람들은 오랜 세월 자신들의 전통적 방법으로 신앙을 추구할 권리를 빼앗기거나, 초기 매사추세츠주의 퀘이커교도들처럼 자신들이 바라는 대로 예배를 드리는 것을 금지 당했다. 루이 14세가 1685년 종교의 자유를 보장한 낭트칙령을 폐지한 이후의 프랑스 위그노들이 그런 예다. 다른 이들은 그들의 신앙 때문에 몰살당했다. 더욱이 개종은 좀처럼 일률적이지 않으며, 미국과 유럽 전역의 기독교인들 사이에서 현재 살고 있는 비기독교인들이 증명하듯이 종교적 관용이 필연적으로 개종으로 이어지는 것도 아니다.

그러나 일반적인 신앙을 따르지 않는 지역이 있기는 하지만 기독교 히스토리오그라피의 영향은 서구 세계의 어디에서도 무시할 수 없다. 심지어 다른 달력이 여전히 존재하기는 하지만, 유세비우스와 베다에 의해 도입된 기독교식 날짜 체계를 받아들이는 것을 거부하는 주요 지역은 어디에도 남아 있지 않으며, 기독교적 상징, 신화, 문학, 그리고 예술은 서구인 대부분의 정신과 상상력의 기본 가구이다. 어떤 이들은 역사가 진보의 기록을 밝히지 못한다는 생각에 저항할 수도 있고, 다른 이들은 더 좋은 날들이 올 것이라는 목적론적 희망에 고무되지 않을지도 모른다. 그러나 이들은 저항을 하면서도 자신들이 맞서 싸우는 것이 유세비우스식 히스토리오그라피의 지적 유산인 신념이라는 것을 때로는 알지 못한다. 그 신념은 인간의 병폐에 대한 궁극적인 해결책을 구원이 아니라면 그다음으로 아마도 역사 그 자체에서 발견할 수 있다는 것이다. 이는 마르크스주의 역사가와 근대화나 글로벌 체제 이론에 동의하는 사람들이 믿는 신념이다. 콘스탄티누스 통치의 각각의 측면에서 보면, 그들은 자신들이 반대하는 것이 실행에 옮겨져 엄청나게 역사적으로 급증했으며, 몇 세기 안에 기독교로 대변되는 새로운 신념 체계가 서구 문화로 유입되는 승리를 거두었다는 관점에 사로잡혀 있다.

그러나 초기 기독교 역사가들이 연구한 변혁적 혁명을 오늘날 우리가 이해하는 식의 수정주의라고 여기는 것은 잘못일 수 있다. 이는 사건을 설명하는 독자적 방식을 놓고 서로 경쟁하는 역사가들이 만든 과거를 보는 이전의 방식을 수정하는 것은 아니다. 그것은 새로운 해석적 방법이나 혹은 새로운 증거의 발견으로부터 유래하지 않았다.

대신에 황제가 새로 발견한 종교 신앙과 일치하는 관점으로, 과거를 재상상하기 위해 젊은 기독교 공동체 고위 성직자의 결정을 통한 인간 기원의 새로운 상상, 즉 신의 계시와 예수의 삶을 통해서 이루어졌다. 어떤 중대한 역사적 변화도 그것을 정당화하려는 신념 체계를 그 자체에 모으지 않고는 오랫동안 지속되지 않는다. 유세비우스의《교회사》는 이런 식의 정당화를 이룬 연구였다.

이를 어떻게 설명해야 할까? 초기 기독교 역사가들은 전문적 역사가건 아니건 간에 새롭거나 대안적인 역사적 관점의 지지자들이 직면하는 것과 동일한 도전에 직면했다. 그들은 종종 자신들의 신앙을 지키기 위해 저항문화에 칼을 들이대서라도, 다른 이들을 자신들의 견해로 바꾸고 자신들의 신앙에 대한 저항을 극복해야 했다. 예를 들어 운명적인 십자군전쟁과 유럽 내 경쟁관계에 있는 기독교 신앙 체계 사이에서 일어난 살육을 자행한 종교전쟁을 생각해보자. 그러나 그들의 수단이 무엇이든 간에, 유세비우스와 다른 초기 기독교 역사가들이 구약성서와 신약성서로부터 만들어낸 변형적인 히스토리오그라피 전통은 무엇보다도 그들을 둘러싸고 구체화한 억누를 수 없는 문화적 힘에 지적으로 적용하는 것이었다. 이 점에서, 성서의 설명을 기초로 그들이 만든 역사 이해의 변형에 필적한 만한 것은 서구 역사에서 없다. 기독교 히스토리오그라피의 혁명은 그 나름으로 수정주의의 범주에 홀로 서 있다.

'변혁적 수정주의'라는 용어는 또 다른 세계사적 신념 체계와 더 최근의 새로운 거시 내러티브인 마르크스주의에 적용될 수 있다. 기독교적 관념이 이교도의 세계관과 양립할 수 있음을 스스로 증명하고,

오랫동안 앞서 존재했던 유대교의 유일신과 다른 속성들을 받아들인 것과 똑같이, 마르크스주의는 엄청나게 다른 기존의 문화적 체계와 양립할 수 있고 그 적응 역량에서 기독교와 유사했음을 스스로 입증했다. 기독교와 마찬가지로, 마르크스주의는 공식적으로 역사 분석의 한 양식은 아닐지라도 세속적 삶과 현실에 대한 역사 해석을 제공하고, 지금까지 주목받지 못한 인간생활의 측면들에 관심을 기울이고, 새로운 방법으로 역사 발전을 설명했다. 기독교가 십자군 원정에서 그러했듯이, 마르크스주의는 힘과 설득을 통해서 레닌, 스탈린, 마오쩌둥의 군대와 이념에 영향력을 행사했다. 기독교가 선교사를 이용한 것처럼, 물리적 힘을 활용할 수 없고 그렇게 하는 것이 적절하지 않은 곳에서 마르크스주의는 자신의 이념을 접한 적이 없는 사람들에게 '프롤레타리아 전위'로 공산당을 전파했다. 많은 경우, 마르크스주의 사상은 그들의 호소력, 그들의 설명적 힘, 기존 조건과의 일치로 뿌리를 내렸다. 해석적 학파, 교리 논쟁, 그리고 제도적 분열은 기독교와 다른 종교 안에서 그러했듯이 마르크스주의 안에서 곧 확산됐다. 마르크스주의는 단 한 명의 콘스탄티누스를 가지고 있지는 않았지만, 그 이전의 로마 황제나 교회 지도자들과 마찬가지로 공산주의 바이블이 무엇인지 결정하고 그런 다음 모든 사람들이 처벌을 받을까 봐 두려워 마르크스주의를 받아들일 것이라고 생각한 스탈린주의자-레닌주의자와 마오쩌둥주의 의사결정자를 가졌다. 기독교와 마찬가지로 마르크스주의도 저항에 부딪혀 모든 사회 집단에 뚫고 들어가는 데는 실패했다. 기독교와 마찬가지로 마르크스주의는 그 분야를 보편적으로 전하는 데 실패했다.

나는 기독교와 마르크스주의나 그 밖의 어떤 다른 거대 종교 또는 이데올로기적 신념 체제가 역사적 진리에 대한 동격의 주장임을 확고히 하기 위해 비교하려는 것은 아니다. 2000년간의 기독교 히스토리오그라피와 200년도 채 안 되는 마르크스주의의 이데올로기 사이, 또는 기독교의 신의 섭리에 따른 전망과 마르크스주의의 무신론 사이에 균형을 맞추려는 것도 아니다. 나는 단지 이전에 유지되어온 역사적 신념의 이런 두 가지 수정이 가지는 유사한 변혁의 힘을 주장하기 위해 비교할 뿐이다. 16세기와는 거리를 두고 서구에서 이 두 가지가 각각 지적으로 강화된 이후, 설사 이 두 가지 신념 체제의 많은 부분을 거부하는 것이 가능할지라도 이들이 뿌리를 내리기 이전 방식으로 과거를 이해하는 것은 다시는 가능하지 않았다. 그러나 성서에 예언된 미래의 계시나 마르크스와 엥겔스가 예언한 프롤레타리아 독재를 사람들이 믿을 수 없었지만, 예언의 역사적 실현이나 사회의 계급구조에 대한 문제의식의 관념은 이를 받아들이건 거부하건 간에 무시하기 어렵다는 사실이 세계를 생각하는 이런 두 가지 방식을 확립하려는 사람들에 의해 판명됐다.

그럼에도 과거, 현재 그리고 미래에 대한 목적론적 수정주의 역사 해석으로 제시된 이런 거대 신념 체계가 그 변형적 수정주의의 강도에서 똑같지는 않지만 대체로 유사할지라도, 기독교와 마르크스주의 기원의 서로 다른 환경은 역사 해석으로 취급되어온 방법에 언제나 깊이 나타났다. 기독교가 과거와 미래에 대한 해석으로 서구에서 가장 존중할 만한 주장을 했고 그리고 시간적으로 가장 먼저 이런 주장을 했기 때문에, 마르크스주의는 기독교에 대한 대안을 제시하는 방향으로 나아가야만 했다. 결과적으로 마르크스주의는 기독교의 대체물로, 그리고 종종 기독교에 위험한 것으로 여겨져 왔다. 따라서 수정주의 역사의 또 다른 규칙은, 시간상으로 우선하는 것은 수용에서도 우선할 가능성이 높고, 그다음으로는 권위에서도 우선할 가능성이 높다는 것이다. 최초의 해석은, 입증된 장점이 무엇이건 간에 어떤 주제에 대한 이어지는 해석에 그 해석적 흔적을 영원히 각인시킨다. 오랜 시간이 지나야만 그 영향력에서 벗어날 수 있으며, 완전히 벗어나는 경우는 거의 없다.

가장 큰 의미에서 세 가지 거대하고 보편적인 도식이 서양에 존재했다. 그리스와 로마 이교도의 관점, 이교도와 단절한 유대교-기독교의 세계관, 그리고 무신론적 마르크스주의가 그것이다. 그들의 대략적인 역사학적 등가성에 주목한다고 해서 그 세 가지의 진리 주장이 동일한 가치가 있다고 주장하려는 것이 아니다. 그러한 일은 역사가들의 전문적인 책임을 넘어서는 것이다. 사람들이 하나나 둘, 또는 셋 모두를 자연의 설명이나 삶의 과정이라고 치부해버리는 경향이 있을지라도, 존재의 의미에 대한 인간적 설명으로서 그것이 가지는 호소력은 부정할 수 없다. 세 가지 역사적 전통은 모두 살아 있는 인간을 위한 의미를 창조하려고 노력하는 해석이었고, 많은 이들에게 그런 해석으로 남아 있다. 그들의 존재는 해석적 필요성이 아니라 인간의 필요에 따른 기능이다. 역사가들이 이를 해석적 역사 체제로 사용하기를 꺼려하는 것은 결코 해석적 체제 자체로서의 그 존재나 수용, 타당성을 바꾸지는 않는다. 그것들은 그에 대한 역사가들의 견해와는 무관하게 존재한다. 과거가 학생들에게 제기하는 질문은 시간이 지남에 따라 그것들이 알려진 역사적 과거에 대한 해석에 어떻게 영향을 미쳤는가 하는 것이다.

철학적 수정주의

기독교나 마르크스주의보다 규모는 작지만 그 지속적 영향력에서는 이 못지않은 또 다른 종류의 역사적 수정주의는 역사적 사고의 목적과 사용을 놓고 투키디데스에 의해서 시작된 주장에서 비롯한다. 역사 탐구의 목적 및 용도와 관련이 있기 때문에 나는 이런 종류의 역사를 철학적 수정주의라고 부르고자 한다. 존재론에서 말하는 존재, 인식론에서 말하는 지식의 바로 그 본질에 도달하지 못했기 때문에 철학자들이 이 용어를 사용하는 의미로 보면 철학적이 아니지만, 이런 종류의 수정주의 역사는 인간이 왜 과거에 관심이 있고 또 관심을 가져야 하는가라는 오랜 질문에 대해 역사적 사고가 생각할 수 있는 범위에 근접해 있다. 그것은 또한 각각의 측면이 자신의 확신을 자명한 '주어진 것'이나 모든 자명한 원리처럼 다소간 입증을 넘어서는 것으로 여기거나 또는 실재의 필요성을 느끼는 것이라고 여긴다는 의미에서 철학적이다.

헤로도토스에 대한 투키디데스의 공격은 과거를 지속적으로 대비시켜 접근하게 했다. 이는 역사 지식을 얻는 목적 바로 그것의 재개념화였다. 이런 점에서, 투키디데스는 사상, 문화, 사회의 연구보다 정치적 힘의 연구를 더 중요하게 생각했다. 그는 역사의 다른 측면에 대

끊임없이 변화하는 과거

한 지식의 중요성을 최소화하면서 잘 알려진 과거로부터 보편적인 법칙과 역사적 발전의 교훈 그리고 리더십을 도출하려고 노력했다. 그의 대안적인 역사하기 방법은 역사적 사고와 글쓰기 내에서 영구적인 철학적 구분을 확립하는 것이었다.

우리 시대에, 전문 역사가들 사이에서 이런 불일치가 공개적으로 드러나는 경우는 거의 없다. 독자들이 공공 정책과 군사적 갈등 그리고 외교적 협상이나 주요 공적 인물의 전기에 관한 역사 저작물을 고를 때, 그들은 투키디데스식의 전통 내에서 책을 접하게 된다. 이런 주제를 연구하는 많은 역사가들이 자신들의 고대 계보를 알지는 못하지만, 사회사와 문화사는 헤로도토스의 관심사와 유사한 종류이다. 최근 서구에서 역사학의 역사의 많은 부분이 정치, 외교, 군사, 제도에 관한 주제에 의해 독점된 영역이라는 주장이 사회사와 문화사의 부당한 공격이라는 말이 나옴에 따라, 때때로 두 종류의 역사하기 분파 사이에 명백한 의견 불일치가 역사가들에게서 발생한다. 하지만 이런 문제제기를 하는 것은 일반적으로 투키디데스식의 주제가 부족하다고 믿는 역사 서술에 맞설 가능성이 높은 학술적 역사가들이 아니라 갈아야 할 정치적·이데올로기적인 도끼를 가지고 있는 역사학계 외부의 사람들이었다.* 반대로, 자신들의 역사가 오랫동안 무시되

---

* 이것은 20세기 후반에 자주 들었던 불평이다. 그러나 출판사에서 계속해서 쏟아져 나오는 정치, 제도, 세계 문제의 역사와, 노예제의 역사, 민족적·인종적 소수자, 여성, 시민권의 역사와 같이 이것이 원인이 되어 즉시 생겨나는 주제의 역사에 대한 많은 책들을 감안하면, 이 반대조차도 신뢰하기 어려워졌다. 불평은 정서, 섹슈얼리티, 레크리에이션, 그리고 연필이나 책장과 같은 물질적 대상 등 사회적·문화적 흥미를 끄는 주제들이 수십 년간의 무관심이 끝난 후 이제는 점차 그들 자신의 역사를 획득해가고 있다는 부인할 수 없는 사실에서 비롯됐다.

고 권력과 권위에 대한 접근을 오랫동안 거부당했던 집단의 구성원들은 종종 사회사와 문화사가 동등하게 중요하다고 주장한다. 그러나 역사가들과 다른 사람들 사이에 이러한 논쟁이 공공연하게 펼쳐질 때, 즉 역사가와 다른 사람들이 '올바르고', '가장 좋고', '가장 유용한' 종류의 역사에 대해 토론할 때조차도, 내가 보여주려고 했듯이 그 논쟁들은 서구의 히스토리오그라피적 지형의 불가피한 특징으로 보이는 긴장관계를 반영한다. 그것은 문자 역사의 탄생과 함께 생겨난 특징이며, 냉전의 결과나 페미니즘의 출현으로 생겨난 다툼이 아니다. 그 대신 이 논쟁은 서양의 역사 탐구에 깊은 뿌리를 두고 있다.

그러나 헤로도토스와 투키디데스 및 그 추종자들 사이의 차이를 단지 역사 연구의 진정한 목적과 가장 중요한 주제에 대한 철학적 차이의 탓으로만 돌리는 것은 정확하지 않을 것이다. 우리가 다른 모든 사람들과 마찬가지로 역사가들이 연구에 착수하는 다양한 열망, 의도, 기질을 인정하지 않는다면, 여러 종류 역사의 토대와 그 기저가 되는 주장에 대한 이해는 빈약한 채로 남을 것이다. 역사가들 사이의 서로 다른 관심은 단지 '거기에'이며, 어떤 설명이나 정당화도 필요로 하지 않는다. 이러한 차이는 흥미를 주어 매우 많은 사람들을 끌어들이는 역사 연구의 특징 중 하나이다. 단일한 역사적 사고방식이나 단

이런 주제들은 단지 아주 일부만이 인용됐을 뿐 이전에는 거의 탐구되지 않았다. 자연히 초·중·고등학교와 대학의 교육과정, 그리고 간행된 역사 저서들에서 이전에는 거의 독점적이었던 정치적 주제가 줄어든 대신에 이런 새로운 주제에 대한 관심이 나타났다. 그러나 정치사는 결코 사라지지 않았고, 정치가 사회와 문화로부터 분리될 수 없다는 역사가들의 증가하는 확신 때문에 정치사는 현재 그 어느 때보다 더 풍부하게 구상되고 더 견고해졌다. — 지은이

끊임없이 변화하는 과거

일한 일군의 역사적 관심사는 결코 존재한 적이 없으며 앞으로도 존재하지 않을 것이다. 결과적으로 어떤 종류의 역사 탐구가 가장 가치 있고 유용한지에 대해 뚜렷이 구분되는 입장이 가지는 각각의 장점을 둘러싼 논쟁이 불러일으킨 역사학계 내부의 갈등은 영원히 해소될 것 같지 않다. 대신에 오랫동안 헤로도토스식 연구와 투키디데스식 연구를 분리해온 철학적 차이가 언제나 역사적 사고의 목적에 대한 논쟁에 영향을 미칠 것이라고 믿을 만한 충분한 이유가 있다.

개념적 수정주의

수정주의 역사의 세 번째 종류는 개념적 수정주의로, 어떤 큰 영역이나 주제에 대한 역사 해석의 근거를 재사고하는 것이다. 이런 종류의 수정주의 역사는 가장 즉시 분열을 일으키는 경향이 있다. 나는 여기에서 이전에 상대적으로 정치사나 입지가 탄탄한 유럽 출신 남성에게만 획일적으로 초점을 맞추던 것에 계급, 인종race, 민족ethnicity, 젠더, 섹슈얼리티, 그리고 가장 최근에는 자연 세계의 문제를 도입함으로써 대부분의 과거에 대한 서양 학자들의 학문적 이해가 크게 바뀌는 것을 염두에 두고 있다. 20세기 후반은 특히 이런 점에서 성과가 컸다. 1950년 이래 이런 문제의 삽입이나 과거에 대한 다른 신선한 관점에 영향을 받지 않은 단일 토픽의 역사 연구는 거의 없다. 이전 연구의 중심 주제를 대체하거나 참신한 연구에 의한 서술에 콧방귀를 끼던 비판자들의 공격에도 불구하고, 과거에 대한 최근의 재개념화는 종합적으로 보면 역사 이해의 거대한 수정에 해당하는 것으로, 과거에 대한 지식을 실질적으로 진전시켰다. 이런 이해가 현재의 문제에 대한 사고에도 깊은 영향을 미쳤음은 말할 필요도 없다.

하나의 일반적 역사 탐구 분야로부터 나온 하나의 예, 즉 정치사와 사회사의 연결고리로부터 나온 초기 미국 사회에서 여성의 역할과 권력의 배분 및 사용과 같은 예는 이런 재개념화의 실례 역할을 할 수 있다. 미국혁명과 남북전쟁 사이 여성 삶의 현실에 대한 이런 이해의 변화는 "역사는 과거 정치이고, 정치는 현재 역사다"라는 에드워드 A. 프리먼Edward Augustus Freeman의 오랜 격언에 맞서서 생겨났다.* 그런 신념으로 역사가들은 공적인 문제의 역사를 거의 전적으로 정당과 제도, 선거와 입법 행위, 전쟁과 외교의 이야기로 말해왔다. 이러한 투키디데스식의 신념에 단호히 반대하여 1960년대에 발생한 새로운 출발은 역사가들로 하여금 모든 사람들을 자신의 전문적 시각에서 나온 견해 속으로 이끌도록 자극한 주변 문화의 변화에서 영감을 얻었다. '신사회사'와 '아래로부터의 역사'로 다양하게 알려진, 역사가들의 이러한 관심의 전환은 과거에는 무시되고, 경멸당하고, 억압받던 사람들이 가지는 역사적 의미를 이전에는 이를 부인했던 모든 사람들에게 밝혔다. 여성, 아프리카계 미국인, 아메리카 원주민, 가난하

---

* "역사는 과거 정치고, 정치는 현재 역사다"라는 말은 역사와 정치의 관계를 말할 때 가장 많이 인용되는 문구 중 하나이다. 이 말을 누가 처음 했는지는 논란이 있으며, 논문으로 발표될 정도로 학계의 연구 대상이기도 하다. 이 책에서와 같이 프리먼이 한 말로 보는 견해도 있지만 일반적으로 1869년부터 1895년까지 케임브리지대학교에서 교수로 재직한 존 로버트 실리(John Robert Seeley)가 한 말로 인정된다. — 옮긴이

끊임없이 변화하는 과거

고 잊힌 사람, 궁극적으로는 게이 및 레즈비언과 장애인 등이 그런 사람들이다. 이러한 새로운 종류의 역사를 연구하는 사람들이 미국 정치 세계라는 전통적 연구 분야의 역사가들보다 많아짐에 따라, 미국 초기 시대 정치에 대한 역사가들의 이해는 사상, 정책, 제도보다 사회적·문화적 맥락에 더 초점을 맞추게 됐다. 그 결과 자유민뿐 아니라 노예, 남성뿐 아니라 여성, 자산가뿐 아니라 노동자의 삶과 정치적 역할에 대한 관심이 급격히 높아졌다. 결과적으로 미국혁명을 일으키고, 때때로 급진적인 방향으로 몰아가고, 국가의 첫 정당을 만들어 지원하고, 노예제를 옹호하거나 공격하고, 1860년대 남북전쟁 발발 상황을 조성하는 데 이 사람들이 했던 역할에 대한 이해가 증대됐다. 21세기가 시작됐을 때에 이르자, 미국이라는 나라의 건국에 관여한 것으로 보이지 않는 하나의 단일 집단도 떠올리기는 어려웠다. 제시 레미쉬Jesse Lemisch, 티머시 H. 브린Timothy H. Breen, 린다 K. 케르버Linda K. Kerber처럼 다른 역사가들이 미국 선원, 농부, 노동자, 노예와 해방된 아프리카계 미국인, 여성을 미국 초기 정치사를 형성한 미국인의 맨 앞에 올려놓으면서, 이들은 자신의 역사적 과거를 얻었다. 그들의 학문을 생각해볼 때, 교육 받은 남성 젠트리만이 혁명과 헌법제정의 과정과 결과에 기여했다고 믿는 것은 더 이상 가능하지 않았다.

모든 미국 사람을 포함시키는 것은 미국 정치의 역사에 대한 서술을 바꾸는 것만이 아니었다. 정치적 감수성은 다양한 사회적 활동에 가장 광범하게 내재하며, 어떤 점에서는 모두를 아우르는 것으로 보이게 됐다. 여기에서도 재차 역사가들은 일반적인 문화적 힘에 따라 움직여, 법과 관습에 의해 유권자와 입법자로서 성치석 일에서 아무런 공식 역할도 하지 못했던 사람들을 정치의 우산 아래로 포함시켰다. 공직자를 뽑는 선거뿐 아니라 공직을 위한 운동과 공직의 유지가 정치적 의미를 가지는 유일한 행위라는 것이 전통적인 생각이었다. 정치사상과 표현을 연구하는 역사가들이 일찍이 관심을 엘리트가 아닌 사람들의 표현으로 돌린 것과 마찬가지로, 역사가들은 자신들의 관점을 바꿈으로써 모든 시대의 거의 모든 사람이 권력과 정치적 권위를 둘러싼 싸움에서 다룰지 여부를 고려해야 할 대상이 될 수 있음을 깨달았다.

결과적으로 정치사에 대한 이 새로운 접근법에서 고려 대상이 되지 않는 것은 거의 없었다. 이제 선거뿐 아니라 퍼레이드, 연회, 7월 4일의 기념식과 같은 의식 등 공적 생활의 각 부분, 캠페인성 행사뿐 아니라 종교적 의식, 입법부뿐 아니라 교회, 정치적 측면뿐 아니라 극장 공연을 위한 픽션과 저작, 코커스 룸뿐 아니라 여관과 인inn, 상류층의 응접실뿐 아니라 해양 선원과 민병대 숙소 등과 같은 대중생활의 각 부분, 이 모든 것이 어떻게 정치적 성찰, 설득, 항의 행동, 협상의 현장이 되는지 보는 것이 가능했다. 돌리 매디슨Dolley Madison*과 같은 공직자의 아내가 살롱, 야외 파티, 그리고 다른 사회적 사건을 통해서 남편의 행동과 사고에 어떻게 영향을 미쳤는지 명확해졌다. 노예와 노예제는 이제 역사 상像의 가장 전면, 그리고 중심으로 이동

---

* 미국 4대 대통령 제임스 메디슨(James Medisin Jr.)의 아내로 활발한 정치 활동을 벌여 민주당과 공화당 사이의 협력 정치를 이끌어냈다. 특히 미영전쟁 당시 미국 건국 자료들을 지켜냈다. 미국에서 가장 존경받는 대통령 영부인으로 1999년에는 1달러짜리 기념 은화가 발행되기도 했다. — 옮긴이

했다. 아메리카 원주민은 미국사의 주요 행위자로 이해됐다. 자유민이 된 아프리카계 미국인, 이민자, 남녀 노동자가 자신들이 살고 있는 시티city와 타운town의 정치에 능동적 참여자였음이 밝혀졌다. 그리고 비합리적이고 폭력적인 '군중 무리'의 행동은 알게 된 불의에 대한 합리적인 보상을 받으려는 '대중'의 의도적인 집단행위로 재인식됐다. 이 모든 것은 결국 새로운 활력을 얻은 정치사가 되어 그 텐트 안에 굉장히 많은 것을 흡수해서 '정치문화'의 연구와 '신정치사'로 불리게 됐다. 이제 정치행위는 모든 인간관계에 연루되어 있고, 선거, 공식적인 공적 업무, 그리고 정치인이라고 주장하는 사람들 집단 이외의 행위까지 표현하는 것으로 이해됨으로써, 미국혁명의 시대나 그 이후의 '옛 정치사'보다 풍부하고 광범위하게 정의되며 지적으로 포괄적인 탐구 분야로 바뀌었다.

그렇지만 이 이야기에 좀 더 덧붙일 것이 있다. 국가의 초기 정치사의 일반적 재텍스트화의 한 가닥, 즉 페미니즘에 기원하는 한 가닥을 봄으로써, 우리는 어떻게 해서 한 영역에서 역사의 재상상이 그 초기 경로 속에 거의 남아 있지 않고, 그 대신에 어떻게 다른 역사적 관심 영역 속으로 흘러들어가 더 큰 과거 자취에 중요한 해석적 수정을 야기했는지 알 수 있다. 이 경우 첫째로는 초기 미국에서 여성의 역사적 예속을 설명하고, 둘째로는 결국 그들 자신의 권리를 변화시킨 독립적인 사람들과 행위자로서 역사 기록 속에 전면적으로 출현하게 된 것을 설명할 수 있는 해석적 도식을 만들어낸 성공적인 노력은, 모든 미국사 이해를 광범하게 재연구하는 방향으로 나아가게 한 일련의 개념적 변화 덕분이었다. 여성의 과거를 가장 잘 이해할 수 있는 방법에 대한 학문적 논쟁이 합의에 이르기 시작했을 때, 백인 남성의 행위, 사상, 업적에만 집중하는 역사는 오해의 소지가 깊고 더 이상 지킬 수 없음이 명확했다. 게다가 미국의 더 큰 역사에 여성을 집어넣는 것은 역사가들이 미국사의 '거대 서사master narrative'라고 부르는 것의 정통적 내용에 지속적 변화를 강요했다. 그러나 이 책의 맥락에서 보면 새로운 내러티브의 길은 결국 일직선을 따라가지는 않았으며, 그 대신 구불구불 물결치면서 앞으로 나아갔다.

이러한 해석적 발전의 뿌리는 19세기와 20세기 초의 '제1의 물결 페미니즘first-wave feminism'에서 투표권과 재산권에 제한적으로 초점을 맞춘 것을 넘어서 정치와 이데올로기에 강조점을 둔 이른바 '제2의 물결 페미니즘second-wave feminism'에서 찾을 수 있었다. 1945년 이후 태어난 새로운 페미니즘은 가족, 성, 직장 차별과 학대 같은 문제, 이혼, 강간, 피임, 낙태, 병역 같은 광범한 범위의 여러 문제에 관해 오래된 법률 규칙, 급여 규모, 보험보장 범위, 담보 대출과 같은 영역의 불평등에 대한 관심을 촉구했다. 그것의 모토는 "개인적인 것이야말로 정치적이다"라는 것이었다. 그 가장 유명하고 도발적인 텍스트는 시몬 드 보부아르Simone de Beauvoir가 1949년에 쓴 《제2의 성》과 베티 프리던Betty Friedan의 1963년 작 《여성성의 신화》였다. 전후 유럽과 미국 문화의 광범한 변화를 다룬 두 책은 그 때까지 학문적으로 거의 무시되어왔으며 학부 교육, 장차 역사가가 되려는 사람의 준비, 그리고 과거에 대한 일반적 탐구에서는 어떤 입지도 없었던 주제에 역사가들이 관심을 가지게 했다.

역사가들에게 실질적인 도전은 첫째로 여성을 역사학 및 역사교육

끊임없이 변화하는 과거

에 포함해야 하는 근거가 무엇인지, 둘째로 어떤 수단으로 할 것인지에 대한 것이었다. 단순히 여성이 그들 자신의 과거를 가지고 있다는 논란의 여지없는 사실을 보여주고 그러한 과거가 무엇인지 밝히려는 것이 목표였을까? 아니면 여성의 과거가 이전에는 남성을 주인공으로 한 더 큰 역사 내러티브를 어떻게 변화시켜 여성에게 수천 년 동안 일어난 인간사회의 주요 변화의 창조자와 매개체의 자리를 마련해주었는지 평가하는 것이었을까? 물론 사람들은 남성 중심적이었던 이전의 역사적 상황 속에 여성을 충분히 쉽게 넣을 수 있다. 예를 들어 첫 번째 미국 국기로 만들어졌다고 알려진 벳시 로스Betsy Ross의 이야기를 다시 하거나,* 2차 세계대전 중 미국 경제를 지탱시킨 리벳공工 로지 Rosies the Riveter**의 역할을 치켜세우거나, 소저너 트루스,*** 제인

---

* 최초의 성조기는 1776년 조지 워싱턴의 요청으로 재봉사인 벳시 로스가 만든 것으로 알려져 있다. 그래서 그 깃발을 '벳시 로스'라고 부른다. 이 때의 성조기는 미국 독립 당시 주의 숫자인 13개의 줄과 13개의 별로 디자인되어 있다. 그렇지만 이는 1836년 84세의 벳시 로스가 임종 당시 손녀에게 들려주었다는 이야기를, 1870년 손자인 윌리엄 J. 캔비(William J. Canby)가 전한 것이다. 이 때문에 역사가들은 이 이야기를 믿지 않지만, 대중적으로는 첫 번째 성조기로 인식되고 있다. — 옮긴이

** 전쟁 중에 남성 대신 공장에 나가서 일하는 여성을 뜻하는 말이다. 실존 인물의 이름이 아니라 이런 역할을 한 여성의 문화적 상징으로, 금속재료를 고정시키는 데 사용되는 리벳을 박는 사람이라는 뜻이다. 1942년 발표된 〈리벳공 로지〉라는 노래 제목에서 비롯됐다. 전쟁으로 남성이 군대에 차출되자 국가는 여성들에게 남성 대신 공장에 나가서 일할 것을 독려했다. 여성들은 남성의 감독 아래 공장에서 저임금을 받고 일해야 했다. 그것도 전쟁이 끝나서 남성들이 복귀하면 가정으로 돌아가야 할 것이 분명한 불안정한 직업이었다. 실제로 2차 세계대전에서 여성의 취업을 독려하던 미국 정부는 미국의 승리가 확실시되던 1944년이 되면 일하던 여성에게 가정에 돌아가라고 선전했다. — 옮긴이

*** 18세기 노예제 폐지 운동과 여성 권리 운동을 한 미국 여성으로, 원래 이름은 이사벨라 바움프리(Isabella Baumfree)였으나 '진리를 전하고 다니는 사람'이라는 뜻으로 스스로 소저너 트루스라고 개명했다. 1851년 오하이오에서 열린 여성인권대회에서 "나는 여성이 아닌가

애덤스Jane Addams,[*] 엘리너 루스벨트Eleanor Roosevelt^{**}와 같은 여성 개개인이 공적인 문제에 미친 엄청나게 큰 영향에 한층 집중할 수 있다. 여기서, 그 목적은 교과서의 역사에 여성이 빠졌던 것을 보상하고 이에 속죄하는 것이었다. 그러나 그런 접근은 역사적으로 종속적인 여성의 지위와 그것으로부터 궁극적인 탈피에 대한 이해를 어떤 실질적 방법으로 거의 진전시키지 못했다. 그 목적을 이루기 위해서는 두 가지가 필요했다. 여성의 삶의 역사적 현실에 대한 새롭고 이전에는 시도되지 않았던 연구와, 새로운 해석적 개념이 그것이다.

　페미니스트 이론가들과 역사가들은 그들이 자료에서 발견하기 시작한 것을 해석하는 방법이 처음부터 크게 달랐다. 오늘날에도 그들의 생각은 같지 않다. 그러나 종종 일어나는 일이지만, 몇몇 일반적인 해석적 경향은 곧 이러한 학자들의 연구를 조직화하기에 충분할 만큼 강해졌다. 그러나 그들에게 근본적인 것은 역사가 인간사에 대한 가부장제의 오랜 속박을 폭로하는 것이라는 믿음, 즉 제2의 물결 페미니즘의 기초였다. 이 주장은 거다 러너Gerda Lerner의 1986년 작《가부장제의 창조》에서 가장 강하게 표현됐다. 그러나 가부장제의 개념은 곧바로 어려움에 부딪혔다. 여성사를 둘러싼 이런 현실에 초점을 맞추는 것의 어려움은 무차별적이라는 것뿐만 아니라 여성이 인정하고

요?"라는 유명한 연설을 하여 인권운동의 상징적 인물이 됐다. ─ 옮긴이

*　20세기 전반 미국의 평화주의 사회운동가로 아동과 여성, 이민의 보호를 위한 운동을 하고 사회기관을 세우는 활동을 했다. 이런 활동으로 1931년 노벨평화상을 수상했다. ─ 옮긴이

**　미국 32대 대통령인 프랭클린 D. 루스벨트의 부인으로 여성문제, 인권문제 등 사회문제 해결을 위해 노력했다. 특히 미국의 국제연합 대사를 하면서 1948년 국제연합이 발표한 세계 인권선언의 기초에 큰 역할을 했다. ─ 옮긴이

싶어 하지 않았던 과거 남성의 압도적인 힘과 권위를 인정한다는 것과, 여성이 독립적으로 행동할 수 있는 역할과 선택권이 거의 없었음을 암시한다는 데 있다. 여성이 남성에게 종속됐다는 것이 인류 역사의 대부분에서 일반적인 규범이었다는 것에는 충분히 쉽게 동의할 수 있었다. 그러나 가부장제는 서로 다른 사회와 시대에서 어떻게 유지됐을까? 남성의 힘이 그렇게 포괄적이고 강했다면, 여성이 남성에게서 자유를 얻은 것은 어떻게 설명할 수 있을까? 사실상 여성들은 역사적으로 가족 내의 중심 위치를 통해 프랑스 이론가 미셸 푸코Michel Foucault가 '총체적 기관total institution'이라고 불렀던 것 내에서 심리적 감금을 당해왔다는 것이 실제로 사실일까? 아니면 여성들은 적어도 그들에게 가해진 제약 속에서 자기 자신의 삶을 가꾸기 위해 언제나 약간의 자율성을 창조하고 보유했는가? 이러한 질문들은 페미니즘의 정치적·이념적 희망과 보조를 같이 하지만, 노예제 내에서 독립할 수 있는 영역을 개척할 수 있는 노예들의 능력에 대해 제기된 것과 유사한 역사적 질문이었다.

여성이 남성에게 종속되는 것과 거기에서 탈피하는 것을 설명하는 가장 촉망받는 초기의 접근법은 '분리된 영역 separate spheres'의 개념인 것처럼 보였다. 이 개념의 관점에서 보면, 최근까지 남성과 여성은 뚜렷이 구분되는 경계가 있는 삶의 지위를 가지고 있었다. 여성은 가정 내의 영역에서는 힘이 있었지만, 남성의 지배 영역인 공공 문제에서는 행위주체에서 거의 배제됐다. 하는 일에 대한 이런 전제의 증거는 공공 무대뿐 아니라 가정 내 존엄한 법의 존재와 '커버쳐 couverture' 관행, 즉 남성의 '보호 cover' 아래 여성의 재산과 행동의 자유를 통제하는 규칙들이었다. 이런 법을 적용하면 아내, 자식, 그 밖의 종속된 여성들이 자신들에게 허용된 역할 이상의 활동을 하는 경우에는 남성의 동의를 필요로 했다. 대부분의 여성 재산은 남성 손에 맡겨졌다. 그리고 성적·가정적 관계에 대한 남성의 통제를 광범하게 허용했다. 더구나 커버처라는 현실을 동반하고 정당화한 것은 현대의 이데올로기라고 주장됐다. 바바라 벨터 Barbara Welter는 이를 '진정한 여성다움 숭배 cult of true womanhood'라고 불렀는데, 이는 여성의 지위와 행동을 조직하고 판단할 수 있는 일련의 관행과 때로는 명시되지 않은 사회적·문화적 가이드라인이었다. 이 가이드라인은 여성에게 한편으로는 어쩌면 남성이 가졌을 수 있는 저급한 욕망을 길들이고, 다른 한편으로는 아동을 시민으로 기르고 공화주의적 미덕을 유지시키는 가장 얌전한 합법적 역할만을 인정했는데, 페미니즘의 가장 선구적 역사가인 린다 케르버는 이를 가리켜 '공화주의적 모성 republican motherhood'이라고 불렀다.

그러나 역사가들이 여성의 다양한 삶을 더 많이 들여다보면 볼수록, 남성과 여성을 분리하는 관념과 가부장제 개념은 더 불만족스러워 보였다. 법률과 커버처의 적용이 일관성이 없음을 학자들은 발견했다. '공화주의적 모성' 이데올로기는 하나의 이념을 제시했을 뿐이었다. 법도 이데올로기도 여성 행동을 충분히 통제하는 데 성공하지 못했다. 그리고 18세기에 이르면 어떤 경우에도 커버처는 상업자본주의의 출현과 모순된다는 사실이 드러났다. 법과 이데올로기 모두 근대성의 매서움을 이겨낼 수 없었으며, 결국 여성을 공적 역할, 궁극적으로는 정치적 역할에서 배제하는 데 실패했다. 역사가들이 미국 혁명 이후의 역사를 더 많이 연구하면 할수록, 더 많은 여성들이 공적인 일 어디에서나 있는 것처럼 보였다. 학자들은 남성과 여성의 역할이 확고한 성격을 가지고 있는 것이 아니라 캐롤 래서Carol Lasser가 말하는 '유동성fluidity'에 의해 특징지어진다고 보는 것이 더 타당하다고 결론지었다. 남성과 함께 여성은 "사회와 정치를 구조화하는 데 협력했다".

하지만 이것이 전부는 아니었다. 역사가들은 또한 남성과 여성의 역할이 유동적일 뿐 아니라 인종, 민족, 계급, 장소, 문화에 따라 매우 다양하다는 사실에 경각심을 가지게 됐다. 게다가 역사가들은 사회 내 여성의 역할에 대한 조사를 넘어 젠더를 사회의 모든 단계와 모든 분야에서 권력관계를 형성하는 '담론discourse'의 한 형식으로 이론화한 푸코, 자크 데리다Jacques Derrida 그리고 조안 왈라크 스콧Joan Wallach Scott의 '탈구조주의' 이론을 따르기 시작했다. 그들의 영향 아래 역사가들은 젠더의 구성과 역사, 즉 성적 정체성의 정의, 수행, 행동이 시간의 경과에 따라 어떻게 달라졌는지를 조사했다. 그들의 관점에서 보면 젠더는 개인이 서로 다른 시대, 서로 다른 환경하에서 가지고 있고, 바뀌고, 표현하는 성적 정체성으로, 자궁에서 유래하는 생물학적 성sex과는 성격이 다르다. 여기서, 여성의 역사는 멀리 고대 그리스까지 거슬러 올라가 찾을 수 있는 동성 관계에 관한 역사와 이론을 포함한 섹슈얼리티의 역사 및 이론 발달과 일치한다. 이는 존 보스웰John Boswell과 같은 권위 있는 학자의 연구에서 명확해졌다. 여성의 삶 역시 젠더의 역사와 이론의 통찰을 통한 역사 연구의 대상이 되자, 이전에 알려지고 인정했던 것보다 훨씬 더 광범한 '여성성'과 '남성성', 그리고 다양한 성적 표현이 과거 모든 기간 내내 존재해왔음이 명확해졌다.

결과적으로, 역사가들은 분리된 영역의 규범이 양면성을 가지고 있다고 확신하게 됐다. 그것은 여성의 삶을 제약했을 수 있지만, 또한 그러한 규범을 따르는 몇몇 여성들을 대담하게 만들었다. 사실 가정의 분리된 영역은 여성에게 그들이 운영하고 영향을 미칠 수 있는 '자연스러운' 세계일 뿐 아니라 그것은 또한 여성이 가정 내의 역할을 넘어서 출연할 수 있는 중심 무대였다는 것을 역사가들은 발견했다. 자기 가족과의 불가분성은 다른 사람에게 영향을 미치는 데 장해물이 되는 만큼이나 여성이 어떤 영향력을 행사하는 원천으로 보였다. 그 활동이 현재 우리에게 아무리 제한적으로 보일지라도, 여성들, 적어도 중산층 백인 여성들은 가정의 언어를 사용해서 자신들의 공적 활동을 점차 늘리고 정당화했다고 할 수 있다. 마찬가지로 중요한 것은 캐롤 스미스 로젠버그Caroll Smith-Rosenberg 등이 새롭게 재생된 분리된 영역의 개념을 사용함에 따라, 여성의 사랑과 지지, 행동의 뚜렷한 영역의 창조는 여성의 원초적 힘protopower을 창조하고 교육이나 간호와 같은 여성화된 직업 속에 이를 확산하고, 그다음에는 그런 활동을 뛰어넘는 데 근원이 되는 입지를 마련했다는 사실이다. 역사가는 또한 다른 종교적 종파, 교리, 관행이 여성을 구속하거나, 또는 이와는 달리 삶에서 더 큰 만족과 기회를 추구하는 원동력을 제공할 수 있음을 발견했다.

젠더 역할과 관계에 대한 과거의 관습과 관점은 가변적이었으며 경우에 따라서는 뚜렷한 계급적·정치적 이익을 촉진하거나 지체시기키 위해 남녀 양성에 의해 채택됐다는 결론은 피할 수 없었다. 분리된 영역 이데올로기의 사용은 자신의 영향력을 확대하려는 중산층 여성의 출현에서 나타났다. 예를 들어 도덕적 불의에 맞서 대중 앞에서 자신의 목소리를 높이는 남북전쟁 전의 노예폐지론자, 여성 참정권의 금지와 증진을 촉진시키고 지체시키려고 애쓰는 활동가, 가정에서 전쟁의 수행을 뒷받침하고 전쟁터로 떠나는 남성의 대리역할을 하는 여성, 피임의 합법화 운동을 하는 시위자 등의 존재였다. 간단히 말해서, 여성과 시장이 변화하는 사회적 상황하에서 더 이상 삶에 실용적이지 않거나 받아들일 수 없음이 입증된 관계의 표준, 기대감, 기존 위계에 압력을 행사함에 따라 커버쳐의 법과 실천, '진정한 여성다움'과 같은 이데올로기가 점차 폐기됐음이 연구에 의해 밝혀졌다. 이전에는 남성에 의해 독점됐던 행동 영역에 점차 들어가게 되면서 제분소와 공장에서 일했으며 이에 따라 자기 자신의 자금을 소유하게 된 19세기 미국 여성들은 자신들이 희망한 대로 소비하고 저축할 수 있었다. 독신으로 살아가는 것조차 의존성에 대한 저항, 자율성을 얻기 위한 수단, 그리고 낸시 F. 코트Nancy F. Cott가 '여성의 속박bond of womanhood'이라고 부른 것에서 일부 벗어나는 방법으로 볼 수 있었다. 새로운 자유를 얻게 되면, 중산층 여성들은 또한 박람회와 소풍 같은 이전의 중립적인 여성 영역을 정치적 목적을 위해 채택하고, 정치인들에게 사회 병폐의 시정을 요구하는 데 동참하고, 도덕적이고 시민적인 가르침으로 가득한 학교 교재를 집필했으며, 감정을 자극하는 문헌과 복음주의 개신교에 깊이 영향을 받은 시대에는 그들 자신을 다른 여성들, 특히 자기 생각을 말하거나 속박에서 벗어나는 데 엄청난 장해에 직면한 노예나 노동자 여성들과 동일시했다.

그러나 분리된 영역들이 모든 여성의 삶을 특징짓는다고 결론지을 수는 없었으며, 중산층 이외 여성들의 삶은 확실히 그렇지 않았다. 인종과 계급의 차이가 여성을 서로 갈라놓았다. 그러나 그렇다고 해서 노동 여성들이 중산층 사회와 규칙의 제약에서 벗어나서 가질 수 있고 가지기를 희망하는 자기 자신의 삶이나 '여성다움'을 형성할 수 있는 것은 아니었다. 자유민이든 노예든 간에, 많은 여성에게 가정 생활은 노동과 구분되는 영역이 아니었다. 여성들은 종종 노동과 가정을 결합했고, 많은 여성들이 그렇게 하도록 강요받았다. 또한 권리와 대의권을 위한 싸움에서 분리된 영역의 힘을 무시하기는 어려웠다. 특히 짐 크로우 시대에 존중을 받기 위해 싸웠던 아프리카계 미국 여성들 사이에서 그러했다. 다수가 이전에는 노예였던 이들 여성에게, 비록 제한적이기는 하지만 자신의 가정에 대한 더 큰 통제와 노예 주인의 간섭을 받지 않는 노동의 선택은 진정한 진보를 상징했다. 이 모든 예에서, 중산층이 아닌 여성들은 그들 자신의 이익을 위한 일을 하기 위해 그 기회들을 자신의 제한된 행동 영역 속에서 구체화했다. 분리된 영역의 현실은 그들을 구속했을 뿐만 아니라 해방시켰다. 그래서 경험적 연구를 통해 역사가들이 분리된 영역의 개념을 새로운 용도로 사용할 곳을 계속해서 찾는 현상이 나타났다. 여성의 역할에 대한 명확한 정의인 '진정한 여성다움'은 많은 사례에서 일부 아내, 어머니, 그리고 결혼하지 않은 여성들에게 감옥이었다는 것이 입증됐지만, 다른 여성과 가족들은 이를 성취하기를 열망했으며, 특히 중산층으로 상승을 꾀하는 여성들이 그랬다는 증거를 찾아볼 수 있다. 많은 경우 가정 세계라는 상대적인 안식처는 많은 여성에게 무시무시한 상공업

끊임없이 변화하는 과거

세계로부터 벗어날 수 있는 환영받는 선택된 도피처였다. 즉, '진정한 여성다움'과 '분리된 영역'은 선택된 영역일 수 있었다.

여성의 과거를 연구하는 학자들의 도전은 여성이 역사적으로 오랫동안 억압을 받았다는 외면할 수 없는 사실과, 때때로 가혹한 구속력을 가진 제한 내에서 벗어나 자기 자신의 역사를 만들어내려는 여성 자신의 선택, 노력, 성공이 허용됐음을 인정하는 것이었다. 그것은 또한 여성의 상황은 남성의 행동에 의해 제약될 뿐 아니라 개선될 수 있으며, 상호 호혜적으로 여성의 상황이 남성의 상황을 바꿀 수 있었다는 것을 인정해야 했다. 사실 과거에 일어났던 행위의 여러 무대를 여성이 만들거나 조정했다는 수정된 이해는 매우 유용해서, 분리된 영역의 개념은 이제는 모든 인류의 역사에 적용되고 있다. 이제 역사가들은 과거를 여성이 남성에게 종속되어 안정적이고 비굴하게 살아갔던 역사보다는 남성과 여성 간의 언제나 변화하는 상호의존적인 관계로 이해한다. 근대의 오랜 기간 동안 남성과 여성 간의 관계가 어느 정도는 언제나 가능하고, 고정적이 아니며, 여성 자신의 행위주체성에 매우 크게 영향을 받는 것으로 이제는 이해되고 있다. 린다 케르버의 말에 의하면, 이제 역사가들은 "여성이 말하는 이른바 '분리된 영역'이 남성이 한 일에 어떻게 영향을 받았는지, 여성 자신의 영역에서 여성에 의해 정의된 활동이 남성이 할 일을 선택하는 데 어떻게 영향을 미쳤으며 심지어 이를 제약했는지, 간단히 말해서 그 영역이 여성을 위해, 그리고 여성에 의해 어떻게 사회적으로 구성됐는지" 보여주고자 한다. 분리된 영역이 처음에 믿었던 것처럼 여성을 안으로 들여놓기보다는 많은 여성에게 그들 자신의 이익과 삶을 창조하고 진전시킬 수 있는 자유를 제공했다고 이제는 이해되고 있다.

　분리된 영역 개념의 이런 복잡한 역사로부터 우리는 어떤 결론을 이끌어낼 것인가? 확실히 그중 하나는 이전의 해석 체계를 개념적으로 수정했다고 해서 이를 안정적 휴식처로 즐길 수 있을 것이라고 기대할 수는 없다는 것이다. 모든 개념은 원래 의도되지 않은 용도로 사용될 수 있다. 분리된 영역의 일련의 재개념화는 또한 과거의 뚜렷한 한 부분에 대해 오래 유지되어온 합의가 검토의 대상이 되고, 새로운 합의가 만들어지는 때로는 복잡한 길을 분명히 보여준다. 그런 다음 재개념화된 것 자체는 재평가에 개방적이 되고, 비판받고, 재평가되고, 재진술의 대상이 된다. 이 경우에 분리된 영역이라는 하나의 개념 체계가 모든 개념 체계를 대체했다. 그러나 바로 그 이유가 무차별적이어서 분리된 영역의 개념에 앞서 가부장제 개념 자체가 근거가 없다고 공격을 받았다. 그리고 가부장제 개념은 분리된 영역이 많은 경우 실제로 여성들의 자신감, 권위, 영향력, 사회 참여를 만들어내고, 여성들이 자양분을 받고 성취감을 얻는 현장을 제공했다는 것을 역사가들이 깨달은 다음에야 부활됐다. 역사가들은 여성을 가정 이데올로기의 희생자로 보는 대신에, 여성이 영향력, 교육, 만족감, 남성 지배로부터의 자유의 획득이라는 그들 자신의 목적을 위해 이 이데올로기를 사용했다고 믿게 됐다. 낸시 F. 코트의 말에 따르면, 분리된 영역이라는 사고는 "힘과 정체성의 원천을 형성하고 서로 힘을 주는 자매 같은 관계를 부여한 여성들 사이의 하위문화의 기초"였다. 이는 여성과 분리된 영역 이데올로기가 남성 및 일반적인 사회적 규범과는 관계 없이 영향력을 가지고 있었다는 해석이다. 그런 해석 궤적은 개념

끊임없이 변화하는 과거

적 수정이 어떻게 생겨나고, 그런 다음에는 자취를 감추고, 그다음으로 재차 다시 나타나서 그것이 원래 누렸던 수용의 확실한 몫을 회복할 수 있는지를 보여주는 한 사례일 뿐이다. 이러한 복잡한 개념의 뒤엉킴은 역사적 사고의 역사에서 자주 발생했다. 과거를 이해하기 위한 지속적 투쟁의 많은 사례가 이런 경우였다.

증거 기반 수정주의와 방법 중심 수정주의

위에서 언급한 수정주의 외에 서로 간에 구분할 수 있는 종류의 수정주의가 더 있다. 밀접하게 관련된 그 밖의 두 가지 종류가 역사 탐구의 기초가 되는 증거 자료로부터 직접 나온다. 그것은 증거 기반 수정주의evidence-based revisionism와 방법 중심 수정주의method-driven revisionism이다. 이 두 가지 종류는 각각 이전의 해석적 접근법을 변경한 것이다. 첫 번째는 새로운 역사 자료의 발견에 기인하는 것이고, 두 번째는 이미 알려진 증거에 새로운 분석 방법을 적용하는 것을 통해서이다. 둘 다 모두 역사 지식에 중요한 발전을 가져올 수 있다.

이런 다양한 역사적 주장들 중 첫 번째인 증거 기반 수정주의, 즉 중요한 새로운 역사적 자료의 발견으로 생겨나는 변형은 많은 점에서 대부분 역사가들을 위한 성배이다. 대부분의 역사가들은 어느 날 이전에는 알려지지 않았고 이미 생각됐던 것을 상당히 바꾸어줄 과거의 증거를 발견했으면 하는 희망을 가지고 있다. 그것이 원고 문서건, 보기 드문 인쇄본 책이건, 또는 물리적인 인공물이건 간에 그렇다. 때때로 이런 발견은 역사가들이 이미 알고 있는 것을 확인시킨다.

그러나 1940년대 후반 사해문서 Dead Sea Scrolls*의 유명한 사례처럼 새로운 자료가 발굴되면, 사고와 믿음의 모든 전통이 뒤바뀌고 새로운 탐구 영역이 열릴 수 있다. 사해문서의 경우, 그 발견이 성서의 역사와 고대사에 대한 이전의 이해에 깊이 영향을 미쳤다. 때때로 새로운 증거의 공개는 덜 지속적이지만 동등하게 중요할 수 있다. 예를 들어 리처드 M. 닉슨 Richard M. Nixon의 백악관 테이프**의 점진적이고 지속적인 공개가 그런 사례이다. 그 테이프들이 공개됨으로써 전 대통령의 편집증, 강박관념, 악행에 대해 이미 알려진 것이 명확해지고 확인됐으며, 닉슨 행정부의 역사를 쓰는 데 도움을 주었다. 소련 해체 후 소련 기록보관소에 보관되어 있던 증거가 새로 공개됨으로써 소련과 냉전 역사에 중요한 수정을 할 수밖에 없었던 것도 같은 맥락이다. 그리고 한 번도 사용되지 않은 재무 기록을 찰스 비어드가 이용한 것과 마찬가지로, 중요한 역사적 발전의 중대한 재분석에 착수하는 데는 때로는 오랫동안 알려져 온 증거를 새롭게 활용하기만 하면 되는

---

* 1940년대 후반 이스라엘 사해 인근에서 발견된 히브리어 성서로, 두루마리 형태를 띠고 있다. 기원전 3세기에서 서기 1세기 사이에 작성된 것으로, 유대교의 여러 분파들이 제작하여 동굴에 몰래 보관했던 것으로 추정된다. 당시의 시대상이나 유대인들의 가치관, 신앙 등을 알 수 있다. ― 옮긴이

** 1972년 미국 대통령선거 당시 일어난 워터게이트 사건의 은폐 음모를 담은 녹음테이프이다. 당시 민주당 선거사무실이 있던 워터게이트 호텔을 공화당 측 일부 인사들이 도청했다. 닉슨 대통령은 백악관 집무실에서 이 사건의 은폐를 모의했는데, 이 내용은 자동으로 녹음됐다. 닉슨은 대통령 통치 특권을 내세워 테이프의 공개를 거부했지만, 연방 대법원의 판결로 공개됐다. 그 결과 닉슨이 워터게이트 사건을 은폐하려고 했음이 드러났다. 이는 닉슨의 대통령직 사퇴로 이어졌다. ― 옮긴이

경우도 있다.

마찬가지로 중요한 것은 역사 이해를 새롭게 하기 위해 오래 알려져 있는 증거의 분석에 새로운 방법을 적용하는 것으로, 방법 중심 수정주의다. 이전에 받아들여졌던 관점을 이런 식으로 바꿈으로써 획득되는 권위는 역사학 바깥에서 개발된 연구 기법을 역사가들이 이전에는 다른 방법으로 조사했던 증거에 적용하는 것에서 성장한다. 그 방법은 오래된 자료들에 새로운 중요성을 부여하고, 그로부터 이끌어낸 새로운 의미를 허용하는 것이다. 해석에 적용된 방법 중심 혁신이 광범하게 논란이 된 사례는 노예제, 특히 미국 내 노예판매 시장에서 노예 가격의 변화와 1860년 이전 남부에서 개방되거나 재판매된 토지 가격의 변동에 대한 기존 증거에 통계적·계량경제학적 방법을 적용한 것이다. 1장에서 언급한 바와 같이, 통계학자 및 경제학자에 의해 개발된 방법들이 오랫동안 조사되지 않은 채 기록보관소에 놓여 있던 그러한 비용 데이터에 집중되자, 전쟁 전 미국 남부에서 노예제가 얼마나 수익성이 있는지, 그리고 이에 따라 남북전쟁이 특정 제도를 지키기 위한 노예 소유자의 전쟁이라고 보는 것이 '합리적'인지에 대해 새로운 전망이 열렸다.

종전의 역사 이해를 수정하게 한 현존 증거에 대한 방법 중심 재평가의 또 하나 중요한 사례로는 토머스 제퍼슨과 그의 집안 노예인 샐리 헤밍스 사이의 관계가 있다. 그녀는 죽은 제퍼슨 아내의 아버지가 낳은 딸이었으며 따라서 제퍼슨의 처제였다. 그들의 관계에 대한 현대의 논쟁이 1970년대에 시작되자마자, 그 논쟁이 어떤 역사적 합의로 귀결되는 간에 그것은 미국사 전반에 걸쳐 흑백 관계의 역사를 이해하는 데 영향을 미칠 것이라는 점이 명백했다. 결국, 이 문제는 독립선언서의 저자와 관련된 것이었고, 국가의 자아상을 창조하고 미국 민주주의의 아버지로 여겨지는 사람의 주장과 가치를 건드렸다. 제퍼슨과 헤밍스 사이의 친밀한 개인적 유대에 대한 역사가들의 발견은 무거운 문화적 의미로 채워질 수밖에 없었다. 더구나 다음과 같은 질문은 이전에는 결코 역사가들이 직접적으로 언급하지 않던 것이었다. 제퍼슨과 그의 노예 간의 관계는 계약 이상이었는가? 그들의 관계는 성적sexual인가, 어쩌면 애정인가? 헤밍스는 그녀의 주인에게 감정적 영향력을 행사했는가? 제퍼슨은 위선자인가? 1960년대에 새롭게 힘을 얻은 역사적 사고와 관점의 일반적이고 광범위한 변혁, 즉 정치학 연구에서 일반적으로 그러했듯이, 역사 연구의 스포트라이트를 통치, 금융, 산업, 주로 남성에서 역사가들이 무시했던 사람들로 이동시킨 변화를 반영한다면, 제퍼슨이 위선자였을까? 이 새로운 관심으로부터 전체 남성과 여성의 사적 행동에 대한 새로운 연구뿐 아니라 새로운 다양한 전기가 나타났다.

발전하는 거의 모든 일련의 역사 연구가 제퍼슨에 집중하는 것처럼 보였는데, 이는 인종 관계와 사적 생활, 젠더, 남부의 새로운 역사였다. 노예제의 수익성에 대한 것과 똑같이, 역사가들은 또한 기록보관소에 오랫동안 조용히 잠들어 있던 증거의 조사에 착수하는 데 새롭게 활용할 수 있는 방법론에 영향을 받았다. 그들 중 많은 사람은 자신의 학문적 관심사에 다른 분야에서 발달한 기법을 적용하는 데 많은 매력을 느꼈다. 이 방법은 그들에게 기존의 증거로부터 이전 방법이 이제까지 허용했던 것보다 더 많은 것을 학습할 기회를 제공했다.

여기에서 역사학의 외부에서 기원한 두 가지 뚜렷한 발전이 오랫동안 무시당했던 사람들의 사적 생활과 그 사람들에 대한 학자들의 관심의 증대와 일치했다. 첫 번째는 심리학이었다. 심리학적 이론화는 복제할 수 있는 확실한 방법과 발견이 부족했지만, 그것은 사람들의 정신적·사적 존재의 숨겨진 현실에 대한 일련의 유망한 탐구를 제공했다. 종전에는 숨겨졌던 사람들의 삶이 그들의 공적 입장과 저작들에 대해 무엇을 밝힐 수 있을까? 그리고 그 반대도 가능할까? 주요 역사 인물의 공적 언명과 사적 행동 사이의 모순이 전체 문화와 국민성에 대해 무엇을 밝혀낼 수 있을까? 아무리 추측에 근거한다고 할지라도, 심리학 이론을 역사적 문제에 적용하는 것이 감춰지고, 언급되지 않고, 심지어 인식되지 않은 과거의 실재를 어떻게 밝히기 시작할 수 있을까?

유전과학뿐만 아니라 기술 혁신에 따라 개발된 기술인 DNA 분석은 새로운 역사 지식을 얻을 수 있는 가능성을 가진 역사학계 밖에서 개발된 두 번째 방법이다. 여기에서 새로운 과학의 접근 방법은 가계도 및 이전에는 역사적 분석을 할 수 있는 범주에서 벗어나 있던 관련 증거에 적용했을 때 이해를 새롭게 해줄 수 있을 것이라는 희망을 제공했다. 예를 들어 그것은 많은 사람들의 기원을 밝히고, 그들의 이주 지도를 만들고, 식물, 동물, 그리고 질병의 확산을 설명하고, 환경 변화를 차트로 보여줄 수 있다. 이 경우 몬티첼로Monticello*의 일부 노예의 친자 문제를 놓고 장기간 지속된 논쟁을 해결하는 데 DNA 과학을 적용할 가능성은 무시할 수 없을 만큼 충분하나. 오래지 않아 역사가들은 이 새로운 과학을 역사 연구에 사용했다.

백인 소유주의 노예에 대한 성적 착취가 잘 알려져 있고 널리 퍼졌으며 혼혈 인종의 사람들이 미국 전체 사람들에서 발견됐지만, 인종들 간의 성적 관계는 남부는 물론 북부에서도 오랫동안 불법으로 간주됐다. 그 결과, 소문이 떠돌고 심지어 널리 보도되더라도 남부 주요 인물 집안 내의 친밀한 흑백 관계는 공개적으로 인정받는 일이 거의 없었으며, 그러한 관계를 감춰주는 널리 수용된 침묵의 코드는 노예 보유 사회 내에서 그런 소문에 대한 부인이 진실임을 입증하는 수단이 됐다. 비록 불법화됐기는 하지만, 백인 사회는 제퍼슨의 친구인 토머스 벨Thomas Bell의 사례처럼 드물게 백인 남성과 아프리카계 미국인 여성 간의 결혼을 받아들였다. 그는 관습법 내에서 샐리 헤밍스의 어머니인 엘리자베스 헤밍스Elizabeth Hemings와 결혼했다. 그러나 그처럼 인정된 관계는 적은 수에 지나지 않으며 불문율에 도전할 만큼 충분하지 않았다. 그나마 상류층 내에서 예외적으로만 허용됐을 뿐이었다.

1790년대부터 당시는 아직 미국 대통령이 아니었던 토머스 제퍼슨과 그의 노예인 샐리 헤밍스 사이의 그런 관계에 대한 루머가 떠돌았다. 제퍼슨이 부통령으로 신생 민주공화당 당수였던 제임스 매디슨James Madison과 함께 부각되어 1800년 백악관을 놓고 존 애덤스 대통령과 다투지 않았으면, 루머는 버지니아의 지역 문제로 남았을 것이다. 당시 대통령선거 준비를 하는 동안 제퍼슨은 스코틀랜드 출

---

* 미국 버지니아주에 있던 토머스 제퍼슨의 저택이다. 제퍼슨이 직접 설계하고 지어서 생활했으며, 현재는 제퍼슨 기념관으로 이용되고 있다. 제퍼슨이 설립한 버지니아대학교와 함께 세계문화유산에 지정되었다. ─옮긴이

신 민주주의자이자 언론인, 팸플릿 집필자로 당시에는 필라델피아에 거주하던 기회주의자였던 제임스 T. 캘렌더James T. Callender를 고용해서 애덤스를 공격했다. 대통령을 향한 비난에 대해 애덤스 행정부는 캘렌더를 선동법 Sedition Act 위반 혐의로 기소했으며, 캘렌더는 유죄가 인정되어 벌금형을 받고 투옥됐다. 1801년 대통령에 취임한 제퍼슨은 캘렌더를 사면했다. 그러나 버지니아주 리치먼드의 우체국장에 임명해달라는 그의 요청을 받아들이지는 않았다. 이에 대한 보복으로 캘렌더는 정치적 입장을 바꾸어 제퍼슨 대통령을 공격하기 시작했다. 먼저 그는 그때까지는 알려지지 않았던 자신의 애덤스 공격 배후에 제퍼슨이 있었다는 증거를 공개했다. 그 후 1802년 몬티첼로 근처를 방문해서 틀림없이 다른 대부분 사람들보다 제퍼슨에 대해 더 많이 알고 있는 사람들과 이야기를 나눈 다음, 제퍼슨이 '검둥이 샐리Black Sally'의 아이를 낳았다고 대담하게 공개적으로 고발했다.

놀랄 만한 일은 아니지만, 이후 150년간 그런 고발이 활개를 칠 만한 여지는 거의 없었다. 그 이야기는 제퍼슨의 대통령 재임 기간 동안 알고 있는 사람들 사이에서 반복되고 나중에 여기저기에서 수군 댈 수도 있는 것이었다. 그러나 거의 언제나 사적이었으며, 음란하지 않은 경우가 거의 없었다. 독립선언서를 기초했으며, 미국 3대 대통령이고, 민주주의의 옹호자가 비록 오랫동안 과부 생활을 하던 인물이기는 하지만 다른 인종의 여성과 간통을 했다는 것은 남부건 북부건 간에 당시에는 믿을 수 없는 이야기였다. 그 결과로 아이를 낳았다는 소문을 믿기는 확실히 더 어려웠다. 남부는 노예를 보유한 남부 대통령에 대한 모든 스캔들을 억누를 특별한 이유가 있었다. 만약 스캔들이 사실이라면, 그 고발은 적어도 재산과 지위를 가진 신사, 숙녀들 사이에서는 피부색에 따른 구분이 깨어지지 않는다는 남부의 주장을 거스르는 것이었다. 남북전쟁으로 일단 노예제가 끝났지만, 그것이 의심할 여지없이 명백하다고 해서 북부와 남부 사회 어느 편도 아프리카계 미국인과 백인 사이의 관계에서 이전에 무시하던 또 다른 근본적 현실을 인정하거나 받아들일 것 같지는 않았다. 다른 인종 사이의 어떤 종류의 다정하고 성적인 관계는 수십 년 동안 사회에 불쾌감을 주었으며, 많은 사법부의 관할에서는 불법이었다.

흔히 있는 일이지만, 역사가들은 오랫동안 남북전쟁 후 널리 퍼져 있던 견해를 따랐다.* 20세기 중반까지 '제퍼슨 신봉자Jefferson Establishment'들은 비공식적 학자집단을 이루어 세계사적인 버지니아 인물의 전기에서 일종의 정통성이 된 것의 경계를 유지하고 순찰했다. 호평을 받는 여섯 권짜리 제퍼슨 전기를 쓴 뒤마 말론Dumas Malone, 보기 드물게 많은 권수로 된 《토머스 제퍼슨의 페이퍼》의 창간 편집자 줄리안 P. 보이드Julian P. Boyd, 제퍼슨의 전기 작가이자 그에 대한 세계적 이미지를 만든 역사가인 메릴 D. 피터슨Merrill D. Peterson이 주요 인물들이었다. 그들은 제퍼슨의 결함과 오류를 인정했다. 그렇지만 제퍼슨이 자신의 노예에게서 낳았을지도 모르는 아이를 가지고 있다는 증거를 출처가 믿을 만하지 못하다고 경시하거나 무시했다. 제퍼슨과 같은 위대한 인물이 아프리카계 미국인 노예와 동거하

---

* '경로의존성(path dependency)'의 개념은 이와 관련이 있다. 사회학 용어로 그것은 보통 이전과 현재의 환경, 행동, 사고 때문에 결정을 하고 과정을 따르는 것을 의미한다. 역사가들은 다른 사람 못지않게 그러한 틀에 박힌 추정과 결과적으로 해석적 관습이 되는 사고에 빠

면서 아마도 계속 사랑하는 관계를 유지했을 것이라고 일반 사람들이 상상할 수 있겠는가? 캘렌더와 같은 진지하지 못한 놈을 믿을 수 있겠는가? 제퍼슨에 대한 역사 서술에서 가지고 있던 권위로 다른 역사가들을 저지한 역사가들에게 이런 질문은 자문자답이나 마찬가지였다. 만약 어떤 학자들이 소문을 어떤 깊이까지 자세히 조사할 만큼 관심을 가지고 있었다면, 그들은 그렇게 했다는 어떤 증거도 내버려두지 않았다. 그들이 자신의 저작에서 캘렌더의 고발을 언급했을 때, 이는 단지 그 증거로 뒷받침되지 않는다고, 그리고 3대 대통령에 대한 너무도 강력한 우상화를 감안한다면 타당성의 범주를 넘어선 것이라고 일축하기 위한 것이었다. 비역사가로서 통상적 견해에 크게 사로잡혀서, 그들은 제퍼슨-헤밍스의 오랜 속삭임이 연결시킨 비상식적인 오점으로 뒤덮인 일종의 비공식적인 합의된 은폐 agreed-on omertà를 채택했다.

지나고 나서 보니, 1950년대 이후 가속화한 미국 사회의 변화, 특히 미국 사회의 인종관계와 여성 지위의 변화를 생각하면, 캘렌더의 오래된 고발과 역사가들의 증거 일축은 결과적으로 새로운 조사 대상이 되고, 오래지 않아 이런 조사가 나타난 것은 불가피해 보인다. 헤밍스 자식의 아버지가 제퍼슨이라는 소문은 아프리카계 미국인 사회에서 오랫동안 유포됐다. 1954년 잡지 《에보니》는 자신들이 제퍼슨 혈통이라고 주장하는 나이 든 아프리카계 미국인들의 기억을 언급함

지게 된다. 그것이 내가 여기에서 검토하는 연구나 사고와 마찬가지로 역사가들을 진부한 길에서 벗어나게 히는 새로운 탐구와 사고의 역할이다. — 지은이

으로써 캘린더의 150년 된 고발을 부활시켰다. 이 잡지의 익명의 저자는 1873년에 간행된 샐리 헤밍스의 자녀 중 한 명인 매디슨 헤밍스Madison Hemings의 회고록을 신뢰할 수 있는 이런 첫 번째 주장으로 떠올렸다. 그러나 오랫동안 그래왔듯이, 백인 역사가들은 메디슨 헤밍스의 증언을 많이 전해 들었던 말로, 그리고 아프리카계 미국인의 증언임을 고려하면 어쨌든 신뢰할 수 없는 것으로 일축했다.

헤밍스의 자식 다섯 명 모두 제퍼슨이 다른 어떤 지역들을 여행하고 몬티첼로로 돌아온 지 9개월 내에 태어났다는 데 주목한 첫 번째로 널리 읽힌 책을 쓴 인물은 제퍼슨 신봉자보다 한 세대 이상 젊은 역사가인 윈스럽 D. 조던Winthrop D. Jordan이었다. 그는 뛰어난 연구인 1968년 작 《흑인 위에 군림한 백인: 니그로를 향한 미국인의 태도, 1550∼1812》에서 비록 넌지시 빗대어 말하기는 했지만 이를 언급했다. 그러나 조던의 권위조차도 다른 사람들로 하여금 더 깊이 연구하도록 이끌지 못했다. 그리고 이 문제는 더 큰 학문적 관심을 얻지 못한 채 계속 흐지부지됐다. 이것이 바뀐 것은 폰 M. 브로디Fawn M. Brodie가 샐리 헤밍스 자녀의 실제 아버지가 제퍼슨일 가능성을 처음으로 직접적이고 자세하게 다루었던 1974년이었다.

수정주의 역사의 맥락에서 보면, 제퍼슨이 몬티첼로에서 한 명의 첩과 관계를 유지했다는 지속적인 루머를 억누르고 물리치려는 제퍼슨 신봉자들의 지속적 노력에 대한 브로디의 강력한 도전이 네 가지 비판적인 면에서 제퍼슨의 학문적 옹호자들과는 다른 사람들에 의해 이어졌다는 사실을 여기에서 주목하는 것은 적절하다. 브로디는 여성이었고, 프로이트 심리학을 깊이 알고 있었다. 조던과 마찬가지

끊임없이 변화하는 과거

로 그녀는 대부분의 제퍼슨의 옹호자들보다 어렸다. 그리고 남부 출신도 아니었다. 비록 이 요소들이 그녀의 비판적인 입장을 결정하지 못했다 하더라도, 그것들은 그녀로 하여금 몬티첼로 대지주Squire of Monticello의 삶에 대한 가장 신뢰할 만한 목소리로 여겨졌던 미공화국 초기의 옛 남성 학자들이 제시한 기존 권위의 공동체와 조화를 이루지 못할 잠재적 가능성을 가지고 있었다. 여기에 다시 과거를 해석하기 위한 어떤 노력에 원근법적 요인인 증거의 수집과 평가의 외적 요인들이 영향을 미칠 수 있는 방법의 사례가 있다. 브로디는 새로운 질문, 새로운 지적 전망, 그리고 남아 있는 기록에서 오랫동안 검토되지 않았던 증거들을 평가하는 새로운 개방성을 도입했다. 결과적으로 그녀의 계승자들은 예상 만큼 앞으로 나아가지는 않았고 나아갈 수도 없었지만, 그녀는 제퍼슨의 학문을 영원히 바꿀 수 있는 지적 촉매제를 제공했다.

주요 연구 대학인 UCLA의 역사학 교수로 정년보장을 받은 최초의 여성 중 한 명인 브로디는 정신분석학 이론을 폭넓게 읽었으며 정신분석을 받았다. 모르몬교의 창시자 조셉 스미스Joseph Smith, 급진적 노예제 반대자 새디어스 스티븐스Thaddeus Stevens, 탐험가 리처드 버튼Richard Burton 같은 광범하게 다양한 인물들을 주인공으로 하는 자신의 초기 전기물들에서 브로디는 정신분석적 방법을 과감히 도입했다. 프로이트의 이론 자체와 마찬가지로, 당시 새로 생겨난 여러 생활사는 종종 입증할 수 있는 증거의 기초가 없다고 조롱당했다. 역사가는 특정인의 정신 상태나 심리적인 문제 또는 일부 군중의 비합리적인 행동에 대해 추측될 수 있지만, 비평가들이 지적했듯이 그러한 추측을 확인하기 위해 임상적 증거나 부검 결과를 끌어들이는 것은 불가능했다. 하지만 개인의 삶과 집단행동을 해석하는 데 심리학을 적용하는 것의 타당성에 대한 공격과, 이런 식의 탐구를 과감히 하는 것에 대한 대부분의 역사가들의 지속적인 거부감에도 불구하고, 정신분석적 전기에 대한 요구가 생겨날 전망이 아예 없는 것은 아니었다. 특히 새로운 계통의 연구를 열기 위해서는 그러했다. 심리학의 발견을 능숙하고 책임감 있게 이용한다면, 이전에 간과되거나 현존하는 증거에 의해 간접적으로 드러난 여러 측면의 성격에 대한 새로운 통찰, 특히 주요 공인의 전기에서 일반적으로 무시되던 개인의 내면과 사생활에 대한 통찰이 가능하지 않을까? 프로이트는 자신의 이론을 모세와 레오나르도 다빈치에 적용했다. 브로디가 이 장르에 손을 댔을 때, 저명한 심리학자인 에릭 에릭슨Erik Erikson은 루터와 간디의 전기를 써서 널리 호평을 받았다.

에릭슨의 접근법을 채택한 최초의 역사가 중 한 명인 브로디는 자신이 쓴《토머스 제퍼슨: 하나의 사적 역사》에서 제퍼슨의 더 잘 알려진 공적 생활 대신에 별로 알려지지 않은 사적 존재를 집중적으로 다루었다. 제퍼슨이 평생 동안 심한 편두통을 앓았다는 것과 같은 그녀가 강조했던 사실 중 일부는 심각한 소동을 일으킬 것 같지는 않았다. 그러나 제퍼슨과 그의 집안 노예들의 관계를 다루면서, 그녀는 정치, 문화, 그리고 히스토리오그라피적 지뢰밭에 발을 들여놓았다. 그녀는 제퍼슨이 다른 여러 곳을 여행하고 몬티첼로로 돌아온 지 약 9개월 동안 샐리 헤밍스의 모든 아이들이 태어난 것으로 기록됐다는 조던의 이전 간략한 스케치를 확인했다. 제퍼슨을 확고하게 존경한다고

끊임없이 변화하는 과거

공언한 브로디 또한 인종에 대한 제퍼슨의 고통스런 성찰, 자기 노예와의 얽히고설킨 관계, 그리고 제퍼슨을 쇠약하게 만든 편두통을 연결시키려고 함으로써 심리적인 추측을 역사 기록에 포함했다. 그래서 그녀는 공론의 불씨는 말할 것도 없고 역사 탐구와 히스토리오그라피적 '논쟁의 경계를 완전히 새로 열었다. 일부 비판자들은 그녀가 역사적 사실을 심리적 추정으로 대체했다고 비난했다. 3대 대통령의 맹렬한 전사戰士가 지적했듯이, 헤밍스의 연인으로 유력한 후보는 제퍼슨의 조카 피터 카Peter Carr로, 그는 몬티첼로나 그 근처에 있었던 것으로 보였다. 카가 배제될 수 없었기 때문에, 그의 이름은 브로디의 증거 읽기가 너무 엉성해서 믿을 수 없다고 여기게 만들었으며, 많은 비평가들로 하여금 제퍼슨 전기에 심리학 이론을 새롭게 적용하는 것을 맹렬히 공격하게 했다.* 브로디의 추측은 그것만으로는 많은 사람들

---

* 나는 그들의 분노를 피할 수 없었다. 내가 브로디의 책을 호평하는 대중적 서평을 쓴 후, 나보다 훨씬 나이가 많은 동료 역사가가 나를 자신의 사무실로 불러 자신과 나의 의견 차이를 공개하겠다고 위협했다. 나는 그런 다툼이 나보다는 그의 삶을 더 불편하게 만들 것이라는 나의 확신을 그에게 설명했다. 나는 또한 내가 할 수 있는 최대한으로 눈을 반짝이면서 우리의 대화가 1804년에 하는 것이라면, 위호켄(Weehawken)이 아니라 그 밖의 어떤 곳에서라도 '인터뷰'를 하자고 그를 부를 근거를 가지고 있으며, 그보다 내가 젊기 때문에 나는 더 좋은 목적을 가질 수 있고, 더 빨리 꺼내어 겨눌 수 있었을 것이라고 지적하지 않을 수 없었다. 그는 자신이 위험한 것에 대해 생각해보겠다고 응답했다. 그는 자신의 말을 실행에 옮기지 않았으며, 다행히도 이전 우리의 따뜻한 동료관계는 재개됐다. ― 지은이
위호켄은 뉴욕 맨해튼의 허드슨강 바로 건너편에 있는 곳으로, 1804년 알렉산더 해밀턴(Alexander Hamilton)과 에런 버(Aaron Burr Jr.)의 결투가 벌어진 곳이다. 해밀턴 때문에 대통령선거에서 낙선한 애런 버가 결투를 신청했고, 해밀턴은 이에 응했다. 당시 뉴욕주는 결투를 금지했기 때문에 강 건너의 위호켄에서 결투가 벌어졌다. 이 결투에서 해밀턴은 총을 맞고 그 후유증으로 사망했지만 신사의 이미지를 남겼다. 이에 반해 버는 비열한 이미지의 인물로 낙인 찍혀 정치적 생명이 끝나게 됐다. ― 옮긴이

로 하여금 그녀의 주장이 타당하다고 납득하게 만들지 못했다. 하지만 역사가들이 이 문제를 다루려고 하지 않은 지 150년 후에, 그녀는 이 문제를 제기하여 전문적 학자들 사이에 새로운 중요성을 가지게 했으며, 그녀가 밝혀놓은 길을 따라 더 나아가려는 다른 사람들에게 약간의 보호막을 제공했다.

브로디가 개입한 이후 제퍼슨의 숨겨진 노예 가족의 문제에 접근할 수 있는 추가 증거나 새로운 방법이 없었기 때문에 논쟁은 20년 이상 잠잠했으며, 논쟁 참가자들은 브로디가 제시한 주장을 따르는 것을 크게 넘어설 수 없었다. 이런 상황은 1997년 아네트 고든-리드Annette Gordon-Reed가 《토머스 제퍼슨과 샐리 헤밍스: 미국의 논쟁》을 펴냄으로써 종식됐다. 법학을 전공한 역사가인 고든-리드는 외적 접근법에 역사적 사고가 항상 얼마나 침투할 수 있는지를 다시 한 번 밝혔다. 그녀는 증거에 집중하는 변호사의 접근 방식을 도입했다. 법적 논쟁에서는 양측이 제시하는 증거를 동등하게 대하는 것이 필요한 것과 같이, 법정에서 통상적인 증거의 구성요소를 갖추는 방법을 역사적 사실에 적용해서 그녀는 역사가들이 제퍼슨의 삶에 대한 백인의 주장을 어떻게든 받아들인 반면, 아프리카계 미국인들의 주장을 묵살했으며, 이에 따라 재판 증거의 확고한 규칙을 어떻게 깼는지 보여주었다. 아프리카계 미국인들의 회상을 백인들의 회상과 동등하게 취급해야 한다고 주장하면서, 그녀는 또한 헤밍스의 아이들과 제퍼슨을 알고 있던 사람들, 그리고 그 후손의 구술 기억을 다른 학자들보다 더 깊이 탐구했다.

브로디의 주장과 고든-리드의 주장 모두 과학적 확증 없이는 승리를 거둘 수 없었다. 이런 승리는 제퍼슨과 헤밍스 후손이라고 주장하는 사람들의 DNA 분석을 통해 제퍼슨이 반론의 여지없이 헤밍스의 마지막 아들인 에스턴 헤밍스Eston Hemings의 아버지이며 그의 형제자매 역시 아마도 제퍼슨의 자식일 것이라고 결론을 내린 연구결과가 1998년 권위 있는 과학 잡지인 《네이처》에 발표됨으로써 실현됐다. 마찬가지로 중요한 것은, 이 발표가 피터 카가 샐리 헤밍스의 연인이라는 어떤 의심도 잠재웠다는 점이다. 제퍼슨의 DNA와 카 후손의 DNA 사이에는 일치되는 것이 전혀 없었다. 이 연구결과는 매우 강력하고 고든-리드의 이전 주장을 권위 있게 만들어서, 몬티첼로에 있는 제퍼슨의 유명한 저택이 제공하는 전시물과 안내문이 이에 따라 바뀌었다.

몇몇 전문 역사가(의미 있는 것은 이들 모두가 고든-리드보다 옛 세대의 사람들이었다)를 비롯한 일부 사람들은 가장 최근의 이런 전문적 동의를 받아들이기를 거부한다. 그러나 활동 중인 역사가 중 제퍼슨이 자신의 노예 첩이 낳은 자식의 아버지임을 의심하는 사람은 이제 거의 없다. 대신에 역사학에 외부의 법적·과학적 방법을 적용했기 때문에, 그렇지 않다면 이를 입증할 부담은 새롭게 합의된 의견의 힘을 계속 의심하는 사람들에게로 옮겨졌다.

수정주의 역사의 일반적 성격

이처럼 개략적이고 비공식적으로 수정주의의 유형을 분류했지만, 결국 수정주의가 보통 어떤 것인지 언급해야만 할 것이다. 그것은 역사 주제에 대한 이해를 바꾸는 이전의 접근법이나 해석에 대한 수정이다. 아주 중요한 어떤 것까지는 아닐 수 있지만 이전에 제기되어 축적된 역사 이해에 논란을 불러일으키거나 심지어 중요한 이의를 제기하기까지 하는 어떤 것을 추가하지 않는 역사 서술은 거의 없다. 특히 전문 역사가들이 쓴 저작은 드물다. 남북전쟁 전투의 세 번째나 네 번째 내러티브조차도 간행된 기록에 새로운 세부사항을 제공할 수 있을 것이다. 이는 오랫동안 활용되어온 정보로부터 이끌어낸 일부 새로운 강조 사항일 수도 있고, 평가나 비판의 검증을 받을 필요가 있는 어떤 새로운 주장일 수도 있다. 이러한 통상적인 종류의 수정주의 역사는 기존 해석에 실질적으로 변화를 강요하지 않을 수도 있다. 그것은 같은 주제에 대해 향후 나올 수 있는 모든 고려사항을 위한 새로운 경로를 설정하지 않을 수도 있다. 하지만 그럼에도 그것은 수정주의 역사이다. 남북전쟁의 역사를 쓰는 사람들 중 어느 누구도 이 전쟁에 대한 이런 새로운 관점을 제시한 연구를 참고하지 않겠다는 설명을 고수하지 않을 것인 반면, 논란에 대해 중요한 어떤 것도 놓치지 않았음을 확실히 할 수만 있다면 대부분의 진지한 역사가들에게는 이를 참고하는 것이 솔직하고 지혜로울 것이다.

많은 점에서 일단 역사적 문제가 제기되어 과거에 대한 어떤 조사를 시작해야 하는 역사 탐구의 가장 기본적인 단계는 사건 기록의 검토이다. 역사가들이 자신의 증거를 평가할 때 가장 핵심 과제인 하나의 문서가 진짜인지 여부, 그 작성자가 문서와 관련 있는 사실을 목격했다고 확인할 수 있는지 여부, 작성자가 주장한 것을 다른 사람이 확실히 해줄 수 있는지 여부에 대한 질문을 던지면, 모든 추측은 약화되고 진술된 모든 사실은 알려진 다른 증거에 비추어 입증, 자격 부여, 또는 전면적 거부의 가능성에 노정된다. 《콘스탄티누스 대제의 기부 증서》의 위조를 밝히는 데 열중한 로렌초 발라 같은 어떤 사람에게서 영감을 받은 법의학적 의도 때문에 행동을 하는 것은 보통 아니지만, 이런 종류의 기본적인 역사 탐구 작업은 사건 참여자, 참관자, 그리고 회고록 집필자의 주장, 즉 현존하는 것으로 알려진 그 사건에 대한 모든 직접적인 문서인 목격자 보고서, 기억, 르포르타주, 사진 등에 눈길도 주지 않는다. 그 결과 이전 활용 가능했던 증거에 기반한 해석은 수정되어야 하는 경우가 많다. 그것이 역사 탐구의 기원 이래로 동시대인이 쓴 역사의 운명이었다.

예를 들어 추방된 작가가 쓴 1640년대 잉글랜드 내전 초기에 대해 뛰어나면서 열정적이고, 왕당파적 해석을 한 《잉글랜드의 반란과 내전의 역사》(1702년에 처음 출판됐다)를 생각해보자. 저자인 클라렌든Clarendon 가문의 초대 백작 에드워드 하이드Edward Hyde는 왕이 처형되기 이전 찰스 1세의 추밀원 의원이었다. 1640년대 공공 문제에 대한 현장 지식을 가지고 있던 그는 10년간의 내전 후반에 대한 자신의 해석을 썼다. 이 책은 그 시대 사건에 대한 유일한 1인칭 설명은 아니지만, 클라렌든이 집필에 참여한 것으로 오랫동안 이런 종류 회고록의 고전으로 여겨졌다. 인물에 대한 이 책의 직접적이고 생생한 묘사는 참여자와 동시대인만이 파악할 수 있는 질과 신뢰성을 가지는 것이었다. 그러나 놀랄 만한 일도 아니지만, 스튜어트 왕정, 올리버 크롬웰Oliver Cromwell의 부재, 그리고 1660년대 왕정복고 등 17세기 격동의 영국 역사에 대해 더 많은 것이 알려짐으로써, 그리고 잉글랜드 내전 연구자의 후속 세대가 클라렌든이 했던 것과 같은 왕당파의 정당성을 입증할 아무런 필요성을 느끼지 못했기 때문에, 그가 한 해석의 많은 부분이 대체됐다. 그러나 비록 그 주장과 논증의 많은 부분들이 부족한 것으로 밝혀졌지만, 즉 그의 역사가 염두에 두어야 할 학문과 오래된 정치에 대한 집착의 축소를 통해 광범하게 수정됐지만, 클라렌든의 "내가 거기에 있었다I-was-there"라는 보고의 명백해 보일 만큼 정확한 측면들, 그의 관점과 신념, 그리고 당시 주요 인물에 대한 그의 세밀한 묘사는 같은 주제를 다룬 모든 이어지는 역사에 내재되어 있다. 1640년대 사건을 다루는 근대의 역사는 클라렌든이 했던 것보다 내전의 더 많은 영역을 포함하고 있으며, 따라서 균형과 분리에 역사가들이 전념하는 것을 더 잘 만족시키지만, 더 새로운 역사는 클라렌든의 역사와 같은 살아 있는 역사의 모든 회고가 전달할 수 있는 직접성을 결여하고 있다.

우리 자신의 시대에 가까워지면 현장 보도와 회고록을 다른 증거에 비춰 입증하거나 수정하려는 노력이 모든 역사가의 연구에서 전통적인 첫 단계가 됐다. 또 다른 예로 역사가 아서 M. 슐레진저 주니어Arthur M. Schlesinger Jr.가 1965년에 쓴 존 F. 케네디의 축약행정에 대한 설명인 《1000일: 백악관의 존 F. 케네디》가 있다. 케네디의 특별 보좌관이었던 슐레진저는 재임 기간 동안 대통령 관저에서 일종의 궁정 역사가로서 일했는데, 문서기록을 보존하는 일을 하는 동안 대통령으로서 케네디의 활동 역사를 썼을 것으로 생각되는 사람이었다. 그러나 슐레진저는 필기나 사건 기록 이상의 일에 관여했다. 그는 또

끊임없이 변화하는 과거

한 실질적인 토론에 참여했고, 정책을 고안하는 것을 도왔다. 그리고 슐레진저의 설명에 편견이 들어가 있다고 생각한 사람은 아무도 없었던 반면, 케네디의 대통령직 수행에 대한 근접 보고라는 성격이 그의 책의 내용에 커다란 신뢰를 주었다. 게다가 대통령 암살 이후 등장한 최초의 기록으로, 그것은 그 시대의 히스토리오그라피에서 큰 위치를 차지할 수 있었다. 그러나 다른 설명이 추가되고, 케네디 행정부의 전체 아카이브가 공개되고, 다른 전문 학자들의 연구가 진행됨으로써 슐레진저의 설명이 불완전하고, 편향성을 가지고 있음이 명백해졌다. 슐레진저의 보고서는 케네디 행정부와 그 기간 동안 대통령의 삶의 일부만을 담아낸 것으로, 예상한 바와 같이 선입견을 가진 것이었다. 슐레진저가 그의 주변에서 일어나는 모든 일을 알 수는 없었을 것이다. 특히 행정업무에 대한 부분과 자신이 참여하지 않은 정책 입안과 같은 영역들에 대해서는 그러했다. 그리고 만약 그가 알고 있었다면, 그는 대통령이 아내가 아닌 여성과 놀아났다는 것과 같은 케네디 백악관의 덜 매력적인 측면들을 보고서에 쓰지 않은 것이었다. 그 결과 오늘날 어떤 역사가도 다른 활용 가능한 증거에 비추어 확인하지 않은 채 슐레진저가 보고서에서 주장한 내용을 그대로 받아들이지 않으며, 행정업무에 대한 슐레진저의 이야기를 완전한 것으로 여기지 않을 것이다. 하지만 어떤 역사가도 슐레진저가 초기 그 역사의 초안으로 쓴 것을 무시하지는 않을 것이다. 이것이 역사 탐구의 일상적 과정이다.

그러나 참여자의 설명에 대한 비판적 평가건 이전에 쓴 어떤 사건에 대한 전문적 역사에 덧붙인 것이건 간에, 통상적 수정주의 역사를 옹호자와 비판자들이 '수정주의 역사'라는 말을 했을 때 염두에 두는 것이라고 믿는 사람은 거의 없다. 그리고 대부분의 시간동안 그들은 이러한 다양한 수정주의를 염두에 두지 않는다. 부가적 역사는 수정주의 역사의 가장 낮은 공통분모를 구성하는데, 이는 19세기 전문적 역사 연구의 탄생 이래 매우 두드러져서 대부분의 역사가들이 연구를 시작하면서 역사라고 처음 생각하게 되는 것, 즉 사건에 대한 내러티브적 이야기를 구성하는 것으로 통합되는 그런 종류의 역사이다. 그럼에도 그것은 알려져 왔거나 이전에 이해되던 것을 보완하고 따라서 수정하기 때문에 가장 온건한 방식일지라도 수정주의 역사이다. 내가 많은 문제를 설명하기 위해 사용하는 사례로, 남북전쟁의 가상적인 전투를 생각해보자. 남북전쟁을 연구하는 가장 최근 역사가는 남부지역 역사학회의 소장품 속에 묻혀서 이전에는 조사된 적이 없는 편지들의 보관소를 조사했다. 이 편지들은 남부연합 군인이 집에 보낸 것이었다. 이 편지들은 역사가들에 의해 오랫동안 연구된 전쟁 후의 보고와는 달리, 이 군인이 가족에게 쓴 것으로 자신의 부대가 적진을 공격하라는 명령을 사령관으로부터 받은 적이 없다는 내용이었다. 명령을 전달하는 사람이 포로가 됐기 때문이라는 것이었다. 새롭게 발견된 이 병사의 주장에 대한 해석을 기반으로, 이 특별한 남부연합의 전투 패배에 대해 일반적으로 인용되던 이유인 북부연방이 전술과 화력에서 우위였다는 것이 아마도 정확하지 않을 것이라고 이제는 여기게 됐다. 그 대신 능력 못지않게 사령부의 명령 부재로 그레이즈Grays가 전투에서 항복했다는 것이었다.

그러나 역사 기록의 이런 추가가 남북전쟁에 대한 일반적인 지식

끊임없이 변화하는 과거

에 가져온 결과는 무엇일까? 아마도 평범하지만, 그렇다고 완전히 사소하지는 않은 결과일 것이다. 단일한 전투에 대한 이런 새로운 관점으로, 우리는 남부연합의 군사력 열세라는 척도의 무게를 하나 줄이고, 북부연방의 행운이라는 척도를 하나 더했다. 이러한 지식의 추가가 남북전쟁을 연구하는 학자들 사이에서 소란을 일으키거나 주요 신문과 잡지의 지면에서 주목받을 가능성은 낮지만, 지역 기념물이나 전투의 재연을 담당하는 그런 사람들의 관심을 끌 수 있을 것이다. 이들은 이런 해석적 뉘앙스의 출현에 다른 이해관계를 가지고 있다. 그것은 또한 연구자들로 하여금 전투에 대한 그 밖의 더 많은 증거를 찾게끔 하는데, 이는 더 큰 전쟁을 이해하는 데 추가적이면서 아마도 훨씬 더 중요한 수정을 가져올 수도 있다. 어느 누구도 이에 반대하지 않을 것이다.

역사 해석의 불완전성

역사가들이 과거에 대한 모든 이해의 불완전성을 받아들인다는 것이 분명하다는 것은 이제는 틀림없다. 과거의 세부 사항들은 너무 많고, 그것에 대한 증거들은 너무 단편적이며, 이에 대해 알고자 하는 생각들은 너무 다양해서 어느 누구도 최종적인 역사적 추측을 쓸 수는 없다. 그러므로 대부분의 역사가들은 그런 해석들이 포함하고 있는 것과 임계거리를 유지하려고 하는 동시에, 가장 광범하게 다양한 역사 해석으로부터 가능한 것을 흡수하려고 한다. 그들은 엄밀한 지식을 바탕으로, 자신이 알고 있고 생각하는 것에 대한 모든 해석과 모든 수정을 자유롭게 받아들이거나 거부한다. 이와 관련하여, 역사가들은 그들이 가지고 있는 지식에 추가할 증거를 얻을 수 있고 언제나 얻기를 소망한다. 하지만 역사가들은 또한 과거의 어떤 주제에 대한 모든 새로운 견해는 본질적으로 가능하지 않더라도 그들 자신의 시대보다 이전에 일어난 것에 대해 언제나 바라던 완전한 지식에 가까이 다가가려는 노력을 한다는 것을 안다. 이런 의미에서 역사가들은 비록 거기에 어떻게 다가갈 수 있으며 일단 다가간 다음에는 무엇을 추가로 알아야 하는지에 대해 동의하지 않을지라도, 같은 목표를 위해 나아간다.

이런 사실 때문에, 내가 1장에서 미국 남북전쟁의 히스토리오그라피를 논의할 때 언급했듯이 별개의 역사적 주제에 대한 새로운 접근법이 기존의 접근법을 완전히 가치가 없게 만드는 경우는 거의 없다는 것을 다시 한 번 강조하는 것이 필수적이다. 어떤 특정 방향의 탐구는 다른 방향의 탐구로 대체될 수 있다. 그러나 완전히 일소되지는 않는다. 어떤 주제에 대해 이미 서술된 것은 그 이상의 고찰에서도 완전히 제외될 수는 없다. 어떤 시대에는 그 시대에 뒤떨어지는 것이 다른 시대에는 새로운 의미를 가질 수 있다. 새로운 해석이 어떤 계통의 주장을 단지 일시적으로 방해할 수 있지만 그 주장은 도전을 받아 훨씬 강하게 되살아나는 것과 마찬가지이다. 종종 어떤 계통의 주장이 문화적 또는 지적 환경과 맞지 않는 시대에 나타날 것이다. 그리고 결과적으로 그 시대에 견인력을 얻지 못하고 후대가 되어야만 충분히 발전할 수 있게 될 것이다.

중요성과 적절성 사이의 이런 불일치의 주목할 만한 사례는 1759

　　　　　　　　　　　　　　끊임없이 변화하는 과거

년 이후 2세기 동안의 사회사와 문화사의 운명에서 볼 수 있다. 헤로 도토스의 방법론을 기반으로 자신의 주제를 문화사와 사회사에서 찾은 볼테르와 기번의 역사학, 19세기 중엽의 《잉글랜드의 역사》에서 노래나 수명이 짧은 브로드사이드broadsides와 같은 자료를 사용한 토머스 바빙톤 매콜리Thomas Babington Macaulay의 역사학, '정치를 하는 사람들의 역사가 배제한 역사'인 《잉글랜드 사회사》로 유명한 매콜리의 조카 G. M. 트리벨리안George Macaulay Trevelyan의 역사학, 이 모든 것은 투키디데스 이후 히스토리오그라피의 일상적인 재료가 된 정치적 주제와 군사적 주제로부터 어느 정도 관심을 다른 곳으로 돌릴 수 있게 하는 새로운 방향을 향한 것이었다. 그러나 18세기 후반의 전쟁과 혁명의 시대는 1천년 이상 역사를 서술한 방식에 대한 어떤 주요 일탈에도 호의적이 아님이 판명됐다. 그래서 19세기 초 독일에서 레오폴드 폰 랑케의 지도 아래 전문적인 학문적 역사학이 근대 대학과 더불어 출현했을 때, 정치, 제도, 군사적 주제가 강조됐다는 점에서 역사학이 완전히 전통적이었다는 것은 놀랍지 않다. 그 결과는 또 다른 100년 이상 자신의 주제를 위해 모국인 프랑스의 전체적인 인간 캔버스를 채택한 마지막 인물들인 볼테르, 기번, 그리고 쥘 미슐레Jules Michelet의 히스토리오그라피 주도권 종식이었다. 카를 람프레히트Karl Lamprecht, 앙리 피렌Henri Pirenne, 야코프 부르크하르트Jacob Burckhardt 같은 뒷날의 역사가들이 19세기 말 문화사Kulturgeschichte라는 이름 아래 사회, 경제, 문화사를 부활시키고 비교 역사에 대한 관심을 조성하려고 했을 때, 그들의 연구는 이처럼 되살아난 것 같은 헤로도토스식 역사가 정치학과 정치사상에 신경을 쓰지 않았다는 이유로 레오폴트 폰 랑케의 제자 막스 베버 Max Weber, 지성사가인 빌헬름 딜타이 Wilhelm Dilthey의 제자 프리드리히 마이네케 Friedrich Meinecke 같은 사람들의 지지를 받지 못했다. 그 결과 람프레히트, 피렌, 부르크하르트의 주도권은 랑케의 전통적인 정치사적 권위 앞에서 무너졌다. 그리고 그들의 학생들은 갈망하던 전문적 지위를 얻는 데 어려움을 겪었다. 사회사는 1920년대와 1930년대에 마침내 프랑스 아날학파의 인기를 끌고 유럽 대륙과 영어권의 다른 곳에서 꽃을 피우기 전까지 그늘에 가려져 있었다.

람프레히트의 혁신에 대한 조롱과 그 제자들의 업적에 대한 평가절하만이 결과적으로 과거를 이해하는 데 가치가 있다는 것이 입증될 수 있는 다른 학자의 연구를 역사가들이 묵살한 유일한 사례는 아니다. 프랑스의 저명한 역사가 프랑수아 퓌레 François Furet는 프랑스에서 상급 교사와 학자가 되기 위한 사람들에게 필요한 시험인 아그레가시옹 agrégation exam에 자신이 응시한 이야기를 하고는 했다. 이는 1954년의 일이었는데, 시험관 중 한 사람은 뛰어난 프랑스 역사가 페르낭 브로델로, 그는 퓌레에게 학문의 주제가 무엇인지 물었다. '프랑스혁명'이라고 퓌레는 대답했다. "그러나 우리는 그에 대해 모든 것을 알고 있지 않느냐?"고 브로델은 물었다. 이는 열정적인 젊은이에게 말하는 어른스러운 확신이었다. 브로델은 오랫동안 프랑스혁명의 히스토리오그라피를 휘저었던 학문적 논쟁은 마르크스주의를 기반으로 한 사회경제사와 그 자신과 같은 아날 역사가들의 연구에 의해 정리됐고, 따라서 자신이 혁명 히스토리오그라피의 최종적인 안식처를 실질적으로 알 수 있었다고 확신했다. 그러나 퓌레가 사망한 1997년에 이르는 기간 동안, 마치 브로델을 조롱하기라도 하듯이 퓌레와 다른 많은 역사가들은 프랑스혁명과 그 배후에서 이념과 문화가 한 역할을 무시하는 것을 불가능하게 만들었다. 혁명의 혼란에 대한 전통적 설명, 마르크스주의적 설명, 오래된 아날식 설명은 더 이상 그 자리를 유지할 수 없었다. 브로델의 확신도 그것으로 끝이었다.

이러한 이야기들이 시사하듯이, 과거에 대한 지식을 추구하는 모든 사람들은 역사 해석의 모든 노력이 불완전하다는 것뿐 아니라 과거에 대해 서로 다르고 어쩌면 충돌할 수도 있는 관점이 동시에 존재할 가능성을 받아들이는 것이 좋을 것이다. 그들은 모든 역사를 일시적인 것으로 볼 것이다. 대부분의 전문적 역사가들은 그런 불확실성과 애매모호함에 단련되어 있다. 그들은 자신이 생각하고 쓴 것이 논쟁의 대상이 되고, 때로는 혹독한 비판을 받고, 경우에 따라서는 완전히 폐기될 것이라는 사실을 안다. 그들은 모든 역사가들이 다른 역사가들에게 동의하지 않을 선택권을 가지고 있다는 것을 안다. 그러나 볼테르, 기번, 미슐레, 부르크하르트, 람프레히트, 피렌의 역사처럼 일단 제시된 다음에는, 과거를 보는 서로 다른 방법은 언제나 이를 고려하는 미래의 역사가들에게 활용될 수 있을 것이다. 오늘날 정치사-외교사-제도사(투키디데스식 역사)와 사회사-문화사-지성사(헤로도토스식 역사)의 거대하고 강력한 영역의 공존은 역사하기의 어떤 단일한 방법, 즉 어떤 단일한 탐구 방식도 어떤 다른 것을 그 분야에서 영원히 밀어낼 필요가 없음을 보여준다. 양자는 서로 간에 바람직한 대화를 하면서 나란히 발전하여 각자 조정, 수정, 확장될 수 있다. 이렇게 해서 역사 이해는 끊임없이 풍부해진다.

5장
수정주의 역사의 몇 가지 산물

내가 명확히 하려고 했듯이, 수정된 역사 해석은 전문적 역사가 사회의 경계를 훨씬 넘어서 사람들에게 영향을 주었으며 관심을 끌었다. 통상 학자들의 세계에 한정되는 몇몇 토론은 지적·학문적인 집단에서 벗어나서 대중의 토론에, 때로는 정치에 영향을 미친다. 더 큰 사회에서 시작되는 관점의 충돌은 종종 반대로 작용한다. 그것은 일종의 논증의 대위법적 교환對位法的 交換, contrapuntal change[*]으로 역사가 사회에 영향을 주게 된다. 결과적으로 역사가들로부터 활기찬 반응을 초래하고, 그런 다음에는 상호공격과 반격의 난전을 초래하는 역사가 집단 외부로부터의 해석적 공격이 그런 사례이다.

아마도 가장 중요한 것은 과거 사건의 의미를 둘러싼 논쟁이 한 국

---

* 대위법적 교환은 둘 이상의 독립적인 선율을 조화롭게 결합하여 음악을 만드는 기법이다. 원래 음악에서 나온 용어이지만, 건축이나 문학, 영화 등에서 두 가지 이상의 양식이나 주제를 결합시켜 작품을 만들 때도 사용한다. ― 옮긴이

가(실제로는 어떤 지역사회)가 스스로를 정의하고 그 시민과 거주자가 자신들의 정치적·사회적·문화적 기원과 역할을 이해하는 바로 그 방식에 강한 영향을 줄 수 있다는 사실일 것이다. 따라서 내가 앞 장에서 개괄적으로 언급했던 그런 종류의 해석적 차이와 갈등이 단순히 학술적인 사소한 문제, 즉 연구자들만 관심이 있고 사회문제에는 아무런 영향도 초래하지 않는 학문적 갈등이라고 여기지 말아야 한다. 설사 학문 내적인 갈등이라고 하더라도 세계의 나머지 부분과 울타리를 쳐서 가를 수 있다고 생각하지 말아야 한다. 서술된 역사의 내용이 공적 사건과 일치해서 역사가의 전문적 연구가 뚜렷이 부각되고, 그 연구들이 당시 공명을 얻고, 때때로 폭발적인 영향을 줄 수 있다는 것을 반복적인 경험을 통해 알 수 있다. 수정주의 역사가 서구 세계에 미친 영향을 보여주는 사례로는 유세비우스의 《교회사》와 로렌초 발라의 《콘스탄티누스 대제의 기부 증서》에 대한 폭로를 보는 것으로 충분하다. 모든 역사 연구, 그중에서도 특히 수정주의를 받아들인 주요 연구는 강렬한 시민적 관심의 문제가 될 수 있으며, 공적이고 문화적으로 중요한 결과를 가져올 수도 있다.

그러나 역사 연구의 시민적 함의는 심화된 역사 지식이 인간사의 광범한 세계에서 하는 역할 중 한 가지 영역의 기능을 나타낼 뿐이다. 과거에 대한 모든 해석은 현재의 이해에도 영향을 줄 수 있다. 그리고 역사가에 의한 해석이건 다른 사람에 의한 해석이건 간에 사람들이 과거에 대해 권리를 주장하는 방식은 현재의 사건에 때로는 좋게, 때로는 나쁘게 직접적인 영향을 줄 수 있다. 과거에 대한 이해의 탐색은 언제나 현재 살아가는 사람들의 필요를 반영한다. 대체적으로 생각

끊임없이 변화하는 과거

해보면, 역사 이해는 자이로스코프gyroscope*와 같다. 역사 이해는 사람들에게 일종의 필수적 안내와 안정감을 제공해서, 변화를 가져오는 바로 그런 삶과 맥락의 순간에 자신의 삶을 헤쳐 나갈 수 있게 한다.

이상적 사례에서는 추가적인 인간 경험과 같은 수정된 역사 지식은 개인이나 그들의 사회, 국가가 시간의 경과에 따라 자기 자신에 대한 이해를 조정하는 데 도움을 준다. 과거에 대한 뚜렷한 이해는 이러한 비판적 안내 역할을 하기 때문에, 개인이나 집단의 과거를 바라보는 관례적인 방식을 어떻게든 바꾸는 것은 개인들뿐 아니라 대규모 사람들 사이에서도 강렬하게 정서적이고 격렬한 논쟁을 불러일으킬 수 있다. 결과적으로, 과거에 대한 충돌이 한 분야에서 다른 분야로 넘어갈 때, 즉 학문적 영역에서 사회문제로 넘어가거나 그 반대일 경우에, 이후 이 장에서 다루는 사례들이 보여주듯이 그 충돌은 인간사회 내에 일반적인 불편함부터 깊이 갈라진 틈에 이르기까지 모든 것을 생겨나게 할 수 있다.

19세기 이래 대학 내에서 공식적인 지식 분야로 역사학이 출현했는데, 이러한 분화는 종종 학술적 역사가와 일반 대중 구성원들 사이의 서로 다른 상황에서 시작됐다. 전문적 역사가들은 그 성격상 과거에 대한 새로운 지식을 찾았으며, 통상적으로 어떤 주제를 새로운 영역에 집어넣는 권위 있는 학문적 연구를 논증하는 데 비중을 두었다. 그들 연구의 바로 그런 사회학, 즉 새로운 지식의 끊임없는 탐색, 자

---

* 바퀴의 세 축을 서로 직각인 고리에 연결해서 어떤 방향으로든지 회전할 수 있게 만든 장치로, 주로 방향을 알아내거나 수평을 유지하는 데 쓴다. ─ 옮긴이

신들이 탐구하는 주제에 대한 새로운 것을 이해하려는 소집단 전문가들의 학술적 연구에 대한 강렬한 욕구, 그리고 전문가로서의 경쟁심은 자신이 하는 주장의 힘과 타당성뿐 아니라 증거의 확인에 더 큰 가치를 부여한다. 논쟁은 전문적 역사가들 사이에서는 으레 있는 일이다. 그들은 알려진 증거가 과거를 바라보는 여러 가지 방식으로 사실을 뒷받침할 수 있음을 받아들인다. 그들은 오랫동안 어떤 주장이 해석의 차이를 좁히는 것뿐 아니라 때로는 이해를 넓히는 방향으로 진전된다는 사실을 받아들여 왔다. 역사가의 주장은 이데올로기적·정치적 중요성을 담고 있는 경우가 흔하지만, 학문적 논쟁의 대부분은 많은 차이에도 불구하고 학자들 사이에 적의가 아니라 인정을 하면서 서로에게 배우게 한다. 이 말 자체를 사용하지는 않았지만, 일부 학자들은 그들 스스로 16세기 법학자이자 역사가인 프랑수아 보두앵 François Baudouin이 '역사가의 사무실 the office of historian'이라고 부르는 것을 가져야 한다고 생각한다. 자신들이 과거에 대한 책임(과거를 온전히 파악하고 이해할 책임)과 현재에 대한 책임(과거를 현재의 삶에 기여할 수 있도록 생생하게 유지할 책임)을 가진 사람이라고 생각하는 것이다.

이에 비해 전문적 역사가가 아닌 사람들은 자신들이 학교와 대학에서 공식적으로 배우고 가족과 지역사회에서 비공식적으로 받아들인 역사로부터 이와는 다른 일련의 만족감을 찾으려고 할 것이다. 여기에는 자신의 관점 확인, 과거의 잘못에 대한 인식과 위안, 현재의 환경에 대한 깊이 있는 이해, 잘 들은 이야기를 통해 다른 시대, 장소, 환경에 대한 통찰력을 획득하는 순수한 즐거움이 포함된다. 게다가 학교에서 역사 정보가 제시되고 커뮤니티 사람들에게 타당성을 인정받는 방식을 생각할 때, 이는 애국심과 확실성이라는 강한 요소를 수반한다. 학교교육을 통하거나 자신이 속한 집단으로부터만 역사 지식을 습득하는 사람들은 학자들이 학문적 역사 이해에서 받아들이는 것보다는 비축되어 있는 것이 적다. 그들은 자신들로서는 개인적 의미가 담긴 저작들을 읽을 때 입증하거나 실제를 밝히는 방식을 따지는 데 덜 엄격하다. 그들은 보통 해당 주제를 다루는 더 중요한 문헌 내에서 자신들의 연구가 차지하는 입장에 대해 학자들보다는 신경을 덜 쓴다. 그들은 논쟁에 휘말릴 것 같지 않으며, 깊이 얽힌 사실을 학문적으로 전문적인 규범에 따라 구체화하라는 요구를 받을 것 같지도 않다. 그들은 전통적 관점에 대한 도전이 타당하지 않다고 생각할 수도 있다. 그리고 이전 시대를 이해하려고 하는 생각에서, 과거에 대한 두 가지 이상의 해석을 유지하는 데 거부감을 가질 수도 있다. 그러나 일반적인 독서 대중 구성원들은 역사적 주장의 현재적 의미에 학자들보다 더 민감하며, 역사 지식이 유발할 수 있는 논쟁에 내포될 수 있는 더 큰 이해관계, 즉 국가 내적인 정책에 영향을 미칠 뿐 아니라 세계 속에서 국가의 위상을 변경시킬 수 있는 이해관계에 얽혀 있는 경우가 잦다.

학계의 역사가와 일반 대중 구성원 사이에 신념의 중요한 차이는 또한 후자의 논쟁은 연구와 논쟁을 할 때 어떤 합의된 방식을 따르고 오랫동안 지속된 행동 규약에 집착하는 유사한 상황에 처한 사람들의 커뮤니티 내에서는 일어나지 않는다는 사실에서 기인한다. 대중의 토론은 학문적 논쟁보다 덜 구속적이고 규칙에 덜 얽매인다. 따라서 역사적 논쟁에 대중이 참여하는 것은 때때로 과거의 의미에 대한 수단과 방법을 가리지 않는 공개적인 싸움, 즉 학자들 사이에서 벌어지는 것보다는 더 질질 끌고 더 자유분방할 수 있는 싸움으로 귀결된다. 토론자를 둘러싸는 울타리도 없고 행동이나 주장의 경계도 없다. 주장이 어디로 흘러갈지 어느 누구도 예측할 수 없다.

이는 이어서 다룰 주제인 두 가지 역사적 논쟁에 대해서도 마찬가지라는 것이 판명됐다. 이러한 논쟁의 첫 번째는 프랑스혁명의 의미를 둘러싼 것으로, 225년 이상 프랑스를 휘저었다. 이 논쟁은 역사적 논란이 어떻게 국가 공동체의 문화적·지적 구조 및 자아 정체성의 일부가 되며 그리고 그것이 정치와 어떻게 서로 교차하는지 보여준다. 그리고 그 결과로 서로 다른 여러 분야의 국민들로 하여금 하나의 공유하는 과거에 대해 달리 이해하게끔 생각을 바꿀 수 있게 하는지 보여준다. 두 번째 논쟁은 1990년대 중반 내셔널 몰National Mall에 에놀라 게이Enola Gay의 기체를 어떻게 전시하고 해석해야 하는지에 대한 것으로, 과거에 대한 서로 다른 해석이 학자들과 미국의 일반 사회 구성원들을 어떻게 이념적·역사적으로 무한 경쟁 상태로 몰고 가는지 보여준다.

규모와 역사적 중요성에서는 차이가 있을지라도, 이 논쟁들은 각각 깊이 뿌리박힌 서로 다르거나 다른 종류의 정치적·사회적·전문적 진영의 입장에서 비롯된 것임이 드러났다. 각각의 진영은 논쟁의 결과가 중요한 정치적·문화적·시민적 결과를 좌우한다고 믿는다. 이런 경합은 좌파와 우파에서 비롯됐다고 할 수 있는 그것이 일어난 시대의 정치적·이념적 다툼에서 비롯됐으며, 결과적으로 그에 의해 정리된다. 좌파와 우파는 각각 언제나 과거의 의미를 둘러싼 논쟁의 중심에 있는 두 가지 믿음을 가지고 있다. 이런 믿음 중 첫 번째는 역사가 자신의 편이라는 생각이다. 두 번째는 국민국가를 위한 주요 결과가 승리에 대한 각자 편의 예상에 달려 있다는 생각을 가지고 있다는 사실이다. 두 사례의 경우, 우파도 좌파도 그 결과에 만족하지 않았다.

실제로 역사의 교훈과 의미를 둘러싼 논쟁이 언제나 승리로 끝난 것은 아니다. 수용된 의견에 대한 도전이 정치적 스펙트럼의 한쪽 끝편에서만 일어난 것도 아니다. 해석적 정통성이나 당시 해석에서 우월한 입장에 있는 학파에 대한 도전은 사회적·문화적 상황이 바뀌면 어느 곳에서든지 언제나 나타날 수 있다. 수정주의 역사는 어떤 특별한 정파와도 동거하지 않으며, 과거를 둘러싼 논쟁 참여자 중 누구도 특별한 역사 논쟁의 결과가 오래 지속될 것이라고 확신하지 않는다.

프랑스혁명의 수정주의 역사

과거를 둘러싼 논쟁이 수반하는 잠정적 결과를 보여주기 위해 내가 선택한 첫 번째 사례는 정치학의 중심주제, 즉 국민국가의 탄생과 관련이 있다. 이 경우에는 근대 프랑스의 탄생과 프랑스 대중들 가운데 프랑스 시민권의 이념이 확산된 것이다.

이런 논쟁의 배경에는 이론과 이념을 둘러싼 논쟁이 대중의 대화에서 통용되고 아이디어를 고수하는 것이 유일한 문화적 힘을 보유하는 것이라는 프랑스의 독특하고 지적인 문화가 있다. 다른 어떤 나라에서도 자국의 세계적인 기저 영향력에 대한 자부심이 국민의 자아 이미지에 큰 몫을 차지하지는 않는다. 따라서 과거를 둘러싼 격렬한 논쟁은 프랑스에서 학문 세계만의 특징은 아니다. 이는 대중에게 종종 공통의 학교교육, 사회 정책, 종교, 그리고 국제문제에 대한 절박한 논쟁을 유발시킨다. 이러한 논쟁의 많은 부분은 프랑스혁명으로 생겨난 분열로 거슬러 올라갈 수 있다. 정치적·이념적으로뿐만 아니라 사회적·문화적으로 깊이 갈라진 틈이 프랑스혁명 이후로 프랑스인 삶의 표면 가까이에 남아 있다. 몇몇 관찰자들의 추정에 따르면, 1790년대로 거슬러 올라가는 프랑스 내에서 왕당파와 공화파를 갈라놓는 논쟁은 1968년 파리 거리에서 일어난 소동에 대한 반응에서 여전히 나타났다. 다른 사람들은 오늘날 프랑스 가톨릭 신자들과 세속주의 및 라이시테laicite[*] 옹호자들 사이의 갈등을 혁명 시대에 성직자와 비종교 지지자를 분리시킨 격렬한 다툼의 잔향殘響으로 본다. 혁명에 대한 오늘날 프랑스인의 기억에서 프랑스 서부 해안 방데Vendée 지역 주민들의 기억보다 오래 지속되고 강력한 겉으로 드러나는 기억은 없다. 방데 지역은 1790년대 야만적인 내전으로 갈가리 찢어져, 이 지역 주민들은 1989년 혁명 200주년 기념행사에 참석하지 않았다.^{**}

---

* 라이시테는 프랑스의 정치와 종교 분리, 세속주의 원칙을 가리키는 말이다. 공공질서를 존중하는 틀 안에서 양심의 자유, 신앙과 신념, 표현의 자유를 보장한다는 원칙이다. 종교인의 신앙의 자유를 존중하는 동시에 비종교인이 신앙을 가지지 않을 자유도 존중한다. 이 때문에 국가와 공공기관은 종교에 대해 중립성을 지켜야 하며, 초·중·고등학교에서 십자가나 베일 등 특정 종교를 드러내는 것도 금지된다. 공공장소에서 무슬림 여성들의 니캅과 부르카 착용을 금하는 베일금지법 제정의 논리도 여기에서 비롯되는 것으로, 프랑스 사회에서 뜨거운 논쟁을 불러일으키고 있으며, 오히려 갈등의 요인이 되고 있다. — 옮긴이

** 이것은 아주 놀라운 일은 아니었다. 1793년, 방데는 적어도 25만 명 이상의 주민이 죽임을 당한 유혈폭력으로 황폐화됐다. 이 인원은 더 잘 알려진 1793~1794년 공포정치의 기간

끊임없이 변화하는 과거

혁명적 과거의 프랑스에서 일어났던 사건의 이런 생생한 존재의 결과로, 혁명의 원인과 유산에 대한 논쟁은 현재 문제로도 결코 적절성을 잃지 않았다. 따라서 프랑스혁명을 연구하는 역사가들이 주장하는 것은 여전히 광범한 영향을 불러일으킬 수 있다. 이는 프랑스 정치의 변화가 프랑스 역사가 및 프랑스혁명을 연구하는 다른 나라 혁명사가들이 프랑스의 혁명적 과거를 설명하는 방식에 깊은 영향을 주는 것과 똑같다.

프랑스혁명의 긴 기간과 복잡성뿐만 아니라 지속적인 현존성은 많은 면에서 원인과 결과에 대한 합의된 견해에 도달하는 것을 어렵게 만들기에 충분했다. 더 복잡한 문제는 혁명이 시작된 이후 수세기 동안, 이에 대한 글들이 너무 많고 다양해서 때로는 그 문헌의 나무들로서는 혁명의 숲을 보기가 힘들다는 사실이다. 여기에서 혁명에 관한 해석적 역사 연구 전체를 요약하려고 하는 것은 아무런 소용이 없을 것이다. 대신 강조할 만한 것은 혁명의 유산을 물려받은 프랑스인에

동안 그 밖의 프랑스 모든 지역에서 단두대와 다른 수단에 의해 제도적으로 처형을 당한 모든 사람들의 수보다 여섯 배 이상이었다. 역사 기억과 그 결과는 여전히 방데 사람들의 뇌리에서 떠나지 않는 이 사건과 마찬가지로 인간의 삶과 히스토리오그라피 모두에서 뿌리 뽑기 힘들다. ─ 지은이

프랑스 다른 지역과는 달리 방데 지방에서는 농민과 성직자들이 협력하면서 살아갔다. 그래서 이 지역에서는 국민은 국가를 위해 존재해야 한다는 프랑스혁명의 이념이 광범위한 지지를 얻지 못했다. 1793년 로베스피에르가 이끄는 혁명정부가 징병제와 국민총동원령을 내리고 전쟁 준비를 위해 방데 지역 주민의 식량을 압류하고 공동 재산이었던 교회재산을 몰수했다. 여기에다가 자신들의 자식들은 징집된 반면, 관리들의 자식은 징집 대상에서 제외되자 주민들의 분노는 절정에 달해 봉기했다. 이를 귀족과 성직자의 음모에 넘어가 혁명을 무너뜨리려는 반혁명 행위로 규정한 혁명정부는 군대를 파견하여 무장도 제대로 하지 않은 농민들까지 무자비하게 죽였으며, 이에 협조했다는 이유로 여성과 아이, 노인들까지도 학살했다 ─ 옮긴이

게 프랑스의 본질을 정의하게끔 하는 이 문헌들의 기능이다. 혁명에 대한 기존의 해석적 접근에 끊임없는 추가가 이루어지고 기존 해석이 재활성화되는 것은 이런 문헌들에 특별한 중요성을 부여했다.

게다가 장기간에 걸친 일련의 개념 수정에서, 혁명의 사건들은 항상 어떤 특정한 이념이나 문화적 렌즈를 통해 굴절되고 있다. 이는 드문 일이 아니다. 어떤 사건이 일어나면, 그 사건은 뒤를 잇는 모든 것들의 기억 유산 중 일부가 된다는 것을 우리는 안다. 그리고 이 사건을 겪은 사람들이 그 현장을 떠나고 나면, 뒤따르는 사람들의 삶, 생각, 상황이 남아 있는 사건에 대한 증거를 어떻게 묘사하고 이해할 것인가 하는 결정을 넘겨받는다. 문화는 기억을 생산하고, 기억은 문화를 낳는다. 그러나 특히 프랑스혁명과 같은 방대한 역사적 현상의 경우가 그런 것처럼, 이후에 다른 사람들이 그것에 대해 생각하고 쓰는 것은 필연적으로 전문적 역사가들이 일어났다고 생각하는 것과 다음 세대 비역사가들이 일어났다고 믿는 것 사이를 중재한다.

혁명을 분명하게 밝히려는 충동은 또한 프랑스혁명이 근대 프랑스를 만든 반면, 프랑스혁명을 둘러싼 히스토리오그라피적 논란이 혁명 자체가 시작됐을 때부터 근대 프랑스 국민국가와 프랑스 국민의 형성에 한 요인이었다는 추가적인 사실에서 구체적으로 나타난다. 국가의 창조와 국가를 통치하는 정치적·제도적 기구의 강화에 기여하는 것보다 더 중요한 역사 연구의 기능을 상상하기는 어렵다. 다음 세대의 프랑스 해석자들이 혁명에 대해 쓴 것은 단순한 역사 문헌의 한 조각이 아니다. 그것은 근대 프랑스의 국민신분과 시민성 구조의 요소들이다.

으레 그럴지는 모르겠다. 국가를 만드는 혁명은 그것이 어디에서 일어나건 간에 국가의 시작을 단일한 근대적 공동체로 여기는 것을 넘어설 만한 의식을 사람들의 머릿속에 심어주는 경우가 거의 없다. 특히 공포정치하에서 왕과 왕비, 그 밖의 수천 명의 사람들을 단두대에서 처형하고, 방데 지방에서 대학살을 저지르고, 1792년 시작된 다른 나라와의 전쟁을 벌이는 것과 같은 광범위한 폭력을 수반할 때는 더욱 그렇다. 미국인들은 이를 잘 안다. 독립선언을 낳은 1776년의 사건, 전쟁에서 미국 독립을 성공적으로 지켜낸 것, 그리고 헌법을 제정해 미국의 독립을 굳건히 한 것은 '건국의 아버지들' 아래 미국 탄생의 단일한 순간을 미국인의 생각에 아로새긴다. 뒤이어 일어난 프랑스의 대혁명은 미국 독립혁명이 미친 다양성보다 훨씬 더 역사의 과정을 변화시키고 멀리 모스크바, 이집트, 신생 미국에 이르기까지 영향을 미친 사건으로, 프랑스 내에서는 역사적으로 다른 어떤 사건보다 덜 중요한 것으로 여기지는 않을 것이다. 그리고 프랑스가 분열되고 나폴레옹 보나파르트 치하의 프랑스제국이 초기 공화정을 계승했지만, 두 체제 모두 역시 유럽을 분열시켰다. 이런 대격변의 원인과 결과가 지적 경쟁뿐 아니라 정치적 경쟁에서도 지속적으로 다시 울려 퍼지는 것은 그리 이상한 일이 아니다.

혁명으로 나타난 역사 파열의 의미를 둘러싼 논쟁은 바스티유가 함락된 그날부터 시작됐지만, 적어도 영어권 국가에서는 으레 이를 둘러싼 오랜 토론의 분석을 에드먼드 버크Edmund Burke와 토머스 페인Thomas Paine 사이에 일어난 유명한 이념 전쟁에 대한 해석으로 열고는 한다. 엄청난 작가들이었지만, 이 두 사람은 모두 해협 건너 영국의 역사적 적敵 내부에서 일어나는 사건에는 구경꾼들이었다. 한 명은 자신이 배운 것을 혐오했고, 다른 한 명은 바뀌어버린 프랑스의 변화 가능성을 응원했다. 두 사람 모두 역사가는 아니었다.

사상가이자 정치인이었던 버크는 1790년 쓴 자신의 《프랑스혁명에 대한 성찰》로 첫 공격을 받았는데, 이 소책자는 현재 근대 보수주의의 기초를 닦은 문헌으로 여겨지고 있다. 그는 프랑스의 소동을 1688년 영국의 명예혁명에 비유한 도덕철학자 리처드 프라이스Richard Price의 주장에 답하고자 했다. 프라이스는 두 사건 모두 '계몽주의 이념'을 전 세계에 널리 퍼뜨렸다고 주장했다. 버크는 프랑스혁명이 분열을 가져왔다고 생각한 반면, 대조적으로 1688년 혁명은 이전 체제를 가장 잘 영국에 통합시켰다고 받아들였다. 버크는 혁명으로 찢어진 프랑스에서 일어난 초기 폭력사태에 대해서도 공포를 느꼈다. 비록 그가 프랑스혁명 중 후대에 가장 널리 알려진 제도화된 처형, 자코뱅의 공포정치, 루이 16세 처형이 일어나기 전에 《프랑스혁명에 대한 성찰》을 썼지만 말이다. 그는 혁명과 폭력이 혁명의 영향력을 느끼는 곳이라면 어디에서건 간에 사회적·정치적 질서를 위협하는 것으로 보았다. 그는 혁명의 지지자들이 "전복하고 파괴하지만 건설은 전혀 없는" 힘을 전제로 했다고 썼다. 혁명은 "인류에게 (…) 돌이킬 수 없는 재앙"이었다. 자유와 평등이라는 혁명의 추상적 주장을 반대했던 버크는 군주제와 재산권을 옹호했으며, 경험과 시간의 축적된 지혜를 대변했다. 급변하는 변화를 넘어 점진적인 변화를 입증하고, 군사독재에서 혁명이 궁극적으로 부패한다는 것을 정확하게 예측했다. 사상가이자 작가일 뿐만 아니라 정치활동가인 페인은

끊임없이 변화하는 과거

1791년 간행이 시작된 《인권》에서 버크에 반격을 가했다. 2부로 나뉘어 있는 이 책은 더 오랫동안 버크의 책과 마찬가지로 많은 논란을 불러 일으켰다. 세습군주제의 전제정치를 끝낸 프랑스혁명을 찬양하면서(페인은 세습군주제를 '폭정 tyranny'과 '전제주의 despotism'라고 불렀다), 페인은 프랑스혁명이 인간 자유의 새로운 시대를 탄생시켰으며, 그리고 더 선동적으로 영국의 더 큰 평등과 영국 정부의 개혁에 박차를 가했다고 보았다. 페인의 글은 대서양 양편에서 관심을 끄는 쟁점이 됐으며, 미국에서 2개 정당의 정당정치 출현을 이끌었다. 프랑스혁명의 의미와 가치를 둘러싼 오랜 싸움은 이제 시작됐다. 그러나 이 두 명의 뛰어난 적대자들의 글이 적어도 영국과 미국에서 혁명에 대한 이어지는 모든 주장의 본보기가 된 것만큼이나, 그 책들의 내용은 역사적 논증이 아니었으며 작가들의 목적도 그 본질상 역사적이 아니었다. 조제프 드 메스트르Joseph de Maistre, 제르멘 드 스탈Germaine de Staël, 벤자민 콩스탕트Benjamin Constant, 오귀스탱 바뤼엘Augustin Barruel, 프랑수아르네 드 샤토브리앙François-René de Chateaubriand이 쓴 혁명에 대한 그 밖의 다른 초기 프랑스 저작들과 마찬가지로, 두 사람은 역사적 목적보다는 정치적 목적을 가지고 있었다. 프랑스혁명 히스토리오그라피의 공식적 기원을 이루게 된 책, 즉 역사가에 의해 집필된 명백히 역사적인 저작물이 나오기까지는 완전히 한 세대를 기다려야 했다. 미국 남북전쟁 역사에서 그러했듯이 프랑스혁명 히스토리오그라피의 첫 번째 프랑스 저작물들은 학계에서 나온 것이 아니라 커다란 혁명적 갈등에 대한 역사적 주장과 논증의 기초를 세울 만한 충분한 증거를 처음 이용할 수 있게 된 유능한 아마추어 역사가들의 펜에서 나왔다. 이런 혁명 히스토리오그라피의 첫 번째 학파 구성원이 혁명의 일반적 열망에 편안함을 느끼는 자유주의자였다는 사실은 의미가 있다.

프랑스혁명의 1차 물결의 주요 인물은 프랑수아 미네François Mignet와 아돌프 티에르Adolphe Thiers였다. 두 사람은 모두 프랑스 남부 출신의 그 시대 인물로, 엑상프로방스에서 변호사 훈련을 받았고, 저널리스트로서 그들의 경력을 시작해서 1814년 부르봉 왕조의 복고를 반대했다. 1830년 샤를 10세가 부르봉 가문의 다른 분파에 의해 전복되고, 그 대신에 입헌군주제인 루이 필립 1세의 7월 왕정이 들어섰을 때, 티에르와 미네는 프랑스 정권의 전도유망한 자유주의화를 지지했으며, 새로운 정권하에서 복무했다. 그들이 이후에 쓴 역사는 역사적 논쟁이 젊고 자유주의적인 부르주아 국가에 힘을 실어줄 수 있다는 확신을 반영했다. 이런 의미에서 그들은 프랑스혁명에 대한 자유주의적 해석의 창시자로 여겨진다. 혁명의 히스토리오그라피는 그 시작부터 정치를 위한 현직교육이었다.

미네와 티에르의 견해는 혁명에 대한 모든 후속 연구들이 승부를 겨루어야 하는 혁명의 해석 체계를 만들었다. 휘그 역사의 고전적 사례인 그 주제는 역사 이야기가 자유를 향한 진보와 관련이 있어야만 하고, 프랑스의 관점으로 하면 자유의 실현은 부르주아 제3계급의 정치적 승리에서 뚜렷이 드러날 것이다. 미네와 티에르의 정치 관여 또한 역사학과 역사가들이 프랑스 대중의 삶에서 자주 어떤 역할을 할 것인지를 미리 알려준 것이었다. 티에르는 결국 프랑스의 지도적 국회의원 중 한 명이 됐으며, 나폴레옹 3세가 폐위되고 1870년 프랑스 제2제국이 붕괴된 후 1871년 파리코뮌을 유혈 진압한 제3공화국하의 프랑스 대통령이 됐다. 이들은 안락의자에만 앉아 있는 역사가가 아니었다.

미네와 티에르는 바스티유가 함락된 지 대략 35년 후 혁명에 관한 그들의 연구가 거의 동시에 출판되는 것을 보았다. 1824년 미네는 《프랑스혁명의 역사》를 출판했다. 이 책에서 그는 결과적으로 이야기꾼보다 역사가라는 성격을 부여할 만한 특징을 보여주었다. 사건을 이야기하거나 자신이 선택한 주제의 중요성을 평가하는 것뿐 아니라 분석을 하기로 결정한 것이다. 책의 서두에서 그는 혁명에 대한 호의적인 관점을 밝혔다. "그것은 자의적인 의지를 법으로 대체했고, 특권을 평등하게 했다. 계급의 구분에서 사람들을 구했고, 지역 장벽에서 땅을 구했고, 기업과 동료들의 족쇄에서 탈피하여 무역을 할 수 있게 했고, 봉건적 종속과 십일조의 압박에서 벗어나 농업을 하게 했다. 제한을 가하는 장해물로부터 재산을 지키고, 모든 것을 하나의 국가라는 상태, 단일한 법 체계, 하나의 국민으로 만들었다." 미네는 그것을 알 수 없었다. 그러나 법과 국민이라는 강렬한 마지막 두 단어는 이후 두 세기의 많은 시간 동안 프랑스혁명 히스토리오그라피의 성격을 보여주는 하나의 주제를 예고했다. 그것은 혁명의 원인과 결과, 그리고 의미를 둘러싼 정치적으로 격양된 논쟁에 하나의 구체적인 프랑스의 공명을 부여한 주제였다. 이후 역사는 프랑스 시민권과 시민정신 구축에 도움을 주었다. 프랑스 국민le peuple français의 구성과 정의는 이제 정치가와 철학자뿐 아니라 역사가의 책임이 됐다.

미네의 책은 또한 프랑스혁명을 부르주아혁명으로 간주하는 완전한 형태의 지적 몰이라고 할 수 있는 것 중 초기 버전이라는 점에서 주목을 받았다. 이 해석을 채택하면서, 미네는 앙시앵 레짐 Ancien Régime 을 비난하고, 법에 의한 지배의 확립과 프랑스혁명하의 사회적·정치적 평등성의 더 큰 확대에 환호했다. 그리고 과도한 공포정치를 맹렬히 비난했다. 오늘날의 역사가들은 그가 인용한 혁명의 원인이 수와 범위에서 불충분하다고 여기겠지만, 그로서는 혁명의 기원에 대한 평가의 첫 번째 시도였다. 그는 또한 자신의 설명 도식을 도입했는데, 그중 하나는 미래 역사가의 관심을 예언하는 것이었다. 역사가의 관심은 혁명 시대에 일어난 사건의 의미를 밝히려는 인간의 열정이나 상징주의와 시민종교에 대한 의존과 같은 일반적 요인이었다. 미네는 파리 상퀼로트 sans-culottes[*]를 폭도로 치부했다. 그러나 그는 이들이 자신이 소유한 특성을 혁명에 부여함으로써 계급 분화를 일깨우는 역할을 했다는 인식을 보여주기도 했다. 이런 식으로 그의 역사도 앞으로 일어날 일의 전조였다.

프랑스혁명을 연구한 두 명의 이들 초기 역사가 중 티에르가 더 유명해졌다. 1820년대에 간행된 그의 《프랑스혁명의 역사》는 10권을 채웠다. 그에 이어 1845년에서 1862년 사이에 간행된 그의 《통령정부와 제국의 역사》는 모두 합해 20권이었다. 그의 엄청난 산출물은 이전에는 대부분 사람들에게 알려지지 않았던 혁명에 대한 정보를 당시 사람들에게 제공했다. 그리고 자코뱅의 공포정치, 나폴레옹 제국,

---

[*] 프랑스혁명기 의식을 가지고 과격한 행동에 나선 민중을 가리킨다. 상퀼로트는 '퀼로트, 즉 반바지를 입지 않은'이란 뜻으로, 귀족의 상징인 퀼로트(반바지)를 대신하여 노동자의 상징인 긴바지를 입은 사람을 뜻한다. 공포정치의 전위대 역할을 했으며, 산악파의 세력 기반으로 혁명의 추진력이 됐다. ― 옮긴이

부르봉 왕정복고와 같은 혁명의 주요 차원에 대한 좀처럼 수그러들지 않는 논쟁의 견고한 기초를 마련했다. 미네처럼, 티에르는 혁명을 전체적으로 프랑스에 이익이 되는 것으로 보고, 자유주의적이고 공화주의적인 프랑스 부르주아가 국가에서 더 큰 힘을 가지게 된 것을 환영했다.

혁명 역사의 선구자들을 따르던 역사가들은 두 사람이 프랑스 대중 집단에게 가졌던 것과 같은 의구심을 가지고 있지 않았다. 사실 미네와 티에르의 주요 후계자들, 특히 토머스 칼라일Thomas Carlyle과 쥘 미슐레는 하층민menu peuple, 즉 일반적인 사람들을 앙시앵 레짐의 족쇄를 제거한 배후 원동력이라고 묘사함으로써 냉철한 자유주의적 중간계급의 위에 있는 존재로 격상시켰다. 이 대중의 시위와 행동의 힘을 전면적으로 찬양했기 때문에 이 책의 맥락에서는 일반적으로 '낭만적' 역사가로 간주되는 칼라일과 미슐레는 미네와 티에르의 관점과는 다른 관점으로 혁명을 해석한 첫 번째 사람으로 보아야 한다. 이런 구분은 그들을 프랑스혁명에 대한 첫 번째 수정주의 역사가라고 부를 만한 자격을 준다. 더 중요한 것은 혁명에 대한 자유주의적 역사 해석자들과는 대조적으로, 그들은 근대 프랑스 국가의 또 다른 기원 이야기를 제공하고 있다는 점이다. 그것은 노동대중이 영웅이 되는 기원 이야기이다.

칼라일의 《프랑스혁명》은 티에르의 역사가 그렇듯이 월터 스콧Walter Scott과 찰스 디킨스Charles Dickens의 소설인 《두 도시 이야기》에 가깝기 때문에 역사 문헌으로서 그 입지가 부정되는 대신 일종의 허구로 취급됐다. 그러나 스코틀랜드의 이 순수문학가가 지속적으로 중요한 역사 해석 체계를 시사하게 하는 데 공을 세웠다는 사실을 부인할 확실한 근거는 없다. 칼라일(그의 거창하고, 냉소적이고, 일화적인 1837년의 책은 개념적 수정주의의 주목할 만한 사례이다)이 혁명에 대해 쓰기까지는, 격변의 국면과 본질에 대한 일종의 차분하고 자유주의적인 접근이 규범이었다. 칼라일이 등장하면서 생생하고 격정적인 과장이 그 자리를 차지했다. 예를 들어, 바스티유 공격에 대한 그의 서술을 보자. "지금까지 4시간 동안 월드-베스렘 World-Bedlam*이 아우성을 쳤다. 이를 불을 내뿜는 월드-키마이라World-Chimaer**라고 부르기로 하자." 바렌으로 향하는 왕이 탄 비행기에서 "조용히 웅크려 있는 민중은 얼마나 위대한가! 다음 날이 되면 사람들은 서로에게 말할 것이다. '우리는 왕이 없지만, 잠을 충분히 잤다'".

화려한 과잉수사가 아닐지라도 인간에 대한 사랑이라는 점에서 보면, 탁월한 연구를 문학적 재기才氣와 결합시킨 학구적 문필가인 미슐레는 칼라일을 능가했다. 그에게는 민중le peuple의 정의할 수 없는 정신이 프랑스 역사의 가장 중심에 있었다. 이들은 이전에는 역사해석에 거의 들어가지 않았던 대부분 알려지지 않은 개인들이었다. 미슐레는 이 거대한 혁명 사건을 개인적으로 받아들인 것 같았다. "혁명의 위대한 행위자 중 누구도 나를 차가운 상태로 내버려두지 않았다. 나도 그들 중 하나였다." 칼라일처럼 미슐레도 '민중'에 속하는지에

---

* 1300년대 런던에 세워진 정신병원 베스렘 로열 병원(Bethlam Royal Hospital)에서 유래한 말이다. 정신이상자들로 병원은 항상 혼란스러웠다. 현대에 들어와서는 난리법석을 뜻하는 말로 사용된다. — 옮긴이

** 그리스신화에 나오는 기이한 괴수로 사자의 머리, 양이나 염소의 몸통, 뱀의 형상을 한 꼬리를 가지고 있고 입에서는 타오르는 불을 내뿜는다. — 옮긴이

대해서는 애매하다. 그들이 제3계급의 실질적인 부르주아였나, 노동자계급의 도시 상퀼로트였나, 그렇지 않으면 농촌 프랑스의 농민이었나? 그러나 그의 편애는 의심할 여지가 없었다. 혁명은 국민을 하나로 모으는 세계사에서 이전에는 전혀 볼 수 없었던 하나의 위대한 형제애적 사건이었다. 미슐레가 보기에는 자코뱅 공포정치와 그것을 끝낸 부르주아 과두정치가 대중 민주주의의 고유한 실험을 다 팔아버리고 말았다. 따라서 미슐레에게는 부르주아와 그들의 살롱이 경멸의 대상이었을 뿐이다. "그들을 떠날 때 내 가슴은 움츠러들고 차가워지는 것을 발견한다." 민중에 대해서 그는 오직 "가장 초라한 상황 속에서 알았던 소중한 마음의 상냥한 기억만을 가졌다. (…) 민중은 그들 스스로 신성한 시를 가지고 있다. 나는 그들로부터 생겨났으며, (…) 모든 인류가 아니라 민중의 개성을 확립하고자 한다. (…) 하나의 민중, 하나의 나라!" 여기에 통합된 단일 국가의 대표로 등장하는 미네의 '하나의 민중'이 있다.

칼라일이나 미슐레의 역사학과 같이 그렇게 많은 19세기의 프랑스 혁명 히스토리오그라피의 독특한 수사를 과도하게 흥분된 상태의 낭만주의적 표현이라고 간과해버릴 수는 없다. 그 언어와 신비로운 함의는 우리가 지금 읽는 역사 표현으로는 낯설 수 있는 반면, 격식을 차리지 않은 문체는 많은 점에서 수정주의적인 해석적 목적과는 하나였다. 해석의 변화는 문체의 변화를 가져왔다. 칼라일과 미슐레는 자신들의 목적을 위해서 역사 서술의 새로운 언어, 역사학적으로 변형된 낭만주의 언어를 채택하고 어떤 점에서는 창조해야만 했다. 그리고 이를 통해 혁명에 대한 자신들의 새로운 접근법을 표현해야 했다.

그들이 자신의 감정을 전달하기 위해 사용한 단어들은 독자들에게 제공한 혁명에 대한 관점의 정서적·해석적 요지와 전적으로 일치했다. 그것들은 또한 빅토르 위고Victor Hugo와 같은 현대 프랑스 소설가들의 문체에 필적할 만한 단어들이었다. 게다가 특히 거의 조사되지 않은 자료를 발굴하는 데 능숙했던 미슐레는 그의 저작에서 이전 역사가들이 간과했던 사람들의 역할을 발견했는데, 평범한 남성과 여성의 행위를 칭송까지는 아니더라도 강조는 했으며, 그 당시에는 진정성이 있고 마음을 끄는 듯 보였던 역사가와 독자들 사이의 정서적 유대감을 만들었다.

많은 면에서 칼라일과 미슐레, 특히 미슐레의 저작을 그렇게 인기 있게 한 것은 명확성의 결여와 널찍하게 트여 있는 그들의 관점이었다. 미슐레의 경우 24권짜리 《프랑스 역사》와 《민중》이라는 눈에 띄는 제목의 한 권짜리 책을 비롯한 그런 저서들이 매우 많다는 것이 나쁠 것은 없었다. 미슐레는 그 자신의 역사에서 행위자로 보일 수 있는 원래의 프랑스 출신 사람들 비중을 크게 늘렸다. 그리고 이전의 미네와 마찬가지로 많은 면에서 장차 프랑스혁명을 계급적으로 해석할 수 있는 길을 닦았다.

하지만 미래를 내다보기 위해 점을 치는 것은 당신의 길을 잃게 만들 수도 있다. 어떤 역사적 해석도 해석의 영역을 독점할 수 없다는 명제를 확인해주듯이 결국 미슐레와 칼라일의 역사에 대한 강력한 반격이 나타났다. 혁명에 대한 버크의 이전 보수주의적 공격과 그것이 대변하는 모든 것을 반영하면서, 일부 역사가들은 프랑스 민중에 대해 칼라일과 미슐레가 대중적인 히스토리오그라피적 옹호론을 펼친

끊임없이 변화하는 과거

것을 날카롭게 문제 삼기 시작했다. 이 중 가장 유명한 두 사람은 엄밀한 의미에서는 역사가들이 아니었다. 하지만 달리 보면 이들은 각각 바스티유 습격에 이은 세계를 뒤흔든 사건을 긍정적으로 보는 관점에 지속적으로 도전하는 것을 그만둔 사고 체계에 문제를 제기했다.

이 중 첫 번째 사람은 뛰어난 정치사상가인 알렉시스 드 토크빌Alexis de Tocqueville이었다. 미네와 티에르보다 30년 후에 글을 썼지만, 토크빌은 자유주의적인 프랑스인 성향을 가진 미슐레와 같은 자기 시대 사람들보다는 이런 초기 역사가 세대에 훨씬 더 잘 어울리는 혁명에 대한 관점을 가졌다. 비록 그의 정치적 관점이 복잡할지라도, 토크빌은 혁명에 대한 분석적인 접근 방법, 혁명과 관련된 아카이브에 대한 지식, 선임자들의 자유주의를 미네와 공유했다. 제2공화국 기간 동안 외무장관이라는 공직을 맡았던 구체적인 정치 참여 또한 티에르와 비견될 수 있다. 티에르와 마찬가지로 토크빌도 변호사 교육을 받았다.

그러나 다른 사람들과는 달리, 부모가 단두대에서 간신히 벗어날 수 있었던 노르만 귀족의 후손인 토크빌은 혁명 그 자체보다 혁명 이전의 앙시앵 레짐에 더 중점을 두었다(이것은 2부를 쓰려고 했기 때문임이 틀림없는데, 2부는 프랑스혁명에 대한 것이었다. 그러나 그는 2부를 완성할 때까지 살지 못했다). 그는 혁명이 역사 이념과 행동의 새로운 시대를 열었음을 인정했지만, 두 시대 사이의 유사성과 연속성을 강조했다. 19세기 혁명 역사가들 중 뛰어난 인물이었던 그는 이전 세기의 진정한 혁명은 군주의 전제정치에 의해 앙시앵 레짐이 무너지는 것이라고 주장했다. 즉, 진정한 프랑스혁명은 1789년 이전에 모든 정치적 권력을 프랑스라는 국가 자체에 모으는 데 있었다고 주장했다. 그러나 그의 뛰어난 1856년의 저서 《앙시앵 레짐과 혁명》은 적어도 단기적으로는 어떤 새로운 방식의 탐구나 해석을 시작한 것은 아니었다. 그리고 그 것은 칼라일과 미슐레가 묘사했듯이 독립적인 역사 행위자로 프랑스 인을 의식하기 시작하는 데 기여하지 않았다. 사실 가장 심오한 의미 의 한 사람의 자유주의자로 대의정부의 출현이 중요함을 이해했으며 민의의 확대 및 평등과 민주주의의 진전이 거부할 수 없는 힘이라고 믿었지만, 토크빌은 혁명의 많은 측면에 섬뜩함을 느꼈다. 그는 "혁 명이 타도된 정부보다 훨씬 강력하고 절대적인 정부를 만들었는데도 (…) 인민주권에 대해 이야기했다. (…) 그렇지만 국가에게서 모든 자 치정부의 흔적, 헌법적 보장, 사상과 언론, 출판의 자유를 빼앗았다" 고 썼다. 토크빌의 해석은 1789년 이후의 더 급진적이고 대중적인 역 사가 결코 독자적인 분야를 가지지 않을 것임을 명백히 했다.

프랑스 민중을 찬양하려는 것이 아니었다는 점에서 토크빌과 입장 을 같이 한 것은 토크빌과 같은 분석가나 조직적인 사고자가 아니라 이야기 서술자narrator인 이폴리트 텐Hippolyte Taine이었다. 텐은 역사 가라기보다는 문학가였고, 연구자라기보다는 비평가였으며, 정치적 중요성보다는 심리학적·사회학적 기원에 더 관심이 많았으며, 토크 빌식의 자유주의적 보수주의자라기보다는 반동주의자였다. 역사학 에 기여한 그의 주요 저서는 1875년과 1893년 사이에 나온 다섯 권 의 《현대 프랑스의 기원》이었다. 미슐레와는 대조적으로 텐은 흥분한 사람들에게 깊은 두려움을 보였다. 나폴레옹 3세의 제2제국의 종말, 1870~1871년 프랑스-프로이센 전쟁의 혼란 속에서 성립한 제3공

끊임없이 변화하는 과거

화국의 탄생, 그리고 지지자들이 패배 이전 파리의 많은 것들을 파괴한 1871년 파리코뮌 등 1870년 이후 프랑스에서 일어난 사건에 대한 초기 우파적 반대자로서, 그는 자신이 쓴 혁명 정권의 성격을 거의 가지고 있지 않은 위계질서, 안정성, 권위, 그리고 합법성을 신뢰했다.

텐은 자신의 분노를 음모론자들인 자코뱅에게 돌리고, 혁명에 뒤처진 대중을 평판이 좋지 못한 폭도로 묘사하며, 혁명과 제국하의 권력 중앙집권화를 규탄하고, 자신이 본 것을 1879년 이후 혼란에 많은 책임이 있는 계몽주의 철학의 추상적 지성주의라고 비난했다. 그는 칼라일을 연상시키는 문체로 프랑스혁명을 촉발시킨 세력은 왕이 아니라 민중이라고 다음과 같이 썼다. "말하자면 수백, 수천, 수십만의 군중이 충동적으로 무턱대고 몰려들었다. 이와 함께 휘몰아치는 정상적이 아닌 자유가 지옥의 문턱에 있는 밀턴Milton의 두 악령과 같이 혁명의 문턱에 앉아 있었다." 텐이 볼 때 프랑스가 근대 유럽 국가로 발전하려면, 대중 공화정으로는 가능할 수 없었다. 프랑스의 히스토리오그라피에서 종종 나타나듯이, 텐은 국가의 정치적 발전 과정을 안내하는 데 역사를 끌어들였다. 그러나 아이러니하게도, 그렇게 함으로써 그는 정치적 행위자이면서 역사적 논의에 적합한 행위자로서 평범한 프랑스 민중에게만 초점을 더 크게 맞추었을 뿐이었다. 여기에 텐의 자유주의적 전임자들에 의해 역사 기록 속에 엮여 들어간 바로 그 사람들에게만 초점을 맞춘 반동적 히스토리오그라피가 있다. 히스토리오그라피의 관심을 민중에게서 벗어나게 하는 데 실패함으로써, 즉 실제로는 미네, 티에르, 칼라일, 미슐레에 의해 시작된 국가 건설이 역사 해석에 미치는 역할을 받아들임으로써, 텐은 프랑스사를 새롭게 이해하는 데 히스토리오그라피가 가지는 권위에 기여했는데, 이는 결국 프랑스혁명에 대한 진보적 해석이 지속적으로 출현하는 것을 늦출 수 없게 만들었다. 게다가 텐과 같은 유형의 해석은 진지한 역사가들이 고려할 만한 가치가 있다고 여기게 됐던 역사적 주장의 큰 분야에서는 발판을 얻을 수 없음을 입증한 것이었다. 그것은 사실상 1789년 이후의 최초의 반혁명주의자로 거슬러 올라가며 20세기 포퓰리스트, 즉 전체주의자 통치의 위험성을 내다본 것이었다. 텐의 해석과 같은 그러한 해석이 직면한 어려움은 프랑스혁명사의 첫 번째 교수 임용에서 완전히 명확해졌다.

자기 나라의 다양성과 미국의 지적·문화적 생활 중심지의 광범한 지리적·제도적 확산에 익숙한 미국인 독자들은 대부분이 국가 기관인 파리의 학습 중심지들이 프랑스혁명의 지적·문화적 생활에서 항상 해왔던 권위를 간과할지도 모른다. 프랑스의 전통은 지식의 창조와 보급을 국가가 해야 할 일이 되게 한다. 그래서 특별한 해석적 소질을 가진 사상가나 학자가 파리대학교 교수에 임명되고, 오래된 기관뿐 아니라 국가의 지도적 지식인들이 직책을 맡고 있으며 그렇게 많은 지도적 인물을 기르는 기관인 도시의 다른 그랑제콜Grandes Écoles과 연결될 때, 그 직책의 취임을 정부가 승인하고, 재임자의 관점은 종종 다른 사람의 관점보다 일종의 선호도가 높은 입장으로 인정될 것으로 추정된다. 1889년 바스티유 함락 100주년이 되던 해에 일반적으로 소르본으로 알려져 있는 파리대학교의 프랑스혁명사 첫 번째 교수로 알퐁스 아우라드Alphonse Aulard가 임명된 것이 그런 경우였다.

끊임없이 변화하는 과거

아우라드가 유명해진 것은 제3공화국의 비공식 대변인으로서의 그의 역할과 자신의 혁명 역사를 '유용한' 역사로 만들겠다는 결심 때문이었다. 이런 역사는 제임스 하비 로빈슨과 같은 사람에 의해서 미국에서 곧 나타났다. 하지만 그것은 프랑스 대학들 내에서 역사학이 공식적으로 발달하는 데도 중심 역할을 할 만큼 성장했다. 그 이전 인물인 독일의 폰 랑케와 마찬가지로, 아우라드는 프랑스 안에서 전문적인 학문적 방법과 표준을 만드는 것을 주도했는데, 그것이 이 시기까지 발달하여 대서양 양편에서 일반적 현상이 됐다. 그는 프랑스 학계의 최상위에 있는 대학의 교수직과 프랑스 최대의 근대적 격변에 헌신하는 직책을 맡음으로써 커다란 권위를 소유했다. 이는 그의 해석적 입장이 다른 사람의 입장보다 더 설득력을 가져 프랑스 학자들 사이에서는 일종의 정통적인 것이 됐으며 배척하기 어려워졌음을 보장했다.

1901년 간행된 네 권으로 된 《프랑스혁명: 정치사, 1789~1804》에서 아우라드는 해석적 당파성을 명백히 부인했다. 그러나 그는 부르주아를 위한 자신의 편향성, 공포정치로부터 출현한 반교권주의적 공화주의, 그리고 1871년의 제3공화국에 대한 자신의 이러저런 암묵적 편향성을 감출 수 없었다. 또한 그는 더 급진적인 막시밀리앙 로베스피에르Maximilien Robespierre보다는 조르주 당통Georges Danton에 대한 동정심과* 상퀼로트의 프롤레타리아적 충동에 대한 동정심을 억누를

---

* 두 인물 중 누구를 선호하는가는 오랫동안 역사가의 정치적 견해를 상징하는 것으로 여겨져 왔다. ─ 지은이

수 없었다. 이러한 선호는 그를 대부분의 전임자들과 손잡게 했으며, 암묵적으로는 대중 민주주의 정치를 지향하는 편향성을 보여주었던 초기 역사가들과 결합하게 했다. 이는 자신보다 더 좌파적일 수 있는 후임자에게도 문을 열어둔 것이었다. 그것은 또한 말하자면 텐의 관점을 그늘에 가려놓은 해석적 경향을 심화시켰다. 그러나 아우라드가 가장 큰 영향을 미친 곳은 투키디데스식으로 혁명의 정치에 초점을 맞춘 것과 사회적·문화적·지적 뿌리, 심지어 심리적 뿌리에도 관심을 두지 않은 데 있었다. 다른 것과 마찬가지로 이는 다른 종류의 역사가 미래에 출현하는 데 엄청난 장벽을 만들었으며, 혁명의 역사적 문제에 대한 더 광범위한 접근의 성장을 지체시켰다.

그러나 그것이 끝은 아니었다. 프랑스혁명에 대해 점차 완전히 정통적이 되어간 이런 접근방식 이전에 다수의 프랑스 민중에게 중심에 두는 혁명 히스토리오그라피의 단계가 하나 더 있다. 그것은 페인에게까지 거슬러 올라가며, 최종적으로는 스스로 소진되어 새로운 어떤 것으로 대체됐다. 그 단계는 본질적으로 마르크스주의이다. 그것은 혁명 역사학을 급격히 좌파 쪽으로 이동시켰는데, 이런 움직임은 거의 한 세기 동안 지속됐다. 이미 언급했듯이 사회주의적 요소, 민중의 요구에 대한 극히 민감한 반응은 (그러나 이런 요구들은 선언적일 수도 있다) 수십 년 동안 이런 히스토리오그라피의 일부가 됐다. 프랑스 사람들 내 서로 다른 사회적·경제적 계급 구성원들 사이에 일어나는 갈등의 라이트모티프Leitmotiv*를 프랑스혁명 히스토리오그라피에 도입하

---

* 반복하여 제시함으로써 작품의 주제를 보여주는 단어나 이미지를 말한다. 그 자체가 작품

끊임없이 변화하는 과거

는 것은 뜬금없는 일은 아니었다. 마르크스주의 접근법의 참신한 점은 혁명 시대의 사건들에 대한 상대적으로 엄격한 구조를 가진 계급적 해석으로, 그것은 '과학적' 확실성을 요구했으며, 당시의 사건들이 일어난 것은 어떻든 간에 불가피했다는 관련된 함의에 있다.

카를 마르크스 자신도 프랑스혁명에 깊은 관심을 가지고 있었으며, 저술에서 자주 언급했다. 그러나 그는 결코 프랑스혁명에 대해 직접적으로 자세히 이야기하지는 않았다. 이것은 나중에 이른바 제2제국하에서 나폴레옹 3세가 됐던 '프린스 프레지던트Prince-President' 루이 나폴레옹의 1851년 쿠데타에 초점을 맞춘 1852년의 저서 《루이 나폴레옹의 브뤼메르 18일》과는 극명한 대조를 이루었다. 그와 그의 이념적 동료였던 프리드리히 엥겔스가 다루었던 모든 다른 주제와 마찬가지로, 프랑스혁명의 히스토리오그라피에 마르크스가 기본적으로 기여한 것은 계급의 관념이었다. 예를 들어 그들이 《독일이데올로기》에서 썼듯이, "(혁명 기간 동안) 부르주아계급이 귀족의 권력을 타도했을 때, 이로 인해 많은 프롤레타리아들이 프롤레타리아계급을 뛰어넘는 것이 가능했지만, 이는 그들이 부르주아가 됐을 때만 가능했다". 따라서 마르크스는 바스티유 습격에 뒤이어 일어난 사건들을 계급적 관점에서 기본적으로는 제3계급 구성원의 일로 보았는데, 마르크스가 보기에 이들은 부르주아 구성원으로, 프롤레타리아를 지도하고 통제했던 혁명의 대리인이었다. 정통 마르크스주의자들에게 혁

의 중심 주제는 아니지만, 앞으로 작품이 어떻게 진행되고 작품이 전달하려고 하는 주제가 무엇인지 보여준다. 표제음악이나 악극과 같은 음악, 문학 등에서 사용한다. '유도동기(誘導動機)', '지도동기(指導動機)' 등으로 번역하기도 한다. — 옮긴이

명은 위계적이고 봉건적인 앙시앵 레짐을 파괴하고 이를 부르주아·자본주의 정부와 경제 체제로 대체하는 결과를 가져왔다. 그러나 그들은 혁명이 부르주아혁명일지라도, 다른 계급이 여기에 참여했다고 주장했다. 첫째로는 귀족으로, 이들은 1787년 국왕의 삼부회 Estates General 소집을 이끌어냈다. 둘째로, 더 중요한 것은 도시 프롤레타리아인 파리의 상퀼로트로, 이들은 바스티유를 습격했으며, 공포정치의 중심이었다. 마르크스의 그림자 속에서 글을 쓴 역사가들이 그의 계급적 해석의 세세한 문제를 어떻게 해결했는지, 예를 들어 공포정치와 보나파르트의 출현을 어떻게 처리할 수 있었는지에 대해서는 이어지는 수십 년 동안 많은 책의 내용이 됐으며 많은 토론을 야기했다.

어떤 국가나 사회에서 중대한 새로운 역사적 환경이 기존의 역사적 관점에 수정을 가져올 수 있다는 것은 확실하다. 이는 혁명과 전쟁이 프랑스와 다른 국가들을 휩쓸고 산업자본주의와 상업자본주의의 영향력이 커짐에 따라 19세기 후반과 20세기 초 유럽에서 예측 가능했을 것이다. 이전에는 독립적인 소국들로 존재했으며 정치적 관할권이 약했던 독일과 이탈리아라는 두 개의 주요국이 국가로서 구체적인 형태를 갖추었으며, 볼셰비키는 러시아에서 로마노프 왕조를 축출했다. 마르크스주의는 당시 세계에 무엇이 일어나고 있는지 설명하고 그런 거대한 변화가 뒤이어 가져오는 문제들에 대한 해결책을 찾는 표현이 됐다. 프랑스혁명에 대한 해석의 다음 단계가 예리한 마르크스주의 형태를 띠게 된 것은 놀라운 일이 아니었다.

프랑스에서 마르크스주의는 처음에는 온건한 성향을 띠었다. 과거의 사건에 대한 딱딱한 '과학적' 설명으로 제시되기보다는, 인도주의적이고 민주적인 사회주의, 즉 민중의 복지에 대한 정부의 더 큰 책임을 찾는 형태를 띠었다. 그리고 이전에도 그랬던 것처럼, 프랑스혁명에 대한 최초의 완전한 사회주의 해석은 전문적 역사가의 연구보다는 공적 인물의 펜에서 나왔다. 그는 프랑스 사회당의 창당자인 장 조레스Jean Jaurès로, 철학 공부를 한 다음 하원의원 활동을 통해서 프랑스의 뛰어난 의원이자 자유주의 세력의 한 명이 됐다. 1901년 출간되기 시작한 그의 《프랑스혁명의 사회주의적 역사》는 카를 마르크스의 글에 능통한 조레스가 혁명적 사건의 철저한 사회주의 해석가임을 밝혔다. 혁명을 야기하고 지탱한 사회경제적 요인을 강조한 책들에서 그는 자기 이전의 마르크스나 엥겔스처럼 부르주아의 힘이 커지는 것이 '혁명의 근본적 중요성'이라고 하면서, 부르주아의 중심적 역할을 강조했다. 상퀼로트의 역할을 찬양했던 이전의 역사가들에게서 힌트를 얻어서, 그는 자신의 저서에서 파리 노동계급에게 "한 세기 동안 희미하게 인식되어온 이상을 위해 종종 목숨을 바친 억압받는 프롤레타리아들의 전투적 미덕"이라는 탁월한 지위를 부여했다. 그는 "혁명과 함께 프롤레타리아의 위상이 어떻게 성장했으며 사건의 열기 속에서 어떻게 구체화됐는지 '민중', 즉 노동자와 농민에게" 보여주려고 노력했다. 조레스와 같은 온건한 인도주의적 마르크스주의*가 아닐지라도 다른 이들도 마르크스주의 주제를 혁명의 히스토리오그라피에 기꺼이 도입했을 것이 틀림없지만, 이 위대한 민족주의자가 혁명 히

---

* 조레스는 에밀 졸라(Émile Zola) 및 그 밖의 다른 사람들과 함께 1890년대 반유대주의자들의 공격에 맞서 알프레드 드레퓌스(Alfred Dreyfus)를 변호했다. 그리고 그는 프랑스의 1차 세계대전 참전에 대한 열렬한 반대자로, 신생 짐머에 지헝하다가 끝내 임벌됐다. 지은이

스토리오그라피에 마르크스주의를 도입한 공식적 매개체라는 것은 매우 중요하다. 왜냐하면 역사적 과거의 이런 주제에 마르크스주의적 분석을 적용하는 데 그가 성공한 것은, 그 주제에 대한 또 다른 사회주의적 접근법에 그의 성공이 없었으면 누리지 못했을 수도 있는 권위와 내구성을 부여했기 때문이다.

그러나 혁명 역사의 중심에 중산층과 노동하는 프랑스 대중을 놓는 과정에는 또 하나의 단계가 여전히 남아 있었다. 그 주제의 히스토리오그라피에 경직된 마르크스주의 계급 이론을 도입하는 단계였다. 프랑스에서 이런 식의 설명을 한 최초의 사람은 아우라드의 제자인 알베르 마티에즈Albert Mathiez로, 그의 영향력 있는 저서들은 이런 주제에 대한 역사 탐구에 마르크스주의의 도입이 타당성이 있음을 천명했다. 마티에즈는 그의 스승 이상으로 혁명의 폭력성에 대해 예리하게 다른 관점들을 가지고 있었으며, 이를 발전시켰다. 아우라드의 《프랑스혁명》과 마티에즈의 같은 이름의 저서가 간행된 시기의 사이인 1917년에 볼셰비키혁명이 일어났는데, 이는 정치뿐 아니라 사상의 재구성을 촉진시켰다. 마티에즈는 프랑스혁명을 프롤레타리아의 승리이자 상퀼로트의 군사적 급진주의의 산물이라고 보았다. 또한 비록 짧은 기간이긴 했지만, 공포정치 기간 동안 노동자의 승리는 차르러시아 이후에 무슨 일이 이어질지를 볼 수 있는 조짐이었다고 그는 1922년에서 1927년 사이에 간행된 자신의 세 권의 책에 썼다. 여기 소비에트연방에서는 아주 오래된 체제에 대한 진정한 계급 기반 공격이라고 볼 수 있는 일이 일어났는데, 이는 1789년 파리의 거리에서 시작된 일의 생생한 유산이었다고 마티에즈는 생각했다.

끊임없이 변화하는 과거

마티에즈가 볼셰비키의 10월혁명을 수용했음을 가장 잘 보여주는 실례가 테러의 폭력성을 받아들인 것과 로베스피에르의 급진적이고 독재적인 지도력을 축하한 것이었다. 마티에즈에게 로베스피에르는 각성한 노동계급의 민주적 대표였다. 더구나 마티에즈는 혁명의 가장 급진적 단계인 공포정치에서 정치와 국가뿐 아니라 사회적 관계 변화의 여명을 엿볼 수 있다고 주장했다. 그러나 그렇다면 프롤레타리아의 권력을 유지하는 데 공포정치가 실패한 것, 즉 상퀼로트가 실패한 것을 어떻게 설명할 수 있을까? 마티에즈는 그 원인을 부르주아에게 돌려서, 이들이 로베스피에르에게 반발하여 더 온건한 총재정부Directory를 출범시킨 테르미도르 반동을 일으켜 급진적 혁명의 희망을 끝나게 하고, 그 결과 하층민에게 열려 있던 새로운 가능성의 희망을 끝나게 만들었다고 비판했다.

마티에즈의 정통 마르크스주의 수용은 계급투쟁의 개념, 즉 중산층과 노동계급의 권력 다툼을 혁명의 묘사에 적용하는 것에서 가장 명백했다. 그리고 혁명 기간 동안 당통이 취했던 상대적으로 온건한 통치에 대한 마티에즈의 결별과 로베스피에르의 공포정치라는 폭력 없이는 어떤 혁명도 성공할 수 없다는 그의 믿음이야말로 조레스와 아우라드의 더 오래된 사회주의적 해석과 그가 결별했음을 가장 잘 설명해줄 수 있는 사실이었다. 마티에즈의 히스토리오그라피 체계에서, 중산층과 노동계급의 구성원으로서 프랑스 민중은 마침내 혁명의 지도적 주역으로서, 따라서 함축적으로 말하자면 그 이후 프랑스 역사의 지도적 주역으로 완전히 그들 자신의 모습을 갖추게 됐다. 프랑스가 2차 세계대전에서 벗어나 혁명을 바라보는 새로운 방법이 가능해졌을 때에 이르러서야, 마티에즈의 입장은 강하게 도전받게 됐다.

마티에즈와 아우라드가 맡았던 소르본대학교 교수의 마티에즈 후임은 또 한 사람의 마르크스주의자로 널리 존경받는 조르주 르페브르Georges Lefebvre로, 초기에는 혁명적 농민을 주제로 한 방대한 논문으로 프랑스에서 널리 알려졌다. 르페브르가 프랑스 히스토리오그라피에서 프랑스의 최고 지위를 차지하면서, 이 주제에 대한 마르크스주의적 해석은 이제 그 자체가 정설이 되어 혁명을 역사적으로 연구하기 시작하게 한 이전의 자유공화주의적 합의를 대체했다. 르페브르는 또한 학문적 역사라고 규정짓게 된 당시 새로 나타난 20세기 기법, 특히 증거의 통계학적 분석과 광범하게 다양한 집단 및 개인의 삶을 기록한 문서의 활용에서 완전히 최신이었다. 이는 다른 사람들이 적용을 하면서 아날학파의 보증마크가 될 만큼 특징적인 것이었다. 그의 손으로 간행한 저서, 특히 1939년 작 《1789》와 1950년대 간행된 두 권으로 된 《프랑스혁명의 역사》에서 농촌과 도시의 프랑스 대중이 주된 지위를 차지했다. 그들이 혁명 전 직면했던 식량 부족과 물가 상승을 통해서만 혁명적 폭력의 발생을 이해할 수 있다고 르페브르는 주장했다. 그러나 그의 저서들이 매우 호소력 있었던 것은 그가 정통 마르크스주의 개념을 융통성 있게 사용했기 때문이다. 그렇다. 사회경제적 계급은 역사에서 분명히 한정할 수 있는 행위자였다. 그러나 귀족, 부르주아, 도시 노동자, 시골 농민 등과 같은 서로 다른 계급이 프랑스혁명의 서로 다른 시기에 각각 정치적 우위에 있었다. 그리고 르페브르의 표현에 따르면 그들 각각은 자신의 봉기를 일으켰다.

르페브르의 제자이자면서 계승자로 같은 소르본대학교 교수를 역임한 알베르 소불Albert Soboul은 비록 1982년 죽었을 때 자신이 오랫동안 당원 자격을 가지고 있었던 공산당 당원들로부터 찬양을 받을 만큼 계급투쟁을 추가로 충분히 강조했지만, 대체로 동일한 과정의 해석을 따랐다. 동일한 교수직에 마르크스주의자 제3세대인 소불이 임명된 것은 장 조레스에 의해 시작된 프랑스혁명에 대한 사회주의적 접근이 18세기 노동자와 농민의 역할을 이해하는 방법으로서 신선함을 소멸해버리기 시작했음을 말해주는 것이었다. 또한 소불의 시대에 이르러서는 프랑스혁명의 원인, 결과, 더 넓은 의미에 대한 이처럼 오랜 기간에 걸친 논쟁의 진정한 주제들은 25년간 오직 바스티유와 관련된 사건들을 다루던 것을 넘어서 더 많은 문제들을 다루어야만 한다는 것이 명확해졌다. 다음과 같은 문제들을 둘러싼 논쟁들은 나치즘의 패배 이후 프랑스의 정치와 문화 현실을 반영했다. 늘 확대되어 가는 프랑스 국민의 정의(1945년까지는 여성을 투표권을 가진 시민에 포함하지 않았다), 적극적인 급진주의자를 지도적 지위를 가진 전문가로 받아들이는 프랑스 학문 세계의 많은 부분에 존재하는 강한 좌파적 경향, 혁명뿐 아니라 1차 세계대전의 폐허와 2차 세계대전에서 적에 협력한 프랑스인의 역할에 대한 여전히 생생한 역사적 기억, 프랑스 내부와 외부의 냉전의 긴장, 그리고 사회적 복지 정책 및 농민과 노동자의 권리를 둘러싼 장기간의 싸움과 같은 문제들이었다. 혁명이 프랑스를 위해 좋은 일이었는가 하는 해묵은 의문을 여전히 잠재울 수는 없었다.

그러나 프랑스혁명의 히스토리오그라피는 단순히 현대의 프랑스 생활을 반영하는 것 이상의 일을 했다. 길게 이어진 사회주의 역사가들은 농촌의 농민, 도시 노동자, 소상인, 그리고 여성을 역사적 그늘에서 벗어나게 했으며, 그들에게 개인 및 이전에는 가시적이지 않았던 계급적 집단으로서의 역할을 부여했다. 이 학자들은 어떻게 해서 명확히 정의된 계급뿐 아니라 자발적 집단의 역할이 혁명의 역사에, 그리고 잠재적으로는 모든 역사에 필수적이라고 할 수 있는지를 설득력 있게 보여주었다. 그들은 특히 프랑스 도시들에서 혁명을 진전시키고 대표하는 데 '군중crowds'(폭도mobs보다는 부드러운 용어)의 역할을 전면에 내세웠다. 그들은 프랑스인 개개인의 삶을 파고들어서, 광범하게 다양한 공동체 내 혁명 시대 프랑스인의 실상을 파헤쳤다. 그리고 자크 고드쇼Jacques Godechot와 미국 학자 로버트 R. 팔머 Robert R. Palmer 같은 역사가들의 지휘 아래 혁명을 대서양과 서구혁명의 더 큰 계보에 올려놓았다.

그러나 당연한 일이겠지만, 마르크스주의자의 정통성에 대한 반발이 마침내 시작되었다. 반발의 지도적 인물은 프랑수아 퓌레였다. 소불과 마찬가지로 퓌레는 1945년 이후 공산당의 멤버였다. 그러나 소불과는 달리 그는 당원 자격을 버렸으며, 프랑스혁명의 역사를 마르크스주의자의 길로부터 탈피하여 새로운 길로 이끌었다. 퓌레의 새로운 천계법天啓法, dispensation을 선행한 해석과 비교하여 '보수적'이 되게 한 마르크스주의로부터 일종의 정해진 중립으로의 이동이라는 이 역사적 여정의 가장 큰 아이러니는 그 자신 및 그와 관련된 사람들이 진전시킨 그런 종류의 해석이 '수정주의'라고 신속히 알려지게 됐다는 사실이다. 마치 역사가들이 이전에는 오랫동안 혁명에 대한 기존의 해석에 도전하거나 새로운 것을 덧붙이거나 해석을 바꾸려고 하지

끊임없이 변화하는 과거

않았던 것처럼 말이다. 역사적 수정주의의 사례와 그 용어의 사용 자체가 이념적 스펙트럼에 걸쳐서 발견될 수 있으며 '수정주의'라는 용어가 정치적 의미와는 상관없이 해석적 도식에 정당하게 적용될 수 있다는 사실을 이보다 더 잘 보여주는 것은 없다. 이 경우 프랑스 학계의 좌파적 정통성이 됐던 것의 수정은 상대적 의미에서 우익이었던 것에서 바뀐 것을 모은 마르크스주의 역사가들에게 독창적이라고 신뢰를 받을 수 있다.

프랑스혁명에 대한 마르크스주의 해석에서 벗어난 이러한 변화는 하루아침에 나타난 것이 아니다. 1960년대 훨씬 이전부터 프랑스 마르크스주의 역사가들은 서로 다투기 시작했다. 예를 들어 상퀼로트가 프롤레타리아가 아니라는 소불의 주장은 다른 마르크스주의자들에게 격렬한 공격을 받았다. 더 중요한 것은, 오래 지속되던 혁명의 좌파적 개념에 균열이 생겨, 미국과 영국에서는 이런 혁명을 연구하는 역사가들이 마르크스주의적 접근에 그리 강하게 이용되지 않은 반면, 프랑스에서는 점차 더 존중을 받았다는 사실이다. 이는 비록 영국과 미국의 일부 학자들 사이에 나타난 현상이지만, 그들 중 가장 유명한 인물인 영국의 역사가 크리스토퍼 힐Christopher Hill은 계속에서 이 커다란 사건에 대해 확연히 마르크스주의적인 많은 책을 썼다. 예를 들어 미국 학자인 조지 V. 테일러George V. Taylor의 상세한 연구는 마르크스주의자들이 18세기 프랑스의 사회경제적 계급을 규정하고 해석한 방법에 의문을 제기했다. 그리고 18세기 계급을 사회와 정치에서 명확히 정의하고 엄격하게 구분을 한 그들의 묘사를 받아들이지 않았다. 영국의 역사가 알프레드 코빈Alfred Cobban은 혁명에 대한 프랑스의 마르크스주의적 정통성(그는 이를 '종교적 신념'과 '세속 종교'라고 불렀다)이 넓은 범위보다는 과학적 확실성의 주장과 사회경제적 요인을 강조했다고 효율적으로 공격했다. 그는 "19세기 사회사상과 현재의 사회적 조건을 모든 과장된 언어로 왜곡했다"라고 썼다.

그러나 프랑스에서 일어난 커다란 갈등에 대해 오랫동안 합의되어 온 마르크스주의적 접근의 종말이 시작됐음을 알려준 것은 데니스 리세 Denis Richet와 함께 쓴 퓌레의 두 권짜리 1965년 저서인 《프랑스혁명》이었다. 스탈린주의적 전체주의로 치룬 비용이 오랫동안 명확해진 후에 글을 쓴 해방된 마르크스주의자들의 시각으로 혁명을 제시함으로써, 이 책은 퓌레와 리세에 대한 퓌레의 이전 정당 동료들의 적개심을 샀다. 그러나 퓌레의 커다란 업적으로 여겨지는 것은 1978년에 간행된 책인 《프랑스혁명의 해석》이다. 이 책에서 그는 수십 년 동안 지속된 마르크스주의 유물론적 해석의 외피와 손을 끊고 자기 이전의 토크빌과 마찬가지로 프랑스혁명을 근대 프랑스의 기원으로 보는 만큼이나 앙시앵 레짐의 마지막 주요 사건으로 받아들였다.

퓌레의 가장 인상적인 해석적 요지는 1820년의 프랑스는 사회적·경제적·행정적으로 다른 역사가들이 추정했던 1780년의 프랑스와는 다르다는 주장이었다. 이전의 많은 해석과는 달리, 그는 혁명은 프랑스 역사의 거대한 파열이 아니며, 결정적으로 새로운 국가 정체성을 창조하지도 않았다고 주장했다. 이로 인해 퓌레는 그렇다면 어째서 당시 많은 사람들이 혁명이 프랑스적 국가 Gallic nation에 거대한 변화를 가져왔다고 확신하게 됐는지 묻게 됐다. 그의 대답은 무엇일까? '진정한' 혁명은 문화의 영역에서 일어났는데, 이는 담론, 언어, 상징과 같은 표지의 변화로 입증됐다. 대서양 양편의 경향에 따라서 퓌레는 '정치'의 개념을 '정치문화' 개념으로 확장하고 언어와 당시 사람들의 자유와 민주주의 같은 개념 사용에 관심을 돌렸다. 즉, 그는 혁명이 언어로 어떻게 표현됐는지를 강조하고, 정치이념과 18세기 후반 계몽사상의 역할에 다시 주안점을 두었다. 이 점에서 그의 비판은 아날학파가 목표로 하는 것과 마찬가지이며, 혁명을 연구한 초기의 역사가나 마르크스주의 학파가 그러했듯이 사회문화사에 초점을 맞춘 것으로 이해됐다. 그의 주장에는 더 이상 혁명을 사회적으로 해석할 만한 것은 없으며, 적어도 지금으로서는 그렇다는 의미가 함축되어 있다. 어쩌면 그만큼 중요한 것은, 퓌레가 혁명에 대한 끊임없는 히스토리오그라피적 분쟁, 즉 근대국가 프랑스 탄생의 원인과 의미를 둘러싼 프랑스 역사가들의 결코 끝날 것 같지 않은 논쟁을 논의 대상으로 삼았다는 사실일 것이다. 그가 1978년에 단언했듯이, "프랑스혁명은 끝났다". 퓌레의 이 선언이 의미하는 것은 역사가는 1789년 이래 혁명의 히스토리오그라피에 스며들었던 정치적·이념적 논쟁에서 스스로 자유로워짐으로써 혁명을 해석하는 신선한 방법을 찾아야만 한다는 것이었다.

우리는 아마도 프랑스혁명에 대한 사회주의-마르크스주의 해석이 그랬듯이 결과적으로 그 이상의 중요한 기여를 할 수 없게 되기까지 150년 이상 존속하는 어떤 식의 해석을 기대해야 한다. 일련의 주장들이 몇 년에 걸쳐 시작됐지만, 신선한 통찰력을 가진 것은 더 적어졌다. 토머스 S. 쿤이 우리에게 상기시킨 과학적 패러다임의 경우처럼, 이해를 여전히 간청하지만 기존의 이론적 모델에 쉽게 통합될 수 없는 사건뿐 아니라 이례적인 새로 발견된 증거는 옛 해석이 가진 설명적 힘을 약화시키기 시작한다. 몇몇 새로운 장점을 가진 공격과 시도해보지 않은 계통의 해석은 이제 연구자와 학자들 사이에서 발판을 얻을 수 있다. 이것은 20세기 말에 일어나기 시작한 것이다.

그러나 옛 해석에 대한 퓌레의 다각적 공격이 혁명에 대한 두 세기에 걸친 주장과의 대충돌을 선언했을지라도 그것은 1789년 파리에서 시작되어 1815년 워털루에서 사실상 끝난 복잡한 현상을 깊이 있게 파고들어 가려는 역사가의 노력을 끝내게 만들지는 못했다. 대신에 그것에 대해서 일반적으로 받아들여지는 어떤 관점 속의 한 작은 조각이 됐다. 오늘날 이 주제에 대한 어떤 주된 해석 경향도 존재하지 않는다. 예를 들어, 키스 마이클 베이커Keith Michael Baker는 퓌레를 따라 정치문화를 연구했지만, 혁명의 주요 급진적 인사들의 정치 언어에 대해 '언어로의 전환a linguistic turn'이라는 독특한 강조를 했다. 우리 시대의 관심을 반영하여 린 헌트는 보편적 인권의 챔피언 전에서 프랑스혁명이 대표라고 주장하는 연구를 현재의 히스토리오그라피에 도입했는데, 이 자체는 트랜스 내셔널 히스토리에 대한 훨씬 더 일반적인 역사적 관심으로 편하게 자리 잡을 수 있는 주제였다. 그리고 역사적 사고의 많은 분야에서 그렇듯이, 학자들은 이제 혁명이 더 큰 세계에 어떻게 영향을 미쳤는지 뿐만 아니라 프랑스와 유럽 밖에서 어떻게 이해되어왔는지를 세계적 관점에서 검토하고 있다.

아마도 혁명에 대한 이전의 접근법에서 가장 크고 영향력 있는 일탈은 젠더의 도입일 것이다. 역사가들, 특히 여성 역사가들은 다른 사람들로 하여금 혁명이 반여성적임을 인식하게 했다. 전통적인 사회

조직과 정치 규칙을 일소하고자 했으며 그렇게 하자고 주장했지만, 혁명은 그 자체가 앙시앵 레짐이라는 방어력이 떨어지는 근거보다는 '합리적' 근거 위에서 건설됐다는 주장을 기반으로 했다. 그렇게 함으로써, 이런 가정을 받아들인 역사 해석에서 혁명 내러티브는 모두 확고히 남성의 입장만을 반영하게 됐다. 결국 남성만의 정치가 '합리적'일 수 있으며, 남성만이 정치적 행위자, 유권자, 공직자, 즉 국민의 일원으로 정치적 행위자의 자격을 가질 수 있음을 확인했다. 역사가들이 젠더의 렌즈로, 즉 이른바 '자연적' 실재가 아니라 젠더 역할의 사회적 구조 관점에서 혁명을 보기 시작하자, 혁명은 완전히 다른 형태를 띠었다. 혁명을 남성만을 위한 남성의 사건으로 본다면, 프랑스는 많은 면에서 언제나 그랬던 것과 같이 전통적인 상태를 유지했다. 또 다른 맥락에서 이는 퓌레가 정치문화에 대한 그의 저서에서 발전시킨 관점이었다. 여기에서 도미니크 고디뉴Dominique Godineau, 조안 B. 랜디스Joan B. Landes, 린 헌트, 조안 왈라크 스콧의 저작은, 예를 들어 공화국 프랑스의 상징적 전형으로서의 마리안Marianne*의 출현에서 볼 수 있는 것처럼 애국심의 '에로틱화eroticization'와 같은 실재뿐 아니라 혁명의 수혜자에서 여성(여자 국민)을 배제한 것에 관심을 가지게 만든 주요 연구였다. 마리안은 새로운 프랑스 국가의 남성들을 결속시키는 하나의 방법 역할을 했다. 프랑스 국민을 구성하는 것이 무엇인

---

* '자유, 평등, 박애'라는 프랑스의 가치를 상징하는 상(像)으로 공화국 프랑스를 의인화했다. 외젠 들라크루아(Ferdinand Victor Eugène Delacroix)가 1830년 그린 〈민중을 이끄는 자유의 여신〉을 계기로 구체적인 모습으로 형상화됐다. 전국의 관공서에 마리안상이 조각되어 있으며, 프랑스 우표와 유로화 동전에도 마리안이 그려져 있다. — 옮긴이

지에 대한 이해는 다시 한 번 크게 확대됐다.

따라서 풍부한 상상력을 가진 혁명에 대한 새로운 역사 서술이 계속해서 나타나고 있는 가운데, 혁명을 이해하는 새롭고 확고한 안식처가 존재할 것 같지는 않다. 이는 그 자체로서 역사적 강조점의 중요한 변화가 된다. 비프랑스 역사가들은 이 주제에 대한 선도적 학자로서 확실히 그 나름의 역할을 했다. 그들은 결코 프랑스인 자신들만큼 프랑스 역사에서 혁명의 중심적 위치를 전제로 할 것 같지 않기 때문이다. 1830년, 1848년, 1871년 일어난 세 차례의 중요한 프랑스 내부의 정치혁명을 비롯하여 프랑스혁명에 이어 일어난 사건들과 1870~1871년, 1914~1917년, 1940~1944년 일어난 세 번의 주요 전쟁은 또한 프랑스 근대사의 '커다란' 사건으로서 혁명의 지배적 위상을 낮추었다. 그리고 러시아혁명과 중국혁명이 인류 역사에서 귀중한 다른 커다란 순간으로 끼어들면서, 더 이상 프랑스혁명만이 유일하게 중요한 세계사적 사건으로 홀로 서 있지 않게 됐다. 그러나 가장 중요한 것은 혁명을 연구하는 역사가들이 프랑스 민중의 이념을 규정하고 오래 지속되는 프랑스 공화국을 만들어내려는 노력을 뒷받침하고, 민중이 시민으로 여기에 참여하는 것을 확대하기 위한 노력을 강화하려는 일을 자신들의 학문을 통해서 200년 이상 계속했다는 사실이다. 20세기 마지막 4분기에 이르면, 역사가들이 착수한 일반적 과제가 아닌 그런 역사적 과제는 어느 정도 달성됐다.[*] 개념적 수정주

---

[*] 프랑스인은 원래는 적어도 갈리아 프랑스 지역에 사는 사람들(Gallic French)을 가리켰다. 'French people'의 정의는 'American people'과 마찬가지로 프랑스가 비프랑스계 이민을 받아들임에 따라 지속적으로 변화했다. — 지은이

의의 확장된 히스토리오그라피적 프로젝트는 모든 프랑스 사람들로 하여금 자기 국가의 근대적 성장에서 자신들의 역할이 무엇인지 이해하고 이런 커다란 일련의 과거 사건 동안 프랑스에서 일어난 일에 대한 모든 계급 사람들의 책임을 수용하게 했다. 이렇게 함으로써 이런 일련의 해석은 그 역할을 다해갔다.

프랑스혁명에 대한 해석의 변화를 검토한 이 짧은 스케치의 결론을 내릴 때, 이에 대한 역사적 문헌들이 프랑스 사회에서 이미 진행 중인 변화의 뒤를 따르는 것인가 이와는 대조적으로 그런 변화를 현재 일어나고 있는 그대로 확고하게 만드는 것인가 하는 의문을 가지는 것을 피하기 어렵다. 어떤 주제에 대한 학문적 관점의 변화가 단지 현재의 역사를 반영하는가 아니면 현재의 역사에 기여하는가? 어떤 냉철한 성찰도 학문적 해석이 당시 생활을 반영하고 또한 당시의 생활에 기여한다는 피할 수 없는 결론으로 이어진다. 프랑스혁명의 원인과 중요성에 대한 2세기 동안의 주장들을 이념적이거나 학문적 논쟁에 지나지 않는다고 여기는 것은, 프랑스인들을 자신의 과거뿐 아니라 현재에 적응시키는 논쟁의 기능을 완전히 놓치는 것이다. 그러므로 그것은 역사를 전문적으로 창조하는 사람들뿐만 아니라 역사 독자들에게도 과거에 대해 학습하고 논증할 때 스스로 그들 자신의 나날의 삶에 관여한다는 만족감을 주어야 한다. 어떤 역사도 단지 수정주의일 뿐이다. 모든 역사는 수정주의적으로, 모든 사람의 삶, 즉 예전의 삶뿐 아니라 현재의 삶을 이해하기 위한 모든 사람의 평생 노력 속에서 구체화한다.

원폭 투하의 정당성 논쟁

프랑스혁명에 대한 역사적 논쟁이 역사 해석은 어떤 사회 전체가 발전하는 방향을 반영하지만 해석이 발전하여 그 방향에 영향을 줄 수 있다는 명제를 중요시한다면, 일본에 대한 미국의 핵무기 사용을 해석하는 방법을 둘러싼 논쟁의 사례는 역사적 사고의 또 다른 기능을 보여준다. 이 경우에, 사회의 다른 분야에 종사하는 사람들, 즉 대부분 중도좌파인 학문적 역사가와 더 광범한 대중 특히 보수주의자와 전쟁 참여 용사들 사이에 일어나는 해석의 차이는 미국 사회 안의 균열을 가져왔으며, 이런 분열을 완화하기보다는 오히려 악화시켰다. 그러나 마찬가지로 강조할 만한 사실이지만, 핵무기 사용에 대한 전후 초기 통설의 해석적 수정을 둘러싼 싸움은, 프랑스혁명에 대해서 그렇듯이 대차대조표의 정통적 측면이 강화되고 수정된 견해이기는 하지만 역사가들에 의해 그것이 다시 채택되면서 21세기 1/4분기에는 끝났다. 적어도 그 순간에는 그렇게 되었다. 다시 말하면, 과거의 어떤 부분에 대한 '자유주의적' 관점보다는 '보수주의적' 관점이, '좌익'보다는 '우익'의 관점이 전문적 의견으로 정착됐다.

폭탄 투하에 대한 최초의 역사적 해석은 당시 많은 사람들의 관점을 뒷받침했다. 그것은 원자폭탄의 사용으로 이어진 비밀 회담에 대해 가장 잘 알고 있는 바로 그 인물에 의한 것으로, 공개적이고 가장 큰 권위를 가지고 제시됐다. 그 인물은 자신이 1947년에 썼듯이 이 문제에 관한 트루먼Harry S. Truman 대통령의 전시 최고고문인 전쟁장관 헨리 L. 스팀슨Henry L. Stimson과 핵폭탄의 사용 결정이 "역사의 거미줄을 폭파했고, 불의 발견과 같이 과거를 현재로부터 단절시켰다"는 것을 잘 아는 어떤 사람이었다. 누군가는 이제 스팀슨이 참여한 그 결정이 부득이했다고, 즉 많은 문제를 함께 고려해서 결정한 것이지 그중 어떤 한 요인만이 주도한 것이 아니며, 모든 요인들이 거부할 수 없도록 합쳐져서 트루먼의 핵무기 사용 명령으로 이어졌다고 말할지도 모른다. 그러나 그 결정에 도달했다고 할지라도, 어떤 역사가도 핵폭탄의 개발과 사용에 이르게 된 비밀 심의의 시작부터 많은 사람들과 그들을 대표하는 과학자들이 핵무기 사용에 맞서 싸웠다는 그런 결정과 평행선을 긋는 현실이 존재했음을 무시할 수는 없다. 그러므로 이런 일련의 사건들의 탄생 바로 그 자체는 수십 년 동안 뜨거운 논쟁으로 달아올랐으며 그로부터 50년 후에 대중적으로 일어난 과학, 기술, 군사, 정치, 도덕적인 많은 동일한 논쟁을 수반했다.

트루먼과 스팀슨, 그 밖의 다른 사람들로 하여금 핵폭탄의 사용을 지지하는 결정으로 이끈 고려 사항 중에는 무엇보다도 전쟁을 빨리 끝냈으면 하는 강렬한 바람이 있었다. 이러한 결정은 일본 본토를 침공하여 일본의 패망과 항복을 가져오려면 장차 발생할 수 있는 미국과 동맹국의 사상자를 최소화하려는 바람과 일치하는데, 가장 근접한 시기에 일어난 오키나와 전투는 견고한 일본의 물리적 힘에 맞서 싸우는 데 커다란 희생을 치러야 함을 보여주었다. 더구나 일본 내에서 전쟁에 반대하는 목소리가 높아지고 있었지만, 일본 관리들은 천황의 지위를 유지하는 것을 허락한다면 전쟁의 패배를 인정할 수 있음을 미국에게 전달하지 못하고 있었다. 이는 연합국들이 일본에게 조건 없는 항복 요구를 굳건히 유지하고 있었기 때문이라는 것은 의심할 여지가 없다. 또한 미국의 계획자들은 지속적인 공중 폭격과 미국 해군의 완전한 해상봉쇄 강화가 이미 사실상 패배한 이 섬 국가로 하여금 항복하게 하고 아시아의 다른 지역에 있는 일본군이 무기를 내려놓게 할 것임을 확신하지 못했다. 이미 진행 중이던 일본의 도시들에 대한 소이탄 투하로 일본이 싸우겠다고 명확한 결정을 내리지 못하고 있기 때문에, 어쩌면 한두 발의 치명적 폭탄이 일본의 의지를 꺾어서 예상되는 엄청난 비용을 모든 사람이 우려한 일본 침공의 필요성을 배제하고 일본의 무조건 항복을 가져올 수 있었다. 행정부는 또한 소련이 무슨 의도를 가지고 아시아에서 전쟁에 참여하겠다고 약속했는지 경계했다. 이제 유럽 무대가 평화로워졌으므로 미국의 정책 입안자들은 소련이 군사행동을 할 수 있는 어떤 시간적 여유도 줄이기를 원했으며, 항복 협정에서 소련이 차지하는 입지를 축소하고자 했다. 게다가 미국의 관리들은 폭탄의 파괴력에 대한 증거가 유럽에서 장차 예상되는 소련의 요구에 대해 경고하는 역할을 할 수 있으리라고 희망했다.

이 모든 것은 최초 미국 폭탄의 기술적 신뢰성에 대한 의문 때문에 미국 정책 입안자들의 관점에서는 1945년 7월 뉴멕시코의 앨라모고도Alamogordo에서 진행된 비밀 폭발 실험이 성공한 이후에도 그중 하나를 공개하는 것이 부적절하다고 생각했음을 말해주는 것이었다. 더구나 얼마 지나지 않아 발표된 일본의 지속적인 항복 거부가 초래할 수 있는 예고되지 않은 결과에 대한 포츠담 회담의 경고도 자신들의 적에 대한 이 섬나라의 태도를 움직이지 못했다. 다음으로 말 많은 정치적 문제가 있었다. 미국 대중이 전쟁의 확대와 병력 부족에 대한 불만을 스스로 느끼는 가운데, 그 파괴력이 무시무시하다는 것이 아무리 입증됐더라고 그 존재가 알려졌을 때 행정부가 전쟁을 끝낼 무기의 사용을 피할 수 있었을까? 핵폭탄을 사용하지 못한 것이 가져올 정치적 비용은 트루먼 행정부에게는 너무나 큰 타격을 입힐 위험이 있었다. 그렇다면 정책의 채택에 대한 앞으로의 모든 비판과 그들의 도덕성에 대한 모든 도전을 무릅쓰고 핵폭탄을 사용해야 할 정통적인 정당성의 내용이 여기에 있었다. 알려지고 기록된 역사적 사실에 충실하기 위해 에놀라 게이 비행 50주년 기념행사는 핵폭탄 사용을 반대하는 주장뿐 아니라 찬성하는 반세기 전의 이런 정당성 주장을 고려해야만 했을 것이다.

그리하여 1994~1995년 정치적 난투극이 벌어졌다. 논쟁 중에 있는 사건에 참여했던 큰 집단의 사람들이 아직 생존해 있을 때, 과거에 대한 신선한 관점을 수용하는 것은 어렵다. 이를 확인시켜준 대중적 논쟁이 일본에 대한 두 개의 핵폭탄 중 첫 번째 것을 떨어뜨린 에놀라 게이 기체를 스미소니언 국립 항공우주박물관에 전시하는 것과 1945년 히로시마와 나가사키에 떨어뜨린 전쟁을 끝낸 핵폭탄에 대해 박물관이 제안한 해석을 둘러싼 격렬한 다툼이다. 그러나 생존한 민간인과 군인, 그리고 2차 세계대전 때 살았던 그 밖의 사람들이 정치적 다툼에 미친 영향만으로 논쟁의 신랄함이나 그 결과를 설명할 수는 없다. 이 경우 두 폭탄의 중요성에 대한 정통적 관점 이외의 어떤 것도 공개적으로 발표하지 않는 방식으로 세부사항보다 맥락을 앞세운다. 그리고 논쟁의 결과가 싸움에서 어느 편에도 충분한 위안을 줄 수는 없지만, 양쪽 편 모두 일반적으로 미국인을 위해 가치 있는 무엇인가를 성취했다고 말할 수 있다.

기념행사를 위한 계획은 충분히 차분하게 시작됐다. 2차 세계대전을 '좋은 전쟁Good War'으로 보는 일반적 관점은 미국인의 의식 속에 깊게 뿌리내렸다. 일본의 두 도시에 핵폭탄을 투하한 지 50주년이 다가오자 어느 누구도 일부 국가 기관에서 기념행사를 여는 것에 반대하지 않았다. 그리고 워싱턴 내셔널 몰에 있는 국립 항공우주박물관은 기념 전시를 위한 자연스런 장소로 여겨졌다. 미국 내 비행 유물을 보관하고 이를 항공의 역사와 관련짓기 위해 건설되어 1976년 냉전의 한 가운데 박물관을 개관한 것은 국가의 기술, 항공학의 업적, 우주탐험의 기량, 그리고 항공군사력을 기념해야 한다는 광범한 열망의 표현으로 널리 받아들여졌다. 이곳이 빠르게 미국 내에서 가장 많은 사람이 방문하는 박물관 중 하나가 된 것은 놀랄 만한 일이 아니었다. 그리고 다른 사람들이 그렇게 부르듯이 일종의 공군력 사원temple이 됐다. 항공우주산업과 공군 군사용 무기에 지나지 않지만, 박물관의 내용물이나 그에 대한 어떤 전통적 해석이 어떤 식으로든 비판을 받는다면, 그 지지층이 동원될 수 있었다. 1990년대까지 박물관은 성지뿐만 아니라 전시 장소의 특성도 가지게 됐다. 모든 것은 희망, 진보, 성공, 즉 솟구치는 상상력의 실현이었다. 공중 비행과 무기가 오류, 재난, 대학살, 공포를 일으켰다는 논란의 여지가 없는 사실을 미국인들뿐만 아니라 모든 곳의 사람들이 초래하고 경험했지만, 그 성취를 말해주는 박물관의 더 큰 목소리 속에서 쉽게 간과됐다. 어떤 '해석'의 부재가 어떻든 간에 하나의 관점을 결여한 견해일 수 있는 것처럼 국가의 항공우주 과거에 대한 가타부타 어떤 공공연한 '해석'은 많은

　끊임없이 변화하는 과거

사람들이 '객관적 사실'의 진열 장소라고 생각하는 기관 중에서 아늑한 집을 쉽게 찾을 수 없게 했다.

박물관 개관과 일본 원폭 투하 50주년 기념행사 사이의 기간에 박물관 큐레이터 직원들은 전시 활동과 더불어 기관의 교육 기능을 확대하기 시작했다. 큐레이터가 하는 일의 이러한 변화된 방식, 즉 상대적으로 무언의 전시물 설명 방식을 채택한 옛 접근방식에 대한 보충으로 전시물에 설명적 자료를 추가하는 방식은 국제적인 박물관학의 발전과 전적으로 맥을 같이 하는 것이었다. 역사 및 다른 유물뿐 아니라 미술품을 전시하는 박물관 등 모든 종류의 박물관들은 자신들이 전시하는 작품의 기원과 의미를 설명하고, 무엇을 알리고 확인시킬 것인가에 따라서 전시품에 대해 알려지지 않은 것과 토론해야 할 것을 보여주는 데 점점 더 비중을 두고 있다. 이러한 방법은 방문객과 관람객으로 하여금 그들 자신의 생각과 감정을 보고 배운 것에 자유롭게 적용하게끔 했다. 그것은 때때로 기증자들의 바람(기업 이익과 몰에 전시된 수많은 항공기와 로켓의 기증 책임을 맡은 미국 공군 등)에 어긋날 수 있지만, 박물관 전시의 이러한 변화는 대체로 순조롭게 진행됐다. 에놀라 게이를 비롯하여 원자폭탄에 관한 전시 제안은 이러한 접근법을 따르기로 계획됐다.

큐레이터가 하는 새로운 일에 대한 정신으로, 박물관의 직원들은 2차 세계대전의 종전 당시에 대한 최근의 학문적 이해에 눈을 돌렸다. 여기에서 1990년대 초 그들은 명확함과 동의만큼이나 복잡함과 의견 차이가 존재함을 발견했다. 처음에는 재래식 화기로 도시와 시골지역을 쑥대밭으로, 그런 다음에는 소이탄으로 도시를 불태우고, 마지막으로 원자폭탄을 투하하는 등 공중 무기의 엄청난 사용을 둘러싼 의문은 그 필요성 및 인도주의와 관련이 있다. 사람들은 드레스덴, 함부르크와 그 밖의 독일 도시에 대한 융단폭격으로 적의 도시를 파괴하는 것을 통해서 얻어낸 것과 거의 비슷한 식으로 전쟁을 끝낼 수는 없었는가 하는 의문을 제기할 수 있었다. 원자폭탄으로 일본인들을 놀라게 하는 대신에, 미국은 히로시마와 나가사키를 폭파하기 전에 그렇게 많은 도시들을 황폐화시킨 일본 도시에 대한 폭격을 계속할 수는 없었을까? 미국은 원자폭탄의 직접 사용 없이 일본을 빨리 항복시키기 위해 미국 남서부에서 폭탄의 위력을 공개적으로 보여줌으로써 핵무기의 사용을 피했을 수도 있지 않았을까? 두 개의 폭탄이 일본 본토를 침공했을 때 예상되는 100만 명의 미국인 사상자를 막았다는 주장은 어떠했을까? 반反아시안 인종주의 편견과 1941년 진주만 공격에 대한 복수심은 트루먼의 원자폭탄 사용 명령의 결정에 어떤 역할을 했는가? 이는 많은 서로 다른 질문 중에서 1940년대 당시에도 의문시됐던 것과 동일한 질문들이다. 이런 질문들은 1990년대에 새로 나온 것이 아니었으며, 역사가와 박물관 큐레이터에게 새로운 것도 아니었다. 이에 대한 답변은 정책 입안자나 학자들에 의해 이미 진전을 보아 왔다. 전문적 역사가들뿐만 아니라 오래된 군사 및 외교 수장들에게 대부분 도덕적 문제로 가득한 이러한 쟁점들은 오랫동안 친숙한 것이었다.

심지어 폭탄이 개발되는 동안, 그리고 그것의 사용이 줄 수 있는 영향을 충분히 평가할 수 있기 이전에, 미국의 무기를 생산하던 맨해튼 프로젝트에서 일하던 몇몇 과학자들은 폭탄 사용의 도덕성에 대해 깊

끊임없이 변화하는 과거

은 불안을 표명했다. 1940년대와 1950년대 승리에 달아올라서 많은 미국인들은 일본의 항복을 이끌어내기 위해 폭탄을 사용한 것에 공개적으로 의문을 표하고 비판했다. 이들 중에는 《타임》 창립자 헨리 R. 루스Henry R. Luce, 원로 언론인 핸슨 W. 볼드윈Hanson W. Baldwin과 데이비드 로렌스David Lawrence, 1차 세계대전을 연구하는 역사가 해리 엘머 반스Harry Elmer Barnes, 윌리엄 D. 레이히William D. Leahy 제독. 심지어 존 포스터 덜레스John Foster Dulles, 조지 C. 마셜George C. Marshall과 드와이트 D. 아이젠하워Dwight D. Eisenhower가 있다. 1947년에 시행된 미국의 전략폭격 조사는 "1945년 12월 31일 이전에는 확실히, 그리고 높은 확률로 1945년 11월 1일 이전까지는 원자폭탄을 떨어뜨리지 않았더라도, 심지어 소련이 참전하지 않고 어떤 침공도 계획하거나 고려하지 않았더라도 일본은 항복했을 것이다"라고 결론지을 정도였다. 다른 이들은 미국의 양보를 받지 않고 일본이 항복해야 한다는 주장인 무조건 항복의 원칙이 일본을 굴복시키기 위해 폭탄을 사용해야 한다는 옹호론을 강화했다고 공격했다. 무조건 항복하라는 요구가 없었더라면, 폭탄 투하를 지속적으로 하거나 강화하지 않았더라도 일본은 항복했을 것이라고 그들은 주장했다. 다른 사람들은 핵폭탄이 전쟁이 아니라 점차 다가오는 소련과의 냉전 경쟁 무기로 사용됐으며, 따라서 태평양전쟁의 결론과는 관계가 없다고 해석했다. 일부 사람들은 깊은 반아시아적 편견을 원자폭탄 투하의 억제력으로부터 자유로울 수 있게 만든 증거로 제시했다. 그들은 유럽 영역에서 핵폭탄을 투하해야 한다는 압력에 직면했을 때는 이런 억제력을 느낄 수 있었을지도 모른다고 보았다.

일찍이 1945년부터 제기된 그러한 의문 속에 내재된 암묵적인 비판은 그들에게 '좌파 수정주의'라는 꼬리표를 붙게 했다. 어느 누구도 1945년 미국의 폭탄 투하에 의문을 품은 어떤 역사가의 연구에 그 꼬리표를 적용하는 데 1990년대를 기다릴 필요가 없었다. 그러나 이런 신선한 의문을 대중적 논쟁으로 몰아넣는 데 가장 큰 영향을 준 것은 1946년 문학적 센세이션을 일으킨 존 허시John Hersey의 《히로시마》였다. 격론을 불러일으키지도 않았으며 논쟁의 대상도 아니었지만, 태평양전쟁의 종군기자였던 저자는 핵폭탄 공격을 받은 일본 최초 도시의 생존자 6명이 목격한 상상할 수 없는 공포를 그들 자신의 말로 독자들에게 그대로 전달했다. 미국 내에 깊이 깔려 있는 반핵 정서는 학문이나 이데올로기가 아니라 전쟁이 끝난 지 채 2년이 지나지 않았을 때 나온 허시의 책에서 생겨났다.

뒷날 미국과 다른 공공 기록보관소를 점차 조사할 수 있게 되고, 일본에 폭탄 투하를 결정하고 실행한 참여자의 회고록이 나오고, 냉전이 강화되고, 폭탄 투하의 기원에 대한 의문과 고발이 증가함에 따라, 전문적 역사가들도 1940년대 당시 사람들이 제기했던 의문의 연구에 착수했다. 폭탄 투하에 대한 학문적 연구를 시각으로 하는 첫 저서들은 1960년대 초에 나오기 시작했다. 아시아에서 일어난 또 다른 전쟁에 미국의 개입이 점차 증가하는 것에 대한 긴장감을 그들 스스로 느끼기 시작했으며, 그 긴장감이 냉전에 대한 불안감과 겹쳐진 바로 그 시기였다. 첫 번째 책은 1961년 간행된 허버트 페이스Herbert Feis의 《일본의 항복: 원자폭탄과 2차 세계대전의 종식》으로, 이 책에서는 트루먼이 핵폭탄 사용을 결정한 근거가 이전에 믿었던 것보다 더 복잡하고 미묘하다고 주장했다. 그러나 온갖 다양한 쟁점들을 신선하게 분석하고 지속적인 학문적 논쟁을 촉발시켜 히로시마 원폭 투하 50주년을 기념하는 때가 됐을 때 매우 중요하다는 것이 판명된 연구는 가르 알페로비츠Gar Alperovitz의 1965년 저서 《핵 외교: 히로시마와 포츠담, 핵폭탄의 사용과 미국과 소련의 대립》이었다. 핵무기 사용 결정에 대한 알페로비츠의 해부는 비역사가들이 이전에 내놓았던 많은 문제들인 전략, 외교, 정치, 인종에 대한 의문을 제기했다. 그러나 그의 답변은 최초로 기록보관소의 자료들을 학문적으로 연구한 결과였다. 그는 일본이 더 많은 도시가 완전히 파괴되고 일본 문명 자체가 위협을 받지 않도록 전쟁을 끝내겠다는 의지를 표시했는데도 두 번의 원자폭탄, 특히 두 번째 폭탄을 사용하고 무조건 항복해야 한다는 주장한 것에 의문을 표했다. 알페로비츠는 "미국이 일본을 굴복시키기 위해서보다는 소련에게 엄청난 무기를 보유하고 있다는 신호를 보내서 소련의 유럽 진출을 저지하려고 폭탄을 그대로 사용한 것이라고 할 수는 없을까?"라는 질문을 던졌다.

몇몇 역사가들은 곧 이런 초기 학문적 연구에 그들 자신의 연구를 더했다. 일부 학자들은 사상자 추정의 출처를 조사해서, 원폭 투하가 미국이 일본 열도를 침공했을 경우 일어날 수 있는 100만 명의 미국인들이 목숨을 잃는 것을 막았다는 자주 제기되는 매우 정치적인 주장에 의문을 제기했다. 이 학자들은 많은 학자들이 계속해서 제시한 원폭 투하로 막을 수 있었던 미국인과 일본인 사망자수(특히 후자는 언제나 전체 숫자를 세는 데 필수적이었다)의 확실하고 권위 있고 신뢰할 만한 추정은 아마도 불가능할 것이라고 주장했다. 이에 더해 다른 역사가들은 트루먼 행정부에서 새로 공개된 아카이브를 사용하여 정치적 압력이 트루먼의 결정에 큰 역할을 했다는 것을 보여주었다. 대통령, 맨해튼 프로젝트의 책임자인 레슬리 R. 그로브스Leslie R. Groves 소장, 그리고 정부 내의 다른 사람들이 미국이 전쟁을 끝낼 가능성이 있는 무기를 가지고 있는데도 그것을 사용하는 데 실패했다는 사실이 알려질 경우 예상되는 정치적 결과에 예민하게 반응했다는 것을 보여주는 증거가 축적됐다. 이런 주장은 트루먼의 과학 조언자 중 한 명인 제임스 B. 코넌트James B. Conant 하버드대학교 총장이 핵물리학자들 사이에 널리 공유된 우려인 핵에너지에 대한 전후 미국의 통제 가능성을 높이기 위해 핵폭발을 과시하는 대신에 도시를 파괴하는 폭탄의 사용을 주장했다는 사실이 밝혀졌을 때 강화됐다. "그것은 세계에 전쟁 종식의 필요성을 완전히 일깨울 수 있는 유일한 방법이었다"라고 코넌트는 썼다. 이런 증거는 핵무기의 사용이 오직 군사적 목적으로 이루어졌다는 오랫동안 의문시됐던 주장에 새로운 의문을 던졌다.

시민권 운동이 일어나는 동안 그 중심인 인종차별에 대한 국가의 인식이 높아지면서, 역사가들은 아시아인을 향한 20세기 중반의 강한 인종차별의 증거에 민감해졌다. 일본사 연구자인 존 W. 다우어John W. Dower, 군사사학자로 베트남전 참전용사인 로널드 H. 스펙터Ronald H. Spector는 원자폭탄 사용 결정에 인종적 편견이 작용했다는 증거를 제시했다. 그들은 잘 알려진 다른 민족에 대한 일본의 인종주의에 대해 대가를 치르게 하려는 미국인의 열망을 인정하더라도, 1941년 일본의 진주만 공격에 대한 미국인의 깊은 복수심은 일본의 군사 행동에 대한 단순한 적개심으로 설명하기는 어렵다고 지적했다.

심지어 바탄 죽음의 행진Bataan Death March[*] 같은 일본의 잔혹행위에 복수하려는 것이었다는 설명조차도 폭탄을 사용한 원인에 대한 적절한 설명으로 보이지 않았다. 다른 역사가들은 군사 지도자들과 정책 입안자들이 종전終戰을 서두르면서 고려해야 할 다른 많은 관련 문제들을 무시했다는 증거를 인용했다. 만약 영웅적인 행위를 축하하는 이야기와 명확한 도덕적 정당성이 계획된 에놀라 게이 전시회가 열릴 때까지 존속한다면, 그 이야기는 알려진 사실에 비추어 보면 상황은 매우 복잡하다고 주장하는 학자들에게서 나오는 다루기 어려운 문제에 직면할 것이다.

그런 역사가들의 주장 자체가 다른 역사가들에 의해 제기되지 않은 것은 아니다. 학자들 사이의 의견은 결코 일치하지 않았다. 모든 쟁점들 중 단연코 가장 민감한 것은 미국인의 생명 보존에 관한 것이다. 비록 폭탄 사용으로 100만 명의 미국인들이 목숨을 구했다는 자주 사용되는 추정이 명확히 확인되지 못했다고 하더라도, 일부 학자들은 수만 명의 참전용사와 그 가족들이 죽음과 부상의 비극을 피했다는 것은 의심의 여지가 없다고 주장했다. 이러한 정서는 학자이자 2차 세계대전 참전용사 폴 퍼셀Paul Fussell의 에세이 제목인 〈원자폭탄에 대해 신께 감사드린다〉에 의해 적절히 포착됐다. 히로시마와 나가

---

[*] 태평양전쟁 기간 중인 1942년 4월 일본군이 미군 및 필리핀군 포로 7만여 명을 필리핀의 바탄반도에서 내륙의 포로수용소까지 약 100킬로미터를 제대로 된 물자의 보급 없이 강제 이송한 사건이다. 더구나 이송 중에 일본군에 의한 가혹행위와 포로 처형까지 있었다. 이 때문에 이송 과정에서 약 1~2만 명의 포로들이 죽임을 당했다. 탈출한 포로들에 의해 이 사건이 알려지자 미국 전역에는 일본에 대한 보복 여론이 비등했다. 이는 일본 본토에 대한 대공습과 원자폭탄 투하를 정당화하는 논리로도 이용됐다. ─ 옮긴이

사키 원폭 투하에 대한 역사가의 해석이 확대되는 것에 대한 거부감을 요약하는 데 이 이상의 승리주의적인 말은 없을 것이다.

2차 세계대전의 종전 상황을 보는 전문 역사가들 사이의 이러한 논쟁은 대부분의 미국인들 시각에서 일어났으며, 주로 학계에 국한됐다. 에놀라 게이를 조용한 안식처에서 구출해서 복원하여 박물관 구역 내외에서 관심을 모을 50주년 기념행사 전시회의 중심작품으로 전시하려는 프로젝트가 없었다면, 논쟁은 그런 정도에 머물렀을지 모른다. 에놀라 게이를 전시하는 것은 정서가 가득한 가장 강력한 미국 군사력의 아이콘 중 하나로, 거기에 이미 전시되어 있던 찰스 A. 린드버그Charles A. Lindbergh의 '세인트루이스 정신Spirit of St. Louis' ,* 이나 미국의 초기 인공위성만큼이나 의미가 담겨 있다. 그러나 박물관 직원들은 폭탄에 대한 어떤 전시도 늘어나는 문화투쟁의 한 가운데에서 열릴 수 있다는 사실을 알고 있었다. 로버트 메이플소프Robert Mapplethorpe의 노골적인 남성 누드 사진이나 1991년의 미국 개척 미술the art of the American frontier 전시 등과 같은 미술이나 다른 전시들은 이미 격렬한 비판을 받아왔다. 두 명의 연이은 보수적인 국립인문기금National Endowment for the Humanities 의장들은 마치 자신들은 어떤 정치적 성향도 가지고 있지 않다는 듯 자기 기관 관리인으로 있던 인문학 분야 실무자들의 정치적 견해를 공격했다. 대부분의 사람들이 가지고 있는 기질이 현대의 중요한 사건들 중 하나의 기념행사를 둘러

---

* 1927년 5월 린드버그가 타고 처음으로 대서양 무착륙 횡단에 성공했던 비행기의 이름이자, 그의 도전 정신을 뜻하기도 한다. ― 옮긴이

싸고 균형 잡힌 논쟁을 허용하지 않았을 것이라고 추측한 사람도 있을 수 있다.

전시 계획을 세우면서 박물관 관리들은 또한 에놀라 게이를 보존하고 전시하려는 초기의 시도가 실패했음을 알았다. 그 비행기는 몇 년 동안 분해된 상태로 놓여 있었다. 전시회 자문위원회 내부에서조차 에놀라 게이 승무원들의 영웅주의를 비웃고 '제노사이드' 무기를 전시하려는 어떤 시도도 무모하다고 여겼던 전문가들이 있었다. 그러나 전시 계획이 알려졌을 때 이를 둘러싸고 국내에서 큰 소동이 일어날 것을 충분히 예상한 박물관 직원은 거의 없었다. 그들은 이 전시회에 대한 가장 큰 위험이 일본과 일본계 미국인들로부터 올 것이라고 예상했다. 이렇게 생각함으로써 그들은 미래의 방문객들이 전시회의 의미를 가능한 한 많이 생각하게끔 유도하려는 시도에 내재된 장래의 올가미를 간과했다. 이를 증명하듯, 박물관이 활동한 시대와 상황은 정치와 문화의 흐름이 통상적이지 않은 힘과 상호작용했다.

1990년대 중반에 이르면, 미국인들은 미국이 그렇게 오랫동안 다른 나라를 비난했던 악에 대해 미국 자신은 결백하다는 믿음을 더 이상 균일하게 가지고 있지 않게 됐다. 이는 1989년의 베를린 장벽 붕괴, 1991년 초 1차 걸프전을 끝낸 '사막의 폭풍Operation Desert Storm' 작전의 신속하고 압도적인 승리, 몇 달 지나 소련이 해체된 후에도 그랬다. 그러나 에놀라 게이의 전시에 가장 깊은 그림자를 드리운 것은 베트남의 상실이었다. 베트남 상실과 좋은 목적이 아니라고 널리 주장됐던 일을 위해 5만 8000명 이상 미국인의 생명을 빼앗은 대가의 비통함은 참전 군인들의 군사적 용기의 희생을 비판하는 어떤 조짐에 대해서도 재향군인회가 이들을 옹호를 하고 적극적인 군사적 서비스를 제공한 것에서 드러났다. 진주만 기념비들과 같은 그런 기념물들이 별다른 소란 없이 일찍이 세워진 곳에서는, 홀로코스트 박물관과 베트남전에서 희생된 남성과 여성 기념비(이 기념물들은 결과적으로 많은 사람에 의해 이 분야의 고전이라고 여겨졌다)를 세우려는 노력이 어려움을 겪었으며, 이는 모든 기억 프로젝트가 직면하기 시작한 장해물을 암시했다. 이 장해물은 그다음에는 남북전쟁 기념물을 둘러싼 싸움에서 다시 나타났다. 1990년대 중반에 이르기까지는 미국인의 생활에 대한 아프리카계 미국인, 여성, 소수민족, 그 밖의 다른 집단의 공헌에 초점을 맞추려는 강한 노력이 나오는 가운데, 공적 기념물과 명패에 누구와 무엇을 기억해야 하는가, 누가 그런 결정을 하고 자금을 지원해야 하는가, 그리고 이를 어떻게 해석해야 하는가에 대해 대중은 점차 나뉘게 됐다. '역사전쟁 history wars'이라고 불리게 된 것의 한가운데에서 축하와 냉정한 평가는 어떻게 균형 있게 제시됐는가? 이런 정치적·이데올로기적·학문적 분열로 가득한 상황에서 에놀라 게이의 전시 계획은 평온하게 진행될 수 없음이 드러났고, 국립 항공우주박물관은 원래 예정했던 대로 전시를 할 수도 없었다. 폭탄 투하를 명령한 트루먼의 동기나 폭탄 투하의 필요성에 대한 논의를 피할 수 있는 어떤 성공적인 방법은 없어 보였다. 그러나 미국의 폭탄 투하로 일본인들이 치러야 하는 비용에 대한 어떠한 인식이 없다면, 많은 사람에게 전시는 공허하고 도덕적 근거가 없을 것이다. 더 큰 장해물로 판명된 것은 그런 문제가 전시 공간 내부에서 제기될 수 있다는 어떤 힌트에 대한 간과였다. 미국 군단 the American Legion과 공군협회 the Air

Force Association, 특히 항공우주산업의 강력한 뒷받침을 받는 현역 및 퇴역 공군 멤버의 조직인 후자는 그 일을 떠맡을 준비를 마쳤다. 이들 중 누구도 어떤 비정통적 견해도 환영하지 않았으며, 그 견해가 외부에서 온 것이라면 확실히 더 그럴 것 같았다. 이런 경우에 종종 일어나는 일이지만, 오랜 기간 계속된 전문적 논쟁에 익숙하지 않은 사람들은 어떤 사람이 폭탄을 떨어뜨린 지혜에 대해 의문을 제기할 수 있다는 것에 분노했다. 마치 이러한 문제제기가 새로운 것인 양 여겼다. 회원 단체들은 그들의 추종자로 하여금 항의를 하도록 부추겼다. 미 상원은 미국인의 생명을 구했다는 인식으로 핵폭탄의 사용을 '자비롭다'고 부르는 결의안을 통과시켰다. 공군의 수석 역사가는 폭탄 투하를 '도덕적으로 명백하다'고 규정짓기까지 했다. 전시회의 계획에 대한 이런 반대가 알려지자 싸움은 의원들에게로 확대됐고, 만약 스미소니언이 점차 증가하는 반대에 굴복하지 않을 경우 의회 투표로 자금 지원 전체가 위태로울 수도 있었다.

항공우주박물관의 직원들은 강력한 이익단체와의 충돌 과정에서 비판자들에게 굴복했다. 내부의 분열뿐 아니라 폭탄 사용 적절성의 어떤 측면에 의문을 제기하는 것에 포함된 정치적 민감성을 예상하는 데 실패한 것과 같은 박물관 자체의 실수에 대한 해석을 여기에서 자세히 반복할 필요는 없을 것이다. 결국 완전히 축소된 전시가 당시 존재했던 역사적 이해의 종합이라는 원래 계획했던 전시를 대체했다. 원래의 전시 계획은 1945년 이후 표면화된 많은 복잡한 역사적·도덕적 문제를 제기할 수 있는 것이었다. 완전히 복원된 에놀라 게이 대신, 기체만이 관람객의 눈 위에 걸리게 됐다. 방문객은 비행기가 떨어뜨린 폭탄 사용을 둘러싼 복잡한 쟁점을 생각하는 시청자가 되게 하는 대신에, 그들에게 B-29 편대 개발과 에놀라 게이의 복원이라는 뼈만 앙상한 역사를 제공했다. 정보가 지식을 대체했고, 선언적 주장이 탐구를 대신했으며, 해석의 여지가 없는 사실의 제시가 방문하는 대중을 맞이했다. 이 전시회는 항공우주박물관 역사상 가장 많은 방문객을 모은 전시 중 하나가 됐다. 주제 때문인지 전시를 둘러싼 논란 때문인지는 아무도 말할 수 없었다.

놀랄 만한 일도 아니지만, 이 변형된 전시물은 마음 상하게 하는 비판을 지속시켰다. 즉, 항공우주박물관이 정치세력에 굴복하고, 박물관의 전문성과 학문적 초연함의 우선권을 애국적 열변에 넘겨주었다는 비판이 학자들에 의해 지속됐다. 존 W. 다우어가 썼듯이, "스미소니언 연구소의 에놀라 게이 전시의 낭패가 보여주듯이, 미국의 전쟁 기억은 역사 기록의 모든 모호함, 모순, 도덕적 복잡성을 벗겨내서 깃발 속에 단순히 싸고 싶은 강력한 정서적·이념적 충동을 드러내 보인다". 일본 정부가 1930년대와 1940년대 다른 나라 사람들에게 괴로움을 준 참상에 많은 책임이 있다는 것을 인정하기를 거부했음에도, 내셔널 몰에 그런 모호함을 표현하는 것을 가로막은 사람들보다 자기 나라 행위에 대해 훨씬 더 통합적인 태도를 가지고 있는 일본인의 더 신중하고, 복잡하고, 지속적인 감정과 비교할 때, 이는 더욱 더 놀라운 일이라고 다우어는 지적했다.

그러나 우리가 어떤 시민들 내에서의 기억과 역사 사이의 주도권 다툼에도 놀라야 할까? 이 일의 선도적 해석자인 에드워드 T. 리넨탈Edward T. Linenthal은 "'나는 거기에 있었다. 내가 보고 무엇이 일어났

끊임없이 변화하는 과거

는지 느꼈기 때문에 나는 안다'는 기념하는 목소리와 사건 자체의 순간에는 종종 거의 고려되지 않았던 복잡한 동기와 행동과 결과를 말하는 역사적 목소리 사이의 피할 수 없는 갈등, 즉 경건하게 유지되는 이야기와 그에 대한 뒷날의 재평가 사이의 필연적인 갈등"을 피할 수는 없다고 주장한다. 회상하는 과거와 조사된 과거, 뇌의 기록과 살아간 경험에 대한 뇌의 뒷날 재연구, 공유하는 삶의 내러티브적 이해에 대한 개인과 공동체의 필요성, 그리고 알려진 증거에 대한 학문과 정치적 조사 사이의 이런 중요한 교차점에서, 불일치와 차이를 항상 주장할 수 있는 지형이 있다. 역사가들에게 도전은 핵폭탄 사용의 도덕성, 일본이 폭탄을 사용하지 않아도 항복했을 것인지 여부, 미국이 일본 본토를 침공한다면 양측의 사상자가 얼마나 될지에 대한 추정과 같은 어떤 역사적 의문에 결정적 해결책이 따르지 않는다는 사실을 받아들이는 것뿐 아니라 대중적 필요와 문화적·정치적 흐름을 연구하는 데 적응하는 것이다. 하지만 모든 입장의 당사자에게 공평하게 말하자면, 용의주도함이나 성찰력이 떨어질 것이라고 예측되는 비역사가들에게도 역사가의 신념과 불확실성에 대해 어느 정도 동일하게 상호호혜적인 배려를 보여줄 것을 요청해야 한다. 이는 비역사가들이 역사가들에게 그들 자신에게까지 확대해야 한다고 주장하는 것과 같다.

에놀라 게이 전시를 둘러싼 격렬한 사건은 적어도 역사 지식이 많은 경우에 정의와 상처의 치유로 이어질 수 있지만, 그것 역시 쓰라림을 남기고 분열될 수 있음을 보여준다. 과거에 대한 논쟁은 시민의 자유와 국민의 권리에 대한 갈등 못지않게 심각한 정치적·문화적 혼란을 초래할 위험이 있다. 과거를 둘러싼 대중적 논쟁의 출현을 예측하거나 쉽게 통제할 수 없는 것만큼이나 과거의 실제 상황에 대한 이러한 끝없는 논쟁에서 신선한 역사적 사고와 대중 반응 사이의 직접적 관계도, 반비례적 관계도 쉽게 입증될 수 없다. 이 모든 것은 역사 연구가 연구를 하는 개별 역사가들의 관심을 반영하는 동시에 예견할 수 없는 대중들의 관심을 불러일으킨다는 것이다. 이 경우 어느 진영도 상대방의 주장에 쉽게 굴복하지 않을 것으로 보인다.

하지만 에놀라 게이를 둘러싼 싸움이 어떤 유용한 지식을 제공하려면 대부분의 역사가들이 박물관에 역사를 보여주는 방식이 큰 실패였다고 생각한 것, 즉 역사가이자 전 공군역사 선임연구원인 리처드 H. 콘Richard H. Kohn이 "이 세대 미국 역사의 공적 전시에 닥쳐올 가장 큰 비극의 하나"라고 규정한 것의 결과가 무엇인가 하는 질문을 던져야 한다. 반면에 그에 대한 대중적 반대자들은 그 전시를 순수한 승리로 보았다. 그 질문에 대한 답을 얻는 것은 1990년대보다 현재 더 쉽지 않아 보인다. 역사는 언제나 이념 전쟁의 무기 역할을 했다. 그러나 시간의 흐름과 과거를 둘러싼 경쟁의 오랜 역사로 1995년 도달할 수 있었던 것보다 더 균형 잡힌 평가가 지금은 가능하다.

1995년까지 전개된 학자들의 연구와 그들 사이의 논쟁이 일본을 대상으로 한 핵무기 사용 결정에 대한 지식과 이해의 중요한 발전으로 이어졌음은 의심할 여지가 없다. 그런 결과를 50년 일찍 이룰 수는 없었을 것이다. 확실히 1945년 이후 점차 활용할 수 있게 된 증거는 일본의 정책 입안자는 말할 것도 없고 미국의 정책 입안자들에게 언제나 신뢰할 만한 것은 아니었다. 그 당시 핵무기 사용이 무엇이 문제인가에 대한 지식과 함께 사람들에게 제기했던 깊고 복잡한 도덕적 문제에 대한 충분한 의견조사가 없었다. 폭탄의 사용을 연기하거나 포기하는 것이 초래하는 실제적 비용뿐 아니라 정치적 비용에 대한 두려움은 대통령과 그의 고문들뿐 아니라 그것을 사용하려는 고위 군 장교들 사이의 결정에 아주 강하게 영향을 미쳤다. 유럽뿐 아니라 아시아에서 소련이 할 수 있던 행동에 대한 우려는 과도했을지 모른다. 그 우려는 폭탄을 떨어뜨린 후부터 일본이 항복하기 이전 사이에 소련이 언제 일본에 대해 전쟁을 선언할지에 영향을 미칠 수 없다고 판명된 요소였다. 그러나 미국의 정책 입안자들은 더 이상의 미국인과 일본인의 인명 손실 없이 전쟁을 가능한 한 빨리 끝내기를 바랄 만한 충분한 이유를 가지고 있었다. 그 자체로 볼 때는 그 희망은 무거운 도덕적 요소를 가지고 있었다. 게다가 현재까지도 여전히 논쟁 대상으로 남아 있는 그 수는 단지 가장 불확실한 추정과 성급한 계산의 결과였지만, 미국인과 일본인의 생명을 구하려면 시간이 필수적이었다. 소련이 마지막 순간에 참전하지 않았다면 동아시아에서 소련의 공작이 조금이나마 적어졌으리라고 믿기도 어렵다. 미국이 신형무기를 마음대로 사용하지 않았다면 핵무기 경쟁을 피할 수 있을 것이라는 반反 사실적 결론이 직면한 어려움도 비슷하다.

그러나 달리 보면 어떤 강력한 암시와는 반대로 폭탄을 연구하는 역사가들이 자신들이 제기했던 쟁점을 계속 논의할 때 전통적인 역사 탐구의 실행과 학문적 탐구의 요구 기준에 어긋나는 것은 아무 것도 없다. 그러나 어떤 측면에서 보면 많은 사람들이 폭탄을 사용하는 것의 도덕적·군사적·정치적 우려를 제기하는 것이 정당한지에 의무을 표하고 그런 우려를 하는 사람들을 공격한다 하더라도, 그런 쟁점을 탐구하려는 것을 억누르지는 못할 것이다. 결국 이러한 문제들에 대한 학술적 논의를 면밀히 살펴보면, 증거 발견의 중요성과 그것들로부터 도출될 결론이 역사가들 사이에서 차이가 있다는 것을 어느 누구라도 알게 됐을 것이다. 더구나 그들의 모든 발견, 주장, 그리고 차이점들은 대중적으로 활용할 수 있는 학술 서적과 저널에 공개되고, 때로는 신문 보도나 잡지 기사로 더 널리 알려지며, 거기에 접근하고자 하는 사람은 누구나 자유롭게 이용할 수 있었다. 이 역사가들은 그들의 연구를 일반 대중이 이용하는 것을 환영했기 때문에, 자신들이 도덕적으로 꺼림칙하게 생각한 일이 많은 구성원들에게 거부당했을 때 놀라지 말았어야 했다. 역사가들이 완전히 맞닥뜨린 책임은 자신들의 발견과 주장을 설명하고 필요한 경우 옹호하는 것이다. 역사가들은 자신의 발견과 주장이 어떻게 받아들여질지 통제할 수 없었고, 그럴 수 없다는 것을 알아야 했다. 마찬가지로 원래 계획한 대로 전시하는 것을 반대한 사람들은 정치적 승리가 학계에서도 쉽게 승리를 가져오지 않을 수 있다는 것을 명심해야만 했다. 계속해서 그래왔던 것처럼, 무기 사용의 원인에 대한 그들 자신의 의견 일치에 변화가 생길지라도 폭탄 투하를 연구하는 역사가들은 자신들이 학문적 연구를 추구했던 노력의 무대에서 여전히 권위자로 남아 있을 것이다.

이번처럼 과도하게 문제가 된 역사적 논쟁을 평가할 때 이 두 집단, 즉 역사가들과 일반 대중들의 주장이 쉽게 등가성을 가질 수는 없을 것이라는 사실을 명심해야 한다. 그 주장들은 본질적으로 동등하지도 않고, 모든 맥락에서 같은 힘을 가지고 있지도 않다. 특히 학자들이

'담론의 공동체 communities of discourse'라고 부르는 곳에서 배제됐을 때는 그러하다. 각각의 논쟁은 뚜렷한 지적·사회적·문화적 영역 안에서 그 중요성을 가지고 있으며, 이어지는 논쟁을 발달시킨다. 각 그룹들은 거의 상호작용을 하지 않는 분리된 영역 내에서 과거에 대한 자신의 관점을 상정한다. 경우에 따라서는 두 커뮤니티의 관점이 겹치기도 하는데, 그렇더라도 때로는 요행히 에놀라 게이의 전시회를 망치는 것과 같은 결과를 가져오지 않는 경우도 있다. 때때로 지식과 이해를 얻기 위한 그들의 헌신은 서로를 강화하고 지탱한다. 이는 역사'광狂, buffs'과 역사적 재연자들 사이에서 잘 알려진 현상이다. 그러나 한 그룹의 구성원들이 때때로 다른 그룹 구성원들에게 영향을 주지만, 이해를 하려는 그들의 탐색은 일반적으로 교차하는 과정이 아니라 병행하는 과정을 따라서 진행된다. 예를 들어 학자들은 전문적 역사가의 연구로부터 학습하는 대중 집단인 일반 사람들의 사고방식에 대한 질문으로 새로운 일련의 탐구에 경계심을 드러낸다. 지식을 추구할 때, 사람들은 종종 뚜렷한 목적을 염두에 둔다. 학자들은 보통 과거에 대한 새로운 지식과 관점을 제시하고자 하며, 학자가 아닌 사람들은 자신이 배운 것으로부터 오랫동안 가지고 있는 관점이나 영감을 확인하고자 한다.* 그러한 목표들은 전적으로 각 집단에게 자연

---

* 학자들이라고 하더라도 다른 사람들과 마찬가지로 확증 편향(confirmation bias, 자신이 찾거나 보기를 바라는 것을 현존하는 증거 속에서 찾는 경향, 자신이 보거나 듣고 싶어 하는 것을 보거나 들으려는 경향)으로부터 자유로울 수 없다. 그러나 학자들은 그러한 편견이 의심될 때 전문적으로 동료들의 비판을 받고, 학자들의 전문적 규범은 그들 자신에 대해 성향을 모니터하라는 압력을 가한다. 말할 필요도 없이, 그들이 언제나 자기 교정에 자신을 떠맡길 만큼 충분한 열정을 가지고 노력하는 것은 아니다. 그러나 선에서조차토 1만릴 시간에서

스럽고 적절하다. 그래서 어느 편도 정치적이고 지적인 토론에서 승리를 거둘 수 있다고 장담할 수는 없지만, 비록 그 목적이 다를지라도 양 쪽 모두에 의한 이해 추구의 정당성은 결코 의심할 여지가 없다. 적어도 개방된 자유민주주의 안에서는 그렇다.

그러나 에놀라 게이의 난투극에서 배울 수 있듯이, 과거에 대한 이 두 가지 기대, 목표, 접근법을 서로 접촉시키는 것은 종종 오해, 때로는 잘못된 믿음의 불쏘시개가 될 수 있다. 그런 상황에 닥치면 두 세계는 권위와 우선권을 놓고 충돌한다. 그리고 그 싸움의 틀을 다른 식으로 짜면 어떤 종류의 상호 수용할 수 있는 합의를 도출할 수 있을 때조차도, 자신의 입장을 서로 내세운다. 이 책의 맥락에서 명심해야 할 더 중요한 것은, 공군협회가 역사가들이나 에놀라 게이 전시회의 큐레이터를 상대로 그러했듯이 서로를 향한 전투대열을 갖추고 공공의 무대에서 한 편이 다른 편에 승리를 거두었을 때조차도, 한쪽 편이 상대방에 대해 영원히 유리할 것이라는 어떤 확신도 없다는 사실이다. 손익은 으레 그렇듯이 실로 정치적 회계의 결과로 예약할 수 있을 것이다. 그러나 연례 재무보고서에서 나오듯이, 싸움이 끝난 후 기록되는 손해와 이익은 시즌과 중요성에 따라 달라진다.

역사 지식과 의견은 사람들에 따라 서로 달리 받아들여진다. 역사적 이해의 수정에 대한 논쟁은 열린사회에서는 각각의 이해 공동체가 자신의 필요와 이익에 맞는 어떤 해석도 자유롭게 고수할 수 있다는

검사와 피고 측 변호사의 유사한 전술에서와 똑같이 이해를 하는 것이 가능하다. 특히 특정 주장이 극단으로 치달을 때 그렇다. 신중함, 균형감, 절제심만으로 진실이 언제나 나오는 것은 아니며 이해가 성장하는 것도 아니다. ─지은이

끊임없이 변화하는 과거

것을 의미한다. 그것은 모든 견해를 학자들이 받아들인다는 것을 의미하지는 않으며, 어떤 견해도 비판, 조롱, 노골적인 거부로부터 안전하다는 것을 의미하지도 않는다. 그러나 그 자체 영역에서, 널리 유지되는 과거에 대한 관점은 그 지지자들이 자신의 관점을 바꾸지 않거나 이런 관점을 뒷받침할 환경이 바뀌지 않을 때까지 외부의 영향과 변화에서 안전할 수 있을 것이다. 그런 만큼 역사 논쟁에서 어떤 전투원도 논쟁이 계속되는 동안 그 결과나 자신의 상대적 강점을 확신할 수 없을 것이다. 그 결과와 그들의 강점은 항상 과거에 대한 어떤 전쟁이 일어나는 시대의 현실에 달려 있다.

우리는 또한 각 그룹 구성원을 지탱하는 사회학적·심리학적·전문적 현실을 염두에 두어야 한다. 참전용사와 그 지지자들, 실로 자신의 자긍심 강한 세계관을 유지하는 데 전념하는 어떤 그룹의 사람들은 자신들이 한 일이 가치가 있고 자신들이 부담한 비용이 자신보다 더 큰 어떤 목적을 위한 것이라고 믿을 만한 이해 가능한 심리적 필요뿐 아니라 강력한 근거를 가지고 있다. 위험에 직면했을 때 결속력과 응집력은 참전용사의 집단 정체성의 매우 중요한 한 부분이기 때문에, 군사 집단의 사람들은 쉽게 서로 간의 대열을 이탈하지 않는다. 이러한 성향이 지식의 발전을 존중한다고 해서 파묻히지 않으며, 퇴역 군인들이 자신들이 헌신하고 생명을 걸었을지도 모르는 애국적 진실에 대한 문제제기라고 여기는 것에 굴복하지도 않을 것이다.

이념적으로나 상대적으로 역사가들은 과거에 대한 정확한 해석을 내리려는 노력에서 자신들의 능력이 미치는 한 대중의 의견에 휘둘리지 말고 내신에 증서를 따드고 증기가 이끄는 데로 생각해야 하는 전문적 책무를 가지고 있다. 그들 자신을 더 큰 전문가 집단의 일부로 보기는 하지만, 역사가들은 응집성보다는 사실에 대한 충실성과 판단의 독립성에 더 큰 가치를 둔다. 종종 그들이 대립적으로 보일 수도 있지만, 그들의 행동 기준에서는 어떤 것도 이를 어떤 형태로든 간에 통설의 적수라고 부르지 않는다. 그 대신 그들은 자신이 증거와 과거에 대한 현존 해석의 비판적 평가에 전념하고 있다고 생각한다. 자신들이 흔히 무엇이 관습적인 믿음이거나 공통적인 이해인지에 대해 의문을 제기하는 입장에 있다는 것을 발견하는 것은 그들에게 큰 만족감을 주지 못한다. 그것은 단지 전문가로서 누구인지에 대한 구성요소일 뿐이다. 물론 그들 중 다수는 갈아야 할 정치적 도끼나 그 밖의 다른 도끼를 가지고 있다. 그러나 역사가들이 사용하는 기술 규범은 불가피하게 자신이 발견하고 주장하는 것을 전문가 동료의 자유로운 평가에 맡긴다. 비판을 받더라도 다른 사람들이 기대한대로 쉽게 굴복하는 일은 거의 없다. 그들의 나침반은 자신의 생각을 과거에 일어난 일에 대한 정확한 지식을 밝히는 데 맞춰 있다. 결과적으로 어떤 역사적 주제에 대한 공감대가 형성될 때, 그것이 그 주제에 대한 도전 의식의 부족 때문은 아니다. 또한 합의가 무한정 유지될 것이라는 어떤 확신도 없다. 삶 자체에서와 마찬가지로, 잠정성은 역사 해석의 특징으로 남아 있다.

이러한 현실과 책무를 인식한다고 해서 역사가가 실망을 하지 않는 것은 아니며, 그중 일부는 씁쓸하기까지 하다. 1995년 관점에서 볼 때, 일본을 향한 핵무기 사용에 관한 전문적 역사는 한 번 시야에 노출되자 신랄한 대중적 패배로 고통을 겪었다. 대중적 역사 이해는 앞으로 나아가는 대신에 대부분의 역사가들에게 큰 타격을 입힌 것처럼 보였다. 그러나 예상했어야 하는 것처럼, 2차 세계대전의 종식에 대한 역사학과 역사적 사고는 역사가들의 세기말 좌절 이후에도 줄어들지 않고 계속됐다. 군인과 퇴역군인 단체들이 의회와 함께 자신들의 힘을 과시하고 민감한 역사적·정치적 주제의 충분하고 개방적인 탐색을 막는 데 성공했을지 모른다. 그러나 계획된 전시에 대한 그들 자신의 반대가 일단 대중에게 공개되자, 그들은 논란이 더 넓은 관심을 불러일으키고 대중의 의식에 어떤 식으로 더 크게 자리 잡는 것을 막지는 못했다. 그리고 이 경우건 다른 경우건 간에 그렇지 않았다면 어떻게 됐을지 알기는 어렵다. 모든 역사 논쟁에서 영원한 승리와 영원한 패배는 드물기 때문에 이 특별한 경우 어떠한 논쟁의 끝도 보이지 않게 됐다.

1995년 에놀라 게이 소동의 한 관찰자가 이런 논쟁이 현장에서 멀어짐에 따라 2차 세계대전 동안 자신들이 이루었던 성과에 대해 명확히 정의된 기억을 지키기 위해 싸웠던 사람들의 영향력이 약해질 수 있다고 감히 추측했을 수도 있다. 이렇게 함으로써 어쩌면 에놀라 게이의 전시로 폭탄 투하에 대한 자신들의 해석에 타격을 받은 비평가들의 관점은 그다음에는 더 큰 호응을 얻을 수 있을 것이다. 그러나 어느 누구도 히스토리오그라피가 역사 자체보다 더 예측 가능한 방향으로 진행될 것이라고 기대해서는 안 된다. 에놀라 게이 일화의 가장 큰 아이러니는 이 논쟁에서 승리하기 위해 폭탄 투하를 연구하는 그렇게 많은   역사가-비평가의 노력에도 불구하고, 그들은 심지어 역사학계 안에서도 이기지 못했다는 사실이다. 그들이 그렇게 하지 못한 이유는 1994년 내중의 미닌이 폭발한 것괴는 별로 관련이 없다.

대신 그것은 역사가 자신들 사이에 계속된 해석적 갈등에서 비롯됐다. 그리고 적어도 당분간은 일련의 학문적 역사가들이 다른 학자들보다 우위에 서 있다.

21세기 세 번째 10년의 시작 시점에서 2차 세계대전과 일본 열도에 대한 전쟁의 절정을 연구하는 대부분의 역사가들은 모든 것을 고려할 때 두 개의 일본 도시에 대한 핵폭탄의 사용은 합법적이고 정당하고 불가피한 것이었다는 데 동의하게 됐다. 즉, 에놀라 게이를 몰에 전시하고 해석하려는 원래의 계획에 대한 공군협회와 많은 비판자들이 취한 입장은 그 기본적인 주장에서 적어도 당장은 전문 역사가들의 연구와 결론에 의해 정당화됐다. 이것이 폭탄의 사용을 둘러싼 논쟁이 끝났거나 앞으로 끝날 것임을 의미하지는 않으며 핵폭탄의 개발 및 사용과 관련된 어려운 도덕적 쟁점을 계속 유지하는 것을 소용없거나 불필요하게 만들지도 않는다. 폭탄 사용에 대한 가장 박식하고 권위 있는 역사가들이 이런 결론에 도달했다는 사실이 에놀라 게이를 그런 식으로 그 장소에 다시 한 번 진열하는 것을 부적절하게 만든다는 것은 아니며, 에놀라 게이의 역사적 비행을 둘러싼 쟁점들은 처음에는 역사적 쟁점으로, 다음에는 도덕적 쟁점으로 모두 대중들에 의해 검토될 수 있다. 왜냐하면 이 문제에 대한 실태를 보면 21세기 초까지 수정주의 역사가들의 해석은 더 정통주의 쪽으로 치우쳐 있었기 때문이다. 이는 결코 도덕적 문제를 그 상황으로부터 배제하지 못한다. 이보다는 모든 역사적 문제들이 확인되고 나면 역사적 근거를 토대로 그 문제에 대해 논증을 하고 이를 해결해야 한다고 주장하는 것이다. 그리고 역사적 쟁점은 새로운 증거가 나타나고 새로운 전문적 관점이 발달함에 따라 역사가들에 의해 논쟁되고 변경되어야 한다고 주장하는 것이다. 그런 다음 이 경우처럼 1945년 당시 사람들을 압박하는 모든 요인과 그들이 알고 받아들인 모든 사실이 일단 확인되고 그들 자신의 평가와 결정이 이해된다면, 폭탄의 도덕적 비용을 둘러싼 논쟁이 시작될 수도 있다. 확실한 전문적 근거가 없는 도덕적 주장은 시간이 지나면서 행해질 정밀한 조사를 달리 견뎌내지 못할 것이다.

우리는 과거에 무슨 일이 일어났고 그 일이 왜 그렇게 일어났는지 밝히는 것을 넘어서는 것이 역사가로서 해야 할 몫인지 자문해야 한다. 과거 사람들이 했던 것에 대해 도덕적 결정권자가 되는 것이 역사가로서 해야 할 역할인가? 역사 연구는 고대인들 사이에서 시작됐을 때부터 언제나 역사가들이 만들고 확산시키는 지식과 의미가 도덕적 중요성으로 가득한 일종의 도덕과학 역할을 했다고 불가피하게 결론지어야 한다. 그러나 그 중요성은 항상 논쟁거리이다. 그리고 다른 인간들처럼 역사가들은 죽은 사람을 위한 것이건 산 사람을 위한 것이건 간에 역사적 지식이 가지는 의미에 대해 결코 합의에 이르지 못했다. 또한 시민으로서 역사가들은 자신의 학문적 발견과 결론에서 과거가 항상 제기하는 도덕적·시민적 문제를 완전히 제거해버리는 방법을 찾지 못했다. 그들은 그렇게 하는 것을 바라지도 않는다. 그러나 폭탄이 연합국에 승리를 가져다주고 세계에 평화를 가져다주었는지, 아니면 파괴의 망령을 한 단계 끌어올려 절멸의 공포를 인류의 삶 속에 상존하는 것으로 만들었는지 결정하는 것이 학자들의 기능인가? 역사가들은 과거의 실제 상황을 발견하고 분석하는 데 전문가이다. 징지적 쟁점에 대한 판결을 내리고 전략을 결정하는 데 역사가를 채용하지는 않는다. 역사가들이 어렵게 얻은 학문적 관점을 비판하는 것은 헤로도토스와 투키디데스 이후 그들이 자신에게 부여한 과제를 비판하는 것이다.

또한 1990년대 중반 미국 역사가들을 집어삼킨 것과 같은 문화전쟁으로부터 일본인들이 면제받은 것도 아니다. 그들 역시 전쟁을 시작해서 끔찍하도록 잔인하게 이를 추진한 것에서, 중국과 한국, 그리고 동남아시아의 많은 나라들을 점령해서 비인도적으로 종속시킨 것에, 독일의 공식적 행위와는 대조적으로 태평양전쟁에서 일본국이 행한 파괴 행위에 대해 주저하면서 인정하는 데 미온적인 데, 일본인들이 전쟁의 가해자라고 할지라도 재래식 무기건 핵무기건 간에 이로 인해 자신들도 희생자라고 느끼는 데, 전쟁 지도자를 계속해서 존경하는 데, 모든 이런 쟁점의 처리를 회피하는 교과서 개정의 거부에 자신들이 어떤 역할을 했는지 토론해왔다. 즉, 결국 이 문제들에 대한 자신들의 의견 차이를 해결하는 데 일본인이 미국인보다 별로 더 낫지도 못하지도 않다. 전쟁 죄책감이나 이에서 벗어나려는 노력 모두 국가나 문화적 경계를 넘어서는 일이다.

전시를 둘러싼 논란이 일어난 지 25년이 지난 관점에서 볼 때, 국립 항공우주박물관의 계획된 전시회에 대한 반응은 다른 원인들에서 비롯된 분노를 이 전시에서 표출한 것이라는 사실을 쉽게 알 수 있다. 베트남전에서 돌아온 참전용사들에 대한 대우, 미국 공군력의 지속적 우월성에 대한 의구심, 여성, 아프리카계 미국인, 게이, 레즈비언 등이 제기한 인정과 평등한 대우를 해달라는 전례 없는 주장으로 야기된 미국 사회와 문화의 변화에 대한 광범한 불안감이 그런 요인들이다. 그러나 이런 분노의 이동은 심리학에서는 유용한 진단개념일지 모르지만, 전시회에 반대하는 사람들의 주장이 가지는 힘을 우리가 결정하는 데 거의 도움이 되지 않는다. 그러나 기억과 역사, 축하와 비판 중 어느 편이 우위를 차지해야 하는지 결정하는 것은 누구인가? 에놀라 게이 전시회의 반대자들은 2차 세계대전의 마지막 단계에서 핵폭탄이 한 역할에 대한 지나치게 비판적인 '좌파적'·'반미주의적' 관점을 수도 워싱턴에서 보게 되는 것을 막는 데 성공했다는 생각에 기뻐했을 것이다. 그러나 그들은 이 상징적 비행기를 중심 전시물로 전시하지 않는다고 해서 어떤 다른 기관들이 폭탄에 대한 비판적 견해를 내놓지 않을 것이라고 확신하지 못했다.*

역사가들은 자신이 경력을 쏟아서 만들어낸 발견, 지식, 이해를 다른 사람들이 무시하거나 반대할 때 당연히 불쾌함을 느낄 수 있다. 그러나 그들의 역사적 관점은, 모든 사람들 중에서도 그들에게 대중의 수용과 의견의 장에서 자신들이 패배한 것을 보는 넓은 관점을 주어야 한다. '패배했다'고 할 지라도 그것이 정당했다고 규정할 수 있다.

---

* 결국 그런 일이 생겼다. 처음에 내셔널 몰에 계획됐던 스미스소니언 전시의 내용 일부를 구체화하고 의도를 반영한 규모가 축소된 전시가 나중에 워싱턴에 있는 아메리칸 대학박물관에서 열렸을 때, 언론이나 군사 및 참전용사들은 이에 대해 거의 관심을 보이지 않았다. 이것은 이 그룹 구성원들이 가졌던 문제의식이 원래의 전시가 국립박물관에서 열리는 데 있었음을 암시한다. 국립박물관의 전시는 1945년 사건에 대한 연방정부의 해석을 대변한다고 보였을 수 있다. 그리고 2003년 온전한 에놀라 게이가 버지니아 덜레스국제공항 근처에 있는 스미스소니언 우드버-헤지 센터(Smithsonian's Udvar-Hazy Facility)에 기체뿐만 아니라 약간의 설명과 함께 전시됐다. 사람들은 1995년에 에놀라 게이 전체가 비연방 시설에 수용되어 스미소니언 큐레이터들이 원래 생각했던 해석 계획대로 전시됐다면, 그 전시가 계획한 대로 광범한 항의 없이 진행될 수도 있지 않았을까 궁금해한다. ― 지은이

그런 넓은 견해는 학문 세계의 한계를 넘어서 역사 지식을 보는 전문적 집단의 성원으로서 그들 자신의 정당한 바람의 한 결과물이어야 한다. 아이러니하게도 21세기 초 그 목표가 4반세기 전보다는 역사가에 의해 훨씬 더 실현되어가는 과정에 놓이게 됨에 따라 그것은 이제 현실화하는 데 비용에 직면한다. 그 비용은 그 일에 관여한 대중 집단 구성원의 편에서는 예측할 수 없고, 때로는 부정적이며, 이데올로기적이고, 위축된 반응이다.

그러나 대조적으로 이 중 어느 것도 에놀라 게이 전시의 원래 계획을 무산시킨 세력이 영구적으로 승리했음을 암시하지는 않는다. 대중의 분위기는 바뀐다. 기억되는 사건들에 참여한 사람들은 죽는다. 텍스트와 유물들은 그 효력을 상실한다. 새로운 의미가 옛 것으로부터 나타난다. 2045년 2차 세계대전 종전 100주년 기념일에, 히로시마에 떨어뜨린 폭탄을 수송한 완전히 재조립된 항공기가 커다란 대중의 항의 없이 내셔널 몰에 전시될 수 있을 것인가? 이 편이든 저편이든 간에 이 활기찬 시합에서 최종적인 승리를 거두었다고 정확히 말할 가능성은 별로 없으며, 앞으로 수십 년 동안에도 없을 것이다. 개방 사회에서 이는 당연하다.

역사 해석의 잠정성

내가 여기서 제시한 두 가지 역사적 논쟁의 스케치는 역사 이해에 내재하는 가소성可塑性을 보여준다. 그리고 과거에 대한 논쟁을 완전히

끊임없이 변화하는 과거

해결하기는 어려우며 아마도 영원히 해결에 도달할 수 없음을 시사한다. 이 주장들 각각은 어떤 종착점이 없는 논쟁을 보여준다. 각각의 주장은 어떤 방향의 합의를 거부해왔다. 전문적 역사가들 사이에 심각하고 민감한 분쟁이 발생해서 대중적 논쟁으로 확대됐을 때 이처럼 애매하게 해결될 가능성이 잠재되어 있다. 모든 역사적 논쟁은 개방 사회에서는 거의 언제나 그렇게 된다. 개방 사회는 논쟁을 통해 더 생동감 있고 튼튼해지는 바로 그런 종류의 사회이다. 대중적 논쟁뿐 아니라 역사적 지식에서 결실을 맺는 과거에 대한 다양한 주장들을 설명하려고 할 때, 오랫동안 계속되고 있는 다음과 같은 문제들에 대해 검토하는 편이 좋을 수도 있다. 뉴딜 정책이나 2차 세계대전이 미국의 대공황을 끝내게 했는지 여부('경기부양책', 즉 공적인 고용 지출과 세금감면을 둘러싼 정치적 논쟁이 벌어질 때마다 언제나 일어나는 중요성의 문제), 홀로코스트가 독일의 현상인지 아니면 더 광범한 현상인지 여부(제노사이드, 인종차별주의, 그 밖의 형태의 차별 책임을 누군가에게로 돌리려는 노력이 나타날 때), 여성의 역사적 종속 상태를 법과 문화에 의해 강제된 별도의 사회 영역에 종사하는 결과라고 생각해야 하는지, 아니면 젠더의 사회적 구성 결과라고 생각해야 하는지(여성의 권리를 더욱 증진시키는 최선의 방법은 무엇인가 하는 문제), 베트남 주둔 미군은 철수하는 바로 그 순간에 승리를 거두고 있었는지 여부(정치인들이 군사적 준비, 군사 예산, 외교 전략, 국가적 의지 등에 대한 논쟁을 할 때 떠올릴 수 있는 하나의 질문) 문제가 그것이다. 함축적으로 말하면, 남북전쟁의 히스토리오그라피에 대한 나의 이전 논의는 다음과 같은 논지이다. 현대의 관심사와 상호직용히는 논쟁의 여지가 있는 내용을 가지고 있는 역사적 문제 중 어떤 것도 그런 논쟁에 관여하는 사람들의 일상적 삶과 이해에 느낄 만한 정도의 영향을 주지 않는 것은 없다.

게다가 잠정성이 현대 히스토리오그라피의 상수가 된 것은 단지 관련된 정치적 이해관계 때문만은 아니었음이 판명됐다. 불안전성은 현대의 관심사와 직접적인 관련이 별로 없을 수도 있는 새로운 관점의 도입으로 언제나 나타날 수 있다. 미국의 식민지 시대와 이후의 역사를 더 큰 대서양의 맥락에서 최근 재구성하는 것을 예로 들어보자. 그 방향전환은 프랑스, 스페인, 그 밖의 유럽 국가, 아프리카와 라틴아메리카의 땅, 아프리카계 미국인, 북아메리카와 라틴아메리카 원주민을 역사 변화의 모습 속으로 끌어들이고, 그 대신 영국과 영국의 미국 식민지를 역사가들의 관심의 중심에서 배제했다. 이와 유사하게, 세계가 현재 겪는 세계화는 모든 문화와 정치가 자신의 경계 훨씬 너머에서 일어나는 변화의 영향을 어떻게 받았을 수 있는지 조사하는 것을 바람직하게 만들었다. 학문으로 이름이 붙은 것은 소수이지만, 생물고고학, 원시게놈학, 연대학, 단백질유전정보학, 기상학, 언어학, 유전학 같은 분야의 탄생과 발전은 불과 수십 년 전까지 역사가들이 이해할 수 있었던 범위를 넘어선 인간의 이주, 거주, 농업, 건강의 거대한 변화를 해석할 수 있는 새로운 도구를 주었다. 결과적으로 우리는 유럽인들이 도착하기 훨씬 전에 서반구의 원주민들이 그들의 환경에 어떻게 영향을 미쳤는지 알게 됐고, 아메리카의 독자적인 부족, 언어, 문화의 출현에 대한 우리의 지식을 크게 심화시켰다.

따라서 많은 논쟁에서 대립되는 양측의 입장을 빨리 파악하기 위해, 종종 격렬하게 대립적으로 그런 논쟁을 탐구하는 것과 아무런 어

끊임없이 변화하는 과거

떤 이익도 없는 중요한 역사 주제를 보는 비정통적 관점에 대해 논쟁을 벌이는 것은 학문적 논증의 현실과 의미를 심각하게 오해하는 것이다. 그것은 심포니의 다른 해석과 연극의 다른 무대, 그리고 동일한 사건의 서로 다른 예술적 묘사를 불필요한 반복이라고 일축해버리는 것과 같다. 마치 모든 지휘자, 모든 연출자, 모든 예술가는 현실에 대한 그들 자신의 해석을 제시하는 데 자유롭지 못하고, 그래서 그에 대한 해석을 덧붙이려고 하지 않는다고 여기는 것과 같다. 과거에 대한 해석의 싸움은 쟁점을 명확히 한다. 그것은 어느 누구에건 이전의 확신을 다시 생각할 수 있도록 관찰할 수 있는 기회를 제공한다. 그것은 학자와 그 밖의 다른 사람들에게 그 이상의 탐구와 사고를 하도록 일깨운다. 그리고 내가 이 책에서 내내 거듭 강조했듯이, 그들이 관심을 가지고 있는 주제 아래 이미 쌓여 있는 풍부한 해석적 하층토下層土를 추가하는 것이다. 그것은 결과적으로 끝없는 시간 동안 그 이상의 사고를 할 수 있도록 비축되는 부가물이다.

역사해석의 모든 수정은 역사를 이해할 수 있는 방법들을 증가시킨다. 그중 어떤 것이 충분한 타당성, 권위, 개연성이 부족할지라도, 해석은 과거 그 자체와 똑같이 기록을 남긴다. 일단 서술되고 출판되면, 해석은 스스로 준거를 정하는 과거의 일부가 된다. 그리고 과거는 그들보다 앞선 시대를 그들 자신의 방법으로 이해하려고 하는 후임 역사가의 유산의 일부가 된다. 다시 말해서, 수정은 우리 역사의 일부, 즉 구체적인 장소와 시간의 인간들이 자신이 물려받은 과거를 어떻게 바라보는지에 대한 증거의 일부가 된다. 물감을 칠할 때마다 이전에 캔버스에 칠했던 증거를 남기는 미술품의 펜티멘토pentimento

처럼, 모든 역사 해석은 이전에 있었던 다른 해석의 흔적을 구체화한다.[*] 모든 역사적 주장은 그 주제에 대한 후속 문헌에 남아 있다. 삭제되지 않고 안전하게, 모든 향후의 논증에 내재하게 된다. 그 해석이 더 이상 타당하지 않다고 여겨지더라도, 과거에 일어났다고 생각됐던 것을 증언한다. 이런 의미에서 프랑스혁명에 대한 역사적 이해는 그에 대한 지속적인 변화 동안 아무것도 잃지 않았고, 2차 세계대전의 종식에 대한 이해는 내셔널 몰에서 이데올로기적이고 지적인 혼란의 대상이 됐다고 해서 영원히 고통을 받지는 않았다. 각각은 반복적이고 투쟁적인 논쟁에 의해 이익을 얻었다. 그래서 항상 역사적 주제에

---

* 서로 다른 역사가들의 접근법, 질문, 주장을 담은 많은 역사 저작에서 적절성과 통합성의 여지가 여기에서 입증된다. 역사가들은 다른 사람의 혁신을 빌려서 새로운 목적에 이용하려는 인간 성향에서 예외가 아니다. 내가 이 책에서 그랬듯이, 이런 경우 그들의 전문적 책임은 각주나 참고문헌에서 그런 다른 역사가들을 인정하고 인용하는 것이다. 이러한 측면에서, 그들은 다른 전문가 못지않게(어떤 점에서는 다른 전문가들보다 더) 개방적이다. 우리는 영화 작가나 감독들이 모티브나 플롯, 내면의 농담, 장면들을 찾기 위해 이전 필름을 뒤지는 것에 익숙하지 않은가(예를 들어 〈선셋 대로〉를 보라). 문학 작품들은 옛 이야기들을 통합하여 새로운 작품을 만든다(셰익스피어의 〈로미오와 줄리엣〉이 즉시 떠오른다). 우리는 예술 작품에서 이전의 걸작과 대중적 이미지를 예술적으로 참조할 뿐 아니라 예술가들의 은밀한 자화상을 발견한다(악명 높은 도용의 예는 앤디 워홀(Andy Warhol)의 〈캠벨 수프 통조림〉 시리즈이다). 작곡가들은 완전히 새로운 작품을 만들기 위해 다른 사람의 작품에서 구절과 하모니를 취한다. 모차르트의 〈돈 조반니〉는 베토벤의 〈교향곡 9번〉에 차용됐으며, 브람스는 자신의 〈교향곡 1번〉에서 베토벤의 〈교향곡 9번〉에 경의를 표했다. 동일한 음악 전개가 다른 사람의 손에서 변형된다. 같은 5음 모티브가 제즈 콘프리(Zez Confrey)의 1922년 작 〈스텀블링〉, 어빙 벌린(Irving Berlin)의 1926년 작 〈올웨이즈〉, 리처드 휘팅(Richard Whiting)의 1929년 작 〈루이스〉로 나뉜다. 그러므로 우리는 역사가들이 영감과 아이디어의 원천이라고 판명된 것을 다른 사상가나 예술가에게서 찾는 것을 포기하리라고 기대하지 말아야 한다. 그들은 서로서로 배우고, 새로운 주장을 하기 위해 서로에게서 빌리고 서로의 영향력을 인정한다. 그들이 다른 역사가들을 공격하거나, 다른 주장을 하는 데 같은 증거를 사용하거나, 다른 역사가들이 결코 의도하지 않은 목적을 위해 그들이 발전시킨 주장을 전용할 때조차도 다른 역사가들을 존중하지 않는 것은 아니다. ─ 지은이

대해 한층 더 고려를 할 때는 그에 대한 이전의 논쟁에서 드러난 관점을 무시할 수 없다. 이전에 받아들였던 해석이 새로운 환경에서는 그리 두드러지지 않을 수 있듯이, 한 순간에는 받아들일 수 없다고 느낀 해석이 새로운 환경에서는 타당성을 가질 수도 있다.

역사 연구가 어떻게 그리고 왜 지속적으로 수정되는가 하는 것은 그 자체로 역사적 사고의 주제이다. 히스토리오그라피는 역사가들이 그들 자신의 사고의 역사를 이해하는 방법이다. 그리고 어떤 역사적 논쟁도 문화나 이데올로기와는 상관없이 존재하지 않는다는 것을 말할 필요도 없다고 할 수 있다면, 어떤 역사적 주제도 해석을 넘어설 수 없다는 것도 마찬가지이다. 어느 누구도 그 발전의 어떤 최종적인 목적에 도달할 수는 없다. 공군협회 회원들이 희망했듯이, 사실적이면서도 해석이 들어가지 않은 전시회를 여는 것은 불가능한 것을 바라는 것이다. 심지어 전시회의 라벨에 서술된 단순한 사실들조차도 거기에 진술할 수 있는 사실들 중에서 의미를 옮기고 선택을 포함한다. 과거에 대한 '순수하고', 영원히 보편적으로 받아들여지는 우세한 관점은 존재할 수 없다. 2차 세계대전 종결의 역사를 어떻게 제시할 것인가에 대한 논쟁과 같은 역사적 사건은 어느 것도 맥락 없이 존재할 수 없기 때문이다. 역사를 쓰거나 역사적으로 생각하는 어느 누구도 사회, 문화, 시간 밖에서 어떤 위치를 차지하고 있지 않다. 시청자 자신의 역사에 영향을 받지 않고 과거를 볼 수 있는 움직일 수 없고 맥락이 없는 아르키메데스적 관점은 없다. 그런 관점이 존재한다고 믿는 것은 인간이 산소 없이 살 수 있다고 믿는 것과 다르지 않다. 심지어 해석이 없다고 주장하는 것조차도 해석적 입장이다,

결국 해석을 둘러싼 싸움은 경쟁자들이 그들의 삶을 살아가고 이해하는 다양한 맥락을 보여준다. 그러한 싸움들은 인간의 희망과 인식 속에 있는 단층선을 노출시킨다. 과거에 대한 지식을 바로 얻고, 해석적 차이를 좁히고, 심지어 이전 시대의 어떤 측면에 대해 일시적이더라도 어떤 종류의 합의에 도달하기 위한 그들의 노력을 고려할 때, 학자들은 과거에 대한 자신의 해석이 권위와 신빙성을 가지고 있다고 당연히 믿는다. 그러나 무슨 근거로 그런 주장을 이해해야 하는가? 열린사회에서는 모든 견해가 존재할 권리가 있다. 그 권리는 예외적인 상황과 예외적인 이유로 법에 의해서만 제한된다. 적어도 미국에서는 그렇다. 학자나 일반 대중이 자신들의 견해에 대한 결정적인 방어나 다른 사람의 관점에 대한 승리를 요청할 공식적 기구는 없다. 무엇이 각 주제를 바라보는 권위 있는 한 가지 방향을 이루는지 결정하는 역사 대법원은 존재하지 않는다. 과거의 의미를 둘러싼 갈등은 대중적으로 반복해서 따져야 한다. 그리고 서로 다른 해석의 상대적 장점에 대한 결정은 시간과 기회에 맡겨야 한다. 또한 거의 필연적으로 수정되어야 한다.

따라서 역사적 탐구는 고대 그리스에서 시작됐을 때부터 그러하듯이 항상 잠정적이고 부분적이며 관점이 들어가 있다. 그 결과는 언제나 추가, 도전, 변경의 대상이 된다. 역사 지식이 불완전하고 불확실한 것을 근절할 수는 없다. 이 책의 마지막 장에서는 이런 주장에 무게를 더할 것이다. 반면에 역사 탐구는 그 본질적 한계에도 불구하고 끊임없이 인간의 이해와 삶을 풍요롭게 이끌 것이라는 믿음도 굳게 유지할 것이다.

6장
역사와 객관성

수정주의 역사의 현실을 완전히 검토하려면 반드시 객관적 역사를 성취하고자 하는 역사가의 오랜 희망에 주목해야 한다. 그 희망은 그런 어떤 성취도 가능하지 않다는 대부분의 역사가들이 가지고 있는 믿음에 점차 굴복하고 있다. 역사가들 중 객관성의 이념을 선도하는 사람들은 이를 '엄청나게 격앙될 수 있는 정서적 문제'라고 불렀다. 그러나 30년이 지난 지금 역사가들은 그런 성격에 당혹스럽게 대응할 것 같다. 오늘날 문제가 많은 역사적 객관성이라는 이념의 본질적 속성에 애를 먹는 역사가들은 거의 없고, 자신의 연구에서 이와 관련하여 고민을 하는 사람도 거의 없으며, 자신의 학생들에게 객관성의 문제가 역사 지식을 추구할 때 일으킬 수 있는 인식론적이나 그 밖의 다른 이론적 복잡성을 소개하는 사람도 거의 없기 때문이다. 그것은 더 이상 그들에게 관심이 있는 문제가 아니다.

결과적으로, 이어지는 내용을 읽는 많은 사람들은 이 내용이 포함된 것에 의아해하고, 실천적인 역사가들과 독자들의 정상적인 노력에 그것이 전혀 영향을 미치지 않으며, 따라서 이 책의 주제와 무관하다는 바로 그 이유로 이를 무시하려는 경향이 있다. 그러나 모든 역사 해석의 잠정성은 일반적으로는 인간의 사고, 특별하게는 역사적 사고에 의해 확립된 일부 현실과 관련이 있다. 이런 현실은 수정주의 역사에 대해 생각할 때도 반드시 몇 가지 최종적인 성찰을 필요로 한다.

이를 고려할 때, 역사학은 전체적으로 인문, 사회과학의 인접학문 중 많은 것과 비교해서 덜 이론화되어 있다는 사실을 인식하는 것이 필수적이다. 이런 점에서 사람들은 특히 인문학 연구를 생각한다. 역사가 덜 이론화된 것은 역사학이 경험적 근거를 강력히 필요로 한다는 데서 비롯한다. 역사가들은 남아 있는 과거의 증거에 대한 분석으로 연구를 시작하도록 훈련을 받는다. 그리고 그들이 실제로 연구를 하는 데는 증거의 강도를 점검하고 이를 토대로 해석하는 힘을 높일 수 있는 많은 수단이 포함된다. 증거의 기원, 의도, 진실성, 그리고 편견에 대한 질문은 이런 실행의 이면에 놓여 있는 더 형식적인 이론적 문제들에는 노출되어 있지 않고 매력적이지도 않지만, 전문적 역사가들은 반사적으로 던지는 것들이다. 이런 전통적인 증거 검사 기법에는 서로 다른 증거나 다른 종류 증거의 비교, 상반되는 설명의 균형을 잡는 것, 직접 쓴 보도와 사후 오랜 시간이 지난 재수집물의 권위와 신뢰성 평가, 그리고 기억의 결함 및 소멸에 대한 수정 등이 포함된다. 오랫동안 이어진 모든 이런 관행은 역사가들에게 자신의 숙련된 기능이 효과적으로 과거에 합리적으로 정확하게 생기를 불어넣을 것이라는 자신감을 준다. 그렇지만 저서를 간행하기 이전에 동료 전

끊임없이 변화하는 과거

문가의 비평을 받으며, 출간된 이후 학계의 비평을 받는 것과 같은 전문적 세계의 또 다른 관행들은 역사가들에게 자신의 노력 기반이 공격에도 견딜 수 있다고 생각하는 강력한 근거를 제공한다.

그러나 자신들이 추구하는 연구 방법에 대한 역사가들의 자신감이 그들이 노력하는 이론적 타당성이라는 고민거리를 해결해주지는 않는다. 이 문제에 직면해서 역사가들은 객관성이라는 서양 히스토리오그라피의 어려운 문제와 마주쳐야 한다. 이는 모든 근대적 역사 실천과 이전 장들이 다루었던 모든 영역에 걸친 역사 해석의 중심이다. 이 질문은 다음과 같은 것이다. 어떤 역사가 '객관적' 역사일까? 어떤 역사가 정확히 어떤 일이 일어났는가에 대한 이야기이자 설명이라는 의미의 '객관적' 역사일 수 있을까? 이론異論의 여지가 없고, 보편적으로 받아들여지고, 가치판단이 들어가 있지 않고, 권위 있고, 그리고 최종적일 수 있을까? 이는 역사가들이 최근에 막 주장했던 새로운 질문은 아니다. 그것은 적어도 2세기 동안 질문을 받아왔던 문제이다. 19세기 근대적인 대학 기반 역사 연구의 시작부터 학자들은 역사는 연구 결과가 항상 확실한 타당성을 가진 하나의 '과학'인지, 사용하는 사람의 시대, 상황, 희망, 믿음, 성향, 그리고 재능에 의해 그 표현이 불가피하게 제한을 받는 어떤 종류의 문학적·스토리텔링적 '예술'인지 논쟁을 벌여왔다.[*] 역사가는 스스로에게 묻는다. 공정하고, 사심이 없

---

[*] 역사가 예술인가 과학인가 하는 이런 갈등은 학계에서는 역사가 인문학의 일부인가 사회과학의 일부인가를 둘러싼 논쟁으로 나타났다. 역사가의 의도와 그들이 탐구하는 주제의 성격에 따라 그중 하나일 수도 있고, 때로는 이와 동시에 둘 다일 수도 있다. 대학(컬리지와 유니버시티)의 행정관들은 종종 역사를 어떤 조직과 행정 분과에 놓아야 하는가를 결정하는 네

고, 관점이 들어가 있지 않고, 역사가들 자신의 시대에 의해 왜곡되지 않는 어떤 역사가 있을까? 즉, 저자 자신의 의식적·무의식적 편견에 자유로운 역사가 있을까? 만약 그런 역사가 없다면, 이것이 서로 다른 모든 주제를 다루는 서로 다른 모든 역사는 다른 모든 것들과 마찬가지로 존중할 만한 가치가 있거나 무시할 만하다는 것을 의미할까? 만약 그렇다면 우리에게는 단지 무엇이 좋은 역사이고 무엇이 나쁜 역사인지, 무엇이 일어났고 무엇이 일어나지 않았는지에 대해 설명할 수 없는 상대론적 혼란만이 남겨졌을 뿐인가?

레오폴트 폰 랑케가 과거를 '원래 일어난 그대로' 밝히고 제시하는 것이 역사가의 의무라고 주장함으로써 역사과학과 예술 사이의 구분을 확립한 후, 과거를 실제로 일어난 그대로 포착하고 밝히려는 투쟁은 대부분의 역사가들에게 지배적인 목적이었다. 그것은 이른바 자신들의 '건국 신화founding myth'라고 불리는 것으로 바뀌었다. 목표를 달성하는 데 어려움을 겪음으로써 약화되어가고 있기는 하지만, 이는 대부분의 역사가들이 여전히 고수하는 열망이었다. 역사가들이 가능한 한 현존하는 증거에 충실하려고 노력하더라도, 그들이 쓰는 것이 그 주제에 관한 가장 훌륭한 역사인지 여부를 누가 알고 누가 말하는가? 역사가들이 할 수 있는 일은 어떤 주제에 대해 알려진 모든 자료를 사용하고, 알려진 사실에 충실하고, 질문의 모든 측면을 공정하게 듣고, 그들 자신의 성향을 사람들이 의식할 수 있을 정도로 명확히

곤경을 겪는다. 그리고 역사가들 자신도 그 문제에 대해 한 마음이 아니다. 확고한 결정을 내리는 것의 어려움은 역사 연구의 풍요로움이지 그 한계는 아니라고 생각해야 한다. —지은이

끊임없이 변화하는 과거

하는 것이다. 역사의 질과 타당성에 대한 평가는 다를 것이다. 때로는 크게 다를 것이다. 어떤 구체적인 연구에 대한 합의가 이루어지더라도, 그에 대한 반대 의견을 어떻게 수용해야 하는가?

이런 정도의 복잡함은 충분하지 않다는 듯이, 기억의 과학과 철학 및 언어, 역사 탐구의 논리에 대한 이해는 지난 세기 크게 발전했다. 논리학자, 철학자, 과학자, 지식 이론가들 자신은 현실, 확실성, 진실에 대해 하나의 관점을 가지지 않았기 때문에, 20세기 사상가들에게 어떤 사고 영역에 타당한 객관적인 사실의 주장이 존재하거나 언제든 존재할 수 있는지에 대해 광범한 영향력을 가진 의구심이 싹텄다. 결과적으로 그런 복잡성과 의견 차이가 존재한다면, 역사를 쓰고 평가하는 사람들이 수정주의적이라고 말하건 아니건 간에, 우리는 역사로 제공되는 것의 권위, 신뢰성, 정확성을 무엇을 근거로 부여할 수 있는가? 만약 모든 역사가 어느 정도 불완전하고, 관점이 들어가 있고, 잠정적이고, 역사가의 기질과 상황에 영향을 받는다면, 어떤 역사가 진실되고, 정확하고, 신뢰할 수 있다고 어떻게 여길 수 있을까?

설상가상으로 문제를 훨씬 복잡하게 만드는 것은 그 밖의 모든 것과 마찬가지로 이런 질문들과 그 뒤에 숨겨진 가정들이 그 자체의 과거를 가지고 있다는 점이다. 객관성의 이념과 이를 반대하는 관점이 점차 증가하는 것은 역사적 시간 안에서는 하나의 혁신이다. 다른 모든 것들과 마찬가지로, 두 가지 모두 뚜렷한 역사적 상황에서 발생했고, 가혹한 비판의 대상이 됐으며, 알려진 다른 모든 종류의 생각들처럼 원래의 지지자들이 상상하지 못한 용도로 사용됐다. 그러나 그러한 문제제기와 주장 뒤에 깔려 있는 가정들은 필연적으로 객관적이냐 아니냐 하는 매우 철학적인 기초의 포로가 된다. 모든 가정, 우리의 경우는 과거에 대한 모든 표현이 편애, 언어, 문화의 반영이라고 한다면, 어떤 근거로 '진실'과 '객관성'이 있다는 자신감을 가질 수 있으며, 심지어 진실과 객관성에 대한 진술을 할 수 있는가? 따라서 모든 역사 해석, 이 경우에는 수정주의 역사를 이해하려는 노력과 마찬가지로, 내 자신의 견해는 내가 쓴 모든 것 자체가 잠정적일 뿐이라는 사실과 대립할 수밖에 없다. 그렇다면 이 책의 독자들이 어떤 정신으로, 그리고 어떤 태도로 역사적 지식의 깊은 난제, 특히 변화하는 과거에 대한 관점의 이해와 관련된 문제에 맞설 수 있는가 하는 의문이 즉시 떠오른다. 이 질문으로 나는 결론을 대체한다. 이 질문에 대한 대답은 또한 21세기에 살아가고 활동하는 역사가들의 신조와 같은 어떤 것이라고 할 수 있다.

객관적 역사의 한계

과거에 대한 객관적 지식이라는 목표에 접근하는 것조차 가능한지 고려하려면 언제나 무엇보다도 일어난 것으로서의 역사와 서술된 것으로서의 역사 사이의 좁힐 수 없는 거리라는 외면할 수 없는 사실에 기초해야 한다. 역사가 데이비드 로웬탈David Lowenthal이 시간상으로 우리보다 뒤떨어진 '다른 나라'의 실체를 다시 파악하는 것이 어렵다고 한 지적에서 알 수 있듯이, "어떠한 설명도 과거를 있었던 그대로 복원할 수는 없다. 과거는 설명이 아니기 때문이다. 그것은 일련의 사건

끊임없이 변화하는 과거

과 상황이다". 즉, 당신이 말이나 사진, 영화, 그림 속에 과거를 담아 내려고 하더라도, 당신은 증거, 기억, 또는 이를 이미지화한 사후 해석만을 담을 수 있을 뿐이다. 과거, 즉 하나의 사실은 사건 그 자체이다. 자연과 마찬가지로 그런 과거는 관심의 대상이 아니다. 그것은 단지 일어날 뿐이다. 이와는 대조적으로, 역사 서술은 목적적이다. 과거에 대한 책과 기념물 및 기념비는 그것을 쓰고, 만들고, 세운 사람들의 산물일 뿐 아니라 사고와 의도의 결과, 즉 그 책과 기념물을 만든 시대의 유물이다. 그것은 모든 시대의 유물은 아니며, 모든 사람의 유물도 아니다.

로웬탈은 이어서 "과거는 더 이상 존재하지 않으므로, 어떤 설명도 과거와 대조하여 확인할 수 없을 뿐만 아니라 과거에 대한 다른 설명과 대조하여 확인할 수 없다. (…) 역사가는 심지어 일어난 일의 전체 res gestae에서 선택하지 않고, 일어난 일에 대한 다른 설명 historia rerum gestarum에서 선택한다. 이 점에서 이른바 1차 사료가 그것에서 파생된 연대기보다 실제에 더 가까이 다가가는 것이 아니다"라고 말한다. 즉, 사건은 보고, 경험하고, 믿고, 해석하는 것과는 결코 무관하지 않다. 내가 이하에서 밝히듯이 신경과학자와 심리학자들은 단지 지각되지 않았거나 지각되더라도 때로는 잘못 지각됐다는 이유만으로 과거의 많은 부분이 상실됐음을 발견했다는 것을 보여줌으로써 로웬탈의 주장을 뒷받침한다. 게다가 어떤 한 사건의 완전하고 뚜렷한 요소들은, 그 요소들이 수적으로는 무한하지 않을지라도 아마도 인간이 식별하거나 셀 수 없을 것이다. 그리고 새로운 요소와 측면들이 발견되면 매번, 그 사건 자체는 그에 대한 인간의 사고 안에서 변화한다. 그 사건을 이해하려는 모든 노력의 주관성과 맥락성은 완전하고 합의된 해석적으로 반론의 여지가 없는 설명을 불가능하게 만든다. 드문 경우이긴 하지만, 사건의 모든 요소가 완전히 확인되고 기록되더라도 그러한 요소들이 무엇을 의미하는지 만장일치로 합의할 가능성은 낮다. 이러한 현실로부터 모든 역사적 사고에는 수정주의의 가능성이 내재되어 있다. 과거에 무엇이 일어났는지에 대한 우리의 설명은 그런 과거 사건 자체에 달려 있는 만큼이나 시간, 문화, 사회, 그리고 사고에 달려 있다. 즉, 완전하지는 않더라도 타당성 있는 과거에 대한 해석을 제시하는 역사가의 맥락에 달려 있다. 모든 역사 해석은 과거의 한 부분에 대한 일시적인 공동체의 동의, 즉 사건과 그에 대한 해석 간의 상호 교환의 결과이다.

로웬탈의 자명한 명제들은 또한 역사적 학문을 과학적 실험과 명확히 구분하는 암묵적인 결과를 수반한다. 과거의 어떤 것도 복제할 수 없다. 우리에게는 과거 사건에 대한 보고서와 사후에 소급한 근사치, 그리고 사건에 대한 해석만이 남아 있다. 아무리 숙련되고 정확하더라도 어떤 재연도 그것을 되살릴 수는 없다. 더욱이 어떤 사건이라도 너무 복잡하고, 가장 덜 중요한 행위와 사건에 좌우되는 경우가 많고, 기록되지 않은 행위와 사건에 좌우될 가능성이 높기 때문에 어떤 사건의 그 부분을 설명이나 재연에서 생략하는 것이 사건 자체에 깊은 영향을 미치는 것과 마찬가지로 두 가지 모두를 급속히 변화시킬 수도 있다. 이 현실에 새로 발견된 증거로 다른 증거가 부분적이거나 부정확하다는 것을 입증할 수 있는 때를 제외하면, 외면할 수 없는 사실 이상의 역사 명제(예를 들면 "2차 세계대전은 뉴딜정책을 구원했다")는 보통 오류라고 할 수 없다는 사실이 추가되어야 한다. 잠재적 오류 가능성은 대부분의 과학자들이 자신의 연구에 기본이라고 생각하는 과학적 탐구의 한 요소일 뿐이다. 이와 대조적으로 역사적 주장은 그런 주장으로만 제시될 수 있고, 오류라고 결정적으로 입증되거나 또는 그 문제에서 의심할 바 없이 타당하다고 입증되는 경우는 거의 없다.

이런 기본적인 현실은 어떤 주제에 대한 지식을 완성하는 것과 똑같이 객관성의 성취에 극복할 수 없는 장해물이 된다. 그러나 대부분의 사람들이 과거에 대해 쓰고 읽을 때 가지고 있는 가정이 18세기 계몽주의에서 시작됐을 때는 이런 장해물이 보이지 않았다. 이런 규범들은 '진리'를 발견할 수 있다는 고대의 믿음만큼 오랫동안 내재되어 있었지만, 계시종교의 주장에 대한 회의주의가 점차 커짐에 따라 근대에 나타났다. 그리고 인문적 성찰과 성서 비판뿐 아니라 과학적 지식의 발전으로 태어났다. 이런 규범들은 베이컨의 경험주의와 존 로크나 존 스튜어트 밀 같은 사람들이 옹호하는 추론에 대한 접근법에 의해 뒷받침됐다. 가설에 속박을 받지 않는 중립성에 대한 노력은 역사학을 비롯한 모든 비종교적 탐구 영역에서 일반적이 됐으며, 바로 그때 역사학은 지식 학문으로서 궁극적으로 완전한 정체성의 기초를 획득했다. 19세기 중반까지는 비판적 사상의 적용, 종교나 그 밖의 경험적으로 지속될 수 없는 명제에 속박되지 않는 학문적 탐구, 자연과학과 물리학의 명제와 유사한 탐구와 추리 방법과 도구의 사용을 통한 인간의 삶과 자연에 대한 인간 통제의 이해는 모두 인류의 이익으로 확대될 수 있다고 일반적으로 이해됐다. 이러한 가정에는 무한한 인간의 사고, 특히 '과학적' 사고를 통해 발견되고 입증될 수 있는 그런 종류의 지식은 사회적·문화적·역사적 맥락과는 관계가 없기 때문에 어디에서나 명백히 확실하며 타당하다는 자유로운 탐구와 대범한 이해에 대한 믿음이 깔려 있다. 이러한 견해는 서양에서 가장 깊고 널리 받아들여졌지만, 서양적인 견해로 간주되는 경우는 거의 없었다. 만약 그것들이 파리에서 효용을 보여주거나 받아들여진다면, 리야드와 도쿄에서도 유용하고 받아들여질 수 있다고, 즉 보편적으로 타당하고 보편적으로 적용될 수 있다고 많은 역사가들은 생각했다.

객관적 지식을 발달시킬 수 있다는 의기양양한 자신감에 사로잡혀, 역사 이해 및 역사 연구 방법의 발달에 대한 탐색은 근래 생겨난 다른 인문학이나 사회과학의 규범 및 방법과 보조를 같이 했다. 기록 문서의 이용과 평가, 동료 역사가의 비판, 공개적으로 활용할 수 있는 동료 심사, 책과 학술지 간행 등이 여기에 해당한다.* 대략 150년 동안 이 원칙들은 역사적 진실, 즉 '실제로' 또는 '본질적으로' 일어난 그대로의 과거를 완전히 얻지는 못할지라도 그에 접근할 수 있다는 확신을 널리 퍼뜨렸다. 합의된 똑같은 방법을 함께 사용하고, 연구를 하고, 같은 비판적 기능을 적용함으로써 역사가들은 책이나 기사마다 과거에 무엇이 일어났고 왜 그렇게 일어났는가에 대해 점근적漸近的으로 접근할 수 있다. 그러한 의견 일치는 역사가들이 사용하는 방

---

* 역사가들은 실험을 하거나 확인 또는 반증을 위해 실험 결과를 반복하려고 시도할 수 없기 때문에 역사는 과학이 될 수 없다는 주장이 동의를 받았다. 그러나 이 사실은 역사와 다른 인문학을 프랑스 용어로 'les sciences humaines', 즉 인문과학이라는 이름을 가지는 것을 막지 못한다. 그러나 어느 누구도 복수명사에 의해 잘못된 길로 빠져서는 안 된다. 그것은 지식의 영역, 이 경우에는 인간 존재에 대한 지식을 의미한다. 역사는 지식의 한 영역과 같은 '과학' 안에 들어간다고 하는 편이 잘 어울린다. — 지은이

끊임없이 변화하는 과거

법이 온당하다는 확고한 믿음만큼이나 객관적 지식은 결국 획득할 수 있다는 동의에 기반을 두었다. 결과적으로, 20세기 후반까지 역사가들이 연구했던 기반은 심각한 도전을 넘어서는 것처럼 보였다. 따라서 이런 기반은 모든 열성적인 역사가들을 훈련시키는 프로토콜을 세우는 토대가 됐다. 사람들은 자신이 과거에 대한 신뢰성 있는 지식의 점진적·집단적 창조에 기여하고 있다는 깊은 믿음을 가지고 궁극적인 객관성에 대한 이 변치 않는 믿음의 시대에 한 사람의 역사가가 됐다. 이는 찰스 비어드의 말로 하면 모든 역사가를 지탱시키는 '고귀한 꿈noble dream'이었다.

그것은 '객관적' 역사 지식에 도달할 수 있다는 가능성에 대한 믿음이 같은 19세기 중엽 수십 년간에 자연과학과 물리학에서 유사한 이념의 출현으로 유지되는 데 해가 되지 않았다. 의학을 포함한 과학은 귀납적 추론과 연역적 실험을 통해 점점 더 크고 인상적인 지식들을 구축했다. 이 모든 것은 역사적 지식과는 달리 반복과 실제 적용을 통해 결정적으로 입증되어 받아들여졌다. 자연을 확실히 아는 것은 손에 잡히는 듯했다. 역사가인 로레인 대스턴Lorraine Daston과 피터 갤리슨Peter Galison이 썼듯이, 과학자들은 알 수 있는 자연세계와 알고 있는 과학자는 별개의 존재라고 확신하는 데카르트 이원론에 자신의 몸을 맡겼다. 그들은 "아는 사람의 흔적이 없는, 즉 편견이나 기능, 공상, 판단, 소망, 노력 등의 표시가 없는" 지식 창조의 가능성을 믿게 됐다. 이는 역사가들 사이에서 그렇듯이, 과학적 분야의 연구 규범뿐 아니라 실천에 깊이 영향을 주는 열망이었다. 20세기 초 수십 년에 이르면 과학은 또한 철학적 사상의 지지를 얻었다. 헤겔 형이상학에 대항하여, 많은 철학자들은 자신을 '논리 실증주의자'로 내세우고 버트런드 러셀과 앨버트 아인슈타인처럼 다른 사상가들에게 영향을 받아, 형식 논리, 수학적 추론, 그리고 과학적 지식 진보의 기초로서 언어의 명확화를 강조하는 쪽으로 끌려들어갔다.

그러나 피터 노빅Peter Novick이 역사적 객관성의 이념에 대한 그의 능란한 설명이 담긴 《그 숭고한 꿈》에서 분명히 밝혔듯이, 객관성의 이념은 자신의 추종자들을 다른 생각하는 사람들과 차단된 사이비 종교 신자로 만들지는 않았다. 이상에 대한 비판, 때로는 그에 대한 가혹한 공격은 과학에 대한 믿음이 쌓이고 있던 바로 그 19세기로 거슬러 올라간다. 항상 존재하는 의심하는 자들로부터 그들의 측면을 방어하면서, 자신의 진로를 객관성의 설정으로 확고히 정한 역사가들조차도 보통은 스스로 자신들의 주장이 절대적이라고 말하지는 않았다. 결과적으로 1900년 이후 연구를 직업으로 하는 역사가들의 수가 점점 늘어나면서 일반적으로 자신이 한 연구결과의 타당성, 자신들의 주장의 온당성, 이에 따른 해석적 합의의 안정성을 높이 신뢰하는 시대가 왔다.

그런 자신감은 오래가지 못했다. 20세기의 초반부에 이르면, 그들의 꿈과 자세는 새로운 법학자, 철학자, 과학자들로부터 점점 더 큰 압력을 받았다. 이들은 자기 자신을 규칙과 전통 속에 구속시켰으며, 융통성이나 어떤 종류의 상대주의, 또는 현재주의를 허용하지 않았다. 비록 그들이 찰스 샌더스 피어스Charles Sanders Peirce, 윌리엄 제임스William James, 존 듀이, 올리버 웬델 홈즈 주니어Oliver Wendell Holmes, Jr. 같은 사상가들이 보여준 형식적인 사고와 형이상학에 대한 일반적

끊임없이 변화하는 과거

무시에 직접 영향을 받지는 않았을지라도, 역사가들은 더 큰 지식인 사회, 특히 미국에서 작용하고 있는 그런 사상의 일반적 영향을 회피할 수는 없었다.[*] 게다가 검증 가능한 경험적 지식에 중점을 둔 형식주의적 논리 실증주의의 철학적 학파는 에른스트 마흐Ernst Mach, 루돌프 카르나프Rudolf Carnap, 루트비히 비트겐슈타인Ludwig Wittgenstein과 동일시되어 결국 윌리암 V. O. 콰인William V. O. Quine, 칼 포퍼, 그리고 토머스 쿤 등과 같은 이들로부터 가혹한 공격을 받았으며, 이전에는 가장 열렬한 지지자였던 사람들 중 일부도 그 주장을 포기했다. 찰스 비어드의 1913년 저서 《미국 헌법의 경제적 해석》이 첫 번째 사례인 이 20세기의 오랜 '형식주의에 대한 저항'은 객관성의 이념에 확고하게 집착하는 것은 그 자체에도 유리하지 않을 것이라는 사실을 깨달아야 한다고 적어도 역사가에게 경고했다. 그것은 또한 이 책의 주제인 현실을 전면에 내세웠다. 이는 단일한 방식의 역사하기에 대한 믿음을 유지하는 것이 점차 어려워졌으며, 과거에 대한 서로 다른 해석이 역사 연구에서 이제는 지난날보다 더 중요해질 것이라는 현실이었다.

그러나 그것은 무엇보다도 과학에서 제기한 변하지 않는 필연적인

---

[*] '형이상학'은 많은 의미를 가질 수 있다. 형식철학에서 그것은 존재와 현실에 대한 연구를 의미하는데, 그 기원이 늦어도 아리스토텔레스까지 거슬러 올라가는 철학의 한 분야이다. 더 최근에 그 용어는 또한 역사 변화와 진보에 대한 광범한 이론을 언급하게 됐다. 그러므로 논리 실증주의자들이 단지 한 인물의 이름인 헤겔의 이론과 같은 형식논리학 이론과 싸우는 동안, 역사가들은 인류 역사의 작동 방식에 거대 설명을 제시하고 인류 존재의 잡다한 사실을 패턴과 인과적 순서로 배열하려고 한 카를 마르크스, 오스발트 슈펭글러, 아놀드 토인비와 같은 그런 원초 형이상학자에 반대하는 경향이 있나. ― 지은이

지식에 대해서도 거의 유사한 문제였는데, 과학은 점점 더 많은 수의 역사가들에게 그들 자신의 객관성 의존이 토대가 약하다는 것을 암시했다. 가장 놀라운 것은 과학적 탐구가 의심할 여지가 없이 확실하고 안정적인 결론에 도달할 것이라는 19세기의 자신감이 폭발한 후, 과학계에서는 점차 객관성의 목표 자체는 달성할 수 없으며 객관성의 명제는 그 자체로 지지할 수 없다고 여기게 됐다는 사실이다. 비유클리드 기하학과 양자역학의 출현에 더해 아인슈타인의 상대성이론은 과학적 탐구에 서로 다른 여러 논리학과 수학 체계를 채택할 수 있음을 보여주었다. 원자보다 작은 미립자는 관찰 가능한 다른 현상과 같은 반응을 보이지 않았다. 이를 관찰하는 것조차도 그 존재에 대한 기록을 바꾸고, 따라서 그에 대한 이해를 변형시켰다. 자연의 본질은 일관된 설명을 거부하는 것으로 보였다. 세계의 현실에 대한 이해는 그런 현실이 어떻게 보이는가에 따르는 것이므로 하나의 단일한 객관적 방법이 아니라 여러 가지 서로 다른 방법이 있을 수 있다.

결국 달성 가능한 객관성에 대한 믿음은 과학자들에 의해 점차 증명 가능한 달성할 수 있는 목표라기보다는 가치관, 일종의 신념 체계로 이해됐다. 객관성의 규범은 그 역사의 시초에서 과학자들로 하여금 '의지 없는 것을 지향하는 의지라고 묘사할 수 있는 자기 부정적 수동성'을 갈망하게 했다고 대스턴과 갤리슨은 썼다. "능동적 자아가 자연에 대해 원하는 수용성을 얻는 유일한 방법은 그 군림하려는 의지를 내부로 돌리는 것, 즉 자기수양, 자제, 자기희생, 자멸, 자초한 몰아성을 실천하는 것이다." 그러나 20세기 초에 이르면 이미 이 중 많은 부분은 과학 내부로부터 공격을 받고 있었으며, 이런 사실을 역사가들도 모르고 있지는 않았다. '시공간 공동체'와 '4차원'에 대한 사색, 이 중 전자는 관찰하는 방법에 좌우되는 입자나 파동일 수 있다는 닐스 보어Niels Bohr의 상보성의 원리, 베르너 하이젠베르크Werner Heisenberg의 비결정성의 원리는 과학자건 아니건 간에 객관성의 수호자로 하여금 자신들의 믿음을 재검토하게 만들었다. 주관성은 이제 지울 수 없는 본질적인 객관성의 양면으로 이해됐는데, 객관성은 이제 생리학, 심리학, 역사, 문화, 언어, 종에 기인하는 사고 존재 사이에 번역, 전달, 이론 변화, 그리고 차이를 존속시키는 과학적 지식의 측면'을 의미하는 것으로 환원됐다. 통제된 주관성을 허용하는 훈련된 판단과 합리적 논증, 대스턴과 갤리슨의 말로 하면 '아는 자아self who knows'는 이제 과학에 필요한 고전적 방법인 통계적·기계적·수학적·실험적 방법에 어울리는 과학적 발전의 열쇠로 여겨졌다. 그럼에도 객관성의 주장이 편견이나 말로는 왜곡되지 않는다는 숫자와 실험결과에 대한 과신을 가장하는 것으로 보일 수 있었지만, 과학적 주장과 판단이 '정신적 과정의 개인차'를 통제할 수 있으며, 그래서 또한 과학의 성과는 아노미적인 과학적 자아의 성취보다는 집단적 이해의 성취였다고 인식됐다.

역사적 사고 및 인문학과 사회과학의 역사 인접 학문에서 유사한 긴장관계를 거의 동시에 느끼고 있었다. 종종 그 단서를 자연과학과 물리학에서 얻었지만 언제나 그런 것은 아니었다. 역사와 마찬가지로 새로운 개념적 흐름으로 난기류에 직면한 인류학이 이에 해당하는 하나의 사례였다. 처음에는 프란츠 보아즈Franz Boas, 루스 베네딕트Ruth Benedict, 미거릿 미드Margaret Mead가 이끌었고, 나중에는 클리포드 기

어츠Clifford Geertz의 연구에 깊이 영향을 받은 이 학문에서, 전문가들은 단일 인간 문화에 대한 주장, 예술을 창작하고 지식을 소유하는 보편적 방법에 강한 의심을 던지는 방식으로 문화적·인지적 상대주의를 강조하게 됐다. 인간의 생각, 믿음, 지각, 행동의 가변성은 피할 수 없는 것처럼 보이기 시작했다. 가변성은 보편주의, 잠재적 왜곡 가능성, 복제의 과학적 원리를 인간 경험에도 불구하고 방어할 수 없게 만들었는데, 이는 객관성의 바로 그 이념이 그것을 지도 규범으로 옹호할 수 없게 만든 남성적·백인 중심적·서구적 부담을 잉태했다는 믿음을 나중에 낳을 수도 있는 객관성에 대한 일련의 공격이었다. 이런 현대적·상대적 부식은 대부분의 학문에서 오래 유지되어온 공식적 믿음을 사실상 갉아먹고 있었다. 결과적으로 20세기 중엽에 이르면 그 방법은 객관성을 믿는 초기의 확고한 신뢰에 대한 전면적인 공격에 노출됐다. 사회적·문화적·지적 시스템이 그렇게 광범하게 다를 수 있다면, 어떻게 역사적 과거에 대한 단일하고 심지어 합의된 해석이 유지될 수 있었을까?

입증된 바와 같이, 그럴 리가 없다. 20세기 후반에 이르면, 철학자들이 '해석학'이라고 부르는 해석을 둘러싼 19세기의 철학적 논쟁은 모든 지적 학문에서 격렬한 논쟁의 일반적 문제가 됐다. 19세기 초 독일의 철학자이자 신학자인 프리드리히 슐라이어마허Friedrich Schleiermacher는 이런 토론의 기초를 세우고, 과거를 본질적으로 일어난 그대로 알 수 있다는 레오폴트 폰 랑케의 믿음을 예시했다. 슐라이어마허는 저자가 자신의 저작에서 그 의미를 의도하지 않았거나 그 구체적인 모습을 알지 못하더라도 텍스트의 본질적 의미를 발견할 수

끊임없이 변화하는 과거

있다고 주장했다. 자연과학과 인문과학의 방법론을 구분하는 또 다른 독일 철학자인 빌헬름 딜타이 역시 맥락에서 벗어나서 기본적이고 보편적인 진리를 얻는 데 도달하는 것이 어떻게든 가능하다고 믿었다. 그러나 또 다른 최근의 독일 철학자 한스-게오르크 가다머 Hans-Georg Gadamer는 많은 사상가들로 하여금 인간 이해의 존재론적·맥락적 한계를 받아들이도록 설득시킨 공로를 인정받아야 한다. 그는 대부분 사물의 순수하고 기본적인 의미와 진실을 발견할 수 있다고 생각하는 것은 망상이라고 주장했다. 그러므로 21세기가 열리면서 역사주의는 모든 것의 맥락을 고려할 필요성의 수용으로부터 과거를 이해하려는 모든 시도는 그 자체가 맥락상 상대적이라는 이제는 널리 수용된 광범한 믿음으로 나아갔다. 초연한 태도로 과거를 대할 수는 없다. 즉, 우리는 인간으로서 그리고 인간의 삶과 역사를 전문적으로 해석하는 사람으로서 우리 자신에게서 자유로울 수 없다. 그러므로 모든 것은 과거와 현재, 역사가와 그들이 연구하는 과거 사이의 대화이다. 어떤 것도 확정적으로 결정될 수 없다. 현장을 완전히 파악할 수 없지만, 그리고 그에 대한 격렬한 공격에도 불구하고, 이런 일련의 해석학적 확신은 모든 역사가가 오늘날 활동하는 맥락이다.

게다가 역사가들이 자신의 기술을 실행하는 사회와 문화는 지난 반세기 동안 크게 변화했다. 사고자들 사이에서, 그리고 학계에서 오랜 위계는 무너졌다. 백인과 서양인들은 더 이상 그 지위를 독점하지 않는다. 역사가가 던지는 질문과 그들이 채택하는 접근법에 역사학의 국제화를 단순히 더하기만 하는 것은 역사학과 역사적 사고의 전문적·이데올로기적·도덕적 복잡성을 증가시킨다. 이제 보어의 상보성

원리는 입자와 파동뿐 아니라 일반적 생각과 담론에도 적용될 수 있다고 인식됐다. 유리한 입장에서 관찰을 하면 차이가 나타난다. 역설적으로 바로 이 관점을 채택하는 것이 백인 남성에 맞서 처음으로 제기된 비난이었을지라도, 사람은 자신의 성性, 부족, 민족, 국가의 관점에서 과거를 봄으로써 그에 대해 학습할 수 있다는 관점은 결과적으로 새로운 힘과 타당성을 얻게 됐다. 그러나 만약 강렬한 개인적 관심사에 집중하는 것이 과거에 대한 우리의 지식을 크게 심화시켰다면, 이는 또한 과거에 대한 우리의 지식을 좁히는 역설적 효과를 가져왔다. 역사가는 이제 그들의 근본적 가정 중 하나를 포기하지 않도록 지켜야 한다. 즉, 역사 지식은 가까이서 사물을 연구하는 것만큼 낯선 시대에 낯선 문화의 낯선 사람들에게 상상력을 확장함으로써 발전한다는 것이다. 성공적으로 그런 가정을 유지할 때, 많은 사람들이 그랬던 것처럼 역사가들은 자신의 상황에서 나오는 질문을 던짐으로써 그들이 얻은 과거에 대한 지식이 탈맥락적이고 객관적이고자 하는 시도를 통해 획득한 지식과 동일한 가치가 있다는 확신을 조심스럽게 할 수 있다.

이 모든 것은 공정하고 사심 없이 서술한 역사의 가치가 우월하다고 믿는 것이 성취할 수 있는 목표라기보다는 유용한 허구임이 두 세기의 과정을 통해 입증됐음을 말해준다. 노빅의 말에 따르면, 역사는 '역사적 진실의 단일하고 통합된 체계를 향해' 움직일 수 없음을 보여주었다. 그런 현실, 즉 역사 지식의 근절할 수 없는 상대론은 역사가 칼 L. 베커의 유명한 에세이 제목인 〈모든 사람은 그 자신의 역사가〉에서 가장 잘 포착된다. 그 시대의 성격상 태연히 'His'라는 한

쪽 성에 국한된 표현이기는 하지만, 베커가 이 제목을 붙인 것은 역사는 "우리 각자, 즉 미스터 에브리맨Mr, Everyman이 개인적 경험으로부터 만들고, 실제적이거나 감정적 요구에 따라 조정하며, 자신의 심미적 취향에 적합할 뿐 아니라 이를 장식하는 상상적 창조, 즉 개인의 소유물"임을 보여준다는 것을 의미했다. 전문 역사가들의 글에서, 그는 계속해서 다음과 같이 말했다. "역사는 외적인 물질세계의 일부가 아니라 사라진 사건의 상상적 재구성이기 때문에, 그것의 형식과 실체는 분리될 수 없다. 문학 담론의 영역에서 하나의 아이디어인 실체는 형식이고, 아이디어를 전달하는 형식은 실체이다. 그러므로 말하는 것은 구별되지 않는 사실이 아니라 역사가의 지각하는 마음이다. 사실이 전달하는 특별한 의미는 실체-형식으로부터 나온다. 이는 지각할 수 없는 일련의 사건을 상상적으로 재창조하기 위해 역사가가 채택하는 것이다." 여기에서 베커는 1931년에 20세기 말까지는 역사가의 일반적인 입장이 된 역사 해석에 대한 상대주의적 접근을 제시했다.

베커의 정신에 따르면 객관적 지식의 탐구는 이제 과거를 깊이 이해할 수 있는 유일한 방법이라기보다는 인문학과 사회과학적 이해를 발전시키는 많은 방법 중 하나일 뿐이라고 할 수 있다. 객관성은 더 이상 진리, 확실함, 정확성과 동의어로 취급되지 않는다. 객관성은 더 이상 인식론적 실재로서 그 분야를 지휘하지 않는다. 결과적으로 자기보다 앞선 역사가들로부터 이전에 객관성의 '고귀한 꿈'을 받아들인 역사가들 중 다수는 베커의 사고방식대로 하면 어떤 근본적 방식에서는 모든 사람이 그/그녀 자신의 역사가일 수 있으며 어쩌면도 역사가일 것이라는 이제는 냉철한 사실을 받아들인다. 적어도 전문적 역사학계 내에서 역사가들은 줄곧 입증 가능성, 개방적 평가, 새로운 증거의 이전 프레임워크framework로의 통합 또는 경우에 따라서는 완전히 새로운 프레임워크로의 통합 등 존중할 만한 규범에 내내 종속되어 있다. 과학과 마찬가지로 역사적 과거에 대한 탐구는 이제는 객관성의 엄격한 기준에 반하는 개인적인 역사 연구를 평가하지 않고 일반적인 집단적 업무로 진행된다. 그 기준은 그럴듯함이라는 애매한 개념으로 대체됐는데, 그 성격은 합리적이고 수용가능하고 신뢰할 수 있고 현존하는 증거에 부합할 뿐 아니라 가능성의 범위 안에 있다는 것이다.

객관성의 이념이라는 매우 철학적인 신조, 즉 17세기 이래 오랫동안 사상의 기초가 되던 신조가 이제는 더 이상 유지될 수 없다는 이런 점증하는 확신 중 다수는 '포스트모더니즘'(또는 때로는 '구조'언어학과 '구조'인류학의 초기 학파와 대비되는 '포스트구조주의')이라는 용어 아래로 이동했다. 이는 실제로 지식, 언어, 지각의 본질에 대한 일련의 새로운 이론적 주장이었다. '포스트모던'이라는 용어는 이를 적용한 현상을 동의된 방법, 사실성, 객관성, 진보, 입증가능하고 어쩌면 보편적인 확실성이라는 이전 '모던적' 원리의 가정으로부터 구분하고자 한다. 포스트모던적 사고의 기본은 그것이 확고하게 자리잡은 곳이면 어디에서건 간에 인간은 매개되지 않은 채 실재에 접근할 수 없으며, 그 대신 경험하고 아는 것은 인간의 지각, 언어, 문화를 통해 사회적으로 '구성되고', '발명되고', '상상된' 것이라는 믿음이다. 우리가 생각하고 있는 것, 특히 우리가 지각하고 경험하는 것은 그것이 우리 마

끊임없이 변화하는 과거

음속에 머물기 전에 통과해야 하거나 이를 표현하는 수단인 언어적·문화적 필터와 무관하게 존재하지 않는다. 어떤 분명한 지식도 존재하지 않고, 박탈할 수 없는 의미를 가지는 어떤 언어도 존재하지 않는다. 실제로는 '나'도 존재하지 않고, 주제도 존재하지 않는다. 이런 '언어로의 전환'이라는 전제에 따르면, 모든 것은 '담론'이고 정치이며, 선호하는 것을 둘러싼 끝없는 경쟁이며, 말로 행사하는 권력이다. 그 밖의 모든 것과 마찬가지로 이런 단어들은 고정적이고 안정적인 의미를 가지고 있지 않기 때문에, 사용하는 의미와 말할 때 담겨 있는 의도를 둘러싼 저자의 권위를 더 이상 존중하거나 우선권을 부여할 수 없다는 의미에서 단어의 '저자'도 '죽었다'. 모든 이해는 텍스트에 내재되어 있다기보다는 텍스트 내용과의 독특하고 개별적인 만남에서 비롯되는 자기 성찰적 의미이다.

포스트모더니즘 사상의 이러한 신조는 과학적일 뿐 아니라 인간적인 합리성은 인간의 경험을 종교와 관습의 속박에서 자유롭게 할 수 있으며 자유사상을 가진 개인을 자유롭게 하여 공정한 지식을 발전시키고 세상의 삶을 향상시킬 수 있다는 근대적 신념의 기본 공리에 도전했다. 그들은 진보에 대한 근대적 믿음, 우리 자신 너머 '외부의 거기'에 존재하는 알 수 있는 실재, 과학적 탐구의 의심할 여지가 없는 가치, 안정적이고 자율적인 인간 자아의 존재에 의문을 제기했다. 사실상 1000년 동안 인간사회가 처신하고 이해해왔던 모든 확실성에 도전했다. 많은 포스트모던 이론가들은 역사적 의미를 비롯한 모든 영구적인 의미에 의구심을 가진다. 그리고 의의에 대한 모든 주장과 그에 따른 모든 해석은 교묘하게 묻혀 있는 은폐된 주장을 감추기 위한 것에 지나지 않는다고 믿는다. 포스트모던론자들의 생각에는 모든 의미는 개인과 공동체 각자에게 고유한 것이므로, 말하자면 하나의 역사적 사건이나 이를 기록한 문서에 대한 어떤 명확한 해석의 권위에 의문을 가지게 된다. 단어나 문서에 어떤 하나의 의미도 부여되지 않으면, 역사가는 기록의 발굴에 전념하는 것을 떨쳐버릴 수 있다. 의미의 안정성에 대한 자부심과 과거에 대한 모든 해석이 모든 다른 사람들에게는 타당성과 견고성에서 마찬가지라고 생각할 수 있기 때문이다. 이는 가장 근본적으로는 과거를 알 수 없다는 것을 의미할 수 있다.

역사가 기본적으로 경험적 연구에 기초한 지식의 추구라는 믿음에 대해 역사가 사회 내부에서조차도 의문이 제기됐다. 역사가인 헤이든 V. 화이트Hayden V. White는 매우 영향력 있는 두 권의 책인 1973년 작 《메타역사: 19세기 유럽의 역사적 상상력》과 이를 이은 1987년 작 《형식의 내용: 내러티브 담론과 역사적 재현》에서, 역사를 경험적으로 탐구하는 학문보다는 예술로 보아 문학의 영역 속에 위치시키면서, 그 이유를 역사의 강점이 내러티브적 성격에 있기 때문이라고 했다. 역사가는 과거 그 자체가 아니라 이야기를 창조하며, 그 이야기는 비극, 희극, 로망스, 풍자라는 전형적인 내러티브 장르에서 나오는 형식을 취하고 있다고 화이트는 주장했다. 즉, 내용은 이를 표현하는 형식에 주의를 기울이지 않고는 이해할 수 없다는 것이다. 역사는 적어도 부분적으로는 언제나 시작과 끝을 가진 내러티브이기 때문에, 이런 전형적인 장르에 역사를 '채용하는 것'은 객관성에 가까운 어떤 것의 성취를 불가능하게 만드는 것으로 보아야 한다. 실제로는 역사의 의미가 사실성의 주장이 아니라 그것의 내러티브 형식과 언어에서 나온다고 화이트는 주장했다. 어떤 역사적 주제를 이해하는 단일한 해석적 방법을 달성할 가능성에 대한 자신감이 이렇게 무너진 결과, 일종의 안정적인 역사 해석 다원주의가 그 자리에 등장했다. 반세기 전에 처음으로 막 나타나기 시작했던 많은 해석적 도식과 주제들이 이제는 그 안에서 확고히 자리 잡았다. 물론 일부 해석들은 시간이 흘러도 여전히 안정적으로 남아 있다. 그러나 역사 해석의 영원한 항상성恒常性, homeostasis이나 그에 대한 믿음은 더 이상 존재하지 않는다. 익숙해진 역사적 견해는 이제는 불가피하게 뉴턴의 열역학 제1법칙하에서 물리적 물체와 동일한 체제 속에 편입된다. 그것은 외부 힘에 영향을 받을 때까지는 움직이지 않은 채 머문다.

객관적 역사의 가능성

역사가의 기술과 관련된 철학적·이론적 문제들은 객관적 역사라는 존중할 만한 꿈에 대한 도전을 고갈시키지 않는다. 역사적 객관성의 문제는 최근 수십 년간 인간 지각과 기억에 대한 과학적 이해 발달 및 신경과학, 인지심리학, 임상의학으로부터 획득한 인간 두뇌에 대한 새로운 지식을 통해서 훨씬 더 복잡하게 됐다. 신속하고 날카롭고 많은 수의 이런 과학적 발전은 또한 역사 해석의 증거를 구성하는 기초에 대한 의문을 불러일으켰기 때문에, 그것은 역사적 객관성의 문제와 관련이 있다. 이 발전은 그것이 없었다면 척종적이었을 피터 노빅 Peter Novick의 《그 고귀한 꿈》에 실질적으로 덧붙이기에 충분할 만한 것이었다.

이처럼 점점 늘어나는 과학적 연구의 대중적 보고로부터 기억은 심각하게 훼손된 역사 이해의 원천이며, 기억을 쓰고 말한 주장을 기반으로 한 해석은 결국 역사가들의 증거에 대한 통상적인 의심보다 더 강한 의심을 가지고 그 자체로 평가해야 한다는 결론을 내리기는 쉽다. 기억에 대해 대중에게 보고된 것 중 다수는 언론을 뒤덮는 외상 후 스트레스 장애, 다중 인격 주장, 목격자 보고와 관련된 문제뿐 아니라 기억상실과 여러 형태의 치매를 앓는 노령인구의 증가에서 오는 두려움으로부터 생겨난다. 골칫거리를 발견한 자신들의 보고서에 대한 대중의 이해할 수 있는 관심의 결과로, 기억을 하나의 문제로 보고, 일어난 일에 대한 역사 기록의 기본적 요소 중 하나의 진실성과 신뢰성, 클로즈업된 해석, 사후 기억을 점점 더 의심하기 쉽게 된다. 그러한 설명이 일반적으로 명백히 신뢰할 수 없고 합리적 의심에 심각하게 노정되어 있어 보인다면, 이를 기반으로 만든 과거에 대한 해석을 어떻게 기억해야 할까? 기억은 역사적으로 사용하려면 돌이킬 수 없도록 오염되는가? 현재의 기억 과학에 대한 짧은 검토는 그렇지 않음을 시사한다.

그렇다. 기억에 관한 증거 중 다수는 신뢰성에 대한 믿음을 좌절시킨다. 연구에서 밝혀졌듯이, 뇌는 어떤 경험에 대한 아직 충분히 이해되지 않은 생화학적·생물물리학적 인코딩 속에 어떤 사건의 기록을 저장한다. 코딩, 즉 '기억심상 engram'은 기억의 원천으로 신뢰할 만한 내구성을 가지고 있지만, 그것의 완전성은 개인의 연속적 경험에 영향을 받는다. 뇌에 인코딩된 새로운 기억심상은 인코딩 이후 일어난 것에 의해 손상되지 않은 초기 기억을 소환할 수 있는 개인의 능력을 방해한다. 말하자면 존 F. 케네디의 암살 소식이나 세계무역센터가 공격 받았다는 이야기를 들었을 때, 당신이 어디에 있었는지에 대한 강렬한 기억인 '섬광기억flashbulb memories'조차도 그 정서적이고 때로는 트라우마적인 충격 때문에 다른 기억보다 더 오래 지속되기는 할지라도 점차 사라지고 변화한다. 더구나 원래의 기억이 왜곡되는 것은 정상적이다. 기억의 통합과 회수는 원래의 경험과 관련이 없을 수 있는 뇌의 정신적 요소들을 뛰어 넘어 하나가 된다. 뇌의 회로는 어떤 규칙적인 계열이나 순서로 기억을 만들고 전달하지는 않는다.

뇌의 서로 다른 부분들이 경험의 서로 다른 측면들을 인코딩하기 때문에, 기억의 왜곡과 편견, 오류가 자주 일어난다. 역사적 사건과 그에 대한 해석들처럼, 기억은 맥락을 접하게 된다. 그것은 현존하는 신경망 내부의 옛 경험 속에 인코딩되며, 다른 인코딩된 회상 기억을 필요로 하며, 그래서 결코 '깨끗하고', '단선적인' 형태로 저장되지 않는다. 그것은 안정적이고 질서정연한 방식이 아니라 연상 네트워크, 즉 진동하는 타원형 루프 속에 수집된다. 우리가 기억하는 과거의 일반적 측면이 그 과거의 구체적 요소보다 더 정확하다고 할지라도, 가장 일반적인 기억조차도 변형되는 것은 기억의 현실에서 불가피한 측면이다. 그리고 정확한 정보는 의심할 바 없이 기억 내용의 일부이지만, 신경과학자와 심리학자들은 기억이 하나의 관점을 가지고 있으며 개인이 특별한 뇌를 소유하고 있고, 그래서 결과적으로 그들 자신의 특별한 개인적 방법으로 사건을 기억하는 정도에 따라 주관적이라고 믿는다.

게다가 기억은 기억하고자 하는 우리가 노력하는 맥락에 영향을 받는 것과 똑같이, 무언가를 떠올리려는 노력의 목적과 우리가 소환하고자 하는 경험의 뇌 속 연상작용에도 영향을 받는다. 우리는 현재에 의해서만 과거를 기억한다. 그리고 우리가 기억하는 것은 우리가 왜 그렇게 하는지에 강하게 좌우된다. 기억은 그것을 소환하는 단서에만 의존하는 것은 아니다. 그것은 또한 의식을 되찾기 위해 '올바른' 단서를 필요로 한다. 결국 모든 기억은 서로 관련이 있기 때문에, 모든 단서가 기억을 가져오는 것은 아니다. 기억은 뇌 안에 존재하는 신경의 연결에 의존한다. 장기기억 long-term memory 조차도 역시 변한다고 생각되고 있다. 당신이 '같은' 것을 떠올릴 때마다 당신은 다른 방식으로 그것을 떠올린다.

다른 기억과 관련 사건들에 대한 사람들의 이전 해석의 외피 또한 새로운 사건이 일어날 때 그 사건을 전체적으로 보는 데 방해가 될 수 있다. 이런 의미에서 경험은 문인 학자들이 '해석적 공동체'라고 부르는 국가와 종족, 노동과 젠더 집단, 회원 조직과 같은 것을 통해서 걸러진다. 우리는 사물을 보는 우리의 방식이 우리로 하여금 지각하고 기억하게 하는 것을 지각하고 기억한다. 포괄적인 공동체 기반의 세계를 보는 방식이 지각과 기억에 결정적인 것은 아니다. 오히려 결정되고 결말이 내려진 것, 즉 해석되는 것은 규범, 가정, 신념의 맥락 안에서 부호화되고 상기된다.

우리는 또한 심리학자들이 확인하고 부여한 상이한 중요성의 순서에 따라 기억이 서로 다른 범주로 분류된다는 것을 이제 안다. 한 가지 범주는 작업 범주, 즉 장기간의 회상에 개방되고 추론과 이해, 학습과 같은 복잡한 과제에 비판적인 기억이다. 작업기억working memory 은 단기기억short-term memory과는 다르다. 단기기억은 그 용어가 시사하듯이 짧은 기간 동안 유지되는 작은 양의 자료를 의미한다. 과학자들은 또한 명시적 기억과 암시적 기억을 구분한다. 명시적 기억은 의도적인 회상을 뒷받침하고, 암시적 기억은 행동과 수행을 통해 무의식적으로 그 자체에 전념한다. 또 다른 종류의 한 쌍의 기억은 자서전적 기억autobiographical memories(일화적 기억episodic memories)과 데이터 기억data memories(의미 기억semantic memories)으로 나뉜다. 자서전적 기억은 시간과 공간의 맥락 내에서 적절하며, 따라서 많은 다른 기억보다 소환하기 더 쉽다. 연대나 이름과 같은 데이터 기억은 개인적 경험과 관련성이 적고, 친밀한 경험과 더 멀리 떨어져 있다. 따라서 떠올리기 더 어렵다. 과거에 대한 자료로 진술된 기억을 활용하는 어떤 역사가들도 일생에 걸친 그 명확성이 가지는 다양한 강점을 인식해야 한다. 예를 들어 40살 이상의 사람들은 15세부터 30세 사이에 겪은 일의 자서전적 기억을 떠올리는 경향이 있는데, 신경과학자들은 이를 '회고절정reminiscence bump'이라고 부른다. 그리고 사람들은 순서(예를 들면 2차 세계대전에서 프랑스가 침공 받은 것이 독일의 최종적인 패배보다 앞선다는 것)를 꽤 정확히 기억하고 사건을 그 맥락 속에 집어넣지만(예를 들어 발지전투는 1940년대 어느 시기에 일어났다는 것), 때로는 정확한 연대를 기억하려고 해도 실패한다. 특히 그런 연대가 시간이 지날수록 그렇다.

사람들의 기대, 의도, 태도, 지식 또한 기억에 영향을 준다. 이런 현실은 신경과학자들이 말하는 '프라이밍priming', 즉 기억하고 저장하려는 의도에 따라 마음이 기울어지는 것에 기반한 특정 방식으로 그 특징 중 일부를 못 본 채하는 경향뿐 아니라 사건의 기억을 회상하려는 성향에 좌우된다. 기억은 또한 어떤 것이 회상에 선행하느냐에 달려 있다. 주의력은 경험된 것과 관련이 있다. 저장의 오류는 약간의 부주의, 즉 경험했지만 받아들이지 않았을 수도 있는 것을 일부 기록하지 않음으로써 가장 자주 발생한다. 우리 각자에게 일어나는 일 중 많은 것은 인식되지 않고 코드화되지 않은 채 각인이나 기억 없이 지나간다. 이런 사실에 대한 고전적이고 이제는 널리 알려진 증명은 1999년 크리스토퍼 F. 샤브리스Christopher F. Chabris와 대니얼 사이먼스Daniel Simons가 실험했던 사람들의 선택적 지각selective perception 테스트이다. 여섯 명으로 구성된 집단의 사람들이 서로 간에 공을 던지는 장면이 담긴 짧은 영상을 관객에게 보여주었을 때 영상의 주제나 내용을 미리 알지 못한 영화 관객의 절반이 공을 주고받는 사람들 사이를 걸어 다닌 고릴라 복장을 한 여성을 보지 못했다는 것을 심리학자들은 발견했다. 관객들이 그것을 볼 준비가 되어 있지 않았기 때문이었다.* 심리학자들이 '무주의 맹시inattentional blindness'라고 부르는 것에 대한 이런 연구로부터, 세심한 역사가는 과거 중 많은 부분을 우리는 기억하지 못할 것이라고 결론지을 것이다. 문서나 유물 같은 그 증거가 부족하거나 손상됐기 때문이 아니라 그것을 기록하는 데 참여한 사람들이 실제로는 충분히 증언하지 않았기 때문이다.

---

* 나도 한때 그 영화를 보게 된 약 250명의 준비가 되지 않은 사람 중 한 명이었다. 마무리 부분에서 우리는 무엇을 보았는지 질문을 받았다. 겨우 두 명의 관객만이 고릴라 복장을 한 불법침입자를 알아챘으므로, 샤브리스와 사이먼스가 측정한 50%가 아니었다. 나는 그 두 명 중의 한 사람은 아니었다. — 지은이

끊임없이 변화하는 과거

관련 문제들은 목격자 증거와 얼굴 인식 기억으로 발생한다. 두 가지 모두 법정의 변호사와 마찬가지로 역사가에게는 불완전하고 잠재적으로 결함이 있으며, 기대와 사건 후의 정보, 그리고 인종과 민족, 성, 연령과 같은 개인적 속성, 이데올로기, 흥미, 지각, 성격과 같은 더 일반적 요소에 의해 오염된다고 여겨진다. 많은 사람들은 역사교사들이 자주 사용하는 실천 방식을 떠올리는데, 교사들은 수업 초반에 모의 몸싸움이나 누군가가 갑자기 나타나서 교실 전체를 시끄럽게 뛰어다니는 것 같은 교실수업 이벤트를 벌인다. 그런 다음 학생들에게 보고 들은 것을 기록하게 한다. 그 결과로 제출되는 보고서는 필연적으로 광범하게 다양한 기억을 보여주는데, 이는 주의와 기억의 선택성, 그리고 샤브리스–사이먼스 실험의 결과를 또 다른 관점에서 확인해준다.

이 모든 것은 정보와 기억이 1대 1로 대응하지 않음을 보여준다. 우리가 과거에 경험한 것에 대한 우리 뇌의 기억은 다른 기억 및 사건으로부터 구성되고 재구성되는 것이지, 우리에게 완전하고 우리 마음 외부로부터 불변의 '주어진' 것으로 제공되어 우리 마음에 변하지 않은 상태로 새겨지는 것은 아니다. 하나의 사건은 그것을 어떻게 경험하고, 믿고, 해석하는지와 별개의 것이 아니다. 우리가 우리에게 우연히 일어나는 것으로부터 우리의 삶을 구축하고 역사를 만드는 것처럼, 우리의 뇌는 별개의 구성요소, 기억의 파편으로부터 서서히 그리고 사건별로 우리의 기억을 만든다. 그러므로 어떤 완전한 경험도 우리의 뇌, 우리 뇌 중 어떤 단일 부분에 충분히 인코딩되거나, 하나의 단일하고 영원한 전체로 인코딩되지 않는다. 모든 기억은 재조합된 것이다. 뇌를 신경 라벨이 붙어 있는 선반 시스템으로 생각하는 것은 유용할 수 있다. 지게차가 주문을 받으면 선반에서 상품을 뽑아내는 것과 같이, 그 내용에는 회상의 요청을 통해 접근할 수 있다.

그러나 인간 기억의 많은 복잡성과 결함에도 불구하고, 기억의 한계를 너무 많이 강조하는 것은 현명하지 못하다. 일반적인 인간의 기억력은 매우 많은 것을 수용할 수 있고, 유연하고, 효율적이고, 단단하다. 즉, 확실히 신뢰할 수 있다. 그 분야의 선도적 연구자인 심리학자 대니얼 L. 샥터Daniel L. Schacter의 말에 따르면, 기억의 결함은 "많은 면에서 우리에게 큰 도움이 되는 (…) 기억의 다른 적응적 특징의 부산물"이다. 즉, 기억의 과학적 이해는 역사가에게 자신이 경험한 것에 대한 사람들의 르포를 비롯한 역사 증거를 어떤 다른 종류의 증거 이상으로 더 많이 의심할 것을 요구하지는 않는다. 증거의 타당성에 대해 확고하게 불신하는 것은 항상 현명했음이 입증됐다. 역사가들은 역사 연구가 동텄던 바로 그때부터 증거에 대해 우려했다. 헤로도토스가 여행을 하면서 자신이 들은 것 중 많은 이야기를 의심했던 것을 보라. 그다음으로 투키디데스가 헤로도토스의 이야기 중 많은 내용에 회의적이었던 것을 보라. 그러나 《콘스탄티누스 대제의 기부 증서》에 대한 발라의 탐구 업적이 역사적 증거의 비판적 정밀 조사가 어떤 역사 자료가 가지는 결점을 상쇄할 수 있다고 확신할 수 있는 근거를 마련했음은 두말할 나위도 없다. 역사가는 언제나 역사 기록이 불완전하고 어쩌면 훼손됐을 수도 있다는 점을 인정해야만 한다. 그렇지만 이는 역사의 물리적 증거, 특히 기록과 인공물이 나빠지거나 소실됐기 때문만은 아니다. 과거에 일어난 일 중 보존된 기록은, 필름이나

끊임없이 변화하는 과거

오디오 기록에 의해 보존된 것의 일부일 뿐으로, 그 또한 소실과 변질로부터 살아남은 것임을 역사가들은 안다. 그러나 그런 기록조차도 특별한 지점(모든 각도가 아니라 오른쪽이나 왼쪽, 또는 가까이나 먼 거리)으로부터, 또는 샤브리스-사이먼스 실험이 밝혔듯이 보거나 듣지 못해 일어난 모든 것을 기록하지 못한 참여자에게서 촬영하고 기록했다는 점에서 부분적일 수 있음을 그들은 안다.

다행히도 19세기에 공식적인 역사학의 탄생을 시작으로, 증거의 타당성을 평가하는 비판적 방법이 양적·질적으로 의미 있게 증가함에 따라 역사가들은 증거를 훨씬 더 꼼꼼하고 효율적으로 조사하는 데 점점 더 능숙해졌다. 구술 역사의 실천가들은 특히 인터뷰 대상자들의 기억을 다른 알려진 증거와 비교하여 확인하는 방법을 고안했다. 그래서 사건의 기억을 이야기할 것을 요구받은 사람들이 그에 대해 이야기하고 글로 썼을 때, 그중 일어났을 가능성이 가장 많은 것이 무엇인지 결정하기 위해 인터뷰를 종합하고, 그들의 기억이 얼마나 확실한지 발견하기 위해 사람들을 재인터뷰했다. 그래서 자신들이 다른 사람으로부터 이끌어낸 증거를 역사가로 하여금 무엇이 일어났는지에 대해 접근할 수 있게 하는 많은 종류의 증거 중 하나로 간주하게 했다. 역사를 연구하는 모든 학자들은 다른 증거와 모순되는 증거, 과거에 대한 이전의 해석을 수정하거나 심지어 폐기할 수도 있는 증거들에 언제나 유념한다. 비록 과거의 대부분은 사진과 같은 최종적인 캡처가 가능하지 않다고 하더라도, 역사가들은 가능한 최대한 그럴듯하고 정확한 묘사라고 받아들일 수 있는 어떤 것을 얻기에 노력한다.

기억력에 대한 최근의 지식에 따라 역사가들이 자신들이 기술에 대해 추가로 이해하게 된 것은 남아 있는 기록이나 그 밖의 원자료를 평가하고 그에 따라 이를 사용하는 어떤 역사 주제에 대한 서로 다른 해석이 가지는 상대적 장점을 판단할 때 더 신중해야 할 필요가 있다는 점이다. 기억 연구는 역사적 사건을 바라보는 경쟁적인 관점이 상대적으로 장점을 가지고 있다고 해서 이를 도매금으로 상대주의로 돌리는 편이 좋다는 것을 보장하지는 않는다. 아마도 기억력의 손실이 필연적이라고 해서, 기록되고 구술된 참여자나 구경꾼의 모든 주장을 도매금으로 포기할 필요는 없다. 그리고 과학자나 역사가들 중 어느 쪽도 그렇게 하라고 권유하지 않는다. 역사가들에게 도전은 사람들이 알고 있거나 목격했다고 보고하는 것이 대해 확신을 가질 수 없다는 것이 아니다. 그 도전은 기억에 소환되는 것과 그 사건에 관계된 사람들에 의해 기록되고 보고되는 것의 불가피한 변형과 오해를 능숙하게 평가하는 것이다. 비록 참가자들이 실제로 일어난 일의 일부를 놓치더라도, 과거를 본질적이고 실제 일어난 대로 접근하는 어떤 것을 포착하는 것은 모든 역사가들의 정당한 목표로 남아 있다. 그래서 점차 권위적이 되어가는 기억에 대한 과학적 발견들이 해석적 확실성에 반하는 사례를 강화한 반면, 많은 면에서 이제 알려진 지각과 기억의 예상 밖 변화는 과거에 대해 학습할 수 있는 것이나 기억하는 개인적 삶의 경험에 대한 수용을 복잡하게 만들지만 근본적으로는 약화시키지는 않는다고 할 수 있다. 역사가들이 그렇게 많은 포스트모던 이론의 원리들처럼 과거에 대한 그럴듯한 설명과 이전에 일어난 일과 왜 그렇게 됐는지에 대한 합의에 도달하는 데 증거가 유용함을 부정하는 것은 아니다.

끊임없이 변화하는 과거

역사가의 사명

해석적 확실성과 객관성의 이 많은 장해물에 대해 읽은 후에는, 역사적 사고가 21세기 초 방어할 수 없고 불안정한 이론적 기반 위에 서 있다는 것을 스스로 깨닫고 있는지 여부를 사람들이 궁금해한다는 것이 이해될 수도 있다. 역사 설화 속의 뮤즈인 클리오Clio가 이제는 정당한 지적 추구와 도덕적 예술로서의 기록된 역사가 가지는 존중할 만한 기능에 너무나 많은 장벽을 쌓고 있는 것처럼 보일 수 있다. 이는 과거에 대한 정확한 지식의 탐구가 찰스 비어드의 용어로 말하면 믿음의 행위이지 그 밖의 다른 것이 거의 아니라는 것을 역사가가 그저 인정해야 한다는 것을 암시한다. 그러나 역사가들이 그렇게 하지도 않고 그 밖의 다른 어느 누구가 그럴 것이라는 근거도 존재하지 않지만, 사실 역사 해석의 골치 아픈 세계를 역사가들이 어떻게 볼지는 의문이다. 그리고 과거에 흥미를 가지고 있는 모든 사람이 그것을 어떻게 바라볼까? 어떤 기대감과 자신감으로 그들은 역사가들이 쓴 것의 중요성을 둘러싼 피할 수 없는 논쟁에 접근해야 하는가?

이 점에서 마리아쥬 블랑mariage blanc*과 같은 것이 아닌 백인의 역사, 순수하고, 꾸밈이 없고, 유행을 타지 않고, 예비용이고, 의심할 여지가 없는 사실 이외의 어떤 것에 흔들리지 않고, 서술 맥락과 환경의

---

* 완성이 되지 않은 결혼을 뜻한다. 부부 사이에 성행위를 하지 않는 결혼으로, 남녀의 애정 결합이 아닌 다른 목적으로 하는 정략결혼 또는 위장결혼을 가리킨다. 예컨대 전시(戰時)에 배우자 중 한 명을 보호할 목적으로 하거나, 비자나 시민권 획득과 같은 이익을 위해 하는 결혼이 여기에 해당한다. ─ 옮긴이

영향을 받지 않고, 저자에게서 자유롭게 과거를 제시하는 백인의 역사는 어떤 것도 없다.

그 대신 역사의 완성은 해석을 통해 사람들이 부여하는 의미 속에 존재한다.[*] 해석이 없는 역사적 설명은 단지 연대기일 뿐이다. 실천하는 역사가들에게 이것은 논쟁의 여지가 없으며, 이런 현실은 오늘날 역사 연구에 통합됐기 때문에 학자들은 동일한 사건에 대한 서로 다른 해석의 존재에 잘못된 어떤 점도 찾을 수 없다. 그들은 수정, 관점의 차이, 그리고 경쟁을 불가피한 것으로 받아들인다. 그들은 또한 이런 학술적 현실을 자연스럽게 받아들인다.

'자연스럽게'라는 내 말의 의미는 과거를 이해하려는 것이 일종의 실존적 충동, 의심할 여지없이 어떤 의미에서는 인간의 본성과 엮여 있으며 억제하기 불가능한 욕구라는 것이다. 알려진 인류 역사의 어떤 순간에도, 사람들은 신화를 통해서건 종교를 통해서건, 더 최근에는 세속적인 역사 저작을 통해서건 간에 자신의 존재를 역사적 방식으로 결부시키고 설명하려고 하지 않았다. 우리는 이 모든 이야기들이 정확하거나 긍정적일 것이라고 결코 기대할 수 없으며, 부정확하고 상처를 주는 이야기들이 인간의 기록에서 삭제하거나 이야기하지

---

[*] 1968년 영향력 있는 에세이에서 프랑스 이론가 롤랑 바르트(Roland Barthes)는 '저자의 죽음(the death of the author)'을 선언했다. 이 말의 의미는 독자에 대한 저자 진술의 억압적이고 제국주의적인 지배의 종말과 이와는 대조적으로 저자의 말 속에 들어 있는 저자들이 발견한 것과 그들 스스로 편집한 것을 찾아낼 수 있는 독자의 자유가 도래했음을 선언한 것이었다. 저자들이 이전에는 독자들을 자신의 단단한 통제 아래 두었고, 독자들은 저자가 쓴 것을 자신이 원하는 대로, 자신이 할 수 있는 대로, 자신이 바라는 대로 읽어서는 안 된다고 느끼고, 또 읽을 수 없었다는 이 방정식의 양편의 가정들은 언제나 의심스러웠다. 그것들은 여전히 그렇다. — 지은이

않을 수 있다고 확신할 수도 없다. 그러나 모든 역사적 이야기는 분석과 비판의 대상이 될 수 있으며 이에 따라 수정될 수 있다. 그리고 역사가들은 그렇게 해야 한다. 역사가들의 도전은 다음 방식으로 의미를 부여하려는 인간의 욕구에 대응하는 것이다. 첫째는 그들이 존중하는 연구 규범과의 일치, 둘째는 몇 세기 동안 축적되어온 역사적 사고의 확실성과 문제들을 모두 계속해서 존중하는 것이다. 객관성에 대한 근대적·포스트모던적 의심을 19세기 이후 생기게 한 것이 무엇이든지 간에, 이런 불확실성 때문에 신뢰할 만한 역사 이해에 대한 인간의 타고난 갈증이 전문적 역사가들과 일반적인 대중 사이에서 큰 고통을 겪는다는 것을 상상할 수는 없다.

따라서 사실 역사가들은 어느 정도는 늘 그렇듯이 객관성에 대해 고조되는 의심이 존재하지 않는다는 듯 과거에 대한 그럴듯한 지식을 찾는 방향으로 계속해서 나아간다는 것이 밝혀졌다. 그들은 객관성, 과거에 대한 모든 것을 학습하는 것의 비현실성, 그에 대한 완전한 합의 성취 결과에 대한 가장 실질적인 많은 의구심을 인정한 후에도 그렇게 한다. 이러한 장해에도 불구하고 역사가들은 여전히 역사적 무지와 역사적 이해의 간극을 좁힐 수 있으며, 좁히고 있다는 확신을 가지고 있다. 그들은 또한 모든 역사적 지식은 부분적이고 잠정적이며 불확실하기 때문에 가치가 없다는 결론에 강하게 저항한다. 역사가들은 자신의 연구에 이데올로기와 문화를 개입시키지 않는 것이 불가능하다는 사실을 알면서도, 자신의 능력이 미치는 한 여전히 무엇이 일어났으며 왜 그렇게 됐는가에 대한 합리적으로 볼 때 공정한 지식에 도달하려고 노력한다. 이 점에서 과학자들은 역사가들보다 더 편하게 휴식을 취할 수 있다. 자신들의 이론 중 일부가 다른 이론들을 배제하거나 다른 이론들과 충돌하더라도, 반복 가능한 실험 결과를 산출할 수 있다는 것을 과학자들은 알고 있다. 또한 그들은 자신들이 던진 질문이 문화(예를 들면 환경에 대한 새로운 우려와 질병 치료법을 발견해야 한다는 압력)에 의해 결정될 수 있지만, 그 결과는 상대적으로 문화에서 자유롭다는 것을 안다. 화석연료 배출과 바이러스는 모두 국적을 가지고 있지 않으며 특정 문화에 속하지 않는다.

대조적으로 역사적 과거의 증거는 문화와 시간에 얽매인 인간의 마음을 이해하는 데 더 깊이 진력하는 것을 필요로 한다. 그런 영향을 통제하기 위해 역사가들은 해석의 발전을 규칙, 관습, 그리고 두 세기 이상 개발된 비판적 기준에 의존하게 됐다. 그들은 증거를 검증하고 받아들일 수 없는 출처가 불분명한 과거에 대한 주장을 확인할 탐구와 방법의 프로토콜을 개발했다. 그리고 여러 시대에 걸쳐서 때로는 자신들에게 문제를 제기하는 편견을 가진 비판을 견뎌냈다. 무엇이 타당한 증거를 구성하는지, 그 진정성과 정확성을 어떻게 진단할 수 있는지, 무엇이 역사적 논증에서 관련이 있는지, 그리고 누가 그 평가에서 권위를 가질 것인지에 대한 일반적인 학문 전반의 감각이 존재한다. 즉, 그들이 받아들인 방법과 관습이 문화나 정치에서 완전히 자유로울 수 없을지라도, 역사가는 그들의 연구를 지배하는 기준, 즉 역사 논쟁이 일어나고 역사적 불확실성이 남아 있는 지형을 좁히는 기준에 대한 자신들의 전문적 공동체 거의 모두가 기꺼이 고수하는 일반적 감각을 가지고 있다.

그 결과 전문적 역사가들 중에서도 오래 전 과거의 역사 연구자들이 알고 있었을 것 같은 방법으로 확신을 가지고 계속해서 역사지식을 탐구하는 경우가 있다. 역사가들은 여전히 과거에 대한 내러티브를 만든다. 그들은 계속해서 과거 인물의 전기를 쓴다. 그들은 과거 사건의 원인과 결과를 이해하고자 한다. 다른 모든 사람들처럼 역사가들도 종종 사건들이 실제 일어난 것처럼 되지 않았다면 어떤 일이 일어났을까 하고 반反사실적으로 궁금해하지만, 그들은 대부분 실제로 일어난 그 사건들이 어떻게, 그리고 왜 그런 식으로 전개됐는지 분석하는 데 집중한다. 그리고 여전히 그들 자신의 일과 그들 자신의 시대로부터 그들이 밝혀내는 과거의 의미와 중요성을 이끌어낸다. 모든 지식은 불확정적이며 그들의 발견과 그런 발견의 의미에 대한 논쟁은 끝이 없을 것이라는 점은 역사가들에게 완전히 친숙한 풍경이다. 어떤 일이 일어나자마자 그것은 행위자가 아니라 후대의 소유가 된다는 사실을 그들은 받아들인다. 그러므로 그들은 시인 존 키츠John Keats가 '부정적 능력negative capability'이라고 부른 것, 즉 어떤 현상에 대한 단일한 진실과 단일한 설명의 탐색을 유예하는 데 편안함을 느껴야 한다고 배워왔다. 그리고 그들은 어떻게든 과거의 삶에 대한 그들의 전문적 사례 안에서 키츠의 말에 의하면 삶에 대한 '불확실성, 미스터리, 의심을 유지하는' 능력을 유지한다. 그런 정신에서 우리는 과거의 해석에 대한 격렬한 논쟁의 존재를 신뢰할 만한 역사 지식 탐색의 고갈이 아니라 활력을 암시하는 것으로 보아야 한다. 그런 논쟁이 현재 우리 시대보다 많았던 적은 없다. 해석의 통설은 지적인 사후死後경직을 진단하는 것이다. 이와 대조적으로 해석의 차이는 역사적 사고가 견고하다는 것을 보여준다. 따라서 모든 해석이 동일한 강두이며 동등하게 타당하다고 믿는 급진적 상대주의에 굴복하는 역사가는 거의 없다. 해석에 대한 논쟁은 서로 다른 시대, 서로 다른 장소의 서로 다른 사람들이 특정 사건에 대한 별개의 의미와 중요성을 발견할 수 있음을 시사하지만, 역사가들에게는 신중한 상대주의가 결코 의미가 증거에 대한 거부보다 앞선다든가 그 안에 존재한다는 믿음으로 바꿔지는 않는다. 그럼에도 C. 반 우드워드C. Vann Woodward의 재치 있는 말을 달리 표현하면, 역사가들은 물리학자들이 상대성으로 살아갈 수 있다면 자신들도 상대주의로 살 수 있다는 것을 배운다.

역사적 사고의 이런 신중한 상대주의는 진실과 정확성에 대한 역사가들의 집착을 위협할 만큼 불안정하거나 급진적인 것에 전혀 근접하지는 않았다. 과거에 대한 다양한 해석에 개방적이어야 한다는 요구를 받고 있지만, 수정주의가 전문적 기준의 포기를 필요로 하는 것은 아니다. 수정주의는 린 헌트가 별도로 '실용적 현실주의practical realism'라고 부른 것에 대한 믿음을 통해서 객관성의 이념이나 적어도 조이스 애플비, 린 헌트, 마거릿 제이컵이 '질적 객관성qualified objectivity'이라고 부른 것에 충실해야 한다고 주장한다. 이 역사가들에게 이 말은 자신들의 지적 세계의 중심 규범과 관행이 가지는 수용성을 강조한다는 것을 의미한다. 첫째는 지식과 공유된 담론에 대한 역사가들의 커뮤니티, 즉 증거의 분석과 평가를 위해 서로 합의한 기준을 설정하는 그런 커뮤니티에 대한 의존성이다. 둘째는 해석과 그에 대한 논쟁이 정말로 열려 있는 지적 훈련의 민주적 맥락이다. 셋째는 과거에 대해 인정받는 모든 관점의 수정 가능성을 수용하는 것이다. 역사가들이 시간상 이전에 일어난 일의 구체적 해석에서 심각한 차이를 가지고 있을지라도, 그 저자가 이런 규범을 존중하는 한 역사가들은 그것의 정당성을 인정할 것이다.

그러나 그런 기준을 고수하는 것이 이미 정통적 관점이 된 것에 대한 의견 차이를 배제하거나, 서로 다른 해석의 광범한 존재를 차단하거나, 수정을 못하게 하는 것은 아니다. 역사가들은 서로를 같은 전문가 공동체의 구성원, 즉 동일한 일반적 의도와 절차를 가지고 동일한 목표를 추구하는 사람들로 인식하기 때문에 쉬운 상대라고 생각한다는 데 서로 동의하지 않는다. 다른 전문가들처럼 역사가들은 그들의 학문 경계를 순찰하고 홀로코스트를 부정하는 사람들과 같은 사람들을 배제한다. 진지한 역사가로서의 권위에 대한 주장은 겉으로만 그럴싸하고 과거에 대한 것들을 올바로 얻으려는 공동의 노력에 해로울 수도 있다. 그렇지만 않다면 적어도 가능한 범위 안에서 진실에 가깝게 접근할 수 있다. 오늘날 역사가의 해석 공동체는 이런 목적에 전념하는 전 세계에 걸쳐 있는 사람들의 집단이다. 전문가 공동체, 그 구성원들은 의도, 방법, 주장, 표현의 기준을 인식하고 공유한다. 이런 사고 방법은 그들 사이에서는 자연스럽고, 그들이 누구이고 무엇을 추구하는가 하는 바로 그 본질 속에 박혀 있다. 이런 기준을 존중하거나 따르지 않는 사람은 이단 행위자로 간주하여 전문가 단체에서 배제하고, 전문적 역사가라는 타이틀을 인정하지 않으며, 공동체 규범으로부터 벗어나는 것의 잘못을 묻고, 그들의 연구를 비난하거나 무시한다.

따라서 이 책의 결론을 내리기 위해서는, 역사가들은 어떤 믿음으로 인식론적·증거구성적·심리학적·신경학적 장해물에도 불구하고 자신들이 과거에 대한 근사치에 점차 접근할 수 있다고 확신할 수 있는지 물어야 한다. 그것은 동료에 의해 자신들의 주장이 정확하고 장점을 가지고 있다는 권위를 인정받는 반면, 자신들에 대한 비판자들의 이의제기에 답변하는 것이다. 결론이라고 할 수는 없을지 모르겠지만, 그 대답은 수정주의 역사의 어떤 논쟁에서도 핵심이다. 그리고 그 대답은 역사가의 신념, 찰스 비어드가 이 문제를 성찰했던 거의 한 세기 이전보다는 자주 떠들썩한 21세기 지적 세계에서는 다를 수 있는 일련의 믿음으로 작용해야 한다.

사람은 호기심과 경이로움이라는 기본적인 인간의 특성에서 시작해야 한다. 일반인들은 이를 인정하고 그에 대해 이야기할 만한 사람이 아닐 수는 있지만, 역사가들은 양자로 가득 차 있다. 다른 시대에 대한 그들의 불신과 때로는 흥분, 그리고 사건이 판명되는 방식에 대해 가끔 나타나는 그들의 절망감은 과거에 대한 관심의 뿌리 가까이에 있다. 자신이 깨달은 상황에서 사람들이 왜 그렇게 행동했는지를 역사가는 스스로에게 묻는다. 미지의 장소와 오래 전 시대의 현실은 역사가들을 당황스럽게 한다. 그들은 대규모의 역사 발전에 대한 몇몇 설명이 만족스럽지 않다고 생각한다. 전문 역사가가 되면, 그들은 역사가들이 2500년에 걸쳐 발달시킨 실천적 기능으로 이런 궁금함과 호기심을 해결한다. 그리고 최근에는 증거를 평가하고 역사 연구를 제시할 수 있는 미디어의 확장에 따라 더 많은 것을 보충한다.

그들의 호기심은 과거 사건에 대한 다양하고 때로는 서로 충돌하는 해석을 대부분의 역사가들이 수용하는 토대이다. 그들은 이방인으로 과거에 접근한다. 그들은 자기 스스로를 놀라움으로부터 차단하지 말라고 배웠다. 그들은 자신과 다른 사람들이 과거에 대해 밝혀낸 것에 의해 그 놀라움을 끝내는 것이 자연스럽다고 생각한다. 논쟁은 역사가들로 하여금 지식을 추가로 찾고 그 자신의 해석적 입장을 강화할 수 있는 방법을 발견하라고 자극한다. 물론 몇몇 역사가들이 같은 이유로 역사를 서술하는 것과 똑같이, 일부 사람들은 새로운 지식보다는 확인을 위해 역사를 읽는다. 노예제에 대한 남부의 옹호가 미국 남북전쟁의 원인이 아니었다는 관점을 고수하는 사람들이 명확한 그 반대 증거를 제공하는 연구의 주장에서 즐거움을 얻거나 그런 주장에 개방적일 것 같지는 않다. 그러나 대부분의 역사가들은 과거에 대한 새로운 지식이 줄 수 있는 놀라움과 그 때문에 깜짝 놀라고 그 영향을 받는 즐거움을 수용하고 있다. 역사의 주요 지적 기능 중 하나가 학생과 독자들이 다른 시대 다른 장소의 다른 사람들의 상황을 이해하도록 하는 것이라는 주장이 어떤 의미를 가지는 것이라면, 그것은 과거를 학습할 때 예상하지 않은 것, 알려지지 않은 것, 이상한 것, 심지어 소름끼치는 것 때문에 깜짝 놀라는 데 우리 자신을 반복해서 개방한다는 것을 의미하는 것임에 틀림없다. 역사가들은 자기 자신을 그러한 경험에 노출시키면서, 그다음에는 새로운 지식의 축적과 과거에 대한 새로운 접선과 맞닥뜨릴 가능성이 결국 세상 사람들의 입장과 자신과 세상의 관계에 대한 반복적인 재교정을 가져올 수 있다는 것을 알고 있다. 이것은 어떤 사람들에게는 역사적 발견의 기쁨이고, 다른 사람들에게는 깊은 불안의 근원이다. 과거에 대한 다양하고 변화하는 해석은 사물을 새롭게 보고 이전의 견해에 대해 어쩔 수 없이 다시 생각해야 하는 사람들을 기쁘게 할 것이다. 그와 같은 다양한 관점은 반대로 다른 사람들의 완강한 저항을 불러일으킬 수 있다. 그러나 대부분의 역사가들은 신비와 놀라움이라는 즐거운 전망을 위해 확신이라는 암울한 만족을 거부한다. 그들은 독자들도 그러기를 바란다.

불확실성, 모호성, 다양성, 변화, 그리고 놀라움을 지속적으로 동반하는 전문적 세계를 받아들이면서, 역사가는 수학 지식과 같이 확실하고 논쟁의 여지가 없는 역사적 지식을 얻는 것이 가능하다고 믿는 것은 범주 오류를 범하는 것임을 배운다. 그것은 한 종류의 지식을 존재론 및 인식론적으로 양립할 수 없는 다른 종류의 지식과 혼동하는 것이다. 더욱이, 과거에 대한 새로운 정보는 이전에 보유했던 지식을 보는 관점의 조정을 필요로 한다. 예를 들어, 멕시코에서 오랫동안 묻혀 있던 마야 사원의 발견이나 뉴펀들랜드의 북쪽 끝에 있는 랑스 오 메도즈L'Anse aux Meadows 바이킹 정착지의 발견과 같은 새로운 정보를 포함하는 갓 발견된 자료들은 종전의 이해를 바꾼다. 19세기 초의 로제타스톤 판독과 같은 오래된 증거에 대한 평가의 발전은 구술사나 현존 자료의 통계 분석과 같은 새로운 분석 방법과 마찬가지로 과거에 대한 이전의 이해를 종종 불안정하게 만든다. 헤로도토스가 문화적으로 사고하고 투키디데스가 정치적 관점을 채택한 것이 그렇듯이, 마찬가지로 인간의 가능성, 서로 다른 국가, 사회, 문화적 위치, 오래된 세대의 소멸과 새로운 세대의 출현, 선입관에 집착하지 않고 더 길고 넓은 인생관을 허용하는 시간의 경과, 그리고 단순하게는 인간 정신의 다양성에 대한 새로운 생각은 같은 사건에 대한 역사 해석이 영원히 동일하지는 않을 것 같게 한다. 역사가들이 역사적 지식을 이용

끊임없이 변화하는 과거

해 현재 상황을 조명하는 것을 애써 피하더라도, 그들이 쓰는 역사는 그와는 뚜렷이 다른 마음의 성향과 과거에 대한 접근법, 기존 증거에 던지는 질문들을 저버리는 것을 피할 수 없다. 그래서 과거는 절대 변하지 않을 수 있지만, 과거에 대한 우리의 이해는 항상 변한다. 마르크스주의자의 오래된 농담처럼, "미래는 확실하다. 예측할 수 없는 것은 오직 과거뿐이다". 과거는 항상 미래에 있다는 주장이 그 농담의 정신 속에 있다.

　더구나 내가 이 책을 통해서 명확히 하려고 했던 것처럼, 역사를 이해하려면 그것을 쓴 역사가를 이해해야 한다. 역사가들이 쓰는 모든 것에 그들의 성향, 헌신, 신념이 들어가 있음을 부인하는 사람들, 즉 그것을 쓰는 개인이 들어 있지 않은 역사가 존재할 수 있다고 믿는 사람들은 역사 자체의 바깥에 자기 자신을 놓는다. 모든 역사가는 그들 자신의 역사에 연루되어 있다. 역사가들 중 어느 누구도 다른 어떤 개인들 이상으로 자신을 환경의 산물에서 벗어난 존재가 되게 할 수는 없다. 결과적으로 어떤 주제에 대한 모든 다른 이전의 역사를 수정할 잠재적 가능성은 역사적으로 사고하는 행위 바로 그 자체에 있다. 그러므로 자신이 접하는 모든 역사에 대한 주장의 경험적 기초와 강점뿐 아니라 불완전성과 편향성을 인식하는 것은 역사 독자들의 몫이다. 역사가들은 그들이 할 수 있는 만큼 과거를 잘 제시할 책임을 지고 있는 반면, 이를 읽는 독자들은 자신이 읽는 것이 단지 과거를 부분적으로 재구성하는 것일 뿐이라는 이해를 가지고 과거에 접근해야 하는 유사한 책임을 지고 있다. 이러한 발견과 주장이 완전한 객관성이 부족하거나 불완전하기 때문에 이처럼 주의를 하는 것이 필요하다고 해서 역사적 발견과 주장을 근본적으로 의심하거나 전면적으로 거부해야 하는 것은 아니다. 그러나 그것은 각각의 역사 연구는 단지 과거를 잠정적으로 제시한 것으로, 그 자체의 관점으로 받아들이고 그 자체의 맥락에서 이해해야 한다는 것을 의미한다.

어떤 역사 해석이 존중할 만하다거나 대중성을 가지고 있다는 것이 역사적 사고의 오랜 역사에서 규범적 권위를 가지는 것이 아님을 명심해야 한다. 그런 권위를 가지는 것은 과거에 대한 충성심이다. 비록 현재가 역사가들의 지식으로부터 이익을 얻을 수 있을지라도, 지적으로뿐만 아니라 윤리적으로 역사가의 가장 큰 책임은 과거와 그리고 거기에 거주하는 사람에 있다는 신념이 역사가의 연구의 근저에 있다. 그 책임은 과거를 통합하는 관리인으로서 역사가에 내재하는 시민적 역할, '역사가의 사무실 office of historian'을 언급하는 것으로 이해해야 한다. 현재 지식의 목적이 그런 안내에 있음을 염두에 둔다면, 과거의 실재를 파헤치고 이를 가능한 정확하게 제시할 수 있다.

그러나 어떤 의미에서 보면, 역사가의 책임은 과거를 있는 그대로 포착하는 것과 그들 자신의 시대적 필요와 관심사에 답해야 한다는 상반되는 방향에 직면하고 있다. 후자의 책임은 전형적으로 동료 전문가들과 대중 구성원 양측에게 비판을 받을 수 있는 것이다. 그리고 당연히 그렇겠지만 그런 비판은 학자들로 하여금 역사를 서술한 저작에 묘사된 대부분의 사람들과는 완전히 다른 독자들에게 과거를 당면 문제이면서 이해가능하게 만들어주는 목소리를 찾고 스타일을 채택하도록 요구한다. 그러나 그런 주장을 하지 않는 것은 과거가 산 자에 대해 하는 주장과 똑같이 산 자가 과거에 대해 하는 주장을 부정하는

끊임없이 변화하는 과거

것이다. 오직 그들 자신의 시대를 위해, 그리고 자신이 사는 날의 질문에 답하여 서술함으로써 역사가들은 과거를 배우고 싶어 하는 사람들이 과거를 이해할 수 있게 만들 수 있다. 이런 이유로 한 사람과 한 시기에 정통적인 것은 다른 사람과 다른 시기에는 수정이며, 그 반대도 마찬가지이다.

과거에 대한 새로운 해석을 비판하는 이면에는 보통 역사 서술은 현재에 답해서는 안 된다는 반反현재주의의 오류가 있다. 말하자면, "정서의 역사는 전쟁의 역사와 비교하면 사소한 주제이다", "역사 연구가 군주정과 대통령제 같은 전통적인 관심을 가지는 것보다 인종 관계와 같은 어떤 현대의 문제들을 다루는 것은 잘못이다", "어떤 책이 너무 페미니스트적이고 게이에 너무 동정적이다", "그것은 어떤 주제를 보수적이나 자유주의적으로 접근하지 않는다"와 같은 비판들이다. 그러나 역사는 현재의 관점에서만 써야 한다는 대안적 믿음인 '휘그 역사'가 나을 것도 없다. 하지만 휘그 역사에 대한 비판이 제시하는 현재주의의 최악의 특징에 대한 경고가 아무리 유익하더라도, 휘그 역사가 비판을 받는 만큼이나 설득력이 있다는 것이 입증됐다. 그래서 그 비판은 더 이상 사실상 역사가가 자신의 세계에 빠지는 것에서 벗어남으로써 객관성이라는 목적을 성취할 가능성에 대해 지금 이해되는 현실로 이끌어줄 권위 있는 안내자의 자리에 설 수 없다. '휘그 역사'에 대한 비판은 역사주의의 현실, 즉 과거를 볼 수 있는 어떤 안정적인 관찰 시점이 존재하지 않는다는 사실을 무시했다는 의미에서 보면 실패이다. 역사 연구가 과거의 복잡성과 변화의 분석을 위해 현재주의와 역사적 진보의 이념에 전념하는 것을 성공적으로 회피한다고 하더라도, 그 연구는 현재주의와 역사를 쓰는 역사가의 구성방식에 불가피하게 구속된다. 이제 자연과학과 물리학의 이론과 방법이 그 발전과 적용의 시대를 반영한다고 여길 수 있다면, 우리는 어떻게 이론적 지침이나 실험 경험에 훨씬 덜 의존하는 역사 이해가 그보다 덜 그럴 수 있을 것이라고 상상할 수 있을까? 역사가들은 언제나 과거 안에서 거기에 실제로 있지 않았던 것을 찾아낼 위험성에 놓여 있다. 그러나 역사를 이해하기 위해 현재를 자신의 노력에서 추방하는 것은 이해의 주요 포털, 즉 새로운 사고방식이 제공하는 입구를 차단하는 것이다. 중요한 것은 역사가들이 단독으로 접하는 증거가 아니다. 증거가 그들에게 무엇을 암시해주는가 하는 것이다. 도전은 역사적 사고에서 역사가의 자아를 박탈하는 것이 아니다. 그것은 과거에 일어났던 일에 대한 이해를 풍부하게 하는 식으로 그 자아를 과거부터 남아 있는 증거에 적용하는 것이다.

역사 저작은 언제나 많은 열쇠로 서술되어왔다. 투키디데스, 살루스티우스Sallust, 카이사르, 귀차르디니, 조레스, 슐레진저가 그랬듯이, 일부 역사가들은 자신들이 쓴 역사의 참여자이다. 그리고 그들의 역사는 저자가 사건에 몰입하는 것에 의해 중요성을 더한다. 이와는 다른 역사가들은 참여자라기보다는 관찰자이다. 오늘날의 학문적 역사가들이 그 사례 중의 하나이다. 그들은 자신들의 역사 주제와 학문적 거리를 두고, 그리고 그에 대해 상대적으로 냉정한 접근을 해서 학술 저작을 얻는다. 마찬가지로 한 줄의 역사는 수사학에서 파생되고, '역사의 교훈'을 발견하고 가르치려고 하며, '사례에 의한 철학적 가르침'으로 스스로를 본다. 그것의 목적은 설득이다. 12세기 독일 궁정

끊임없이 변화하는 과거

사가인 오토 프레이징 Otto of Freising이 썼듯이, 그것은 "인류의 마음을 미덕으로 이끌기 위해 유명한 사람들의 유명한 행위를 극찬하려고 한다. 그러나 그 기저에 깔려 있는 어두운 행위를 베일 속에 가린다. 만약 그것이 밝혀진다면 기록에 올리겠다고 말함으로써 그와 같은 운명의 사람들을 위협한다". 이런 관점에서 보면, 역사는 교훈을 제공하지 않을지라도 적어도 그럴 가능성이 있는 기록을 제공한다. 또 다른 계통의 역사는 '과학'에서 파생된 것인데, 객관적이고 분석적인 것을 추구하며, 그 목적은 무엇이 일어났는지 입증해서 다른 사람에게 도덕적 교훈을 남기는 것이다. 찰스 다윈의 말대로 하면, 일부 역사가들은 '병합파'이고, 다른 학자들은 '분열파'*이다. 요즈음에는 잘 사용하지 않지만, 더 격식을 차린 표현으로 하면 일부 사람들은 '데카르트주의자'이다. 이들은 역사 발전의 이론을 검증하고 확인하며 역사 현상을 통일적이고 보편적으로 설명해야 한다고 주장하고 그렇게 하는 데 관심이 있다. 오늘날의 대부분의 역사가를 포함한 다른 사람들은 '베이컨주의자'들이다. 그들은 알려진 사실을 고수하고, 다채로운 삶의 세세한 사실을 강조하며, 존재의 놀라운 다양성과 특수성을 밝히고자 하는 경향이 있다. 데카르트파 역사가 지난 2세기 동안 별로 힘을 얻지 못하고 학문적으로 받아들여지지 않았으며 역사적 사고와 방법의 이론화가 별로 추진력 있게 진전되지 못했다면, 장기간에 걸쳐 데카

---

* 병합파, 즉 럼퍼(lumper)는 생물 분류에서 대상을 병합하기를 좋아하는 학자를 가리키며, 분열파, 즉 스플리터(splitter)는 분류 대상을 쪼개기를 좋아하는 학자를 가리킨다. 사회 현상에 이 개념이 적용되면서 모든 것을 하나의 범주로 넣고 싶어 하는 사람을 럼퍼, 각각의 범주로 나누고 싶어 하는 사람을 스플리터라고 하게 됐다.　옮긴이

르트파 역사나 베이컨파 역사가 역사학과 역사 서술에서 상대방에 영원히 승리를 거둘 까닭은 거의 없다. 두 가지 방식의 역사는 상대방을 보완하며, 어느 편 접근 방식도 균형을 잡는 반대편의 영향을 떠나서 존재할 가능성은 낮다.

성향이 어떻든 간에, 오늘날의 역사가들은 더 큰 이해를 위한 그들 자신의 탐구가 자신의 동시대인뿐 아니라 선조들과의 끝없는 논쟁에 자신을 포함시킨다는 사실을 받아들인다. 역사가들은 학문적 연구 여행을 하면서 논쟁이 언제나 새로운 어떤 것을 밝히고 역사 이해를 증진시킬 가능성이 크다는 것을 당연하게 받아들인다. 그들은 과거가 거대한 렌즈 같아서, 이를 통해 보는 어떤 것에서 나오는 모든 관점의 변화로 과거가 밝히는 것을 바꾼다는 사실을 안다. 가장 야만적 반대와 자유사상을 억압하려는 가장 강력한 노력에 맞닥뜨릴지라도 그 어떤 것도 인간의 과거를 이해하거나 새로운 지식을 창조하기 위해 자신의 상상력을 적용하려는 역사가의 탐색을 멈추게 할 수는 없다.

다양성을 찬양하면서 역사가들은 그들의 지적 세계를 지식의 거대한 생태계로 본다. 역사가들은 이 현실을 자신들의 지적 세계의 활기 넘치는 놀이의 기반이자 지식과 이해를 증가시키는 주된 방법으로 간주한다. 그것은 책과 글, 이제는 영화, 예술, 소설, 연극을 통해 지식을 발달시키는 명확한 역사적 문제에 전념하는 뚜렷한 마음과 성향의 상호작용이다. 과거에 대한 논쟁, 즉 신뢰할 만한 지식의 끝없는 탐색은 자유롭게 행사되는 학문적 자유, 민주적 논쟁, 그리고 공공선 유지의 기본적 특징이다.

역사 이해는 과거를 이해하려는 역사가 개개인의 필요성, 그 구성원 자체의 기원을 발견하려는 청중의 필요성, 그것의 미래를 재상상하려는 문화의 필요성에서 비롯된다. 역사가도 무엇인가에 반응하지 않는다면 견인력을 얻을 수 없다. 역사가의 기능은 과거를 현재 속으로 끌어들이는 것이다. 그러나 과거의 진실성을 모든 그 과거 속에서 유지되는 방식으로 끌어들인다. 우리가 어떤 이야기를 해서 과거에 진실할 뿐 아니라 그것을 우리가 이해할 수 있게 할 것인지를 역사가는 스스로 질문한다. 역사에 대한 역사가의 재해석은 인간이 과거와 현재를 평형상태로 이동시키는 방식의 하나로 보아야 한다. 역사가는 과거가 우리에게 남긴 증거를 사용해서 가능한 한 최선을 다해 이전 시대의 사건을 재창조한다. 그런 다음 그것들이 어떻게 해서 그렇게 전개됐는지 그들 자신이 살고 있는 현재 유지되고 있는 모든 이해 방식을 사용해서 설명하려고 한다. 그러나 오늘날 소화할 수 없는 역사적 설명을 만드는 것은 납득이 되지 않는다. 가장 위대한 역사가들은 언제나 먼 과거를 그들 자신의 시대와 아주 가깝게 만든다. 에드워드 기번이 그랬던 것처럼 이런 역사가들이 그의 시대에 중요한 질문(기번의 경우는 "대영제국과 같은 제국이 어떻게 떠오르고 어떻게 몰락할 수 있었는가?")에 답하기 위해 되돌아보았을 때, 그의 현재의 마음은 과거를 덮어두는 것 이상으로 훨씬 더 많이 밝혀준다.

대부분의 역사가들은 역사의 실천이 개방 사회에서 모든 사람이 활용할 수 있는 민주적 예술이라는 믿음을 신뢰한다. 우리 모두가 삶에 대해 생각하고 삶을 살아가는 데 매일 역사를 연구하고 새로 이해하기 때문에 역사는 그런 종류의 예술이다. 칼 L. 베커가 오래 전에 상기시켰듯이, 모든 사람은 그든 자신이 역사가이다. 전문적 역사가들이 자신의 소명에 충실하다면, 그들은 베커가 일깨운 역사적 사고의 다양성을 최대한 활용한다. 역사가들은 자신의 시대를 위해 과거의 해석자라는 그들의 역할을 받아들이고 거기에서 도망하지 않는다. 그들은 결코 그들 자신이 아닌 다른 사람, 문화, 사회, 그리고 시간에 대한 상상적 몰입을 통해서 다른 사람으로 하여금 자신의 삶에서 의미를 발견하도록 하는 것에서 최대한의 만족감을 얻는다. 그들의 노력 결과는 언제나 같다. 그것은 예측할 수 없는 새로운 미래로 가는 과정에 과거를 놓지만, 과거를 그것이 존재했던 것과는 다른 모습으로 남겨 놓는 과거에 대한 신선하고 다양하고 독특한 해석이다. 그것이 수정주의 역사의 짝을 이루는 약속이자 현실이다.

끊임없이 변화하는 과거

더 읽을거리

1장 끝없는 수정: 남북전쟁의 기원

전쟁 자체에 대한 글은 말할 것도 없고 남북전쟁의 원인에 대한 역사 문헌만 적절히 설명하려고 하더라도, 한 권의 완전한 책으로 써야 할 것이다. 여기에서 나의 의도는 그러한 책을 쓰는 데 있지 않다. 나는 이 주제를 남북전쟁 히스토리오그라피를 다루기 위해서가 아니라 수정주의 역사의 현실의 차원을 소개하는 데 사용할 것이다. 다행히 1950년대 초반의 연구만을 대상으로 한 것이지만, 남북전쟁 히스토리오그라피를 다룬 책은 존재한다. 그 연구는 포괄적인 내용을 다루고 있는 Thomas J. Pressly, *Americans Interpret Their Civil War* (Princeton: Princeton University Press, 1951)이다. 프레슬리의 책에 대한 나의 용도는 그의 목적과 다르며 남북전쟁 문헌에 대해 자세히 부연하시는 않겠지만, 이 연구에 내가 빚을 졌음은 명백한 것이다. 그러나 소개할 문헌의 범위는 프레슬리가 이 책을 쓴 이후 70년 동안 추가된 이 주제에 대한 생각들을 설명하기 위해 보충되어야 한다. 노예제에 대한 문헌으로 1980년대 나온 연구로는 Peter J. Parish, *Slavery: History and Historians* (New York: Harper and Row, 1989)가 있다. 그 이후 남북전쟁 히스토리오그라피를 예리하게 검토한 연구로는 Edward L. Ayers, "What Caused the Civil War," *What Caused the Civil War: Reflections on the South and Southern History* (New York: Norton, 2005), pp.131-144와 James M. McPherson, "And the War Came," *This Mighty Scourge: Perspectives on the Civil War* (New York: Oxford University Press, 2007), pp.3-19가 포함된다. 이 주제에 대한 계속 늘어나는 방대한 문헌을 가장 상세하고 분석적으로 조사한 최근의 연구로는 Frank Towers, "Partisans, New History, and Modernization: The Historiography of the Civil War's Causes, 1861-2011," *Journal of the Civil War Era* 1 (2011), pp.237-264와 Michael E. Woods, "What Twenty-First-Century Historians Have Said About the Causes of Disunion: A Civil War Sesquicentennial Review of the Recent Literature," *Journal of American History* 99 (2012), pp.415-439가 있다. 그러나 타워즈와 우즈의 철저한 검토도 오늘날 더 최근 연구의 출현으로 이미 어느 정도 시대에 뒤떨어진 상태임을 이 장에서 언급한 바 있다. 다른 연구로는 Calvin Schermerhorn, *The Business of Slavery and the Rise of American Capitalism, 1815-1860* (New Haven: Yale University Press, 2015), 그리고 Sven Beckert and Seth Rockman, eds., *Slavery's*

Capitalism: A New History of American Economic Development
(Philadelphia： University of Pennsylvania Press, 2016)를 포함한다.
Calvin Schermerhorn, *A History of United States Slavery* (New York：
Cambridge University Press, 2018)도 동등한 질과 중요성을 지니고 있
다. 남북전쟁과 재건주의 히스토리오그라피의 한 학파에 내포된 복
잡성에 대한 통찰력을 제공하는 최근 연구는 John David Smith and
J. Vincent Lowery, eds., *The Dunning School: Historians, Race,
and the Meaning of Reconstruction* (Lexington： University Press of
Kentucky, 2013)에 실려 있는 글들에서도 찾아볼 수 있다.

2장 고대 수정주의 역사의 기원
3장 근대 수정주의의 역사[*]

역사적 사고, 서술, 그리고 방법의 역사에 대한 문헌은 방대해서 특
히 적절하고 가치가 있는 몇몇 연구를 제시하려는 시도는 필연적으
로 그 선택에 들어갈 수 있는 대부분의 다른 연구들을 제외시키게 된
다. 그 출발점의 유력한 후보는 기원 신화를 다룬 연구들이다. 미르체
아 엘리아데의 많은 저술 중 이에 해당하는 고전적 연구로는 Mircea
Eliade, *Myth and Reality*, trans. Willard R. Trask (New York：
Harper and Row, 1963)가 있다. 더 최근의 중요한 한 연구는 Joseph

---

* 2장과 3장의 '더 읽을거리'는 지은이가 통합하여 제시했다.　옮긴이

Mali, *Mythistory: The Making of a Modern Historiography* (Chicago: University of Chicago, 2003)이다. 말리는 원시적 믿음과 이야기의 상대적 가치 및 경험적 지식의 투키디데스식 전통에 대한 끝없는 논쟁에서 헤로도토스의 견해를 따른다. 엘리아데와 마찬가지로 그는 신화가 문명과 사람들의 집단정체성에 근원적인 것이라고 보았으며, 모든 전통은 적어도 경험적 결정을 넘어서 '창안된다'는 관념에 암묵적으로 도전하고, 행동에 대한 집단적 사고와 신념을 모으는 데 신화가 하는 역할에 민감했다. 또한 Donald R. Kelley, "Mythistory in the Age of Ranke," in G. G. Iggers and J. M. Powell, eds., *Leopold von Ranke and the Shape of the Historical Discipline* (Syracuse, NY: Syracuse University Press, 1990), pp.3-20도 보라. 이러한 역사가들은 모든 기억 내에는 비이성적인 잠재의식이 존재하며, 역사가의 과제는 신화역사를 밝히는 것이라고 주장했다.

역사의 역사에서 주요 인물들의 글을 발췌한 두 가지 유용한 편집본은 Donald R. Kelley, ed., *Versions of History from Antiquity to the Enlightenment* (New Haven: Yale University Press, 1991)와 Fritz Stern, ed., *The Varieties of History from Voltaire to the Present*, rev. ed. (New York: Random House, 1972)이다. 내용, 질, 문체에서 헤로도토스와 투키디데스의 저서를 위시한 가장 위대한 저작들 자체를 대체할 만한 것은 아무 것도 없다. 이런 각각의 중요한 저작에 다가가기 쉬운 매력적인 책은 Robert B. Strassler, ed., *The Landmark Herodotus: The Histories*, trans. Andrea L. Purvis (New York: Pantheon, 2007)와 Robert B. Strassler, ed., *The Landmark Thucydides*,

끊임없이 변화하는 과거

rev. ed., trans. Richard Crawley (New York: Free Press, 2008)이다.
두 책에 대해서는 많은 다른 번역본이 있다. 유세비우스의 역사에 대
한 새로운 판본으로는 *The History of the Church: A New Translation*,
trans. Jeremy M. Schott (Oakland: University of California Press, 2019)
이 있다.

근대의 문헌 중 가장 박식하고, 종합적이고, 탐구적인 연구는 도널
드 R. 켈리의 서로 연관된 다음 세 권의 책 *Faces of History: Historical
Inquiry from Herodotus to Herder* (New Haven: Yale University Press,
1998)와 *Fortunes of History: Historical Inquiry from Herder to
Huizinga* (New Haven: Yale University Press, 2003), 그리고 *Frontiers
of History: Historical Inquiry in the Twentieth Century* (New Haven:
Yale University Press, 2006)이다. 필연적으로 어떤 단일 역사가나 시
대에 대해서는 깊이가 덜 하지만, 켈리의 책보다 더 백과사전적으
로 동일한 큰 주제를 다룬 두 권의 단행본 개설서는 Ernst Breisach,
Historiography: Ancient, Medieval, and Modern, 3rd ed. (Chicago:
University of Chicago Press, 2007)과 Daniel Woolf, *A Global History
of History* (Cambridge: Cambridge University Press, 2011)이다. 네 번
째 연구는 John Burrow, *A History of Histories: Epics, Chronicles,
Romances, and Inquiries from Herodotus and Thucydides to the
Twentieth Century* (New York: Knopf, 2008)로, 담론적이고, 생생하고,
의견이 들어가 있고, 학습된 오래된 주제로의 여행이다. 이 주제에 대
해서는 이 네 가지 연구 외에 짧은 소개가 추가되어야 한다. Jeremy
D. Popkin, *From Herodotus to H Net: The Story of Historiography*

(New York: Oxford University Press, 2016)가 그것이다. 기원전 600년
부터 전 세계 역사 서술의 역사를 깊이 연구하려는 사람들은 Daniel
Wolff, genl. ed., *The Oxford History of Historical Writing*, 5 vols.
(Oxford: Oxford University Press, 2011-2012)에 들어 있는 학문적 글들
을 참고해야 한다. 역사 지식과 이를 서술한 표현 사이의 관계에 관심
이 있는 모든 사람들은 Peter Gay, *Style in History* (New York: Basic,
1974)에 눈을 돌려야 한다. 이 책은 네 명의 위대한 역사가들의 저서
를 통해 그 주제에 대한 박식하고 세련된 일련의 글을 담고 있다. 종
합하면 이런 연구들은 모든 시기에 걸쳐 역사적 사고와 서술을 특징짓
는 접근법과 해석의 수정 및 다양성을 가능한 한 명확하게 만들었다.

　언제나 늘어나고 있는 역사학 문헌에서 구체적이고 더 제한적이
지만, 매력적이고 권위 있는 연구를 선별하는 것은 쉽지 않다. 하지
만 이 중 몇몇은 눈에 띈다. 그중 하나는 Donald Kagan, *Thucydides:
The Reinvention of History* (New York: Viking, 2009)로, 이 책에서
는 그리스 역사가들이 최초의 수정주의 역사가라는 어느 정도의 단
서는 필요하지만 내가 보기에 매우 설득력이 있는 강력한 주장을 담
았다. 이러한 주제에 대한 고전은 Felix Gilbert, *Machiavelli and
Guicciardini: Politics and History in Sixteenth-Century Florence*
(Princeton: Princeton University Press, 1965)이다. Peter Gay, *The
Dilemma of Democratic Socialism: Eduard Bernstein's Challenge to
Marx* (New York: Columbia University Press, 1952)는 이런 주요 마르크
스주의 수정주의자의 표준적인 연구이다. 찰스 비어드 전반과 헌법
입안자에 대한 그의 해석을 다룬 문헌은 방대하다. 여전히 비어드와

　　　　　　　　　　　　　끊임없이 변화하는 과거

그의 연구에 대한 가장 훌륭한 일반적 평가는 Richard Hofstadter, *The Progressive Historians: Turner, Beard, Parrington* (New York: Knopf, 1968)의 3부이다. Christopher Clark, *The Sleepwalkers: How Europe Went to War in 1914* (New York: Harper and Row, 2014)에 의해 대체되기는 했지만, 1차 세계대전 및 미국 참전의 책임을 둘러싼 논쟁을 표준적으로 다룬 것으로는 Warren I. Cohen, *The American Revisionists: The Lessons of Intervention in World War I* (Chicago: University of Chicago Press, 1967)이 있다. 코헨의 연구도 Peter Novick, *That Noble Dream: The "Objectivity Question" and the American Historical Profession* (New York: Cambridge University Press, 1988), pp.207-224에 의해 보완되어야 하는데, 다른 많은 논쟁에서 그랬듯이 이 역사적 논쟁의 수면 아래 흐르고 있는 개인적 적대감과 경향을 드러낸다. 이러한 주제에 대한 방대한 문헌을 관통하는 한 가지 방법은 Richard F. Hamilton and Holger H. Herwig, eds., *The Origins of World War I* (Cambridge: Cambridge University Press, 2003)에서 찾아볼 수 있는 전쟁의 기원과 관련된 각국의 상황을 다룬 에세이 길이의 간략한 개요를 통해서이다. 이 주제를 다룬 방대한 문헌, 수정주의 및 그 밖의 관련된 것들에 대해서 뿐 아니라 1914년의 '전쟁책임'에 대한 현재의 학문적 사고를 훌륭하게 요약한 것으로는 Samuel R. Williamson, Jr., "July 1914 Revisited and Revised: The Erosion of the German Paradigm," in Jack S. Levy and John A. Vasquez, eds., *The Outbreak of the First World War* (New York: Cambridge University Press, 2014), pp.30-62가 있다

수정주의 역사의 큰 문제는 역사 이해의 현재주의를 둘러싸고 자주 제기되는 논쟁의 일부라는 점이다. 이러한 논쟁의 고전적인 작품은 1931년에 처음으로 출판된 Herbert Butterfield, *The Whig Interpretation of History* (New York: Norton, 1965)이다. 그것은 반드시 꼼꼼하게 읽어야 할 명철한 책이다. 선도적 과학자들의 버터필드를 향한 은밀한 반격으로는 Steven Weinberg, "Eye on the Present: The Whig History of Science," *New York Review of Books* (December 17, 2015), pp.82-84를 들 수 있다. 와인버그는 물리학과 같은 일부 과학의 역사가 그 발전을 계획하고, 보고, 측정할 수 있기 때문에 필연적으로 휘그적이라고 주장한다.

4장 다양한 형태의 수정주의 역사

'진정한 여성다움의 숭배'에 대한 고전적인 설명은 Barbara Welter, "The Cult of True Womanhood, 1820-1860," *American Quarterly* 18(1966), pp.151-174이다. 분리된 여성 영역의 복잡한 역사와 개념의 사용에 대해서는 다음 세 가지 필수적인 연구가 있다. Nancy F. Cott, *The Bonds of Womanhood: "Woman's Sphere" in New England, 1780-1835*, 2nd ed.(New Haven: Yale University Press, 1997); Linda K. Kerber, "Separate Spheres, Female Worlds, Women's Place: The Rhetoric of Women's History," *Journal of American History* 75 (1988), pp.9-39; Anne Firor Scott, *The*

끊임없이 변화하는 과거

Southern Lady: From Pedestal to Politics, 1830-1930 (Chicago: University of Chicago Press, 1970). 또한 Carol Lasser, "Beyond Separate Spheres: The Power of Public Opinion," *Journal of the Early Republic* 21 (2001), pp.115-123도 보라. 같은 학술지에 래서의 글과 함께 실린 두 편의 에세이로는 Mary C. Kelley, "Beyond the Boundaries," ibid., pp.73-78과 Julie Roy Jeffrey, "Permeable Boundaries: Abolitionist Women and Separate Spheres," ibid., pp.79-93와 있다. 조안 왈라크 스콧의 고전적 에세이 "Gender: A Useful Category of Analysis"는 Scott, *Gender and the Politics of History* (New York: Columbia University Press, 1988), pp.28-50에서 찾을 수 있다. 여성, 젠더, 성의 역사에 대한 광범한 현대적 사고를 보여주는 에세이 모음집은 Scott, ed., *Feminism and History* (New York: Oxford University Press, 1996)이다. Carroll Smith-Rosenberg, "The Female World of Love and Ritual: Relations Between Women in Nineteenth-Century America," *Signs* 1 (1975), pp.1-29도 보라. 동성애 관계의 역사에 대한 출발점으로는 John Boswell, *Christianity, Social Tolerance, and Homosexuality: Gay People in Western Europe from the Beginning of the Christian Era to the Fourteenth Century* (Chicago: University of Chicago Press, 1980)가 있다.

본문에서 언급한 토머스 제퍼슨과 샐리 헤밍스 간의 관계에 대한 주요 저작 이외의 연구로는 Annette Gordon-Reed, *The Hemingses of Monticello: An American Family* (New York: Norton, 2008)가 있는데, 이 책은 제퍼슨의 노예가 낳은 자식의 아버지가 누구인지를 둘러싼 논쟁이 해결된 문제인 듯 헤밍스 가족을 제퍼슨의 삶에 통합했는데, 이는 대부분의 역사가들에게도 마찬가지이다. 논쟁에 대한 광범위한 에세이 모음집은 Jan Ellen Lewis and Peter S. Onuf, eds., *Sally Hemings and Thomas Jefferson: History, Memory, and Civic Culture* (Charlottesville: University Press of Virginia, 1999)이다. "Forum: Thomas Jefferson and Sally Hemings Redux," *William and Mary Quarterly*, 3rd ser., 57 (2000), pp.121-210에 실려 있는 글들도 보라. 그들 모두가 역사가는 아니지만, 이에 동의하기를 거부하는 소수의 보고서로는 M. Andrew Holowchak, *Framing a Legend: Exposing the Distorted History of Thomas Jefferson and Sally Hemings* (Amherst, NY: Prometheus, 2013)를 보라. 고든-리드의 1997년 책 이전 제퍼슨과 헤밍스의 관계를 둘러싼 논쟁의 전체 역사를 다룬 글은 Scot A. French and Edward L. Ayers, "The Strange Career of Thomas Jefferson: Race and Slavery in American Memory, 1943-1993," in Peter S. Onuf, ed., *Jeffersonian Legacies* (Charlottesville: University Press of Virginia, 1993), pp.418-456이다. 제퍼슨이 헤밍스가 낳은 아이의 아버지라는 유전적 증거는 Eugene A. Foster et al., "Jefferson Fathered Slave's Last Child," *Nature* 396 (November 5, 1998), pp.27-28에서 찾을 수 있다. 제임스 캘렌더에 대해서는 Michael Durey, *With the Hammer of Truth: James Thomson Callender and America's Early National Heroes* (Charlottesville: University Press of Virginia, 1990)를 보라.

5장 수정주의 역사의 몇 가지 산물

내가 이미 지적했듯이, 프랑스혁명에 대한 문헌은 엄청나게 많아서 이를 검토하려는 사람들을 어느 누구라도 기죽게 할 것이다. 나는 여기에서 그 모든 것을 포괄하거나 검토하려고 하지는 않겠다. 이 책의 다른 곳에서와 마찬가지로, 독자들은 이 책 자체에서 내가 제목을 언급한 여러 가지 연구들을 참고했으면 한다.

    프랑스혁명을 공부하는 모든 학도들이라면 그 거대한 현상에 대해 그들 자신이 선호하는 한 권으로 된 개설서가 있겠지만, 내가 선호하는 것은 Peter McPhee, *Liberty or Death: The French Revolution* (New Haven: Yale University Press, 2016)과 Jeremy D. Popkin, *A New World Begins: The History of the French Revolution* (New York: Basic, 2019) 이다. "프랑스혁명은 끝났다(the French Revolution is over)"라는 프랑수아 퓌레의 자신 있는 주장은 *Interpreting the French Revolution*, trans. Elborg Forster(Cambridge: Cambridge University Press, 1981)에 실려 있는 첫 번째 글의 제목이다. 혁명에 대한 퓌레의 접근법은 그의 일반적 관심사에 공감하는 사람들 중에서조차 격렬한 논쟁을 불러 일으켰는데, 그 한 예는 *History and Theory* 20 (1981), pp.313-323에 실린 "Interpreting the French Revolution"에 대한 린 헌트의 잘 알려지지 않은 직설적인 서평이다. 프랑스혁명의 학문과 사고의 현재의 절충주의에 대한 가장 훌륭한 조사들 중 논란의 여지가 있기는 하지만 상당히 종합적인 것은 퓌레와 모나 오주프Mona Ozouf의 *Critical Dictionary of the French Revolution* (Cambridge: Harvard University

Press, 1989)이다. 프랑스혁명을 연구하는 주요 역사가(대부분은 프랑스 역사가)에 대한 일련의 글로 구성된 이 책의 마지막 절은 혁명의 역사학에 대한 하나의 안내로 특히 유용하다. 이 복잡한 학술적 연구들에 대한 또 하나의 명쾌한 리뷰는 Sarah Maza, "Politics, Culture, and the French Revolution," *Journal of Modern History* 61 (1989), pp.704-723이다.

이 글에 이름이 소개된 역사가가 선택한 중요한 연구로는 다음과 같은 것들이 있다. Albert Soboul, *The Sans-Culottes: The Popular Movement and Representative Government, 1793-1794* (Princeton: Princeton University Press, 1972); Robert R. Palmer, *The Age of the Democratic Revolution: A Political History of Europe and America, 1760-1800*, 2 vols. (Princeton: Princeton University Press, 1959, 1964); Jacques Godechot, *France and the Atlantic Revolution of the Eighteenth Century, 1770-1799* (New York: Free Press, 1965); George V. Taylor, "Neocapitalist Wealth and the Origins of the French Revolution," *American Historical Review* 72 (1967), pp.469-496; Alfred Cobban, *In Search of Humanity: The Role of the Enlightenment in Modern History* (London: Jonathan Cape, 1954); Richard Cobb, *The Police and the People: French Popular Protest, 1789-1820* (Oxford: Clarendon, 1970); Dominique Godineau, *The Women of Paris and Their French Revolution* (Oakland: University of California Press, 1998); Joan B. Landes, *Visualizing the Nation: Gender, Representation, and Revolution in Eighteenth-Century*

France (Ithaca, NY: Cornell University Press, 2001); Joan Wallach Scott, *Paradoxes to Offer: French Feminists and the Rights of Man: A History* (Cambridge: Harvard University Press, 1997); Lynn Hunt, *The Family Romance of the French Revolution* (Berkeley: University of California Press, 1992); 그리고 Hunt, *Inventing Human Rights: A History* (New York: Norton, 2007).

최근의 해석적 경향에 대한 유용한 조사로는 다음 연구들이 있다. Gary Kates, ed., *The French Revolution: Recent Debates and New Controversies*, 2nd ed. (New York: Routledge, 1998); William Doyle, *Origins of the French Revolution*, 3rd ed. (New York: Oxford University Press, 1999), 특히 처음 세 개 장; Ronald Schechter, ed., *The French Revolution: The Essential Readings* (Malden, MA: Blackwell, 2001); Paul R. Hanson, *Contesting the French Revolution* (Malden, MA: Wiley-Blackwell, 2009); Thomas E. Kaiser and Dale K. Van Kley, eds., *From Deficit to Deluge: The Origins of the French Revolution* (Stanford: Stanford University Press, 2011). 또한 관련이 있는 연구로는 David A. Bell, *Shadows of Revolution: Reflections on France, Past and Present* (New York: Oxford University Press, 2016)가 있는데, 특히 파트 III의 챕터 7, "A Very Different French Revolution"이 그렇다. 2세기 동안의 가치 있는 혁명 해석에 대한 일반적 조사로는 Peter Davies, *The Debate on the Revolution* (Manchester, UK: Manchester University Press, 2006)이 있는데, 이 책의 뚜렷한 가치는 이 장에서 논의된 혁명을 연구하는 많은 역사가들의 저작에서 발췌한 것에 있

다. 그 스타일과 접근법의 샘플을 해당 페이지에서 편리하게 활용할 수 있다.

일본에 원자폭탄을 투하한 것을 처음으로 정통적으로 정당화한 것은 루이스 모턴Louis Morton의 권위 있는 에세이 "The Decision to Use the Atomic Bomb," in Kent Robert Greenfield et al., *Command Decisions* (Washington, DC: Office of the Chief of Military History, 1960), pp.493–518이다. 그 해석은 뒤를 이은 학자들에 의해 수정되고 확장됐다. 그러나 기본적인 세세한 부분은 변경되지 않았다. 에놀라 게이 논쟁 자체에 대한 필수적인 책은 많은 역사가들이 쓴 에세이로 구성되어 있는 Edward T. Linenthal and Tom Engelhardt, eds., *History Wars: The Enola Gay and Other Battles for the American Past* (New York: Metropolitan, 1996)이다. 다른 학자들에 의해 적절히 엄선된 연구로는 다음과 같은 것들이 있다. John W. Dower, *Embracing Defeat: Japan in the Wake of World War II* (New York: Norton, 1999); Ronald H. Spector, *Eagle Against the Sun: The American War with Japan* (New York: Free Press, 1984); Martin J. Sherwin, *A World Destroyed: The Atom Bomb and the Grand Alliance* (New York: Random House, 1975); Michael S. Sherry, *The Rise of American Air Power: The Creation of Armageddon* (New Haven: Yale University Press, 1989); Paul S. Boyer, *By the Bomb's Early Light: American Thought and Culture at the Dawn of the Atomic Age*, 2nd ed. (Chapel Hill: University of North Carolina Press, 1994); James S. Hershberg, *James B. Conant: Harvard to Hiroshima and the Making of the*

끊임없이 변화하는 과거

Nuclear Age (Stanford: Stanford University Press, 1995). 폴 퍼셀의 논쟁적 에세이인 "Thank God for the Atom Bomb"는 자신의 글을 모은 같은 이름의 책(New York: Summit, 1988)에 들어가 있다. 에놀라 게이 논쟁에 대한 내부자의 견해로 당시 국립 항공우주박물관의 책임자였던 마틴 하윗Martin Harwit의 *An Exhibit Denied: Lobbying the History of Enola Gay* (New York: Copernicus, 1996)가 있다. 더 일반적으로 스미소니언박물관에 대한 두 개의 관련된 연구는 Steven C. Dubin, *Displays of Power: Controversy in the American Museum from the Enola Gay to Sensation* (New York: New York University Press, 1999)과 Robert C. Post, *Who Owns America's Past? The Smithsonian and the Problem of History* (Baltimore: Johns Hopkins University Press, 2013)이다.

트루먼의 원폭 투하 결정에 대한 가장 훌륭한 평가는 J. Samuel Walker, *Prompt and Utter Destruction: Truman and the Use of Atomic Bombs Against Japan*, 3rd ed. (Chapel Hill: University of North Carolina Press, 2016)이다. 그러나 베른슈타인의 많은 다른 글, 즉 이 책에서 인용한 다른 책과 논문들에서 찾을 수 있는 참고문헌뿐만 아니라 Barton J. Bernstein, "The Atomic Bombings Reconsidered," *Foreign Affairs* 74 (Jan.-Feb. 1995), pp.135-152의 압축적이고 예리한 분석으로 보충해야 한다. 일본에 대한 원폭 투하 결정을 둘러싼 논쟁의 역사에 대한 더 최근의 조사로는 Walker의 "Recent Literature on Truman's Atomic Bomb Decision: A Search for Middle Ground," *Diplomatic History* 29 (2005), pp.311-334와 Michael

Kort, "The Historiography of Hiroshima: The Rise and Fall of Revisionism," *New England Journal of History* 64 (2007), pp.31-48 이 있다. Robert P. Newman, *Enola Gay and the Court of History* (New York: Peter Lang, 2004)는 히로시마와 나가사키 원폭 투하가 불필요했다고 주장하는 사람들에게 신랄한 비판을 하고 있다. 유럽으로부터 그들의 군대를 재공급하고 재배치하고 태평양 전선에서 파괴된 설비를 대체하는 것이 직면한 어려움을 강조하는 최근의 다른 연구들로는 Waldo Heinrichs and Marc Gallicchio, *Implacable Foes: War in the Pacific, 1944-1945* (New York: Oxford University Press, 2017)가 있다. 모든 관련된 2차 문헌과 주장을 검토한 것이기는 하지만 필요성의 측면에서 논쟁에 참여한 연구로, 트루먼의 원폭 투하 결정에 대한 균형 잡힌 평가로는 William D. Miscamble, *The Most Controversial Decision: Truman, the Atomic Bombs, and the Defeat of Japan* (New York: Cambridge University Press, 2011)이 있다. 이 주제에 대한 주목할 만한 논의는 Max Hastings, *Retribution: The Battle for Japan, 1944-45* (New York: Knopf, 2008)의 19장으로, '수정주의' 해석의 현재 합의된 평형추를 제시한다. 원폭 투하가 태평양 전쟁을 끝내게 했는지에 대한 일반적 검토로는 Gerhard L. Weinberg, *A World at Arms: A Global History of World War II*, 2nd ed. (Cambridge and New York: Cambridge University Press, 2005)의 16장이 있다.

끊임없이 변화하는 과거

6장 역사와 객관성

역사적 객관성의 이념에 대한 모든 논의는 피터 노빅의 필수적인 책인 *That Noble Dream: The "Objectivity Question" and the American Historical Profession* (Chicago: University of Chicago Press, 1988)에서 시작해야 하는데, 이 책은 현대 히스토리오그라피의 고전이다. 미국에서 실행되고 토론된 역사에 초점을 맞춘다면, 이 책은 무엇보다도 그렇게 많은 근대적인 역사적 사고에 대한 기본적인 믿음이 항상 얼마나 취약했는지를 밝혀준다. 신뢰할 수 있고 그럴듯하며 구체적인 역사에 점진적으로 접근하는 것에 대한 믿음을 포함하는 오래된 연구는 Morton White, *Social Thought in America: The Revolt Against Formalism* (New York: Viking, 1949)이다. 특히 14장 및 찰스 비어드의 역사주의에 대한 비판이 그렇다. 과학에서 객관성 개념의 역사에 대한 후기의 연구는 Lorraine Daston and Peter Galison, *Objectivity* (New York: Zone, 2007)이다. 이는 히스토리오그라피에서 객관성 이념의 역사를 이해하기 위한 중요하지만 어느 정도 간과된 함의를 가진 연구이다. 다양한 지적 분야에서 객관성 문제에 대한 유용한 글을 모은 책으로는 Allan Megill, ed., *Rethinking Objectivity* (Durham, NC: Duke University Press, 1994)를 들 수 있다. 특히 눈에 번쩍 띄는 성찰이 들어가 있는 연구는 David Lowenthal, *The Past Is a Foreign Country* (Cambridge: Cambridge University Press, 1985)이다. 고대로 거슬러 올라가서 그 내용과 많은 문화에서 나온 통합적 증거는 과거의 어떤 부분에 대한 밀맥락적이고 보편적으로 동의할 수 있는 해석의 존재 가능성을 반박하는 강력한 주장을 제공한다. 일부 역사가들이 객관성의 이념에 대한 공격에 맞서 시작한 저항에 대한 통찰은 Gertrude Himmelfarb, *The New History and the Old: Critical Essays and Reappraisals*, rev. ed. (Cambridge: Harvard University Press, 2004)에서 발견할 수 있다. 반사실적 역사의 골치 아픈 질문에 대해, 두 권의 책은 최근의 주장과 입장을 포함한다. Jeremy M. Black, *Other Pasts, Different Presents, Alternative Futures* (Bloomington: Indiana University Press, 2015)는 지지하는 입장이고, Richard J. Evans, *Altered Pasts: Counterfactuals in History* (Waltham, MA: Brandeis University Press, 2013)는 반대하는 입장이다. 과거에 대한 전통적인 '객관적' 접근에 대한 좌파의 공격조차도 어떻게 좌익의 공격을 받을 수 있는지에 대한 증거는 Michael Kazin, "Howard Zinn's History Lessons," *Dissent*, (Spring 2004), pp.81–85와 Sam Wineburg, "Undue Certainty: Where Howard Zinn's A People's History Falls Short," *American Educator*, (Winter 2012–2013), pp.27–34에서 볼 수 있다.

집단기억에 대한 모든 검토는 Benedict Anderson, *Imagined Communities: Reflections on the Origins and Spread of Nationalism*, rev. and expanded ed. (London: Verso, 2006)에서 시작해야 한다. 많은 연구들 중 관련이 깊은 네 개의 다른 연구로는 다음의 것들이 있다. John E. Bodnar, *Remaking America: Public Memory, Commemoration, and Patriotism in the Twentieth Century* (Princeton: Princeton University Press, 1992); John R. Gillis, ed., *Commemorations: The Politics of National Identity* (Princeton:

Princeton University Press, 1994); Jay Winter, *Sites of Memory, Sites of Mourning: The Great War in European Cultural History* (New York: Cambridge University Press, 1995); Sanford Levinson, *Written in Stone: Public Monuments in Changing Societies* (Durham, NC: Duke University Press, 2018).

역사 지식의 철학과 언어에 대한 현재의 사유 상황은 논란에 휩싸여 있지만, 이 방대하고 복잡하고 역사가 가득한 주제에 대한 현대의 관점과 논쟁의 일반적 윤곽은 다음 책에서 학습할 수 있다. Roy Harris, *The Linguistics of History* (Edinburgh: Edinburgh University Press, 2004). 해리스와는 의도가 다른 다음 세 권의 책은 근대 및 포스트모던 역사적 사고와 여기에서 개괄적으로 다룬 학문의 일부 요소에 다른 엔트리를 제공한다. Joyce Appleby, Lynn Hunt, and Margaret Jacob, *Telling the Truth About History* (New York: Norton, 1994); Sarah Maza, *Thinking About History* (Chicago: University of Chicago Press, 2017); Lynn Hunt, *History: Why It Matters* (Medford, MA: Polity, 2018). 더 전문적이고 고도의 연구는 William S. Sewall, Jr., *Logics of History: Social Theory and Social Transformation* (Chicago: University of Chicago Press, 2005)이다. 객관성의 개념과 어떤 역사 해석의 최종성에 대한 회의주의의 결합을 고수하는 것이 가치 있다는 강한 자신감을 보여주는 관련 연구로는 Thomas L. Haskell, *Objectivity Is Not Neutrality: Explanatory Schemes in History* (Baltimore: Johns Hopkins University Press, 2000)라는 글 모음책이 있다. 그 비용에 대한 비판뿐 아니라 이론적 문제에 대한 역사가의 관심 결여를 날카롭게 공

격한 것으로는 에단 클라인버그Ethan Kleinberg, 조안 왈라크 스콧, 게리 와일더Gary Wilder가 같이 쓴, 줄인 제목으로 *Theses on Theory and History* 가 있는데, 이 제목은 카를 마르크스의 *Theses on Feuerbach* 를 떠올리게 한다. 그것은 theoryrevolt.com에서 찾을 수 있다. 역사가와 상대주의에 대한 C. 반 우드워드Vann Woodward의 재치 있는 말은 "The Future of the Past," *The Future of the Past* (New York: Oxford University Press, 1989), pp.3-28에서 찾을 수 있다. 전문적 신뢰에 대한 찰스 비어드의 진술은 그의 "Written History as an Act of Faith," *American Historical Review* 39 (1934), pp.219-231에 들어 있다.

Daniel L. Schacter, *Searching for Memory: The Brain, the Mind, and the Past* (New York: Basic, 1996)는 기억의 주요 차원에 대한 현재의 이해를 권위 있고 대략적으로 소개하고 있다. 후기 연구인 *The Seven Sins of Memory: How the Mind Forgets and Remembers* (Boston: Houghton Mifflin, 2001)에서 대니얼 샥터는 기억 왜곡은 점진적이고 그 기원은 적응한 데 따른 것임을 강조한다. 그런 종류의 모든 좋은 책들이 구현해야 할 명료함을 가지고 있는 텍스트북은 Alan Baddeley et al., *Memory*, 2nd ed. (London: Psychology Press, 2015) 이다. 샥터의 책보다 접근성이 낮지만, 그럼에도 이 책은 그 범위에서 더 현재적일 뿐 아니라 포괄적이고 철저하다. 크리스토퍼 샤브리스와 대니얼 사이먼스의 유명한 비디오는 http://theinvisiblegorilla.com/gorilla_experiment.html에서 찾을 수 있다. 또한 Chabris and Simons, *The Invisible Gorilla: And Other Ways Our Intuitions Deceive Us* (New York: Crown, 2010)도 보라.

끊임없이 변화하는 과거

감사의 말

역사가 단체의 회원으로 느끼는 많은 만족감 중 하나는, 역사가들은 서로 유대감이 있으며, 온갖 질문이나 요청을 하는 다른 사람들을 도우려는 의지를 가지고 있다는 사실이다. 설사 그들이 멀리 떨어져 있고 다양하더라도, 심지어 그들에게 동의하지 않더라도 그렇다. 특히, 오늘날과 같은 전자통신의 시대에 우리는 종종 직접 만난 적이 없는 동료들에게 도움을 청하고 받을 수 있다. 그리고 나의 전공보다 더 많은 시대와 주제를 다루는 이런 책에서는 다른 학자들에게 의존하는 것이 풍부하고 진심 어린 그들의 도움만큼이나 필수적이다.

내가 가장 먼저 경의를 표하는 사람은 고인이 된 로저 H. 브라운으로, 미국 공화국 초기 역사를 연구한 저명한 역사가다. 그는 클래런스 토머스 대법관의 집무실에서 이 책이 태동할 때 나와 함께 있었다. 아직 그가 살아 있었다면, 틀림없이 미소를 지었을 것이며 대법원에서의 대화에 대한 결과물에 대해서도 기쁨을 표했을 것이다 내가 이 책을 쓰는 과정에서 더 최근에 운 좋게 도움을 받은 사람들로는 존 E. 보드나르, 앵거스 버진, 앤드류 버스타인, 브루스 커밍스, 돈 H. 도일, 마크 이그날, 존 R. 길리스, 존 F. 헬던, 존 얼 헤인즈, 조지 C. 헤링, 데이비드 A. 홀링거, 낸시 G. 아이젠버그, 린다 K 케르버, 엘리스 케슬러 해리스, 피터 쿠즈닉, 멜빈 P. 레플러, 에드워드 리넨탈, 제랄드 W. 맥팔랜드, 찰스 E. 뉴, 고故 하워드 P. 시걸, 마틴 J. 셔윈, 마조리 스프루일, 잭 B. 태너스, 프랭크 타워스, 사무엘 R. 윌리엄슨 주니어, 그리고 고故 마릴린 B. 영이 있다. 이들 중 일부는 우리의 교류를 기억하지 못할 수도 있다. 그들이 제공한 모든 충고를 받아들이거나 그들과 대화를 나누었던 모든 주제를 포괄할 수는 없었고 또 어떤 경우에는 그렇게 하지 않았지만, 이 프로젝트에 보여준 그들의 열정과 그들이 기꺼이 그리고 인상적으로 제공한 충고에 대한 깊은 감사는 여전히 내 마음속에 남아 있다. 나의 오랜 친구이자 프린스턴 동료인 제임스 M. 맥퍼슨은 1장을 꼼꼼히 살펴주어 그의 깊은 지식의 영역을 침범하는 나의 걱정을 덜고 빠뜨린 부분을 바로잡아주었다. 대학원 시절부터 친구이자 동료였던 노먼 S. 피어링은 특유의 날카로운 질문으로 나의 사고를 자극하고, 수많은 문제들을 바로잡아주었으며 2장과 3장에 대해 확신하게 했다. 데이비드 A. 벨, 리처드 H. 콘, 캐롤 레서는 4장과 5장에서 예리하고도 꼭 필요한 검토를 해주었다. 마지막 장에서는 노먼 M. 브래드번의 지식의 덕을 보았다.

두 명의 학자는 전문적 협력이라는 일반적인 요청을 넘어, 전체 원고를 읽어주었다. 그들 중 한 명은 이 책에서 시도한 것과 유사한 지식과 공감을 표한 《역사에 대해 생각하기》의 저자 사라 마자로, 그녀

끊임없이 변화하는 과거

는 이 책의 초고를 읽어달라는 나의 요청에 정중하게 응해주었다. 그녀의 예리한 통찰력과 개선을 위한 제안은 나에게 엄청난 도움을 주었다. 두 번째 인물은 예일대학교 출판부의 평론가인 에릭 아르네센으로, 그는 어떤 역사가라도 기대하기 힘들 만큼 열성적이고, 동정적이며, 깊이 있는 비평을 해주었다. 그의 예리한 비판과 내용에 대한 세세한 관심은 역사가 사회에서는 좀처럼 찾아볼 수 없으며, 그의 영향은 이 책의 모든 장에 고스란히 스며 있다. 늘 그렇듯, 독자들이 이 책에서도 마주하는 것은 올리비아 P. 배너의 타의 추종을 불허하는 편집 실력과 사고방식이다.

책은 그 내용 이상의 공예품으로, 책의 간행과 생산은 많은 사람들의 손을 거친 최종 산물이다. 책의 이 부분에 대한 감사는 예일대학교 출판사에서 원고를 검토해준 나의 에이전트 피터 W. 번스타인에서부터 시작하려 한다. 이전에 나는 예일대학교 출판사에서 두 권의 책을 출간했다. 이곳은 내게 집과 같은 곳이며 이 책을 마무리 지었어야 할 장소였다. 뉴헤이븐에서 나의 편집자였던 아디나 포프스큐 벡은 마음을 놓이게 하는 기술과 예리한 지성, 그리고 아낌없는 지원으로 의뢰에서 출판까지 이 책을 이끌어주었다. 그녀의 어시스턴트인 에바 스큐스와 애쉬 라고는 원고의 의뢰 이후 진행 과정을 지켜보며 큰 도움을 주었다. 언제나 그렇듯이, 그리고 출판사에게 그가 편집한 다음에만 이 책을 출판할 수 있게 해달라는 나의 조심스럽지만 간곡한 요청이 없더라도, 댄 히튼은 다시 한 번 날카로운 눈, 우리들이 사용하는 공통어의 능숙한 구사, 그리고 이 책의 가치가 무엇이건 간에 이 책에 세 그 가치를 제공하게끔 해주는 데 전면적으로 영향을 미칠 수 있는 상냥한 제안을 해주었다. 이 책은 그의 필수불가결한 검토를 통과한 나의 세 번째 책이다. 이 책의 디자인이 산뜻한 우아함을 가지게 된 데는 메리 발렌시아, 나의 주요 주장 중 하나를 훌륭하게 반영하고 있는 겉표지는 세니 볼보브스키의 공이 크다. 에리카 핸슨의 훌륭하고 날카로운 교정으로 셀 수 없이 많은 오류들을 피할 수 있었다. 마가레트 오트젤은 능숙하게 그리고 끊임없이 기분 좋게 이 책의 의뢰에서 제본까지 전 생산 과정을 도맡았다.

이처럼 모든 동료들의 도움에 깊은 감사를 여기에 표하며, 나 또한 종종 표현되고 오랫동안 존중됐던 학문적 관례와 같이 내가 쓴 것에 대한 책임과 내가 저질렀을 수도 있는 어떤 잘못도 그들의 책임이 아니라는 것을 밝힌다.

2020년 11월

옮긴이의 말

이 책은 제임스 M. 배너 주니어James M. Banner, Jr.의 《끊임없이 변화하는 과거: 왜 모든 역사는 수정주의 역사인가The Ever-Changing Past: Why All History is Revisionist History》(예일대학교출판부, 2021)를 우리말로 옮긴 것이다. 왜 역사는 끊임없이 변화하는가? 그 대답을 예상하는 것은 그리 어려운 일이 아니다. 그것은 역사가 하나의 해석이며, 그 해석에는 역사가의 견해가 들어가 있기 때문이다. 그렇게 서술된 역사는 사회와 그 안에서 살아가는 사람들에게 영향을 미친다. 이 책에서 배너가 강조하듯이, 모든 역사가들이 동의할 수 있는 역사 해석이 나올 가능성은 많지 않다. 그렇기에 역사적 주장은 수시로 논쟁의 대상이 될 수밖에 없다. 배너는 역사가들이 이제는 역사학의 이런 본질을 대부분 받아들이고 있으며, 역사책을 읽는 독자나 역사를 공부하는 학생들도 이를 알아야 한다고 말한다. 그것이 이 책의 목적이기도 하다. 이 책은 역사 연구가 끊임없이 수정되는 이유, 수정주의 역사의 역사, 수정주의 역사의 종류를 여러 사례와 함께 설명한다.

그러면서도 결론적으로 역사는 단순히 문학과 같은 허구가 아니라 증거에 기반하여 사실을 추구한다는 단서를 덧붙인다. 역사가는 임의로 해석하지 않는다. 역사가들은 증거에 비추어 진실을 찾으려고 하고, 기존의 해석을 보완하거나 그보다 더 설득력 있는 해석을 하고자 한다. 그 결과로 때로는 기존 해석이 잘못되었다고 폐기할 것을 주장하기도 한다. 이 때문에 어떤 역사 해석이라도 언제나 비판의 대상이 될 수 있으며, 달라질 가능성을 안고 있다.

수정주의 역사는 미국에서 광범한 인기를 끌고 있다. 수정주의 역사를 주제로 한 여러 권의 책이 나왔으며, 미국 시사 주간지 《타임》이 세계에서 가장 영향력 있는 100인으로 선정할 만큼 저명한 언론인인 말콤 글래드웰Malcolm Gladwell이 진행하는 팟캐스트, 〈수정주의 역사Revisionist History〉가 60회에 걸쳐 방송되기도 했다. 그렇지만 이런 관심은 역사의 본질로서 수정주의의 의미나 성격을 밝히는 것보다는 주로 역사적 사실에 대한 규명이나 해석 자체에 있다. 그래서 이제까지 잘 알려지지 않은 사실을 소개한다든지, 기존에 알려진 역사적 사실을 새롭게 해석함으로써 독자나 시청자의 관심을 끌고 있다. 이 책은 여기에서 한걸음 더 나아가 역사적 사실의 본질적 성격으로서 수정주의 역사의 문제를 다룬다. 그렇기에 수정주의의 역사는 역사적 사실의 역사가 아니라 역사학의 역사를 다루는 히스토리오그라피이다.

한국 사회나 역사학계에서도 수정주의라는 말을 낯설지 않다. 원래 역사학에서 수정주의는 전통주의 또는 정통주의와 대조되는 개념으로, 보통 전통주의적 관점은 보수, 수정주의적 관점은 진보적 성격을 가지는 것이었다. 대표적으로 한국현대사에서 전통주의는 분단과 한국전쟁의 원인을 소련의 세계 공산화 전략과 북한의 적화통일을 위한 남침에 초점을 맞춘 반면, 수정주의는 미국의 패권 야욕에 관심을 둔다. 수정주의의 이런 의미에 대한 인식이 달라진 것은 일본 보수 세력의 역사 왜곡 때문이었다. 일본의 보수우익은 기존의 역사연구와 역사교육을 비판하면서 역사수정론을 주장했다. 그러기에 한국 사회에서는 역사 수정이라고 하면 으레 일본 보수 세력의 역사왜곡을 연상하게 된다. '수정주의 역사'보다 '역사 수정주의'라는 말이 한국 사회에서 익숙한 이유도 여기에 있다. 1990년대 들어 전 세계적으로 신보수주의가 등장하면서, 이러한 역사 수정의 경향은 일본뿐 아니라 세계 각국에서 논란거리가 되기도 했다. 그렇지만 '수정'이라는 말 자체의 의미처럼, 수정주의는 보수나 진보의 특정 관점을 내포하기보다는 역사 이해나 해석의 변화를 뜻한다. 수정주의는 기존의 보수적 견해를 진보적 관점으로 수정하거나, 진보적 견해를 보수적 관점으로 수정하는 것을 모두 포함한다.

기존 견해에 대한 이런 수정은 역사 서술뿐 아니라 자유 사회의 기본적 속성이라고 배너는 말한다. 하나의 권위, 바뀌지 않은 하나의 고정된 견해는 전체주의 사회에서나 볼 수 있다. 기존의 역사 해석에 도전하는 사고방식은 사회에서 살아가는 민주적 사고방식이다. 따라서 역사적 사고는 곧 개방된 살아가는 데 필요한 사고방식이다.

배너는 서구의 히스토리오그라피, 즉 역사학과 역사 서술의 역사를 수정주의적 관점으로 정리한다. 신화의 시대에서 시작해서 헤로도토스와 투키디데스의 역사학, 기독교 역사학, 르네상스 시기의 인문주의 역사학, 랑케식의 근대 역사학, 마르크스주의 역사학, 그리고 상대주의 역사학과 포스트모던 역사학에 이르기까지 역사학과 역사 서술이 어떤 수정 과정을 거쳤는지 명쾌하게 보여준다. 헤로도토스와 투키디데스 역사학은 그 이전 문학적 역사학의 수정주의이며, 기독교 역사학은 헤로도토스와 투키디데스 역사학의 수정주의이다. 그리고 근대 역사학은 기독교 역사학의 수정주의이다. 포스트모던 역사학에서는 페미니즘 역사학의 변화를 통해 수정주의의 적용을 보여준다. 수정주의 역사라고 하지만, 그것이 역사학의 본질인 이상 이 책은 서양사학사의 성격을 내포한다. 그러기에 수정주의라는 역사의 본질뿐 아니라 서양사학사를 명료하게 이해할 수 있게 한다.

이 책에서는 수정주의 역사가 학문적 해석뿐 아니라 정치사회적 상황과 어떻게 밀접한 관련을 가지는지 몇 가지 역사적 사실을 둘러싼 논란을 통해 설명하는데, 이는 역사 해석이 어떻게 변하는지 구체적으로 보여줄 뿐 아니라 그 자체로도 흥미롭다. 배너가 들고 있는 사례는 우리에게도 상당히 익숙한 미국의 남북전쟁, 프랑스혁명, 2차 세계대전 당시 일본에 대한 원폭 투하이다. 많은 한국의 독자들은 이 사건들에 대해 하나의 관점을 가지고 있을 것이다.

남북전쟁은 노예제 폐지를 주장하는 북부와 반대하는 남부의 갈등 때문에 일어났다. 한국의 역사교과서나 개설서들도 이제는 '북부는 선이고, 남부는 악'이라고 단순화하여 이분법적으로 쓰지는 않는다. 남북전쟁은 산업기반의 차이에 따른 노동력의 필요성에서 비롯되었다는 내용이 들어가 있는 것이 보통이다. 이 책도 남북전쟁의 수정주의 역사 중에 이러한 설명이 포함되어 있다. 그렇지만 이 밖에도 중요한 또 다른 논란을 보여준다. 연방주의와 분리주의 중 어느 편이 미국 헌법의 이념에 충실한가의 해석 문제이다. 이것이 남북전쟁의 기원을 보는 수정주의적 관점이다.

미국 '건국의 아버지'이며 3대 대통령인 토마스 제퍼슨의 자식을 둘러싼 논란은 전공자가 아니라면 생소할 수도 있지만 더 흥미롭다. 배너는 이 이야기에서 역사를 해석하는 데 역사 텍스트뿐 아니라 DNA 검사라는 과학까지 사용됨을 보여준다. 과학기술의 발전은 수백 년간 계속된 역사 논쟁을 종결짓게 했다. 근래 한국에서도 융합학문, 융합교육이 점점 강조된다. 그렇지만 역사를 공부하는 데 과학이 필요한 이유는 지식 때문만은 아닐 것이다. 상호 검증과 자료의 분석, 종합적인 사고가 역사를 공부하는 데 과학이 필요한 이유일 것이다.

프랑스혁명도 한국의 역사책에 대표적으로 자세히 서술하는 역사적 사실이다. 한국의 역사책들은 자유와 평등, 박애로 프랑스혁명의 이념을 규정짓고 그 전개 과정을 구체적으로 설명한다. 그렇지만 근래에는 프랑스혁명을 계기로 본격화되기 시작한 근대 국민국가의 이념이라든지, 프랑스혁명이 여성이나 사회적 소수에게도 평등한 것은 아니었다는 비판들이 소개되고 있다. 이 책은 프랑스혁명의 히스토리오그라피, 혁명의 이념과 의미를 보는 관점과 견해의 변화를 보여준다. 프랑스혁명 과정 중에서 일어난 방데 지방의 학살 및 그에 대한 지역 사람들의 기억은 우리가 단순화하여 알고 있던 혁명의 이념을 다시 생각하게 한다. 책의 이런 내용은 독자들에게 프랑스혁명에 대한 상동론적 지식을 벗어나게 해준다.

책에서 들고 있는 또 하나의 사례는 한국근현대사의 아픈 과거인 일본의 식민 지배 및 2차 세계대전과 관련된 것이어서 더 관심을 끈다. 책에서는 이에 대한 두 가지 논란의 변화를 통해 역사의 수정주의적 본질을 보여준다. 하나는 일본의 항복을 가져온 직접적 사건인 원폭 투하의 정당성 문제이다. 흔히 미국이 원자폭탄을 사용한 것은 일본 본토에 상륙하여 전투를 벌일 때 치러야 할 것으로 예상되는 엄청난 인적·물적 피해를 줄이기 위한 것으로 이해한다. 이것이 전통주의적 관점으로 한국의 역사책들도 이렇게 설명한다. 하지만 배너는 미국의 의도에 대한 다양한 견해를 소개한다. 무력 과시를 통한 소련 견제, 전후 핵무기에 대한 미국의 통제력 강화, 핵무기를 보유했으면서도 사용하지 않았을 때 받을 수도 있는 대중적 압력에 대한 의식, 심지어 반反아시아 정서를 원인으로 보는 견해까지 소개한다.

이와 밀접한 관련을 가지지만 약간 성격이 다른 문제는 미국 워싱턴 항공우주박물관의 에놀라 게이 전시를 둘러싼 논란이다. 이는 근래 사회학이나 역사학에서 활발히 논의되는 기억의 문제이다. 에놀라 게이의 전시를 둘러싼 논란은 역사가 사실이 아니라 기억되는 것이며, 역사가 기억을 남기는 것이 아니라 기억이 역사를 만드는 것임을 보여준다.

배너는 역사 해석을 둘러싼 이러한 논란과 변화를 설명하면서 이 중 어떤 견해가 타당한지를 제시하려고 하지 않는다. 각각의 해석이 의미를 가지는 하나의 역사로, 그것이 바로 수정주의 역사이기 때문이다. 그렇지만 그것이 자신의 관점에서 역사적 사실을 탐색하지 말아야 한다는 의미는 아니다. 다른 이들에게 타당하다는 평가를 받을 수 있을 만큼 역사적 사실을 설득력 있게 해석하는 것은 역사가들이 스스로에게 부여한 과제이다. 너무나 당연한 말이지만, 이는 우리가 역사를 공부하면서 언제나 유념해야 할 문제이기도 하다.

배너는 프린스턴대학교 교수를 거쳐 독립적으로 역사 연구와 강연을 계속하고 있다. 미국사와 교육, 정치문제를 주제로 한 여러 책을 썼다. 그가 쓴 책으로는《하트퍼드 회의에 대하여: 매사추세츠에서의 연방주의자와 정당정치의 기원, 1789-1815 To the Hartford Convention: The Federalists and the Origins of Party Politics in Massachusetts, 1789-1815》(1969),《미국의 흑인들: 서지적 에세이 Blacks in America: Bibliographical Essays》(1971),《미국의 경험에 대한 이해 Understanding the American Experience》(1973),《교수의 요소 The Elements of Teaching》(1997),《학습의 요소 The Elements of Learning》(1999),《역사가라는 것: 전문적 역사 세계의 입문 Being a Historian: An Introduction to the Professional World of History》(2012), 편집한 책으로《역사가가 된다는 것 Becoming Historians》(2009) 등이 있다. 이 책《끊임없이 변화하는 과거》는 배너의 가장 최근 책으로 86살이라는 적지 않은 나이에도 이런 사회적 관심을 끌 만한 책을 펴낼 만큼 그는 끊임없는 탐구 정신과 학문적 열정을 보여준다. 배너는 이러한 역사 연구와 저술 활동 외에도 '문명 프로그램과 지속교육 프로그램' 의장을 맡고, 전국역사센터와 역사뉴스 서비스 기관의 설립, 전국인문연맹 National Humanities Alliance을 공동 창립하는 등 역사의 대중화를 위한 활발한 활동을 전개했다.

이 책을 읽다보면 역사학뿐 아니라 심리학, 언어학, 인지과학 그리고 사변과학에 이르기까지 배너의 폭넓은 지식에 감탄하게 된다. 당연한 이야기일 수 있지만, 여러 학문 영역에 걸친 지식을 관련지어 역사를 이해하는 것은 역사가의 전문성을 희석시키는 것이 아니라 오히려 강화한다. 그것이 종합학문으로서 역사를 공부하는 사람들의 자세이기도 하다. 이 책에서 배너가 제시하는 수정주의 역사의 사례는 역사의 본질에 대한 이해뿐 아니라 역사에 관심이 있는 독자들의 지적 욕구를 채워줄 수 있다.

옮긴이들은 역사교육을 전공한다. 역사학을 공부하고 있기는 하지만, 서양사와 특히 이 책에서 자주 사례로 들고 있는 미국사의 사실들을 자세히 알지 못하는 옮긴이들이 선뜻 번역에 나선 것은 책의 내용이 역사교육에 주는 시사점 때문이다. 히스토리오그라피와 역사 연구의 본질에 대한 논의는 역사교육과도 밀접한 관련을 가진다. 역사적 사실 자체뿐 아니라 역사적 사실의 성격과 역사 연구의 방법을 아는 것은 역사교육의 중요한 영역이다. 근래 역사교육에서는 '역사하기doing history'를 역사교육의 방법으로 제시하고, 다중시각 또는 다원적 관점이 강조된다. 이러한 역사교육적 관점은 수정주의 역사와 맥을 같이 한다. 옮긴이들에게 책의 번역을 권한 출판사의 취지도 여기에 있을 것이다. 배너는 역사가 하나의 해석이고 수정의 가능성이 상존하는 것임을 독자가 알고 역사를 읽어야 한다고 말한다. 이는 지은이의 의무일 뿐 아니라 독자가 역사를 공부하는 자세이기도 하다. 배너는 "논쟁이 없는 문화는 삶이 없는 문화이고, 갈등이 없는 역사 연구는 활기가 없는 역사 연구이다"라고 말한다. 역사 논쟁은 역사교육의 주된 방법 중 하나이다. 역사 이해와 해석 자체가 논쟁이고, 논쟁을 통해 역사를 이해하고 해석하는 역사교육은 역사의 본질을 이해하

끊임없이 변화하는 과거

는 것이다. 그런 의미에서도 이 책은 역사학의 본질을 논하고 있으면서 역사교육에 관심 있는 사람들도 읽어볼 만한 충분한 가치를 지닌다. 이 책을 통해 역사의 본질에 대한 여행을 하게 될 것으로 기대한다.

책의 서문을 읽으면서 문득 부러움을 느꼈다. 배너는 이 책이 연방대법원 대법관 예정자의 사무실에서 탄생했다고 했다. 미국 사회에서는 대법관의 지위에 오르는 사람이 그 준비로 역사책을 읽는구나 하는 생각이 들었다. 법관은 법조항에 의해 판결을 내리지만, 그것은 사회 정의를 추구해야 할 것이다. 사회 정의를 위해서는 법조항 문구의 해석 못지않게 사회를 보는 시각이 필요하며, 그것은 역사를 통해 습득된다. 역사적 사실을 다시 경험하고, 역사를 재사고할 때 사회를 보는 비판적 눈을 가질 수 있다. 한국의 법관이나 사회 지도층들에게도 그런 생각이 기본적이고 보편화됐으면 하는 마음이다.

이 책에서 사례로 들고 있는 것은 미국사를 비롯한 서양사의 사실들이다. 서양사나 미국사를 전공하거나 깊이 이해하는 데는 중요한 사실들이지만, 한국의 독자들에게는 익숙하지 않을 수도 있다. 이런 독자들을 위해 널리 알려지지 않았을 것으로 판단되는 역사적 사실의 경우 간단한 옮긴이 주를 붙였다. 그렇지만 책의 성격을 감안하여 자세한 설명보다는 기본적 이해에 필요한 정도에 그쳤다. 이 책의 끝에는 더 읽어볼 만한 책이나 논문이 소개되어 있다. 책의 내용을 더 깊이 있게 공부하려는 독자들에게는 도움이 될 수 있을 것이다. 번역은 서론부터 3장까지는 박선경, 4장부터 6장까지는 김한종이 나누어 했다. 번역한 초고의 내용을 김한종이 전체적으로 일차 검토했으며, 이후 두 사람이 교차 검토했다. 따라서 번역에 대한 책임은 옮긴이 공동의 몫이다. 책을 내면서 잘못되거나 의미가 명확하지 않은 내용이 있을까 염려된다. 책에 대한 많은 관심과 함께 더 나은 책을 위한 많은 질정을 부탁드린다.

책의 번역을 권하고 출간해준 책과함께 류종필 대표에게 언제나 그렇듯이 고마운 마음을 전한다. 이정우 팀장과 이은진 과장은 번역된 원고를 꼼꼼히 검토하여 문제를 지적하고, 책을 깔끔히 편집해주었다. 두 분의 노고는 이 책의 완성도를 높이는 데 큰 도움을 주었다. 원고를 검토하고 글을 가다듬어준 김현대 편집자에게도 감사의 말을 전한다. 옮긴이들과 함께 하면서 언제나 격려와 조언을 아끼지 않으시는 한국교원대학교 역사교육과 교수님들과 세미나와 스터디 등을 통해 함께 공부하고 토론에 참여한 동료 연구자들 및 대학원생들에게도 고마운 마음을 전한다. 옮긴이들을 늘 지켜보면서 끊임없는 격려와 관심을 보내준 가족들과 이 책을 함께하고 싶다.

찾아보기

끊임없이 변화하는 과거

끊임없이 변화하는 과거

끊임없이 변화하는 과거

끊임없이 변화하는 과거

끊임없이 변화하는 과거

왜 모든 역사는 수정주의 역사인가

1판 1쇄 2022년 10월 11일

지은이 | 제임스 M. 배너 주니어
옮긴이 | 김한종, 박선경

펴낸이 | 류종필
편집 | 이은진, 이정우
마케팅 | 이건호
경영지원 | 김유리
표지·본문 디자인 | 박미정
교정교열 | 김현대

펴낸곳 | (주)도서출판 책과함께
　　　　주소 (04022) 서울시 마포구 동교로 70 소와소빌딩 2층
　　　　전화 (02) 335-1982
　　　　팩스 (02) 335-1316
　　　　전자우편 prpub@daum.net
　　　　블로그 blog.naver.com/prpub
　　　　등록 2003년 4월 3일 제2003-000392호

ISBN 979-11-91432-82-4 93900